Estética da Sonoridade

COLEÇÃO SIGNOS/MÚSICA

DIRIGIDA POR
livio tragtenberg
gilberto mendes
augusto de campos
lauro machado coelho

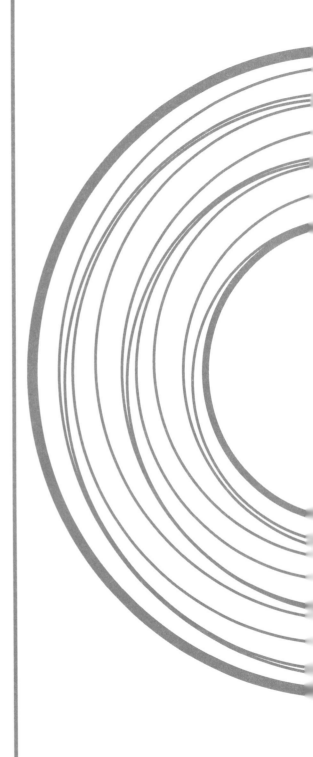

EDIÇÃO DE TEXTO
márcia abreu

REVISÃO DE PROVAS
marcio honorio de godoy

PROJETO GRÁFICO
lúcio gomes machado

PRODUÇÃO
ricardo w. neves, luiz henrique soares,
sergio kon e raquel fernandes abranches

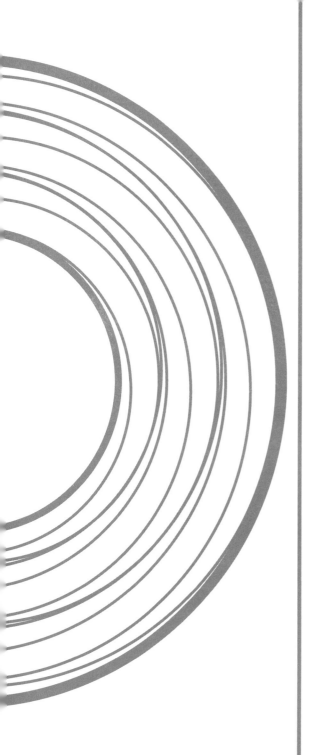

ESTÉTICA DA SONORIDADE

A HERANÇA DE DEBUSSY NA MÚSICA PARA PIANO DO SÉCULO XX

DIDIER GUIGUE

Título do original francês:

*Esthétique de la sonorité – L'héritage de Debussy
dans la musique pour piano du xxe siècle*

© Editions L'Harmattan

CIP-Brasil. Catalogação-na-Fonte
Sindicato Nacional dos Editores de Livros, RJ

G972e

Guigue, Didier
    Estética da sonoridade: a herança de Debussy na música
    para piano do século XX / Didier Guigue. – São Paulo:
    Perspectiva; CNPq: Brasília; João Pessoa: UFPB, 2011.
    190 il.   (Signos música ; 13)

    Tradução de: Esthétique de la sonorité: l'héritage de De-
    bussy dans la musique pour piano du xxe siècle
    Inclui bibliografia
    ISBN 978-85-273-0930-1

    1. Debussy, Claude, 1862-1918 – Influência. 2. Música
    para piano – Séc. XX – Análise, apreciação. I. CNPq. II.
    Universidade Federal da Paraíba. III. Série. IV. Título.

11-4707.   CDD: 780
               CDU: 78

28.07.11   02.08.11   028417

Direitos reservados em língua portuguesa à

EDITORA PERSPECTIVA S.A.

Av. Brig. Luís Antônio, 3025
01401-000 – São Paulo – SP – Brasil
Telefax: (011) 3885-8388
2011

Sumário

Nota do Autor sobre a Edição Brasileira 13

Prefácio à Edição Brasileira: A Escuta do Tempo – *Ilza Nogueira* 15

Prefácio: Do Tom ao Som –*Makis Solomos* 19

INTRODUÇÃO: ESTÉTICA DA SONORIDADE 25

Uma "Nova Estética Musical" 25

A "Escrita", Lugar de Invenção da Sonoridade 31

Imanência *versus* Hermenêutica 41

Agradecimentos 44

Convenções 46

I.   UMA PROPOSTA METODOLÓGICA 47

A Unidade Sonora Composta 47

O Critério da Complexidade Relativa 50

Os Componentes da Sonoridade 56

   O Nível Primário 57

   O Nível Secundário 58

Sistemas de Articulação das Unidades Sonoras 64

Elementos Teóricos para uma Análise Funcional
das Sonoridades 69

   Da "Repetição" à "Oposição Diametral":
   Um Vetor de Qualificação dos Processos de Variação 69

A Oposição Adjacente 73

O Sintagma 74

A Oposição Simultânea 76

Classes, Conjuntos de Unidades e Sonoridade Geradora 78

Recapitulação 78

II.   ALGUNS EXEMPLOS DA REFLEXÃO DEBUSSISTA
SOBRE O TONALISMO 83

III.   A ESCRITA DA SONORIDADE EM DEBUSSY:
ALGUNS REFERENCIAIS 99

Relações Funcionais entre Níveis Primário e Secundário 99

Articulação das Sonoridades: Alguns Referenciais 103

Progressões e Perturbações Sonoras em *Feux d'artifice* (Prelúdio II [12]).....109

Elementos Estáticos 109

Elementos Dinâmicos 110

Progressões Sonoras A e A' 113

Progressões B e C 114

Progressão C 115

Progressão D 116

Seção Final 119

Infraestrutura e Sonoridades em *Ce qu'a vu le Vent d'Ouest*
(Prelúdio I [7]) 119

Intensidades Relativas 120

Âmbitos Relativos 120

Densidades Acrônicas 121

Periodicidade 121

Perfis Direcionais 121

Síntese das Observações 121

Correlações entre Estrutura e Intensidades:
Um Estudo Estatístico Geral nos Prelúdios e Estudos 126

A Intensidade como Agente de Articulação 126

Os Contrastes Adjacentes de Intensidade e Suas Relações
com a Estrutura Formal..128

Os Contrastes Progressivos de Intensidade 134

Relações entre Intensidades e Outros Componentes
da Sonoridade...139

Ferramentas para o Futuro...144

IV. O EIXO MESSIAEN-BOULEZ E A HERANÇA DEBUSSISTA...........147

(1) A Sonoridade como Elemento Estrutural em Messiaen....................147

Polifonias Sonoras em Três dos *Vingt regards sur l'Enfant-Jésus* 148

"I: *Regard du Père*"(Olhar do Pai) 149

"II: *Regard de l'Étoile*" (Olhar da Estrela) 153

"XVII: *Regard du Silence*" (Olhar do Silêncio)..................160

Alguns Elementos para uma Análise das Sonoridades
no *Catalogue d'oiseaux*...164

Classes de Sonoridades...170

Sintagmas 176

Em Prol de uma Integração dos Níveis Primário e Secundário.............184

V. O EIXO MESSIAEN-BOULEZ E A HERANÇA DEBUSSISTA (2).....187

(2) Pierre Boulez, da *Troisième Sonate* a *Incises* 187

Átomos e Objetos na *Troisième Sonate*.................................187

Texte 189

Parenthèse 194

A Abertura da Forma pelos *Tropes* 199

Da *Troisième Sonate* a *Incises*: Memória e Amnésia 202

Incises 204

Seção IA ("Libre. Lent, sans traîner")................................207

Seção IB ("Prestissimo")..209

Seção II 211

Restrições e Polarizações...212

Formal, Informal?..215

VI.   A "REPARTIÇÃO ESPECTRAL", VETOR DA FORMA
NA *KLAVIERSTÜCK 11* DE STOCKHAUSEN 219

A "Filtragem" Espectral, Metáfora para a Análise das Estruturas
Harmônicas 219
As Fundamentais Aparentes dos Dezenove Grupos 223
Exemplos de "Filtragens" Harmônicas 224
     A1 e A1B 224
     C1 e C1B 226
     A2 227
Análise Comparada de Grupos Aparentados 227
     A3, D4 e F1 228
     B2, C1, C3 229
Conclusão 233

VII.   POLIFONIAS DEFASADAS:
UMA ANÁLISE DAS DIMENSÕES HARMÔNICAS
PARALELAS DA *SEQUENZA IV* DE BERIO 235

A *Klavierstück* de Berio 235
Critérios de Seleção, Nomenclatura dos Acordes, Matrizes e Declinações ... 238
Uma Organização Bipolarizada das Estruturas Harmônicas 240
Uma Descrição das Matrizes Harmônicas a Partir
das Suas Características Sonoras 244
Sintaxe Harmônica: Ensaio de Análise Estrutural por Meio dos Componentes da Sonoridade 247
     Estruturação da Sintaxe Harmônica pelos Índices
     de Intensidade 247
     Estruturação da Sintaxe Harmônica pelo Vetor de Repartição 249
     Estruturação da Sintaxe Harmônica pelas Modalidades
     de Distribuição Interna das Alturas 251
Sonoridades, Estrutura Harmônica e Forma 256
Os Acordes Ressonantes: Um *Cantus Firmus* Acústico? 260
Uma Harmonia Multidimensional 270

VIII. "SONS PRIMEVOS OBSCURAMENTE MISTERIOSOS" 273

Entre o que é e o que Era 273

A Forma em *Makrokosmos* 278

Conjuntos de Sonoridades em *Primeval Sounds* 280

O Som é a Obra 286

IX. A *ARS SUBTILIOR* DE LACHENMANN: UMA INCURSÃO
NO UNIVERSO SONORO DE *SERYNADE* 289

O Conceito de Som Estruturado: Uma Breve Revisão Ilustrada 289

Klangstruktur versus Klangkadenz 292

Tonalidade e História como Fontes de Dinâmica Formal Dialética 300

O Único Compositor Clássico da Atualidade? 310

Um Modelo Analítico para *Serynade* 313

Inventário do Material Primário de *Serynade* 314

Clusters 315

Acordes 319

Estruturas Diacrônicas Mono ou Homofônicas 331

Uma Classificação Tipológica Ponderada das Unidades Sonoras 335

Classificação das Configurações Primárias 335

Tipologia 336

O Pedal e Seu Impacto na Sonoridade 342

A *Klangstruktur*, Base da Escrita do Sonoro em *Serynade* 345

Outros Componentes da Sonoridade 350

Análise Sinótica de *Serynade* 353

Nível Primário: Um Processo de Substituição em Grande Escala .. 355

Os Gestos "Melódicos", um Elemento Energético 358

Um Exemplo da Articulação dos Objetos Ressonantes 362

Uma *Klangkadenz* Construída sobre Oposições Binárias
Adjacentes 365

"A Música em Busca da não Música" 372

x.   CONCLUSÃO:
A HERANÇA DEBUSSISTA NA MÚSICA PARA PIANO
DO SÉCULO XX 375

ANEXO
DESCRIÇÃO DOS COMPONENTES DA SONORIDADE.........................383
    O Componente Q para o Piano..383
    Os Componentes da Sonoridade: Descrição Sumária............................386
        Componentes de Ordem Morfológica (Piano) 387
        Componentes de Ordem Cinética (Piano) 389
    Índices e Vetores...390
        Índices...391
        Vetores 391

Bibliografia 393
    Obras do Autor..403

Índice Onomástico 405

Nota do Autor sobre a Edição Brasileira

Sendo, simultaneamente, o autor francês e o tradutor brasileiro deste livro (situação possivelmente pouco comum), autorizei-me, diante da edição original, algumas atitudes que um tradutor independente não se atreveria a fazer. Com efeito, apesar de todo o cuidado possível ao longo de várias releituras, algumas falhas, confusões ou imprecisões, acharam por bem saltar-me à vista tão logo o primeiro exemplar impresso em francês chegou em minhas mãos. Falhas essas que um profissional haveria de respeitar, lançando mão, eventualmente, do convencional [sic], mas que eu mesmo, enquanto autor, não suportaria repetir, ainda que noutro idioma. A versão brasileira tornou-se, então, ao mesmo tempo, a primeira tradução do livro *Esthétique de la sonorité* e, de fato, uma espécie de primeira edição revisada. São pequenos retoques, aqui uma definição melhor formulada ou uma ambiguidade dirimida, acolá uma legenda melhor explicitada ou referenciada, sem no entanto nada que incida na integridade da translação do conteúdo e dos conceitos do texto original. Nesse processo, a cuidadosa e competente revisão da minha colega Ilza Nogueira se tornou um elemento preponderante de êxito, pelo que gostaria de expressar, nesse momento, a minha profunda gratidão.

Os outros diferenciais desta edição residem em dois aspectos também importantes:

- atualização bibliográfica visando à inserção de referências em português, inclusive a substituição de algumas fontes estrangeiras pela sua tradução, quando fidedignas;
- contribuição de Ilza Nogueira para a redação de um prefácio exclusivo desta edição;

Chamadas para notas de rodapé em asterisco (*) assinalam aquelas exclusivas da versão brasileira.

As figuras são reproduções exatas da edição francesa.

Prefácio à Edição Brasileira:
A Escuta do Tempo

A língua portuguesa ainda está a reclamar por obras de densidade, originalidade e competência no que diz respeito à bibliografia musical, especialmente nos campos das teorias analítica e composicional. Merece especial registro, portanto, a edição brasileira de *Esthétique de la Sonorité*, volume que, certamente, constituir-se-á numa importante referência bibliográfica nos meios acadêmicos brasileiros como suporte intelectual à pesquisa sobre a criação musical, enfatizando a herança mais expressiva da música europeia do século xx: a construção da sonoridade e a sua emergência ao nível de um dos parâmetros primários da estruturação musical, isto é, das "dimensões conceituais da composição".

Quando nos deparamos com a honrosa tarefa de prefaciar, dois caminhos se propõem de imediato: a abordagem crítica-descritiva ou uma reflexão circunstancial sobre aspectos sobressalentes à nossa observação, os quais consideramos, portanto, "pontos-chave" da obra em foco. Já que o autor do prefácio à edição francesa se incumbiu da visão descritiva e crítica do livro de Didier Guigue, realizando-a de forma detalhada e competente, vou me restringir a apontar tópicos que julgo de grande interesse ao público para o qual este volume me parece dirigir-se com mais propriedade: o compositor e o musicólogo analista.

Os campos da teoria analítica e composicional se entrecruzam tão intimamente que chega a ser difícil cindi-los na literatura musical. Se pensarmos o compositor e o analista sob a ótica tradicional dos seus respectivos fazeres, diríamos, *grosso modo*, que enquanto o primeiro pensa o processo compositivo, o outro reflete sobre o produto artístico. No entanto, se o processo visa ao produto, o adentramento analítico na obra, por sua vez, pretende aproximar-se da intimidade dos procedimentos composicionais. Poderíamos dizer, então, que o compositor e o analista do discurso musical fazem o mesmo "percurso" intelectual em sentido inverso. E que, nos seus caminhos, as teorizações composicional e analítica se encontram, trocam ideias, reciclam-se e beneficiam-se mutuamente. Com essa metáfora, quero dizer que é comum ao compositor, no processo de criação, experimentar uma mudança de posição ou postura para tentar uma escuta exógena, que possibilite uma avaliação isenta das justificativas teóricas ou do próprio imaginário poético. Inversamente falando, pode-se dizer que não é estranha ao procedimento analítico a tentativa de "calçar as sandálias" do compositor, isto é, de aproximar-se da obra como se buscando o percurso das ideias geradoras. Em geral, o compositor também é um analista em potencial; e quanto ao analista, é comum encontrá-lo, ocasionalmente, fazendo incursões no campo composicional.

Didier Guigue é musicólogo e também compositor. Em sua obra analítica, nota-se que o autor recorre, frequentemente, ao compositor à espreita nos bastidores do seu pensamento, disponível e provocador do diálogo com o musicólogo em ação. Pode-se reconhecer a interatividade dessas duas faces do músico em seu trabalho, resultando numa produção que traz à baila um enorme cabedal de conhecimentos da literatura sobre teorias composicionais e analíticas, discutidas com a perícia de um *connoisseur* dos *métiers* do compositor e do analista.

A leitura de *Estética da Sonoridade* pode ser comparada a uma visita guiada ao "museu" da literatura musical sobre o tema da sonoridade como matéria composicional, com ênfase na linhagem herdeira da concepção estrutural de Debussy: Messiaen, Boulez, Stockhausen, Berio, Crumb e Lachenmann. Concepção essa em que a sonoridade, "integrada ao processo de gestação da obra", como chama atenção o autor, alcançando o primeiro plano hierárquico, pode, então, "submeter à sua lógica dinâmica o restante do material, tanto no nível mais baixo, a organização das alturas, quanto, no topo, a organização formal em grande escala".

Para compreender essa *funcionalidade* estrutural da sonoridade e elaborar uma metodologia para transmiti-la, Didier Guigue foi buscar motivação em Pierre Boulez, melhor dizendo, em seu desejo expresso de realizar uma análise baseada na elaboração dos componentes da obra, "uma vez adotadas as premissas, sobre as quais se fundam esses componentes"[1]. O método analítico concebido, como explicou seu autor, resumidamente, na introdução do livro, observa "as modalidades de interação da sonoridade com o meio" (o contexto imediato ou a obra considerada em sua totalidade), no sentido de compreender como as qualidades constitutivas dos "objetos sonoros", em função de sua interatividade e distribuição na temporalidade da obra, poderiam modelar a *kinesis* formal. O método, portanto, exige do usuário (seja ele o analista ou seu leitor) uma sensibilidade desenvolvida para a *escuta*, qualidade fundamental às atividades de compor e analisar. Com efeito, o trabalho analítico de Didier Guigue se descortina para o valor de uma escuta sensível à constituição da matéria sonora e à sua relação com o entorno, tanto no âmbito microcósmico da obra quanto no macroespaço diacrônico da tradição histórica.

Em função da novidade do método proposto, a leitura deste volume reclama por uma atenção "suspensa no tempo", o que nos leva, especialmente, a compreender a dimensão mais importante e desafiadora do trabalho composicional: o desdobramento da matéria sonora no tempo. Compositor e analista pensam a obra musical a partir das duas distintas noções de temporalidades que se interpõem no ato de compor e de analisar: o "tempo especializado" e o "tempo

---

1 Actualité de Debussy, actualité de Webern, *Points de Repère*, t. 2.

devir". O primeiro, de natureza física, medido pela sucessão de instantes, regula e disciplina o trabalho compositivo; e o segundo, qualitativo e psicológico, entendido como duração na qual se exerce um ímpeto permanente do passado em direção ao futuro, manifesta-se como mobilização da experiência passada e antecipação do porvir.

O pensamento analítico que se volta à observação da *kinesis* formal como resultado da interação das qualidades dos "objetos sonoros" relativamente à sua localização na temporalidade da obra é, principalmente, atento ao fato de que é a sua distribuição no tempo que lhes atribui valor e sentido. Objeto da fruição estética, a atribuição de valor e sentido depende, por sua vez, de uma escuta culturalmente determinada. Considerando essas duas observações, podemos entender como os processos cognitivos para com a música são dependentes da percepção da interação entre as duas dimensões da temporalidade na música: o tempo *Chronos* – os presentes que se sucedem – e o *Aiôn* – o momento abstrato, decompondo-se em passado e futuro de uma só vez; a memória, experiência que se cristaliza, e a *antecipação do porvir*, depende de nossas escolhas e é guiada por elas.

Em *Estética da Sonoridade*, Didier Guigue traz à luz essa reciprocidade entre a percepção do tempo e a concepção compositiva, que nada tem de evidente, tanto no plano conceitual como no empírico. Seu trabalho instaura um interessante e importante debate acerca de uma dupla interrogação sobre, de um lado, como o tempo penetra a composição musical, não se reduzindo a um simples ajuste de durações a um tempo que pode ou não ser preestabelecido; e, por outro lado, como o trabalho compositivo penetra no tempo. Nessa tarefa, revela-se o educador, que em seu *logos*, de uma maneira essencialmente didática, assume o controle do *ethos* do compositor (da autoridade que caracteriza o seu discurso) e do *pathos* do analista (cujo discurso é genuinamente epidíctico).

Ilza Nogueira
Compositora, membro da Academia
Brasileira de Música

Prefácio:
Do Tom ao Som

De Debussy à música contemporânea deste início de séc. XXI, do rock à eletrônica, dos objetos sonoros da primeira música concreta à eletroacústica atual, do *Poème Électronique* (Poema Eletrônico) às mais recentes tentativas interartísticas, o "som" tornou-se uma das apostas centrais da música (e das artes). Reler a história da música desde o século passado significa, em parte, ler a história movimentada da emergência do som, uma história plural, pois que composta de várias evoluções paralelas, as quais, todas, levam de uma civilização do tom para uma civilização do som.

Primeiro, há a extraordinária aventura do timbre. Se, de Monteverdi até Debussy, passando por Berlioz e Wagner, a história do timbre pode ser assimilada à história da orquestração, ele acaba por emancipar-se e revestir-se de uma importância cada vez maior, com base em dois paradigmas que se desenvolvem em paralelo. O primeiro, que leva de Debussy aos compositores espectrais *via* a primeira música eletrônica de um Stockhausen, é o paradigma da "ressonância": trata-se de prolongar a harmonia no timbre. Com o segundo – que remonta à misteriosa noção de "melodia de timbre" lançada por Schoenberg no final do seu *Tratado de Harmonia* como alguma *Zukunftphantasie* (Fantasia do Futuro) –, assistimos a várias tentativas de substituir a altura pelo timbre. Essa dupla história do timbre tem contribuído, significativamente, ao deslocamento do cursor da linha tom-som para o lado do som.

Uma segunda história, aparentemente mais radical, é centrada no elemento que a civilização do tom sempre considerou como o Outro da música: o ruído. Se o ruído sempre fez parte da música – podemos imaginar o culto de Dionysos sem efusões sonoras ruidosas? –, a música recente generaliza seu uso musical, desde Russolo e Varèse até os "ruidistas" japoneses de hoje, passando pelo *Tratado dos Objetos Musicais* de Schaeffer, pela primeira música de Lachenmann, pelo *free jazz*, pelo *rap*… Seguramente, essas utilizações musicais do ruído estão longe de se equivalerem, mas elas não deixam, todavia, de descortinar um novo território do musical, onde o tom ocupa tão somente uma região bem pequena. O abandono da oposição som musical/ruído leva a generalizar o termo som (*tout court*) para designar o território completo.

Terceira história paralela que tem contribuído para colocar o som no centro dos desafios musicais: a passagem do modelo organicista ao modelo construtivista. De acordo com o primeiro – que se aplica, aproximadamente, de Beethoven até Webern –, a obra musical se concebe como uma planta que cresce a partir de uma célula. Com o construtivismo, tudo tem que ser construído: doravante, em vez de compor *com* sons, compõe-se *o* som. A potencialização do modelo construtivista é ligada à problemática do domínio do material. Dominar o material significa, ao mesmo tempo, como dizia Adorno, liberá-lo. A relação da arte com a natureza se encontra, então, renovada: a arte não imita mais a natureza; antes se afasta dela, com a finalidade, precisamente, de preservá-la As consequências mais recentes do construtivismo musical se leem na evolução da música eletrônica. No Stockhausen da primeira música eletrônica, compor o som significa tomar por modelo a harmonia (onde um acorde se compõe superpondo notas), o que, como já foi dito, remete ao paradigma da ressonância. O construtivismo, por sua vez, suprime "a aura" que sustenta este paradigma. Nas músicas eletrônicas recentes, isso resulta no fato de que compor significa operacionalizar "redes de objetos numéricos", segundo a expressão de Horacio Vaggione.

Uma outra história que leva do tom ao som é construída pela evolução das relações entre a música e as outras artes e mídias. Do modelo da ópera, onde a música federa as outras artes, passemos às realizações multimídia onde as artes se justapõem, e, para tanto, tornam-se justamente "mídias", suportes. A dança se torna "corpo" ou "movimento", qualquer arte do domínio visual leva o nome de "imagem" etc. Logicamente, aí, a música se denomina, doravante, "som".

Uma última história deveria tratar do necessário pendente da música (e do som) como atividade humana: a escuta. Com efeito, o interesse por ressonâncias compostas, por melodias de timbres, a abertura do possível para qualquer som (e, portanto, para o ruído), a sensibilidade à composição do som em si, a atração por formas de arte intermodais, enfim, tudo que conduz à emergência do som, somente se tornou possível por meio das mutações da escuta e do nascimento de novas estratégias desenvolvidas para os ouvintes. Aí onde Adorno, que, desde os anos de 1930, constatou a importância adquirida pelo som, se limitou em estigmatizar essas novas estratégias, falando de "fetichismo da escuta", uma vasta literatura, indo de Cage aos musicólogos pós-modernos, nos ensinou a decifrá-las.

*   *   *

Essa história, que conduz do tom ao som, está longe de ter sido esgotada, musicologicamente falando, apesar de numerosos trabalhos. O livro de Didier Guigue coloca novas balizas importantes, notadamente com respeito ao paradigma do prolongamento da harmonia no timbre, assim como à história do som composto. Didier Guigue analisa a emergência da *sonoridade* como fenômeno de *écriture* – não se trata, portanto, do "timbre" no sentido simples do termo –, fenômeno esse que faz jus a uma abordagem *holística*. O termo "sonoridade" constitui uma "expressão usada especificamente no sentido de unidade sonora composta. Formada da combinação e interação de um número variável de componentes, ela é um momento que não tem limite temporal *a priori*, pois pode corresponder a um curto segmento, a um período longo, ou até à obra inteira", escreve ele. Ainda que se possa entrever premissas históricas num Rameau, Beethoven ou Berlioz, é, naturalmente, no século xx que essa emergência se produz. O autor se propõe abordá-la por meio de um repertório de obras para piano que, partindo de Debussy, passa por Messiaen, Boulez, Stockhausen, Berio, Crumb e Lachenmann, compositores que, cada um à sua maneira, buscaram "o desenvolvimento de um conceito integrado da totalidade do fenômeno musical por meio de estratégias de escrita capazes de resolver os problemas formais". Com efeito, a noção de sonoridade é indissociável da escrita em todos os níveis, do microtempo (timbre) até o macrotempo (forma).

É inútil dizer que numerosos compositores – tais como Xenakis, Feldmann, Takemitsu, para citar apenas três – põem também em obra essa emergência nas suas composições para piano. Se Didier Guigue não as aborda, é porque o enfoque não é de natureza histórica, e sim *analítica*. Por conseguinte, a exaustividade tem menos sentido que o aprofundamento de alguns estudos de caso que possuem valor paradigmático. Com efeito, seu trabalho almeja formalizar um método analítico que seja capaz de cingir e descrever detalhadamente essa estética da sonoridade. Esse método não se funda numa abordagem perceptiva tratando de sensações, mas sim sobre o estudo de procedimentos de elaboração composicional, pois que "a questão é menos o som em si como objeto da obra, como *Klangzustand*, do que a sua articulação prática nas estruturas musicais e a sua utilização como elemento gerador de forma, quiçá de sintaxe". Tampouco se trata de análise indutiva, já que saber como a obra foi composta não é essencial, a noção de sonoridade constituindo abstração histórica.

O método analítico de Didier Guigue é atrelado à noção de complexidade, pois que pensa a sonoridade – ou unidade sonora composta – como síntese "momentânea" de um certo número de componentes que agem e interagem em complementaridade. Assim, a análise estabelece um índice de "complexidade relativa" baseado na medida do grau de atividade de um dado componente numa unidade sonora e na geração de uma dinâmica formal. Os componentes se classificam em dois níveis. O nível primário é constituído da coleção de classes de notas ou "cromas" que contém uma sonoridade. O nível secundário é o espaço dos componentes que configuram as modalidades de distribuição dos fatos sonoros dentro de uma dada unidade. Poderíamos – tal como o autor que cita Tristan Murail e sua noção de "vetorização" – estabelecer um paralelo entre a noção de sonoridade tal qual acabou de ser definida e a noção de "objeto sonoro" própria à música espectral, onde, como sabemos, estamos nos antípodos da noção schaefferiana de objeto sonoro, a qual tende a reificar o som e não levar em consideração sua qualidade de entidade componível. Por outro lado, o método de Didier Guigue não se satisfaz em delimitar as unidades sonoras compostas, ou sonoridades. Ele se interessa pela sua articulação: chega até a propor elementos para uma análise "funcional" das sonoridades, com o auxílio de categorias tradicionais tais como repetição, oposição e variação.

O primeiro capítulo põe as bases do modelo analítico. (O leitor mais informado das práticas da análise musical poderá se referir também aos anexos, nos quais Didier Guigue descreve, de maneira precisa, os componentes formalizados nas análises que constituem o *corpus* do livro.) Os dois capítulos seguintes são dedicados ao fundador da estética da sonoridade: Debussy. O segundo capítulo propõe alguns exemplos da reflexão debussista sobre o tonalismo; o seguinte analisa *Feux d'artifice* (Fogos de Artifício) e *Ce qu'a vu le vent d'Ouest* (O Que Viu o Vento do Oeste), antes de propor um estudo estatístico geral dos prelúdios e estudos. Com base nessas análises, o autor pôde derivar uma consequência importante:

Trata-se da decisão de deslocar o essencial da dinâmica formal do nível primário para o nível secundário. Doravante, na maioria das vezes, o primeiro se encontra circunscrito seja à produção de um reservatório de notas (para retomar uma definição de Boulez, que atribui ao sistema de organização serial mais ou menos o mesmo papel), de figurações, de gestos, seja a uma função de invariância, de estase, quiçá de unificação subjacente. A partir desse princípio, Debussy elaborou uma rede de dimensões secundárias, sobre a qual a articulação da forma vai se apoiar, e, mais importante ainda, ele instituiu, entre essas dimensões, relações de natureza variada, de modo a reinventar, nesse nível, uma dinâmica, a qual ele, ao mesmo tempo, eliminou nos elementos que preserva da linguagem tonal.

O quarto e o quinto capítulos examinam a herança debussista mais patente, analisando, por um lado, obras de Messiaen (*Vingt regards sur l'Enfant-Jésus* [Vinte Olhares Sobre o Menino Jesus] e *Catalogue d'oiseaux* [Catálogo de Pássaros]) e, por outro lado, obras de Boulez (*Troisième Sonate* [Terceira Sonata] e *Incises* [Incisos]). Os capítulos do sexto ao nono tratam de uma herança mais distante, mas um tanto quanto evidente, ou, em todo caso, representativa da estética da sonoridade. Didier Guigue analisa aí as técnicas de filtragem espectral em *Klavierstück xi* de Stockhausen, as polifonias defasadas da *Sequenza iv* de Berio, *Makrokosmos* de Crumb e, finalmente, *Serynade* de Lachenmann.

É interessante notar que dois compositores tão antitéticos como Crumb e Lachenmann possam coexistir graças a essa teoria analítica. É um dos méritos da abordagem global desenvolvida no livro. Continua-se, por vezes, criticando a música contemporânea, dizendo que ela não é "compreensível", pois cada compositor desenvolve sua própria linguagem. Mesmo sendo verdade que a singularidade é um dos traços maiores das obras de música contemporânea, a recentragem no som – focada igualmente por outros universos sonoros atuais – é o que elas têm em comum.

Makis Solomos
Musicólogo, professor da
Universidade de Paris viii

Introdução
Estética da Sonoridade

Uma "Nova Estética Musical"

Claude Debussy é geralmente considerado como o fundador de uma "nova estética musical"[1], na qual a *sonoridade* se torna, plenamente, uma dimensão da sua escrita[*], o lugar "onde nasce e flui o *movimento* próprio ao seu pensamento musical concreto"[2]. Com isso, ele inverteu o modelo dualista em vigor na música até então, em que a sonoridade,

---

[1] É nesses termos que Jean Barraqué conclui seu *Debussy*, p. 232-233. "Estética da sonoridade", por sua vez, foi a expressão com a qual Hugues Dufourt qualificou o que definiu como *música espectral* no seu artigo homônimo seminal de 1979: Musique Spectrale, *Conséquences*, n. 7/8, p. 111-115. A aproximação com a estética de Debussy não é em nada descabida, já que a então nova música proposta pelo grupo de jovens compositores franceses se exercia "diretamente sobre as dimensões internas da sonoridade", privilegiando "formas instáveis" e "transparentes" baseadas em fluxos e mutações sonoras, definições pelas quais se vislumbra nítida vinculação, ainda que, no referido artigo, o autor reconheça apenas e exclusivamente o referencial serialista.

[*] No discurso musicológico francês, a palavra *écriture* – traduzida neste livro por *escrita* – se refere ao processo de elaboração composicional, convencionalmente (mas não necessariamente) fixado em suporte escrito – a partitura. Ver infra, p. 41, nota 65.

[2] A. Boucourechliev, *Debussy, la révolution subtile*, p. 121. Sobre o assunto, ver também, entre outros, os clássicos: André Souris, Debussy et la nouvelle conception du timbre, *Cahiers Musicaux* n. 6; S. Jarocinsky, *Debussy, impressionisme et symbolisme*.

pelo viés das técnicas de instrumentação ou de orquestração, intervinha como suporte, como o vetor de um discurso elaborado previamente por meio da articulação de um material abstrato. Na sua música, ela não é mais "a vestimenta de uma linguagem", mas, antes, passa a ser "o próprio campo das suas mutações, onde se definem novas relações, desierarquizadas"[3]. Debussy abre o caminho para uma "música dos sons", que Leigh Landy define como uma "forma de arte onde a unidade de base é o som em vez da nota"[4]. No entanto, compor (com) a sonoridade não constitui uma preocupação nascida apenas no século passado. De fato, eu situaria sua origem em Rameau, no século XVIII, portanto, com uma passagem *obbligata*, evidentemente, por Berlioz. Rameau, até onde sei, nunca se expressou a respeito, todo absorvido que foi pelo desenvolvimento e, sobretudo, pela defesa de suas teorias harmônicas. Entretanto, é bastante esclarecedor ouvir comparativamente as obras dos seus grandes predecessores (Lully e Charpentier, por exemplo), ou até do seu contemporâneo Bach, para medir o quanto o seu trabalho com a sonoridade orquestral adquire uma função formal que nunca teve até então, considerando que essa dimensão pode, em alguns casos, descer até a articulação do discurso nota-a-nota. Berlioz retomou e desenvolveu ocasionalmente essas experiências, as quais, no entanto, somente tiveram descendentes muito mais tarde, a partir de Varèse ou ainda de Webern[5].

É preciso buscar em Beethoven, todavia, a origem da conscientização da necessidade histórica de "desconcretizar"[6] a sonoridade para incorporá-la entre as dimensões conceituais da composição. Como bem analisou André Boucourechliev:

---

3 Gérard Pesson, Transcendance et sensation, un parallèle Mahler/Debussy, em M. Joos (dir.), *Claude Debussy: Jeux des formes*, p. 95.

4 La Musique des sons, MINT – *Série Musique et Nouvelles Technologies*, n. 3, p. 10; *Understanding the Art of Sound Organization*, p. 17.

5 Ambos, desnecessário dizer, por meio de caminhos divergentes.

6 Tomo essa expressão emprestada a Pierre Boulez, para quem "desconcretizar" (*déréaliser*) o som permite, ao transformá-lo "numa entidade essencialmente neutra", integrá-lo "numa estrutura global onde ele adquire sua personalidade, por [exercer] uma função específica em dado contexto". Cf. P. Boulez, Entre ordre et chaos, *Inharmoniques*, n. 3, p. 129.

Tratava-se, para ele [Beethoven], *primo*: de reativar ao máximo a "força de impacto" de todos os parâmetros do sistema, de expandir seu campo de ação; *secundo*: de redistribuir suas hierarquias no âmbito da linguagem e dar-lhes o máximo de autonomia; melhor ainda: de tornar essas hierarquias *variáveis*, específicas de determinada obra, até de determinado gesto musical; *tertio*: de promover, na estrutura, o papel dos parâmetros reputados secundários, tirá-los da sua inércia e do seu estado de submissão. Ao fazer isso, Beethoven atacou tudo o que era *pré-formado* na linguagem[7].

Essa nova estética está vinculada, em grande parte, à transformação do conceito de composição que protagonizou o advento do pianoforte. Este, de fato, revela-se como o veículo privilegiado da evolução dessa incorporação conceitual durante o século XIX[8].

Uma das principais características românticas consiste em buscar a continuidade a partir de vizinhanças arbitrárias; essas encontram uma encarnação otimizada no *som* instrumental, no que ele tem de insubstituível e inimitável. Noutras palavras, o romantismo musical aposta na capacidade do qualificativo pontual em gerar uma morfologia [...]. Numa época em que a busca de um timbre peculiar faz, cada vez mais, parte do *processo normal de composição*, era inevitável que os recursos acústicos do piano atraíssem a atenção dos compositores[9].

Essa simbiose entre a evolução histórica da linguagem e o meio instrumental destinado a concretizá-la vai se acentuando na passagem para o século XX: "para ultrapassar as arquiteturas desgastadas, era preciso ousar *transformar as notas* em *signos acústicos*", diz Michelle

---

7 *Essai sur Beethoven*, p. 31. Cf. também H. Scherchen, *The Nature of Music*, 1950.

8 M. Biget, Le Geste pianistique, *Publications de l'Université*, n. 117; Didier Guigue, Beethoven et le pianoforte, *Revue de Musicologie*, v. 80, n. 1, p. 81-96; C. Rosen, *The Romantic Generation*.

9 M. Biget, Écriture(s) instrumentale(s). Liszt: La Vallée d'Obermann, *Analyse Musicale*, n. 21, p. 86. Sabemos que, de fato, trata-se de uma evolução em sentido duplo, na medida em que os compositores exerceram simultaneamente uma influência determinante sobre a evolução da luteria. Para retomar Boucourechliev: "Sob as invectivas de Beethoven, os pianos passaram a ser mais sólidos, sobretudo mais potentes, e suas capacidades de diferenciação das intensidades crescerem praticamente de ano em ano – aliás, sob a vigilância pessoal de um Beethoven atento e exigente". *Essai sur Beethoven*, p. 35.

Biget[10], e ninguém outro senão Debussy, naquele momento, foi mais longe nesse caminho, no piano. Sua linguagem orquestral também demonstra o objetivo de ultrapassar os princípios canônicos da orquestração romântica, suporte de apoio às estruturas prosódicas, melódicas, tonais ou dramáticas[11]. Nesse campo, porém, temos de reconhecer que somente alguns anos depois, com Varèse, o trabalho com os sons instrumentais em combinação, orientado para a obtenção de objetos sonoros cuja natureza e cujo comportamento remetam explicitamente ao domínio físico-acústico, passa a adquirir uma consistência sem precedente histórico[12].

Este livro não é mais uma exegese de Debussy. Seu objetivo é, antes de tudo, tentar contribuir para o conhecimento que já temos da sua linguagem musical aplicada ao piano, destacando o mais precisamente possível os elementos que formariam o que chamo de sua *estética da sonoridade*. Minha meta é mostrar com que meios Debussy consegue integrar a sonoridade no processo de gestação da obra, e, nos casos em que ela se encontra sistematicamente associada à articulação de um pensamento formal, como alcança o primeiro plano hierárquico, podendo submeter à sua lógica dinâmica o restante do material, tanto no nível mais baixo, a organização das alturas, como no topo, a organização formal em grande escala. De alguma forma, minha premissa ecoa o desejo que Boulez já expressou em 1955 em Darmstadt, a propósito da modernidade do compositor:

Eu gostaria de tentar, algum dia, fazer uma análise com os objetos sonoros do material utilizado, e comprovar assim que é possível e que permanece clara uma análise da obra baseada na elaboração dos seus componentes, uma vez adotadas as premissas sobre as quais se fundam esses componentes[13].

---

10 Le Primat du geste instrumental dans la structure des événements musicaux, *Analyse Musicale*, n. 16, p. 85-91, grifo nosso.

11 Estou fazendo aqui, obviamente, uma grosseira generalização. Evoquei há pouco Berlioz, mas ele não é o único no século XIX – e aqui se impõe a figura de Wagner – a reelaborar essa hierarquia, ainda que, raramente, de forma plenamente sistematizada.

12 Cf. P. Lalitte, L'Architecture du timbre chez Varèse, *Analyse Musicale*, n. 47, p. 34-43.

13 Actualité de Debussy, actualité de Webern, *Regards sur autrui*, p. 362.

Nessas circunstâncias, funcionalizar a sonoridade é captar as modalidades da sua interação com o meio. Não se trata de tentar determinar se ela é o lugar da inclusão, ou da exclusão, das alturas, durações e intensidades, quiçá dos timbres[14]; é, antes, medir em quais qualidades relativas suas – em relação às sonoridades vizinhas, ao contexto imediato ou ainda à obra inteira – poderiam modular, modelar, descrever, na posição do tempo em que o compositor a colocou, a *kinesis** formal.

Se eu decidi abordar Debussy colocando em segundo plano, deliberadamente, as estratégias de articulação do *nível primário* – assim chamo as modalidades de agenciamento de alturas, intervalos e durações apreendidos sob o ângulo das suas propriedades aritméticas, geométricas ou harmônicas –, não é, evidentemente, porque considero que esses elementos não tenham poder nenhum sobre a estrutura. Aliás, a eles eu dedico o capítulo II[15]. Mas, já que somos "condenados à pluralidade de métodos e à pluralidade de pontos de vista"[16], a dissociação dos níveis de estruturação – e o abandono, pelo menos provisório, de alguns deles – pareceu-me a condição necessária ao desenvolvimento de ferramentas focadas e coerentes com a finalidade almejada.

Entre as gerações que o seguiram, numerosos são os compositores que reivindicaram, em diversos graus, uma abordagem da composição que bebe na fonte debussista:

---

14 Em alguns trabalhos recentes, o timbre aparece como uma das características do *som*, no mesmo plano das três demais dimensões, enquanto, anteriormente, era bastante comum vê-lo sendo considerado como uma *metadimensão* englobando as demais. M. Solomos, *De la Musique au son*; Bernard Parmegiani, Orphée, on s'enferre!, em F. Delalande (org.), *Le Son des musiques*, p. 151-152 (e também o próprio Delalande, mesmo livro, p. 29). Sobre o timbre como metacomponente, cf. as contribuições de Robert Piencikowski, Philippe Manoury ou Marc-André Dalbavie, em J.-B. Barrière (org.), *Le Timbre, métaphore pour la Composition*, entre outras fontes.

 * Uso a palavra grega *kinesis*, "ação de mover", como forma de reforçar o aspecto dinâmico, energético, em devir, da música.

15 Jean-Louis Leleu, por exemplo, mostrou, de maneira muito precisa, como Debussy apela a sistemas concorrentes de escalas heterogêneas para articular a forma. No entanto, ele parece partir do princípio de que a forma se elabora exclusivamente nesse nível, premissa difícil de acompanhar. Cf. Structures d'intervalles et organisation formelle chez Debussy: Une lecture de Sirènes, em M. Joos (dir.), op. cit., p. 189-219.

16 S. Jarocinsky, op. cit., p. 67.

Quase todas as tendências surgidas no século XX têm sua origem na sua arte, inspiram-se nela diretamente, ou nascem em oposição a ela [...]. Ele foi o primeiro a dar ao som isolado, ou ao grupo de sons, uma importância igual à da melodia, do ritmo e da harmonia [...]. Isso terá consequências de grande alcance, que só se manifestarão plenamente na música mais recente[17].

Até mesmo o protominimalista La Monte Young chegou a declarar, numa entrevista de 1963, que Debussy contava entre suas mais importantes influências[18].

O lugar de Olivier Messiaen nesse contexto, e sua importância para as gerações seguintes, não precisam ser lembrados. Numerosos elementos do seu estilo pianístico convencem de que ele prolongou o aporte debussista. Messiaen, de fato, trabalhou no sentido de uma simbiose entre essa estética, pela qual o som prima frequentemente sobre a nota, e uma praxis musical tida por tradicional, norteada por uma prioridade inversa e pelo conceito de composição por desenvolvimento e proliferação de um material celular abstrato. Guardando-se todas as distâncias, Boulez o seguiu nessa senda. Esses dois músicos me parecem constituir as duas grandes primeiras referências nesse vetor, cuja origem remonta a Debussy. Consequentemente, o segundo objetivo deste livro consiste em pôr em evidência alguns dos fios pelos quais se tece o elo estético entre esses três compositores.

A partir daí visitaremos algumas outras obras que chamaram a minha atenção e que considero significativas na consolidação dessa estética no decorrer do século XX. Assinam essas obras Stockhausen, Berio, Crumb e Lachenmann. Cada um, a seu modo, buscou o desenvolvimento de um conceito integrado da totalidade do fenômeno musical por meio de estratégias composicionais capazes de resolver os problemas formais, simultaneamente ou alternativamente, "de cima para baixo" – *top-bottom* – e "de baixo para cima" – *bottom-up*. No primeiro caso, o objetivo será "criar com os sons objetos abso-

---

17 Idem, p. 180.

18 Richard Kostelanetz, Conversation with La Monte Young, em L. M. Young; M. Zazecla, *Selected Writings*, p. 29. Disponível em: <ubu.com>.

lutos, dotados de sentido imanente, e cujos poderes de irradiação estejam incluídos na sua própria forma"[19]. Pela outra abordagem, o compositor elaborará a forma a partir da organização e combinação do material de base, das alturas ou de um elemento isolado. A parametrização generalizada dos serialistas da segunda geração pode ser entendida como uma das estratégias de abordagem dessa concepção holística do fenômeno sonoro[20].

A "Escrita", Lugar de Invenção da Sonoridade

Apreender a música sob esse ângulo necessita a elaboração de um método analítico que esteja em condição de evidenciar através de que meios a sonoridade passa a assumir esse papel estrutural, isto é, de mostrar como ela se torna uma dimensão funcional. A elaboração de tal método apareceu, ainda que lentamente, como uma necessidade histórica[21]. Jarocinsky, que, conforme é sabido, no livro lançado em 1966, faz um inventário bastante extenso dos recursos puramente sonoros que Debussy utiliza para construir sua música[22], lembra que Louis Laloy, amigo pessoal do compositor, com o qual ele "certamente" discutiu as teorias expostas no seu artigo "Musique de l'avenir"(Música do Futuro), definia, em 1908, sua música como uma *união da lógica das notas à lógica dos sons*[23]. Ele menciona também o "método sensorial de análise" desenvolvido por Jozef M. Chominski

---

19 A. Souris, *Conditions de la Musique et autres écrits*, p. 226.

20 P. Boulez, *Jalons (pour une décennie)*, p. 255 e s.; idem, Da Necessidade de uma Orientação Estética, *A Música Hoje 2*, p. 15 e s.

21 Uma evolução análoga, ainda que mais antiga e mais estendida no tempo, pode ser detectada na reflexão filosófica sobre o sentido da música. Foi preciso, com efeito, esperar Hegel para, finalmente, em 1835, ler que "o poder da música […] reside no próprio elemento no qual essa arte evolui, isto é, o som", e nem tanto nas modalidades de organização proporcional de entidades abstratas (não era Leibniz que dizia ainda em 1712 que "a música é um meio de tornar perceptíveis as relações numéricas racionais e irracionais"?). Essas duas referências provêm de V. Anger (org.), *Le Sens de la Musique*, p. 240 e 270, respectivamente.

22 S. Jarocinsky, op. cit., p. 153 e s. Ver no entanto, anteriormente, A. Souris, Debussy et la Nouvelle conception du timbre, *Cahiers Musicaux*, n. 6.

23 Idem, p. 71. O artigo de Laloy foi publicado no *Mercure de France*, em dezembro de 1908.

numa série de textos publicados no final dos anos de 1950 na União Soviética. Esse método, que toma "o timbre real da obra" como objeto de estudo, considera os "valores sensoriais" resultando "de uma escolha de meios de execução e de uma certa maneira de tratar os sons com o auxílio do ritmo, da dinâmica, da agógica e da articulação"[24].

Num artigo publicado em 1959, o compositor François-Bernard Mâche demonstra que as dimensões especificamente sonoras então recém-evidenciadas pelas experiências da música eletrônica e concreta "existiam há bastante tempo [...] e formavam, por vezes, para os compositores preocupados em dar a ouvir mais do que a ler sua música, o essencial das estruturas sonoras"[25]. Tomando como exemplo trechos convincentes de Beethoven, Debussy, Varèse, ele aplica a noção de "objeto sonoro" e, de uma maneira geral, a tipologia de Schaeffer, à análise de uma certa categoria de música instrumental, na qual a fragmentação, o recorte ou ainda a inserção de uns objetos em outros constituem os elementos essenciais da arquitetura, construindo um paradigma de descontinuidade qualitativa temporal. Ademais, ele talvez seja o primeiro autor a insistir no fato de que, em tais situações, a composição do sonoro toma a frente da escrita da harmonia e da melodia, as quais, destarte, se tornam, mesmo em Beethoven, "desprovidas de interesse"[26].

Alguns anos mais tarde, Stockhausen profere uma palestra na WDR[27], quando chama a atenção para o aspecto mais inovador da concepção debussista, que ele denomina de forma-movimento (*Bewegungsform*), onde "são decisivos os processos temporais de mudança e sua velocidade" e que é analisável a partir de "critérios formais estatísticos essenciais"[28]. Estes incluem a densidade (*Dichte*), o registro (*Tonhöhenlage*), a velocidade relativa dos sons

---

24 Idem, p. 188-189 (onde são referenciados os artigos de Chominski sobre o tema).

25 Connaissance des structures sonores, *La Revue Musicale*, n. 244, p. 18.

26 Idem, p. 19 e s. Elas passam a constituir o que eu vou chamar de *componentes passivos* da estruturação (cf. cap. I).

27 Transcrita sob o título Von Webern zu Debussy: Bemerkungen zur statistischen Form, *Texte zur Elektronischen und Instrumentalen Musik*, v. I, p. 75-85. Ele sintetiza brevemente seu conteúdo numa entrevista publicada em R. Maconie, *Stockhausen sobre a Música*, p. 52.

28 Idem, p. 77 e s.

(*Geschwindigkeit*)[29], o campo de amplitude (*Lautstärke*) e o timbre (*Klangfarbe*). Stockhausen esboça ali nada menos que uma teoria analítica revolucionária, pensada *a priori* para Debussy, a qual despreza a organização das notas para se interessar exclusivamente pelas modalidades de estruturação de nível hierárquico mais elevado. Ele aplica esse método, de forma experimental, em *Jeux*, para concluir que essas dimensões são susceptíveis de se organizar numa ordem contínua de grandezas, podendo eventualmente ser tratadas segundo os princípios seriais[30]. Ele afirma, sobretudo, que, "caso surjam, nas composições, os mesmos degraus nos critérios [estatísticos] mencionados acima, forma-se, então, uma *consciência de coesão*" (*Zusammenhangsbewußtsein*)[31]. E ele dá um exemplo:

Se alguém percebe, numa composição, que a densidade de certa passagem é igual à [densidade] de uma forma-movimento anterior, com a diferença de que agora ela se aplica a grupos sonoros mais agudos, mais rápidos e de cor mais escura, deduzir-se-á, então, que a densidade constitui, nesse caso, o critério para o estabelecimento de uma conexão formal[32].

Talvez Stockhausen se aventure um pouco, quando ele condiciona a existência de tal relação mediata à sua efetiva percepção[33]. Porém, não deixa de ser fato que essas relações de similaridade existem em *Jeux* e que elas foram elaboradas por técnicas que o compositor alemão procura decifrar.

Aproximadamente na mesma época, seu conterrâneo Schnebel, que também se interessou por Debussy pelas mesmas razões, começou uma análise de *Brouillards* sob a perspectiva dos *processos sonoros* gerados pela dinâmica do encadeamento de *momentos*

---

29 A expressão schaefferiana de "*allure*" cerca, talvez com mais propriedade, a ideia de Stockhausen. P. Schaeffer, *Traité des objets musicaux*, p. 550 e s.

30 "Entre o claro e o escuro existem, de maneira contínua, todas as variantes de luz. Séries de graus de luz constroem uma unidade formal" (ainda a palestra de Stockhausen, *Von Webern zu Debussy...*, op. cit., p. 84, a propósito do critério *Klangfarbe*).

31 Idem, p. 77 e s., grifo meu.

32 Idem, ibidem.

33 Eu volto a discutir esse ponto mais adiante.

concatenados. Assim, o primeiro *momento* põe em ação "vários processos vibratórios (com poucos parciais) que se extinguem bastante rapidamente"[34]. Os *momentos* se organizam em *estruturas* que representam as unidades formais da peça. Schnebel estabeleceu as bases de uma descrição funcional das estruturas assim definidas a partir de dois ângulos: as relações interestruturais e a evolução do processo de uma estrutura à outra. Fazendo alusão explícita à conferência de Stockhausen, Schnebel sugeriu a direção que uma proposta analítica competente deveria adotar.

A composição com os sons tenta combinar elementos sonoros em unidades de nível superior [...] Já que essas unidades não podem mais ser apreendidas enquanto elementos individuais, as "categorias estatísticas" se tornam válidas; essas unidades são caracterizadas estatisticamente, segundo sua direção, sua densidade, sua velocidade etc.[35]

Esses balões de ensaio, que não parecem ter tido muito impacto no mundo musicológico da época, não foram alvo dos desenvolvimentos que mereciam nem seus autores deram prosseguimento a eles[36]. Mais notado, em compensação, foi o *Guidelines for Style Analysis* de Jan LaRue, publicado em 1970[37]. Pela primeira vez, pelo que parece, um manual de análise estabelece que o som, como "categoria analítica do estilo", deve ser considerado "em si" e não como a "matéria-prima da qual se servem a melodia, o ritmo e a harmonia"[38]. Avaliada por levantamentos estatísticos cuja missão é identificar, na partitura, reiterações, saliências, estases ou progressões, a elaboração estrutural do som contribui, em associação com a dos outros elementos (melodia, harmonia...), para a definição do estilo de um compositor pela quantificação e descrição de algumas estratégias idiomáticas

---

34 D. Schnebel, Brouillards. Tendencies in Debussy, *Die Reihe*, n. 6, p. 33.

35 Idem, p. 37-38.

36 Na minha tese *Une Étude "pour les Sonorités Opposées"*, eu "completo", de alguma forma, a análise de Schnebel de acordo com seus postulados (*Troisième Partie*, chap. IV, p. 397-455), ver infra p. 43. Também publicada em formato de artigo: Debussy *versus* Schnebel: Sobre a Emancipação da Composição e da Análise no Séc. XX, *Opus*, n. 5, p. 19-47.

37 As referências seguintes, todavia, provêm da edição espanhola, *Análisis del Estilo Musical*.

38 *Análisis...*, p. 17.

que o distinguem da prática comum da sua época. LaRue enfatiza, em particular, a necessidade de computar os "graus e frequências de mudanças" das configurações sonoras, pois ele crê ser provável "que as pulsações das sonoridades em larga escala, devido, precisamente, ao seu caráter mais primitivo e menos definido, podem ativar, de forma significativa, nossa mais profunda consciência do movimento"[39]. No entanto, para ele, essa elaboração, apesar do fato de que ela pode intervir na articulação de superfície – o que ele chama "pequenas dimensões" – não é mais do que um meio de reforçar "a memória temática", tornar mais claros os "pontos de articulação" da prosódia tradicional (frases, períodos…) e "fixar a progressão da forma musical em nossas mentes"[40]. Essa restrição é, de certa forma, inerente ao repertório que ele aborda, o qual não ultrapassa o romantismo e, sintomaticamente, nunca menciona Debussy[41]. Torna-se, consequentemente, bastante lastimável que seu estudo pare justamente no momento histórico em que a sonoridade, como agente gerador de forma, começa a conquistar sua autonomia[42].

Creio eu que devemos creditar a Robert Cogan e Pozzi Escot o mérito de terem sido pioneiros na corajosa tarefa de elaborar as premissas de uma teoria da *cor do som*, no livro clássico *Sonic Design*. Imbuídos de positivismo científico, ao invés do empirismo dos pioneiros europeus, eles lançam mão de todo o aparato dos dados e experimentos científicos em acústica e psicofísica disponíveis desde Helmoltz. Suas análises oferecem elementos de apreciação formal inéditos a respeito dos quais, porém, devemos lamentar não ter sido possível completá-los e, sobretudo, generalizá-los. Isso se deve, essencialmente, ao fato de que uma abordagem analítica da forma musical pela acústica instrumental, como a deles e de alguns

---

39 Idem, p. 21.

40 Idem, p. 22.

41 Ou então apenas *en passant*, p. 53, 153. Outros compositores modernos como Berg e Boulez são eventualmente citados, mas sem nenhuma abordagem analítica.

42 A única obra "completa" analisada no livro é um muito breve movimento de Henry Purcell para quatro instrumentos de corda, um pífio exemplo para quem deseja chamar a atenção sobre a importância das dimensões sonoras na escrita musical.

outros que, em sequência, seguiram mais ou menos seus passos[43], esbarra na necessidade de dispor de enormes bancos de dados (e, sobretudo, de manipulá-los), que sejam passíveis de cobrir todas as soluções sonoras encontradas pelos compositores no campo da manipulação das variáveis instrumentais, o que torna a empreitada deveras utópica[44]. Eles mesmo admitem isso e honestamente alertam o leitor sobre as importantes lacunas e limitações que impedem, de fato, a sua proposta metodológica de alcançar resultados concretos[45].

Nas suas publicações seguintes[46], Cogan prefere se render aos encantos do sonograma, embora seja claro que essa representação visual não oferece senão uma imagem muito pouco precisa ou, ao contrário, muito detalhada[47] da realidade instrumental para produzir conclusões sobre as inter-relações entre o timbre e a forma. Albert S. Bregman, Stephen McAdams e outros constataram, com razão, que é "um problema real extrair elementos salientes de uma representação de dados que contêm uma quantidade potencialmente esmagadora de informação"[48]. Leigh Landy coloca o problema da seguinte maneira: podemos realmente escutar tudo o que vemos nessas imagens? Reciprocamente, dada a existência de detalhes que ouvimos sem poder identificá-los no espectrograma, até que ponto podemos confiar nele?[49]

---

43 A mais conhecida é, provavelmente, W. Slawson, *Sound Color*.

44 Para uma crítica desses trabalhos, cf. D. Warner, Notes from the Timbre Space, *Perspectives of New Music*, v. 21, n.1/2, p. 15-22. Algumas experiências recentes no campo da CAC – composição assistida por computador – deixam, no entanto, vislumbrar possibilidades de aplicação mais eficazes para a análise. Jean Bresson, por exemplo, esboça o conceito de uma "análise espectral 'diferencial'" focada "nas variações da energia sobre o espectro enquanto elementos sonoros passíveis de análise e formalização", em *La Synthèse sonore en composition musicale assistée par ordinateur*, p. 254. Para uma revisão do problema do timbre sob o ângulo da percepção e análise, cf. Sophie Donnadieu, Mental Representation of the Timbre of Complex Sounds, em J. W. Beauchamp (org.) *Analysis, Synthesis, and Perception of Musical Sounds*, cap. VIII, p. 272-319.

45 Ver, por exemplo, R. Cogan; P. Escot, *Sonic Design*, p. 328 e 365.

46 Em particular: *New Images of Musical Sound*.

47 Imprecisa demais quando se atém apenas à imagem, e detalhada demais quando se desce até as listas dos dados numéricos que geraram a imagem.

48 Stephen McAdams et al.: Analysing Musical Sounds, em E. Clarke; N. Cook, *Empirical Musicology*, p. 157-196. Albert S. Bregman, L'Analyse des scènes auditives: L'Audition dans des environnements complexes, em S. McAdams; E. Bigand (orgs.), *Penser les sons*. A. S. Bregman, *Auditory Scene Analysis*.

49 L. Landy, *Understanding the Art of Sound Organization*, p. 203.

Uma ferramenta computacional como o *Acousmographe*, desenvolvida no GRM em Paris, constitui uma abordagem híbrida que já proporcionou bons e belos resultados, porém, no campo reservado das "músicas não escritas"[50]. Então, não é provavelmente por acaso que uma das melhores análises de Cogan a partir de um sonograma (ele utiliza um *software* com finalidade semelhante ao *Acousmographe*) é a do *Poème électronique* de Varèse[51]. O cerne da questão se situa bem aí: no universo das músicas cujo suporte gravado *é* o veículo intrínseco, isto é, quando a obra e o suporte se confundem, o rastro sonoro gravado de uma obra "escrita", ou, para ser mais abrangente e ao mesmo tempo mais específico, de uma obra instrumental ou vocal, não é senão uma mediação, ele a congela em tão somente um dos seus infinitos interpretativos possíveis, onde entram em jogo um número literalmente incalculável de variáveis, da mais genérica – o espaço onde a obra foi gravada – até a mais minuciosa – a palheta que o oboísta usou naquele dia. Essas variáveis podem provocar, em alguns casos, uma repercussão significativa sobre a imagem espectral resultante no sonograma, e, consequentemente, sobre as deduções que o analista vai poder fazer[52]. Quando Debussy começa *Nuages* com um quarteto de clarinetes e fagotes[53], ele sabe perfeitamente

---

50 É nesses termos que a documentação do *software* delimita suas competências. Disponível em: <http://www.ina.fr/grm/outils_dev/acousmographe/index.fr.html>. Acesso em: ago. 2006. Exemplos de análises: P. Couprie, Analyse comparée des *Trois rêves d'oiseau* de François Bayle, *Revue DEMeter,* dez. 2002, disponível em: <http://demeter.revue.univ-lille3.fr/analyse/couprie.pdf>. E numerosos outros, de autores diversos, em *Portraits polychromes*, INA-GRM. Disponível em: <http://www.ina.fr/grm/acousmaline/polychromes/index.fr.html>. Acesso em: ago. 2006. David Hirst obtém também resultados para *Wind Chimes*, de Denis Smalley, que ele analisa a partir de espectrogramas em *The Development of a Cognitive Framework for the Analysis of Acousmatic Music*.

51 R. Cogan, Varèse: An Oppositional Sonic Poetics, *Sonus*, v. 11, n. 2, p. 26-35. Nessa senda, o leitor poderia comparar os espectrogramas das páginas 158 e 160 do artigo Analysing Musical Sounds de McAdams et al. (citado *supra*), em que o primeiro representa uma peça orquestral e o segundo, uma obra eletroacústica, para constatar o quanto a imagem desta é bem mais evocadora do que a daquela.

52 É bem verdade que François Delalande mostra exemplos de análises de concertos de Vivaldi a partir de espectrogramas relidos e filtrados por meio do *Acousmographe,* mas justamente com o objetivo de aclarar a particularidade sonora da gravação de uma determinada interpretação da obra entre as centenas existentes, uma variável que, se não interessou ao compositor, tampouco interessa à análise formal: *Le Son des musiques*, p. 232-239.

53 Claude Debussy, *Trois Nocturnes*, I, c. 1-2.

que a sonoridade real dessa configuração instrumental, aquela que chegará ao ouvinte, será dramaticamente diferente a depender da orquestra que tocará a obra – parisiense, vienense ou londrina – e do maestro que a regerá. No entanto, durante o processo de composição ele tem o dever de ignorar essas variáveis e organiza, *compõe* seu vocabulário orquestral, como se se tratasse de manipular configurações de qualidades sonoras absolutas, fixadas de uma vez para sempre, tal como uma mínima a 60 pulsações por minuto. Na verdade, e isso me parece o mais importante, "não é o oscilador que mostra se um determinado elemento acústico, que o físico pode descrever, é significativo ou não no plano musical; é a composição que dá esta informação, como realização sonora de um conjunto de funções e significações", afirma Carl Dahlhaus[54].

Um segundo problema se superpõe ao anterior, quando o analista decide somente validar as estruturas formais evidenciadas na obra a partir do momento em que elas sejam confirmadas por sujeitos ouvintes. Jonathan Kramer expõe o problema nesses termos:

> Um psicólogo pode rejeitar como não pertinentes as estruturas que um ouvinte não pode identificar de forma precisa: estruturas tais como as complexidades rítmicas numa típica partitura de Brian Ferneyhough; a serialização multiparamétrica numa peça de Luigi Nono dos anos de 1950; ou as relações proporcionais numa composição de Stravínski. Isso não significa, porém, que não existe razão para que tais peças não estejam estruturadas dessa maneira[55].

Encontramo-nos, novamente, diante de uma série de ponderações (físicas, socioculturais) cujo único ponto em comum é, em regra geral, o fato de não terem sido levadas em consideração pelo compositor, e cujo risco será engessar a investigação analítica em limites que frustrem seu potencial criativo. Ainda Dahlhaus: "Que a

---

54 Plaidoyer pour une Théorie actuelle de la Musique, em T. Machover (org.), *Quand quoi comment la Recherche musicale*, p. 80.
55 J. D. Kramer, *The Time of Music*, p. 328. Cf. também Marco Stroppa, que enfatiza os limites que a audição impõe para uma análise competente da música eletroacústica. Ver The Analysis of Electronic Music, *Contemporary Music Review*, v. 1, p. 175-180.

liberdade de decisão do compositor seja limitada por alguns dados da psicologia da percepção, eis um mito disfarçado de ciência"[56].

Fig. 0: Uma sonoridade *inventada* pela escrita: na audição, a diferença entre Mi# Maior e Fá Maior, embora patente na escrita, é inexistente. Debussy, *Étude pour les sonorités opposées*, c. 53.

É evidente que Dahlhaus não coloca como premissa que o compositor pouco se importa com o resultado que suas configurações sonoras vão provocar no ouvinte. Tampouco está fora de cogitação negar a importância de fatores fenomenológicos sobre a apreensão de algumas estruturas formais[57]. Trata-se, antes, de levar em consideração o fato de que um Helmut Lachenmann, por exemplo, rejeita a opinião, que ele tem por fútil e, sobretudo, ruinosa para o projeto artístico, segundo a qual o compositor teria o dever de antecipar a perspectiva do ouvinte[58]. O famoso "ouvinte-expert" tão citado desde Adorno, seria, de fato, menos competente do que obtuso[59]. Aliás,

---

56 Op. cit., p. 80.
57 Philip Batstone faz a distinção entre três fatores perceptivos fundamentais: as posições extremas (no tempo, nos registros etc.), o contraste, e a conclusão (*closure*) – isto é, a retomada de uma configuração após o elemento contrastante. Porém, ele insiste no fato de que "a validade dessas asserções não reside no que alguém crê *poder* ouvir, mas no fato de que seu uso ajuda o analista na sua tentativa de responder" a um certo número de questões. Ele especifica, também, que a evidência de que os compositores "compuseram coisas que consideraram auralmente pertinentes [...] reside nas partituras em si". Cf. Musical Analysis as Phenomenology, *Perspectives of New Music*, v. 7, n. 2, p. 95 e s. O leitor constatará, no cap. I, que a minha proposta teórica absorve esses fenômenos a partir do estudo dos meios de escrita que contribuem para o seu surgimento no campo da percepção auditiva.
58 Helmut Lachenmann, entrevista com Heinz-Klaus Metzger, "Fragen und Antworten", em H.-K. Metzger; R. Riehn (orgs.), *Musik-Konzepte* 61/62. *Helmut Lachenmann*, p. 118-119.
59 É sabido que Adorno estabelece alguns comportamentos típicos de audição no topo dos quais ele coloca este afamado "ouvinte-expert". *Introduction à la Sociologie de la Musique*, p. 3-25. Cf. comentários críticos em Thomas Kabisch, Dialectical Composing. Dialectical Listening, Helmut Lachenmann's Compositions for Piano (1956-1980), p. 45, encarte do cd *Helmut Lachenmann, Klaviermusik*;

Milton Babbitt duvida francamente da sua existência. Sua argumentação, exposta num artigo polêmico na época, se funda na constatação de que, tendo a música alcançado um estágio de complexidade tão avançado quanto outras formas da atividade humana nos diversos domínios das ciências e das artes, "dificilmente podemos esperar que ela pareça mais inteligível que essas artes e ciências" para um ouvinte que não possua "um conhecimento e uma experiência comparável" à do compositor ou do especialista[60]. Para me limitar apenas a dois músicos que serão abordados no livro, me parece oportuno lembrar, de um lado, que, a propósito de Berio, David Osmond-Smith observa que "a fascinação de trabalhar nos limites da percepção (*e bem além da capacidade analítica auditiva da maioria dos ouvintes*) é um aspecto recorrente" do seu trabalho[61], e, por outro lado, que Boulez, o qual, sobre esse assunto, invoca os artifícios desenvolvidos pela polifonia na música ocidental histórica, está convencido de que a nossa cultura, há muito tempo, "apostou numa certa superação da escuta"[62]. Todavia, não contesto que uma abordagem das obras pelo viés do estudo das condições e modalidades de percepção de diferentes populações de ouvintes em diversos contextos possa abrir certos horizontes. Concordo com Landy, quando ele diz que a relação entre o processo de criação e a recepção deveriam ser vistos como um elemento do mesmo domínio[63], mas a decisão de isolar, com um intuito metodológico, os mecanismos imanentes que o compositor elaborou, não implica em renunciar a essa perspectiva holística, mesmo porque é através deles que a obra vai se manifestar socialmente, em primeira instância. Como Landy sublinha, aliás, na mesma frase, "a audibilidade não garante sucesso (nem a inaudibilidade, fracasso)"[64].

Gianmario Borio, La Composition musicale: Sens et reconstruction, em M. Grabócz (dir.), *Sens et signification en musique*, p. 107-122; F. Iazzetta, *Música e Mediação Tecnológica*, p. 38-39.

60 M. Babbitt, Who Cares if You Listen, *High Fidelity*, fev. 1958. Disponível em: <http://www.palestrant.com/babbitt.html>.

61 D. Osmond-Smith, *Berio*, p. 56 (grifo meu).

62 P. Boulez, Entre ordre et chaos, *Inharmoniques*, n. 3, p. 122.

63 Musique des sons..., *MINT Série musique et nouvelles technologies*. n. 3, p. 34.

64 Idem, ibidem. O que o exemplo de Debussy acima comprova. Nesse contexto, consultar J. W. Bernard, Inaudible Structures, Audible Music: Ligeti's Problem, and His Solution", *Music Analysis*, v. 6, n. 3, p. 207-236. Para uma visão geral sobre a psicologia cognitiva da audição, ler S. McAdams;

É por essas razões que a trilha que resolvi seguir se concentra no espaço da *escrita*, entendida como uma "técnica de *invenção* auxiliada por uma representação gráfica"[65]. Esta é um "lugar de especulação"[66], é o código que, dando forma, com mais ou menos precisões ou omissões, voluntárias ou não, ao pensamento do músico, permite à composição, nos termos de Adorno, "afirmar-se a si própria"[67]. Seria suspeito não querer ouvir, em primeira instância, essa testemunha privilegiada[68].

Imanência *versus* Hermenêutica

A abordagem adotada neste livro pode, então, se situar no âmbito de uma poiética indutiva[69], na medida em que vamos tentar discernir, por meio de ferramentas de investigação *ad hoc*, os procedimentos que contribuem à composição da sonoridade. No entanto, a pesquisa das condições nas quais se poderia falar de uma estética transcendente, essa *estética da sonoridade* anunciada como programa no título, implica num exercício hermenêutico subsequente. A isso me

E. Bigand (orgs.), *Penser les sons*. Sobre as "limitações" da psicologia da música, pode-se também ler J. Desjardins, Réflexions sur les problèmes de syntaxe en musique contemporaine, *La Scena Musicale*. Disponível em: <http://www.scena.org/columns/reviews/020531-JD-grammaire.html>.

65 Os musicólogos franceses fazem uma apropriada distinção entre "notação" e "escrita" (*écriture*), em que a primeira, técnica de *transcrição*, é historicamente anterior à segunda, técnica de *invenção*, que usa a notação gráfica como suporte. Cf. F. Delalande, *Le Son des musiques*, p. 43.

66 A. Bonnet, Écriture et perception: À propos de *Messagesquisse* de Pierre Boulez", *Inharmoniques*, n. 3, p. 211.

67 On the Problem of Musical Analysis, *Music Analysis*, v. 1, n. 2, p. 175. Nesse texto, Adorno defende a ideia de que "a análise tem de ser *imanente*" e "em primeira instância, a forma tem de ser seguida *a priori*, porque uma composição se revela a si mesma nos seus próprios termos" (grifos dele).

68 O leitor encontrará neste livro, aqui e acolá, uns espectrogramas, imagens de trechos gravados de obras instrumentais. No entanto, eles são invocados como ferramentas de apoio, ilustrando o processo analítico, que continua baseado no código escrito. Nesse contexto, uma observação de Nicolas Meeùs me parece muito judiciosa, quando ele lembra que, da mesma forma que nossos pensamentos nem sempre se expressam em palavras, nossas representações mentais da música nem sempre se constituem, necessaria e exclusivamente, de sons. Cf. Musical Articulation, *Musical Analysis*, 21/ii, p. 164.

69 Uma das "seis situações analíticas" imaginadas por Jean-Jacques Nattiez, esse é um tipo de análise que, "a partir de uma metodologia explícita", "aborda unicamente as configurações imanentes da obra", para, numa certa medida e de forma geralmente hipotética, reconstruir alguns dos processos envolvidos na composição. J.-J. Nattiez, *Musicologie générale et sémiologie*, p. 177. Cf. também Mario Baroni, na referência na nota seguinte, p. 686.

dedicarei com discrição e prudência, pois minha meta primeira, de fato, é constituir um corpo de informações que permita ao leitor apreender como essa estética pôde se manifestar em Debussy e nas gerações seguintes na própria codificação das obras. Se partimos do princípio de que "os textos musicais se apresentam como sequências sonoras selecionadas de modo a evocar, por analogia efetiva, experiências do mundo"[70], parece-me preferível deixar aos cuidados do leitor a construção da sua "interpretação simbólica" privada[71]. Podemos, por conseguinte, considerar que minha abordagem se aproxima, de um modo geral, do que Kofi Agawu chama de "análise fundada na teoria", a qual ele define, mais especificamente, como "uma técnica fundada sobre uma teoria musical explícita", oposta à hermenêutica, "ciência da interpretação"[72]. A principal dificuldade de se trabalhar a sonoridade a partir da partitura se encontra na heterogeneidade da sua codificação. Para analisar uma composição sob o prisma das suas construções sonoras, não se pode apenas auscultar e manipular séries ou grupos de notas, mas se deve levar em conta, simultaneamente, sem prejulgamento hierárquico, o "espaço" e o "tempo", expressos por notações de tipo musical, gráfico, simbólico e textual, que se conjugam e se interpenetram. Essa heterogeneidade não é, a meu ver, o indício de uma inconsistência do sistema, mas, ao contrário, a demonstração da sua versatilidade e sua capacidade em absorver e suportar todo tipo de formalizações e de concepções, por mais radicais que sejam. Cabe, na realidade, às teorias analíticas,

---

70 Mario Baroni, Herméneutique musicale, em J.-J. Nattiez (org.), *Musiques…*, v. II, p. 695.

71 Idem, ibidem.

72 O teor da discussão, na qual não entrarei, entre essas duas grandes vertentes da praxis musicológica nesse início de século XXI, é sintetizado no seu artigo: "Apesar de que nenhum valor *a priori* possa ser atribuído a um ou outro modo de análise, torna-se cada vez mais evidente que o impulso hermenêutico concorda melhor com o espírito da pesquisa pós-moderna, e que o modelo científico de análise já não possui mais o estatuto hegemônico que tinha nos anos de 1960 e 1970, por ter sido, senão destronado, pelo menos seriamente contestado pelo modelo literário ou narrativo dos anos de 1990". Ele pondera, em conclusão, que a análise baseada na teoria pode se tornar uma hermenêutica na medida em que "ela dissolve seus suportes conceituais num espaço narrativo mais aberto e flexível". Convém salientar que seu modelo de análise baseada na teoria é o sistema *inteiramente não verbal* de Schenker, o qual não representa uma prática generalizada. Kofi Agawu, Analyse musicale et herméneutique de la musique, em M. Grabócz (dir.), op. cit., p. 93-106.

proporcionar os meios de apreender essa heterogeneidade, identificando, de forma rigorosa, as correlações entre as prescrições codificadas e suas implicações sobre os resultados formais[73].

O método que adotei para tentar satisfazer esses postulados e responder às suas exigências foi exposto, justificado e aplicado de forma experimental na minha tese *Une Étude "pour les Sonorités Opposées"*[74]. O presente livro constitui, de alguma forma, sua extensão. Ele depende dela, pelo fato de que as premissas teóricas e os princípios metodológicos nela encontram sua origem. Esses, todavia, vão ser novamente apresentados a seguir, no primeiro capítulo, de forma mais concisa, porém, creio, suficiente. Ademais, desde a sua publicação em 1997, os postulados e procedimentos práticos de aplicação do modelo à análise de obras evoluíram bastante, o que é natural. Desejando, neste livro, enfocar antes os resultados que o artesanato do mecanismo metodológico, suas fontes, seu suporte matemático e informático, numerosos atalhos, uns talvez um tanto abruptos, foram inseridos na exposição teórica que forma o conteúdo do primeiro capítulo[75]. Esse posicionamento deve permitir ao leitor o acesso mais rápido às obras, às suas análises e à discussão musical em si.

Este projeto evidentemente não pode ter a pretensão da exaustividade, considerando-se o fato de que ele concerne apenas a um único meio instrumental. Ele esbarra, ademais, nas dificuldades inerentes a qualquer empreendimento analítico que procure trabalhar com elementos que orientam o *estilo*, dificuldades bem colocadas por Célestin Deliège[76], que, no entanto, não considero totalmente

---

73 O princípio *unitarista*, erguido em paradigma deôntico da praxis composicional, o qual comporta como corolário, senão uma negação, ao menos uma subestimação do heterogêneo como força construtiva, é amplamente discutido por numerosos especialistas, entre os quais K. Korsyn, *Decentering Music*; idem, The Death of Musical Analysis?, 23/ii–iii, p. 336-351. Cf. também N. Cook; M. Everist (orgs.), *Rethinking Music*.

74 É com a remissão abreviada de *Une Étude...* que, doravante, será referenciada minha tese, *Une Étude "pour les Sonorités Opposées": Pour une analyse orientée objets de l'oeuvre pour piano de Debussy et de la musique du XXe siècle*. Versões resumidas encontram-se disponíveis nos links seguintes: <http://mediatheque. ircam.fr/articles/textes/Guigue96a/> e <http://www.cchla.ufpb.br/mus3>, em francês, português e inglês.

75 Um anexo técnico, no final deste livro, complementa, entretanto, essas informações.

76 Célestin Deliège, De la substance à l'apparence de l'oeuvre musicale, Essai de stylistique, *Les Cahiers de Philosophie*, n. 20, p. 145-183. Disponível em: <www.entretemps.asso.fr>.

insuperáveis. O livro é dividido em duas grandes partes. A primeira diz respeito exclusivamente a Debussy, a propósito do qual discuto, à guisa de prolegômenos (capítulo II), a questão do tonalismo, antes de propor, junto a uma síntese revisada das principais conclusões às quais eu havia chegado em *Une Étude...*, uma série de novas análises que as completam e enriquecem (capítulo III). A segunda parte, a partir do capítulo 4, busca evidenciar como esse pensamento do sonoro é posto no *corpus* pianístico de compositores que podem ser considerados, pelo menos em parte, no mesmo eixo estético, a começar, como já mencionei, por Messiaen e Boulez (capítulos III e IV, respectivamente), seguidos de Stockhausen, Berio, Crumb e finalmente Lachenmann, cuja *Serynade* de 1998 é alvo de um estudo aprofundado. Na verdade, não existe uma obra sequer sobre a qual uma análise baseada no conceito de sonoridade não possa contribuir para a elucidação de certas qualidades energéticas que ficariam inacessíveis por outros meios. No entanto, cada peça, gênero ou compositor, implica numa releitura e numa prática crítica da metodologia que se pretende utilizar para esse fim. O mais importante reside na capacidade da abordagem analítica incorporar a articulação funcional de organismos complexos a todos os níveis, nos quais a forma musical se constrói, sem prejulgar a imbricação hierárquica desses níveis.

Agradecimentos

Grande parte deste livro consiste da síntese e atualização de uma série de trabalhos efetuados no Grupo de Pesquisas Mus[3] – Musicologia, Sonologia & Computação – que dirijo no departamento de Música da Universidade Federal da Paraíba desde 1997. Esse grupo recebe o apoio financeiro do CNPq[77], auxiliado pelo apoio logístico da universidade. Gostaria de aproveitar a ocasião para agradecer, publicamente, a esses organismos e aos seus responsáveis, que confiaram em

---

77 Disponível em: <htttp://www.cnpq.br>.

mim, dentre os quais, em primeiro lugar, o exmo. sr. reitor da UFPB, dr. Rômulo Polari, que, de pronto, abraçou o projeto e contribuiu para tornar possível a sua produção, assim como a Maria Aparecida Ramos, diretora do Centro de Ciências Humanas, Letras e Artes. Agradecimentos vão também aos meus colegas mais próximos, que sempre fizeram tudo ao seu alcance para que eu possa levar a termo esses trabalhos e este livro, em particular. No processo de aproximação com a editora Perspectiva, nunca serei suficientemente grato ao meu colega Ibaney Chasin, que se empenhou na concretização do projeto editorial brasileiro. Agradeço também a Hugues Dufourt e Marc Battier, que sempre demonstraram seu interesse pelo meu trabalho e seus desdobramentos; e a Makis Solomos, Horacio Vaggione e Antônia Soulez, por terem acolhido a versão original deste livro na sua coleção da editora L'Harmattan.

Vários estudantes contribuíram ativamente para a elaboração de alguns elementos teóricos ou analíticos apresentados no livro, no âmbito de projetos de pesquisa sob a minha orientação. Indispensável é atribuir-lhes, portanto, o crédito devido:

- Fabíola Pinheiro: elementos e aplicações do método analítico;
- Ernesto Trajano: traduções e elementos de análise de textos e obras de Stockhausen e Lachenmann; colaboração à redação do capítulo sobre Stockhausen;
- Marcílio F. Onofre: elementos de análise do *Echo-Andante* de Lachenmann, de *Incises* de Boulez, e da *Sequenza IV* de Berio; corredação parcial do capítulo sobre Berio; ajuda na realização de exemplos musicais para Berio e Debussy;
- Marcello Ferreira: elementos metodológicos para a análise do *Makrokosmos* de Crumb;
- Ana Carolina Barbosa, André Lira Rolim, Max Porfírio, Hildegard Paulino Barbosa: desenvolvimento da biblioteca de funções *Soal* para *OpenMusic*.

A seção Em Colaboração, da Bibliografia, no final do livro, faz menção a essas contribuições, quando resultaram em publicações.

Finalmente, este livro não poderia ter sido publicado sem as autorizações para a reprodução de trechos de partituras, concedidas pelos editores abaixo citados, aos quais vão meus agradecimentos:

PIERRE BOULEZ, *Troisième Sonate, Formant 2, Trope.* © Copyright 1961 by Universal Édition (London) Ltd., London/UE 13292.

_____, *Incises.* © Copyright 1994, 2002 by Universal Édition A.G., Wien/UE 31966.

GEORGE CRUMB, *Makrokosmos, Vol. I – II.* © Copyright 1974 by C. F. Peters Corporation (New York).

HELMUT LACHENMANN, *Echo-Andante.* © 1962 by Verlag Herbert Post Presse München 1969 assigned to Musikverlage Hans Gerig, Köln, 1980 assigned to Breitkopf & Härtel, Wiesbaden, used with kind permission.

_____, *Wiegenmusik.* © 1964 by Verlag Herbert Post Presse München 1969 assigned to Musikverlage Hans Gerig, Köln, 1980 assigned to Breitkopf & Härtel, Wiesbaden, used with kind permission.

_____, *Ein Kinderspiel.* © 1982 by Breitkopf & Härtel, Wiesbaden, used with kind permission.

_____, *Serynade.* © 2002 by Breitkopf & Härtel, Wiesbaden, used with kind permission.

OLIVIER MESSIAEN, *Vingt regards sur l'Enfant Jésus.* © 1947 by Éditions Durand (Paris), D&F 13-230.

KARLHEINZ STOCKHAUSEN, *Klavierstück n. 11.* © Copyright 1957 by Universal Édition (London) Ltd., London/UE 12654.

Convenções

Dó 4 = Dó central do piano.

i = intervalo (i1 = segunda menor).

Os compassos são referidos por um número inteiro. O decimal que eventualmente pode acompanhar especifica o tempo (subdivisão do compasso).

A palavra *Pedal*, em itálico e maiúscula (ou *Ped.* em abreviatura), indica especificamente o pedal "forte" (à direita) do piano.

Todas as traduções de citações em língua estrangeira são do autor, salvo menção contrária.

I.
Uma Proposta Metodológica

A Unidade Sonora Composta

Na base da proposta metodológica utilizada neste livro se encontra a *sonoridade*, expressão usada especificamente no sentido de *unidade sonora composta*[1]. Formada da combinação e interação de um número variável de *componentes*, a sonoridade é um *momento* que não tem limite temporal *a priori*, pois pode corresponder a um curto segmento, a um período longo, ou até à obra inteira[2]. Sempre será um *múltiplo*[3], que se coloca, no entanto, como *unidade* potencialmente

1 As duas expressões são intercambiáveis, a segunda sendo uma descrição da primeira.

2 Em particular, quando esta pode ser definida, segundo Grisey, como "um objeto sonoro dilatado". G. Grisey, Tempus ex machina, *Entretemps*, n. 8, p. 103.

3 "Um objeto é sempre um múltiplo – diferente de uma nota, que constitui, na sua função tradicional, um elemento neutro que adquire um sentido somente após ter sido inserido num contexto. O objeto não é, portanto, um "átomo indivisível", mas sim uma *estrutura*, um "composto". Horacio Vaggione, Son, temps, objet, syntaxe. Vers une approche multi-échelle dans la composition assistée par ordinateur, em A. Soulez; H. Vaggione (orgs.), *Musique, rationalité, langage*, n. 3, p. 169-202. Essa definição evoca, por analogia, a que Di Scipio estabelece em outro contexto: "a possibilidade de sonoridades de segunda ordem decorre da composição de unidades sonoras mínimas, que são feitas para fusionar numa *imagem audível holística*". Agostino Di Scipio, Clarification on Xenakis, em M. Solomos (org.), *Présences de /Presences of Iannis Xenakis*, p. 71-84 (grifo meu).

morfológica, estruturante. É um conceito muito próximo do que Lachenmann chamou de *Strukturklang*, uma ordem "formada de componentes heterogêneos, produzindo um campo de relações complexas pensado em todos os seus detalhes", como o é, em suma, "qualquer obra que forma um todo coerente"[4]. Essa unidade depende, portanto, da existência de elementos que se juntam para formar seu conteúdo: por essa razão é que dizemos que ela é *composta*, retendo, simultaneamente, o sentido geral e o sentido musical do termo.

É possível, de imediato, estabelecer um paralelo – sumário, é bom frisar – com algumas teorias linguísticas, notadamente a da *dupla articulação* de Martinet[5], que faz a distinção entre as unidades não significantes de nível inferior (os fonemas), e as que essas formam no nível imediatamente superior, que são significantes (os morfemas). Nas análises que constituem o *corpus* principal deste livro, o leitor constatará, por vezes, que o que chamo de organização dos cromas[6], isto é, a organização que eu coloco no nível mais profundo do processo composicional, tem pouca ou até nenhuma incidência sobre a dinâmica formal: ela é ativada apenas a partir do nível imediatamente superior, justamente o das unidades sonoras compostas. Meeùs sugere a noção de *pertinência analítica* para diferenciar em música esses dois níveis, e é disso que trata, de fato, o modelo que estou apresentando[7].

É possível, também, operar algumas aproximações, desta vez mais sólidas, com as teorias musicais baseadas na *Gestalt*, no que elas estabelecem, em geral, leis e/ou métodos passíveis de definir em que condições alguns elementos se aglutinam ou, ao contrário, se separam, dinâmicas que determinam como pode se efetivar uma percepção arquitetônica da música. Parafraseando Pierre Schaeffer, a *unidade sonora composta* de fato não é autônoma, mas, ao contrário, emerge

---

4 H. Lachenmann, Quatre aspects fondamentaux du matériau musical et de l'écoute, *Inharmoniques*, n. 8/9, p. 265. Cf. também, neste livro, cap. IX.

5 A. Martinet, *Eléments de linguistique générale*, citado por N. Meeùs, Musical Articulation, *Musical Analysis*, 21/ii.

6 Assim prefiro chamar, seguindo Mesnage, as *classes de notas*. M. Mesnage, La Terrasse des audiences au clair de lune, *Analyse Musicale*, n. 16, p. 31-43, et passim. Esse autor também utilizou, ocasionalmente, a expressão "classe de graus".

7 N. Meeùs, op. cit., p. 161-162.

de uma cadeia que ela forma com outras, e de onde ela toma seu sentido[8]. O modelo proposto por James Tenney, baseado na concatenação hierárquica de unidades formais temporais (*temporal Gestalt-units*), oferece vários pontos de contato com as noções que desenvolvo aqui[9].

Em *Une Étude…* e em publicações ulteriores, utilizo, em lugar de *unidade sonora composta*, a expressão *objeto sonoro*, sempre sublinhando, no entanto, que não se trata mais, como em Pierre Schaeffer (a quem ela faz referência), de uma entidade integrando as estratégias da percepção dos sons, de um "correlato da escuta reduzida"[10], mas de uma estrutura complexa gerada pela interação de vários componentes da escrita musical, cuja articulação é susceptível de suportar a forma, no todo ou em parte[11]. Eu já desconfiava: "É possível que a dificuldade de uma abordagem no nível imanente do objeto sonoro se deva a um mal-entendido quanto à sua natureza", e eu frisava que ele se definia "menos pelos seus componentes internos, isoladamente, que pelas particularidades diferenciais que mantém com o ambiente, pelas suas propriedades dinâmicas, sua capacidade de carregar o devir da obra"[12]. No entanto, a literatura produzida desde então sobre o assunto torna cada vez mais difícil a sustentação da utilização desta expressão num contexto dissociado do fenômeno de escuta, quanto mais em contradição com o conceito schaefferiano fundamental de objeto "achado" (*objet trouvé*). Ademais, faço minhas, doravante, as restrições que Stéphane Roy impõe ao conceito de objeto sonoro no âmbito de um projeto de análise musical:

---

8 É nesses termos que Pierre Schaeffer define a noção de objeto sonoro, em *La Musique concrète*, p. 36.

9 Temporal Gestalt Perception in Music, *Journal of Music Theory*, v. 24, n. 2, p. 205-242. A despeito do título, o autor se atém, tanto quanto, senão mais, na elaboração de uma teoria analítica, quiçá composicional, do que de uma teoria da percepção. Ver também M. Leman (org.), *Music, Gestalt, and Computing*.

10 *Traité des objets musicaux*, p. 95-98 et passim. Também M. Chion, *Guide des objets sonores*, p. 34. André Gonçalves de Oliveira, *Uma Abordagem Atuacionista da Tipo-morfologia de Pierre Schaeffer*. Disponível em: <http://www.webartigos.com/articles/4127/1/Uma-Abordagem-Atuacionista-Da--Tipo-morfologia-De-Pierre-Schaeffer/pagina1.html>.

11 D. Guigue, *Une Étude…*, p. 8. Essa definição, por si só, deveria ser suficiente para descartar qualquer comparação com o objeto sonoro schaefferiano, pois que, no oposto, ela se fundamenta no simbolismo do código musical.

12 Idem, p. 40-43. A noção de "nível imanente" remete, evidentemente, à definição de Jean-Jacques Nattiez, em particular, em *Musicologie générale et sémiologie*. Idem, A Comparação das Análises sob o Ponto de Vista Semiológico, *Per Musi*, v. 8, p. 5-40.

Ao contrário da escuta reduzida que almeja o objeto por ele mesmo e tenta captar seus múltiplos caráteres (traços de feição [*facture*] e de morfologia), a análise consiste, entre outros objetivos, em fazer uma escolha entre esses caráteres, elencando os que assumem um papel de primeiro plano na organização das obras[13].

O leitor verá, mais adiante, que a distinção que faço entre componentes *ativos* e *passivos* remete exatamente a essa necessidade de colocar em perspectiva hierárquica os elementos constitutivos de uma unidade sonora composta, para resgatar apenas aqueles que realmente exercem algum impacto sobre a forma.

O Critério da Complexidade Relativa

Uma unidade sonora é, consequentemente, a *síntese temporária* de um certo número de componentes que agem e interagem em complementaridade. A informação que serve de fundamento à avaliação do grau de atividade de um dado componente numa unidade e na geração de uma dinâmica formal é o seu *índice de complexidade relativa*. A "complexidade" máxima corresponde à configuração que contribui na produção da sonoridade mais "complexa" possível no domínio de competência do componente. Nesse caso, diz-se que o índice de participação na complexidade global da unidade é de 100%. Na outra ponta, as configurações mais simples são as que puxam as sonoridades "para baixo", para a maior "simplicidade" estrutural. As mesmas são, por conseguinte, avaliadas dentro de "um contínuo que vai do simples ao complexo", como já o tinha imaginado Gérard Grisey no âmbito da suas reflexões sobre o tempo musical[14]. Naturalmente, o sentido das noções de "simplicidade" e "complexidade" varia em função da natureza do componente ao qual

---

13 *L'Analyse des musiques électroacoustiques*, p. 192-193. (Aliás, é a esse autor que devo o termo *unidade sonora*). Nessa senda, David Hirst especifica que é no *nível imanente* de cada obra acusmática que se vai descobrir quais os atributos que importam para a análise. Cf. *The Development of a Cognitive Framework for the Analysis of Acousmatic Music*, p. 20.

14 Cf. op. cit., p. 89.

está se referindo. Assim, ao se tratar, por exemplo, do número de fatos sonoros[15] que surgem durante determinado lapso de tempo, a escala de apreciação irá do "vazio" (simplicidade máxima) ao "saturado" (complexidade máxima); se, por outro lado, escolhe-se como critério a maneira pela qual esses fatos são distribuídos nesse mesmo lapso de tempo, a escala de avaliação representará, então, um valor que irá da mais estrita regularidade – uma pulsação fixa em valores iguais, por exemplo, correspondendo à simplicidade máxima – até a irregularidade mais assimétrica. Alguns binômios clássicos como consonante/dissonante, harmônico/inarmônico, outros que pertencem ao domínio da descrição verbal do timbre, tal como pobre/rico, opaco/brilhante, oco/cheio, suave/agressivo, liso/rugoso, ou ainda, as *tabelas de oposição* de inspiração jakobsoniana outrora desenvolvidas por Chiarrucci e Cogan[16], todos são – ainda que muitos deles estejam insuficientemente definidos por esses termos[17] – vetores possíveis da elaboração de uma estrutura formal baseada na sonoridade. Essa formalização favorece uma aproximação com algumas teorias composicionais modernas, como a desenvolvida por Tristan Murail, a qual se funda no que ele chama de "vetorização" do discurso musical e implica, de fato, numa orientação dos processos sobre algum eixo[18].

A complexidade máxima possível se torna referencial para o cálculo do índice de implicação do componente na configuração da unidade sonora e do caráter da sua evolução dinâmica ao longo do tempo. As quantidades obtidas através da avaliação da configuração de um componente na partitura são, então, sempre fatorizadas por um valor representando a *complexidade máxima paradigmática* desse componente no contexto, seja esse local ou geral. Obtém-se, portanto,

---

15 Chamamos, neste livro, *fato sonoro* um número qualquer de notas ou outros elementos organizando a sonoridade, ocorrendo simultaneamente, isto é, na mesma *posição* no tempo (que poderíamos chamar também de *data*, em analogia com o termo inglês *date*).

16 H. Chiarrucci, Essai d'analyse structurale d'oeuvres musicales, *Musique en Jeu*, n. 12, p. 11-44. R. Cogan, *New Images of Musical Sound*. Análises críticas dessas propostas em *Une Étude...*, p. 60-64, e em S. Roy, op. cit., p. 115-138.

17 Cf. Donnadieu, Mental Representation of the Timbre of Complex Sounds, em J. W. Beauchamp, *Analysis, Synthesis, and Perception of Musical Sounds*, p. 296 e s.

18 Questions de cible, *Entretemps*, n. 8, p. 157.

de fato, uma ponderação – que optei por calibrar numa escala de (0.00) a (1.00) – e não um valor absoluto. Essa ponderação corresponde ao índice de satisfação do critério de complexidade máxima. Se preferir, pode-se também dizer que esse valor indica a *posição que o componente analisado ocupa em dado momento no vetor simplicidade-complexidade*. Quanto mais próximo a (1.00), mais próximo do critério, e, portanto, mais complexo, e reciprocamente. A grande vantagem de uma avaliação relativa é que ela permite a análise comparada de componentes e de unidades sonoras heterogêneos por natureza; é nisso que reside, na minha opinião, a diferença entre esse método e outras abordagens, as quais, a exemplo da de Berry, não conseguem, apesar das suas qualidades intrínsecas, cruzar e sintetizar as informações obtidas por diversas estratégias de investigação, porque os resultados são calibrados sobre escalas absolutas díspares[19]. É o ato de relativizar as informações sobre um único paradigma universal que permite a formulação de hipóteses e de conclusões relativas às modalidades de ação e interação dos componentes do sonoro na forma[20]. Isso permite, também, que se aplique aos componentes operações matemáticas de ordem estatística, como as correlações e regressões polinomiais, às quais eu recorro com frequência para tentar, munido de todas as precauções necessárias que se tem de tomar quando se importa instrumentos destinados, em princípio, a outros fins, pôr em relação as modalidades, pelas quais os diversos componentes interagem[21]. Os gráficos abaixo têm como objetivo esclarecer o leitor sobre o tipo de resultados que podem ser esperados de tal método.

19 W. Berry, *Structural Fonctions in Music*. Esse problema foi corretamente identificado por Tenney, pois o mesmo chega à conclusão de que o importante é menos o valor absoluto de algum parâmetro em dado momento do que o intervalo relativo separando esse valor dos seus vizinhos adjacentes. Todavia, Tenney não chega a propor um sistema generalizável de ponderações. J. Tenney, op. cit., p. 211.

20 Sabemos que Fred Lerdhal tem proposto, em seu tempo, um modelo de avaliação hierárquica dos "timbres", baseado em critérios de agrupamento ao longo de escalas de proximidade. Eu critico esse modelo – o qual, no meu conhecimento, nunca foi aplicado – em *Une Etude...*, p. 55-56, com base na ausência de um referencial quantitativo transversal e homogêneo. Com efeito, o referencial que o autor propõe é, para cada componente, um valor "central" de "estabilidade", um critério bastante vago e subjetivo: uma periodicidade regular, por exemplo, elemento estável por excelência, não pode constituir um valor "central", já que não existe nada aquém. F. Lerdhal, Timbral Hierarchies, *Contemporary Music Review*, v. 2, n. 1, p. 134-160.

21 Sobre as ferramentas estatísticas padrão e sua aplicabilidade no campo da música, cf. W. Luke Windsor, Data Collection, Experimental Design, and Statistics in Musical Research, em E. Clarke; N.

Exemplo 1: Este exemplo ilustra a diferença fundamental entre as análises absolutas e relativas. A comparação entre as densidades absolutas – são sempre três sons, representados pelos três histogramas de igual valor – não permite avaliar a progressão das qualidades sonoras de um acorde ao outro, justamente porque essa não depende do número de sons que eles contêm, mas, antes, da relação entre esse número e o número de sons que eles deveriam possuir para ocupar a totalidade do seu âmbito (esse sendo determinado pelas notas extremas de cada acorde), isto é, para satisfazer a condição de complexidade máxima. Ao contrário, é a densidade relativa, obtida pela fatorização desses dois valores, que produz um resultado válido para a análise, mostrado na figura com a curva. Observamos, então, nesta sequência, que os índices de ocupação do âmbito dos três acordes são, respectivamente, 50% (0.50), 20% (0.20) e 8% (0.08). Em termos de análise comparada, essa avaliação permite evidenciar uma dinâmica de *rarefação*, a qual provoca uma diminuição progressiva da complexidade sonora do componente *densidade*[22].

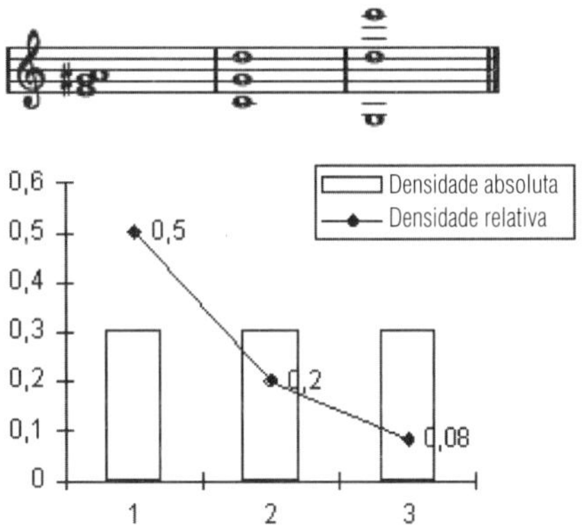

Fig. 1.1: Densidades absolutas *versus* densidades relativas: uma ilustração comparativa.

Exemplo 2: A evolução de dois determinados componentes, no caso, o "âmbito" e a "intensidade", ocorre, nos trechos escolhidos, por movimento contrário, demonstrando que é sua forte correlação negativa[23] que impregna uma dinâmica estrutural. Abaixo do conteúdo acrônico (o sentido dessa expressão será explicado mais adiante) de

Cook, *Empirical Musicology*, p. 197-222. Um exemplo de aplicação é descrito por J. Beran; G. Mazzola, Analyzing Musical Structures and Performance, *Statistical Science*, v. 14, n. 1, p. 47-79.

22 *Densidade absoluta* e *relativa* correspondem ao que Berry chama em *Structural Functions in Music*, respectivamente, "*density-number*" e "*density-compression*". De fato, somente esta corresponde ao sentido que a palavra *densidade* tem no domínio da física, de onde ele se origina. A rigor, o adjetivo "relativa" que eu acrescento seria inútil se não existisse o hábito do uso da palavra *densidade* para descrever uma simples contagem de notas.

23 O coeficiente de correlação entre as duas listas é de (– 0.76); esse valor muito alto indica uma interdependência muito forte entre os dois componentes analisados. Se a relação linear fosse rigorosamente exata, o coeficiente seria (1) ou (–1); se não houvesse nenhuma relação linear, ele seria (0). Para conhecer a fórmula de cálculo, que é padronizada, pode-se consultar, seja L. Windsor (cf. nota 21), seja as documentações de aplicativos estatísticos tal como Microsoft Excell˚, Abacus Statview˚ ou JMP ˚, ou um livro especializado como J. Sall et al., *JMP Start Statistics*.

Fig. 1.2: Evolução de dois componentes da sonoridade na primeira parte de *La Cathédrale engloutie* de Debussy.

cada sonoridade analisada, indicado em notação musical (os números circulados remetem aos compassos), duas curvas ligam as ponderações sucessivas dos trechos analisados, atribuídas a cada um dos dois componentes, expressas sequencialmente, nas ordenadas, na escala 0-1. O gráfico de baixo, por outro lado, põe em correlação as duas listas de valores, a dos âmbitos no eixo das ordenadas, e a das intensidades no eixo das abscissas. Os trechos musicais são, dessa vez, representados por pontos no espaço bidimensional. A "linha de tendência", melhor explicada no exemplo seguinte, confirma a forte correlação já observada a olho nu no gráfico superior: vemos muito claramente que o compositor associa a uma fraca intensidade um largo âmbito (pois os pontos à esquerda estão localizados no alto do gráfico) e reciprocamente.

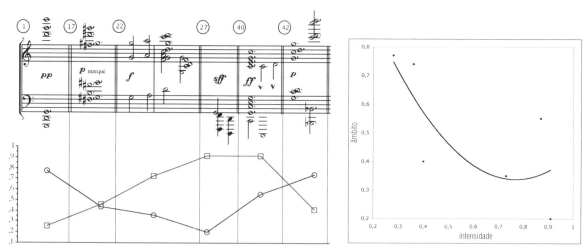

○ Âmbito relativo
□ Intensidade relativa

Exemplo 3: A evolução dos pesos aferidos a um único componente durante uma obra inteira é representada em forma de histograma – uma sequência de barras mostrando o valor atingido por cada unidade (Fig. 1.3a). A coleção das unidades analisadas é posta em abscissa e rotulada por um número sequencial. A "linha de tendência" que completa o gráfico é obtida por meio de uma regressão polinomial do quarto grau. Quanto mais elevado o grau do polinômio, mais finamente ele mostra a lista dos valores analisados, e, portanto, mais de perto a linha de tendência seguirá a evolução do componente[24]. Ela também pode ser mostrada, como na figura 1.3b, de tal modo que as ponderações de todas as unidades sonoras de uma seção da obra sejam agrupadas num só eixo vertical. Isso permite a obtenção de uma linha de tendência que, dessa vez, toma como referencial a *média* das ponderações por seção, em vez da totalidade dos valores, donde se pode tecer conclusões sobre as qualidades sonoras particulares de cada seção.

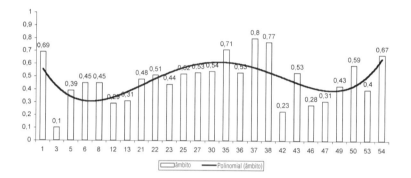

Fig. 1.3a: Evolução dos "âmbitos relativos" (cf. o sentido dessa expressão na seção seguinte) de uma seleção de unidades sonoras do estudo *Pour les sonorités opposées*, de Debussy, identificadas em abscissa por um número de ordem.

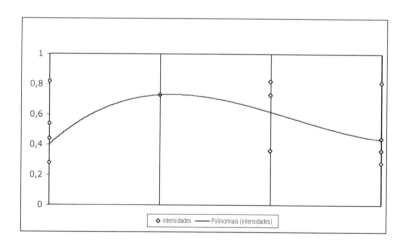

Fig. 1.3b: Evolução das "intensidades relativas" (idem), seção após seção, em *Feux d'artifice* do mesmo compositor.

---

24 Em contrapartida, ela talvez desenhará com menos clareza a tendência geral dos valores. Sobre a regressão como ferramenta de análise estatística, além de Windsor: John Rawlings et al., *Applied Regression Analysis*.

Os Componentes da Sonoridade

Os componentes da sonoridade se distribuem em dois níveis principais, da maneira ilustrada na figura 1.4.

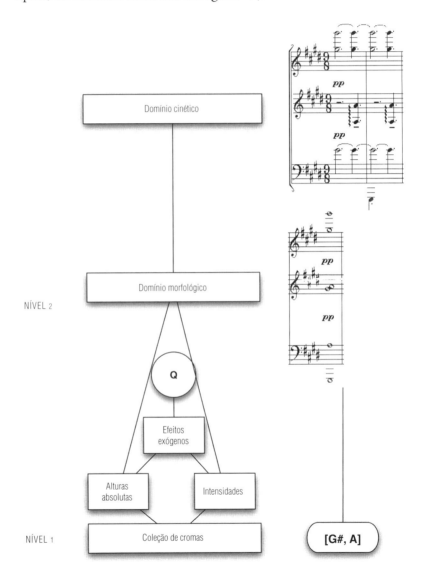

Fig. 1.4: Os níveis e categorias dos componentes da sonoridade. A primeira "unidade sonora" do estudo *Pour les sonorités opposées*, de Debussy (c. 1-2), serve de ilustração.

O Nível Primário

O nível primário (Nível 1 na figura) é constituído, em primeira instância, da coleção de *cromas*[25] que a unidade contém. Trata-se de um dado que considero "abstrato", pois não corresponde a nenhuma realidade sonora… *concreta*. Será somente com a adição de duas dimensões complementares e indissociáveis que o croma abstrato poderá se tornar um elemento constitutivo de uma sonoridade: a *partição*[26], que coloca cada croma num ponto preciso e exclusivo da extensão do instrumento, transformando o croma em *altura absoluta* e irredutível ao módulo de oitava, e a *intensidade* – chamada comumente, em teoria musical, *dinâmica*[27] – que visa a aferir um volume à altura absoluta, e, por conseguinte, influi na sua relativa saliência, assim como age em algumas qualidades espectrais. Existe, ademais, um leque de dimensões complementares que podem estar sendo explicitamente fixadas pelo compositor no suporte escrito, que ainda condicionam a forma com que uma altura absoluta se insere na unidade sonora. Essas dimensões afetam a produção concreta do som instrumental, por meio de artifícios mecânicos, elétricos, eletrônicos ou digitais. Os mais tradicionais são os *pedais* no piano e as surdinas nos sopros e cordas. Esses efeitos, chamados de *exógenos* nesse modelo, por vezes são individuais, atingindo apenas uma nota isoladamente. Mais comumente, porém, têm incidência global, afetando a unidade sonora como um todo, quando não o movimento ou a obra inteira. A conjunção desses três fatores – partição, intensidade, efeitos exógenos – concorre para aferir a cada *croma* um certo *peso* no vetor simplicidade-complexidade, peso que vai diretamente repercutir sobre a qualidade intrínseca da unidade sonora, e, por consequência, sobre o impacto que ela poderá ter na *kinesis* formal global. No modelo proposto, e na figura 1.4, Q representa esse peso. Ele será dependente do ou dos instrumentos que intervêm

---

25 Lembro que utilizo a expressão *croma* como sinônima de *classe de nota*.

26 Esse termo é usado, nesse contexto, no sentido que ele tem em matemática. No decorrer do livro, o leitor poderá encontrar as expressões sinônimas *registro* ou *região*.

27 A palavra *dinâmica* será aqui preferivelmente utilizada no sentido que a associa à expressão de um movimento energético.

na unidade sonora (ou obra) analisada. Descrevo, no Anexo, como Q foi modelado para o piano.

Talvez não seja inútil insistir no ponto seguinte: a finalidade dessa ponderação não consiste em simular uma realidade acústica ou uma sensação psicofísica, mas em integrar, num único sistema analítico, todos os componentes que atuam, ou podem atuar, na construção de uma configuração sonora no plano imanente. Tal como as variáveis produzidas por meio da orquestração, o efeito resultante das intensidades e demais artifícios moduladores do timbre de uma altura ou de um conjunto de alturas, é extremamente sensível ao veículo e aos imponderáveis contextuais; no entanto, o que interessa é se eles foram *codificados* ou não pelo compositor na partitura, ou seja, integrados ou não no seu planejamento composicional[28]. Na afirmativa, há presunção de funcionalidade formal desses componentes, e o método analítico há de absorvê-los.

O Nível Secundário

O nível secundário é o espaço dos componentes de tipo estatístico que configuram as modalidades de distribuição dos fatos sonoros no âmbito de uma unidade sonora composta. Evidenciando relação com a definição que Meyer dá dos "parâmetros secundários", também mencionados por Boucourechliev a propósito de Beethoven[29], esse modelo de análise inclui uma tentativa de sistematização das propostas históricas às quais aludi na introdução do livro. Na exposição da sua abordagem analítica de Debussy, Richard S. Parks efetua, por outro lado, uma distinção entre o que ele chama *forma morfológica* e *forma cinética*. Segundo ele, a primeira concebe a disposição dos fatos sonoros em termos de metáforas espaciais, o que pressupõe que eles estejam observados como se fossem fixos, estáticos, enquanto a segunda trata

---

28 É notório que a obra pianística de Debussy subentende o uso discriminado do *Pedal*; no entanto, o compositor praticamente nunca julgou necessária a formalização explícita do seu uso, deixando ao intérprete toda latitude individual. Nesse caso, então, por princípio, o método *não* inclui a pedalização como componente ativa e explicitamente estruturante.

29 L. B. Meyer, *Style and Music*, p. 14-16; A. Boucourechliev, *Essai sur Beethoven*, p. 31 *et passim*.

da sua disposição por metáforas relacionadas ao movimento[30]. Essa separação metodológica será retomada aqui como princípio organizador dos componentes que concorrem na qualificação do conteúdo *acrônico* da unidade sonora. Um componente é definido como acrônico pelo fato de somente poder ser avaliado após ter sido feita abstração do fator tempo, isto é, da duração da unidade e da posição relativa no tempo dos fatos sonoros. Diremos, então, que esse componente é de ordem *morfológica*, pois ele fornece uma representação estática da configuração interna da unidade sonora. Simetricamente, consideraremos como de ordem *cinética* os componentes *diacrônicos* que avaliam as modalidades de distribuição dos fatos sonoros no lapso de tempo que ocupa a unidade: são eles que vão informar como o conteúdo morfológico se transforma em energia. Podemos, então, dizer que os componentes cinéticos *modulam* os componentes morfológicos, ou ainda, com Boulez, que "o vertical é tão somente o tempo zero do horizontal"[31]. Esse modelo de descrição demonstra analogias com o binômio matéria/forma de Schaeffer, no sentido de que a matéria é o que poderíamos isolar, se pudéssemos imobilizar o som, enquanto a forma representa a trajetória que desenha essa matéria na duração[32]. Por extensão, podemos fazer referência à abordagem igualmente dualista de Denis Smalley, que se inspira no modelo schaefferiano e se fundamenta na dupla espectro/morfologia[33]. O modelo também é compatível com certas teorias elaboradas pelos compositores, como, por exemplo, a de

---

30 *The Music of Claude Debussy*, p. 203. Ver também, por analogia, a distinção que Ivanka Stoïanova efetua quando isola os aspectos "arquitetônicos" dos "processuais" na forma musical. Cf. *Manuel d'analyse musicale*, p. 9.

31 *A Música Hoje*, p. 26.

32 *Traité des objets musicaux*, p. 275.

33 Spectro-Morphology and Structuring Processes, em S. Emmerson (org.), *The Language of Electroacoustic Music*. Percebemos que, dependendo do autor, o termo *morfologia* pode ser utilizado para designar tanto o aspecto espacial quanto temporal do som, ou ainda ambos, como é o caso notório da teoria de Schaeffer, para quem, conforme sabemos, é o binômio forma/matéria que configura a *morfologia* do objeto sonoro. Essa ambiguidade reside na sua etimologia. Em música, se o substantivo *forma* é geralmente utilizado para descrever a organização e as inter-relações dos elementos constitutivos do sonoro no tempo, o termo *formante*, ao contrário, é um atributo acrônico do timbre. Por minha parte, estimo que a expressão *componentes de ordem morfológica* é mais apropriada e abrangente que *espectro* para reunir genericamente todos os aspectos que colaboram para a configuração acrônica de uma unidade sonora composta.

Brian Ferneyhough, a qual define uma entidade musical pelo fato de que ela é constituída, no seu nível inferior, de *gestos* elementares, os quais somente ganham uma energia formal quando organizados no tempo, quando se tornam uma *figura*[34]. Mais ainda, faço uma aproximação estreita com o conceito dialético de *estado* e *processo* elaborado por Lachenmann para descrever as estruturas sonoras que formam as bases do seu discurso[35].

Posto de modo sumário, e sem buscar a exaustividade, esses componentes remetem, no domínio morfológico, aos seguintes aspectos: o âmbito da unidade, em relação a algum critério prefixado (neste trabalho, esse critério é a extensão do piano moderno); a distribuição das alturas dentro desse âmbito (o que chamo especificamente de *partição*); a densidade (quantidade relativa de alturas em relação ao máximo possível, dentro dos limites do âmbito da unidade); e a modalidade de distribuição das mesmas, calculada a partir da observação dos intervalos que as separam, confrontada a algum critério distributivo. No domínio cinético, podem entrar em campo: a avaliação da duração da sonoridade, sempre relacionada a algum paradigma (por exemplo, a duração da obra inteira); a densidade temporal (i.e., o número de fatos sonoros consecutivos, comparado a um máximo de referência, que pode ser função do menor denominador comum das durações observadas); e a modalidade de distribuição dos mesmos fatos no eixo do tempo (dentro dos limites de duração da unidade sonora). Entre outros componentes cinéticos que podem se tornar ativos em determinados contextos, é possível mencionar ainda o da medição do perfil direcional estatístico das alturas e o cálculo do desvio relativo das alturas ou das intensidades, em relação a um critério de linearidade ou horizontalidade absoluta. Há ainda a possibilidade de vetorizar no eixo temporal os componentes morfológicos, de modo a quantificar a sua evolução durante o desenrolar da unidade, ou da obra inteira[36].

---

34 Cf. F. Courtot, Les Morphologies au présent. Disponível em: <http://www.entretemps.asso.fr/Ulm/2003/Present/Courtot.html>.

35 Cf. capítulo IX.

36 Os componentes formalizados e utilizados nas análises que formam o *corpus* do livro são descritos precisamente em anexo.

Os componentes se organizam como que numa rede, num rizoma, onde tecem relações horizontais cada vez renovadas segundo o contexto. Outra vez, foram as estratégias composicionais debussistas que abriram caminho: Maxime Joss explica, após Boulez, que "a obra de Debussy aparece como descontínua, porque os constituintes do seu material não são regidos por modos constantes de estruturação"[37]. Em consequência, a escolha dos componentes que devem constituir um sistema para a análise de uma obra é determinada pelo seu grau de *atividade* no contexto. Essa questão será retomada adiante. Por hora, a título de exemplificação, eu examino, na figura 1.5, duas sonoridades do *Loriot* de Olivier Messiaen, sob o prisma exclusivo da *densidade*, um dos componentes mais fáceis de ser demonstrado. Ela é calculada de diversas maneiras, cujos resultados são mostrados no quadro que acompanha a figura.

1. vetor de densidades acrônicas absolutas: enumera o número absoluto de notas por fato sonoro sucessivo;
2. vetor de densidades acrônicas relativas: enumera as densidades relativas de cada fato sonoro sucessivo; a densidade relativa corresponde ao número real de notas dividido pelo máximo possível, dentro dos limites do âmbito de cada fato sonoro, tendo como base de cálculo o semitom;
3. índice das densidades acrônicas relativas: média dos pesos obtidos em (2), em cada unidade sonora;
4. índice ponderado das densidades acrônicas relativas: o peso maior obtido em (3) se torna referência de complexidade máxima, pela qual o outro peso é fatorizado;
5. densidade acrônica relativa: o mesmo cálculo que em (2), só que, dessa vez, sem discriminação dos eventos sonoros. Em conformidade com a definição dada acima, do estado de acronicidade, todas as notas constituintes da sonoridade são contabilizadas sem levar em conta sua respectiva posição no tempo;

---

37 Debussy ou le paradoxe de la descontinuité, em M. Joos (dir.), *Claude Debussy: Jeux des formes*, p. 221-239. Sua referência é P. Boulez, La Corruption dans les Encensoirs, *Relevés d'apprenti*, 1966 ["Corrupção nos Incensórios", *Apontamentos de Aprendiz*, São Paulo: Perspectiva, 1995, p. 37-42].

Fig. 1.5: Duas sonoridades do *Loriot* d'Olivier Messiaen (*Catalogue d'oiseaux*, Premier Livre, v. II, respectivamente c. 1 e 43), e sua análise com o componente *densidade*. O quadro mostra diversas maneiras de abordar esse componente.

6. **densidade diacrônica relativa**: sem levar em conta a quantidade de notas, avalia apenas o número de fatos sonoros (no caso deste nosso exemplo, respectivamente, 2 e 6), confrontando-o a um critério de complexidade máxima; ele é estabelecido com base numa pulsação mínima de colcheia, que é o menor denominador comum de duração encontrado no contexto.

	componentes	unidade *a* (esquerda)	unidade *b* (direita)
1	vetor de densidades acrônicas absolutas	[5 5]	[6 7 7 7 7 11]
2	vetor de densidades acrônicas relativas	[0.14 0.14]	[0.25 0.25 0.19 0.17 0.22]
3	índice de densidades acrônicas relativas	[0.14]	[0.21]
4	índice ponderado de densidades acrônicas relativas	[0.53]	[1.00]
5	densidade acrônica relativa	[0.23]	[0.73]
6	densidade diacrônica relativa	[0.66]	[0.47]

Constata-se que cada modalidade de avaliação traz uma informação diferente e complementar. Do conjunto sobressai, todavia, nesse exemplo, a identificação de um acentuado processo – aliás bastante claro na simples leitura da partitura – de complexificação do componente *densidade acrônica* entre uma unidade e a outra. Dito de outra forma, a segunda unidade sonora possui uma qualidade muito mais complexa, de acordo com esse critério particular. Interessante assaz, é que, em compensação, a *densidade diacrônica* se simplifica ao mesmo tempo (última linha do quadro). Naturalmente, essas informações devem ser postas em correlação com dados provenientes da análise de outros componentes (por exemplo, o índice de repartição dos cromas entre diferentes regiões do piano, os âmbitos, os tipos de configuração dos acordes), assim como das sonoridades que se interpõem entre essas duas amostras.

Ainda que a avaliação dos caráteres morfológicos e cinéticos possa ser feita de forma independente, não sendo necessário conhecer uns para apreciar os outros[38], é mais confortável, do ponto de vista metodológico, começar por estudar os primeiros antes de se debruçar nos segundos (Fig. 1.6).

Fig. 1.6a: Conteúdo morfológico só (a) e morfológico-cinético (b) da primeira unidade sonora de *La Cathédrale engloutie* de Debussy (c. 1-2). A complexidade morfológica, provocada simultaneamente por um âmbito muito amplo, uma elevada densidade de sons e a presença de intervalos conjuntos provocando dissonâncias, se encontra significativamente diluída por uma organização cinética que atenua esses efeitos.

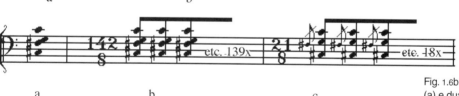

Fig. 1.6b: Conteúdo morfológico (a) e duas versões do conteúdo morfológico-cinético (b, c) da primeira unidade sonora da *Klavierstücke ɪx* de Stockhausen. Aqui, as qualidades morfológicas, onde prevalece a rugosidade dissonante, são enfatizadas até a exaustão pela estrutura cinética.

Essa divisão metodológica autoriza a concepção e até a representação dessas duas ordens num espaço bidimensional, no qual as

---

[38] Por exemplo, para avaliar a amplitude e extensão de um *crescendo*, não é indispensável conhecer os fatos sonoros sobre os quais ele age, da mesma forma que não é preciso, para analisar o âmbito de uma melodia, saber da ordem e da duração das notas que a compõe.

ponderações dos componentes de ordem morfológica ocupariam o eixo vertical, enquanto as de ordem cinética seriam distribuídas no eixo horizontal. Isso corresponde à representação clássica simbólica das dimensões conjugadas espaço/tempo, inclusive na notação musical. O leitor encontrará no livro alguns exemplos dessa representação, tal como aquela mostrada acima, na figura 1.2. Não creio ser necessário insistir no fato de que nada existe em música que não seja de ordem temporal. Como formula LaRue, "*a forma musical é a memória do movimento*"[39]. Por conseguinte, não pode haver configuração de ordem morfológica que não esteja necessariamente modulada, distribuída no tempo, por alguma configuração cinética. O que o método separa para melhor avaliar, o analista precisará reunir numa análise sintética, no fim do percurso.

Sistemas de Articulação das Unidades Sonoras

No já citado trabalho sobre Debussy, Richard S. Parks mostrou por que um método de segmentação baseado na noção de descontinuidade era particularmente adaptado à sua música:

> Ao evitar as tradicionais construções em frases e períodos, Debussy traz um problema agudo ao musicólogo […] Ele subordina a função habitual da continuidade, enquanto critério de reagrupamento de eventos semelhantes em entidades coerentes, a um princípio de descontinuidade como meio de separar eventos disparatados […] As [sucessivas] descontinuidades articulam [a obra] e absorvem todos os parâmetros musicais, inclusive o metro, o tempo, a densidade dos ataques sequenciais, a densidade sonora, o material temático e harmônico, a textura, a cor instrumental, o registro e a intensidade[40].

Essa característica composicional parece confirmar que a música de Debussy possuiria, em germe, o que Jonathan D. Kramer vai definir, a partir dos conceitos estabelecidos por Stockhausen,

[39] *Análisis del Estilo Musical*, p. 88 (o grifo é dele).
[40] Op. cit., p. 204.

como *Momentform*. Segundo Kramer, tal forma é constituída de um mosaico descontínuo de momentos autônomos ("self-contained entities"). A autonomia de um momento se realiza, seja porque possui um conteúdo estático – que produz o que ele chama de tempo "vertical" – seja porque toma a forma de um processo. O que define essa forma, acima de tudo, é o fato de que os *momentos* não são conectados por alguma lógica linear – isto é, por uma lógica segundo a qual o momento presente é a consequência do que o precedeu – e, portanto, a sua sucessão *parece* arbitrária (o grifo é dele). Ela transforma cada momento em *presente*, evita a criação de situações de implicação e expectativa, e elimina os clímaxes dramáticos[41]. O autor se aproxima, no caso, de Michel Imberty, que fala da forma debussista como de "uma música do *instante* e não do *devir*" na qual "as partes não tomam seu sentido do seu entorno imediato, mas, antes, do poder de evocação de reminiscências mais ou menos longínquas"[42]. No entanto, Stockhausen, que, ainda segundo Kramer, herda essa técnica diretamente de Messiaen, prefere manter o princípio de uma relação de tipo linear entre os momentos sucessivos, pois que estipula que uma sequência de momentos se articula por diversos graus, de zero ao máximo, de modificação de uma ou várias das suas propriedades imanentes[43].

---

41 J. D. Kramer, *The Time of Music*, p. 207-210. Esse autor proclama que seu objetivo não é "inventar um método analítico" para essa forma, "por mais útil que tal esforço possa ser" (p. 223). O modelo que descrevo neste capítulo me parece ter condição de satisfazer, de alguma maneira, essa expectativa, apesar do seu escopo não ser exclusivo da *Momentform*.

42 *Les Écritures du temps*, p. 113 (o grifo é dele). Eu acrescentaria, por outro lado, que essa construção se situa exatamente ao oposto do que se convém chamar de *processo*, no sentido específico que esse termo toma para explicitar a dinâmica de obras do tipo "espectral", onde, ao contrário, se preconiza a causalidade cronológica (J. Baillet, *Gérard Grisey*, p. 198 et passim. Cf. também T. Murail, op. cit.). Sabemos que Debussy explora também, de forma pioneira, essa estratégia formal, sobretudo nas suas obras orquestrais, entre as quais *La Mer* parece constituir um modelo seminal. Ver, no entanto, no capítulo III, a seção sobre o Prelúdio *Feux d'artifice*.

43 No que Kramer vê uma contradição (op. cit., p. 429, nota 24). K. Stockhausen, Momentform, *Texte zur elektronischen und instrumentalen Musik*, v. 1, 1963; na sua tradução francesa: *Contrechamps* n. 9, 1988, p. 112. E também K. Stockhausen; J. Kohl, Stockhausen on Opera, *Perspectives of New Music*, v. 23, n. 2, p. 25 (Kramer, op. cit., p. 208 e 429). Stockhausen, Forma-momento e *Momente*, em R. Maconie, *Stockhausen sobre a Música*, p. 64-71. Segundo Kramer, *Chronochromie* (1960) de Messiaen é a obra na qual o princípio de *Momentform* se aplica da forma mais sistemática, ainda que ele identifique numerosos precedentes embrionários.

Podemos, então, estabelecer que são as rupturas de continuidade que assinalam a passagem de uma entidade discreta a outra, e que, consequentemente, anunciam um novo complexo sonoro. Essas rupturas impregnam, aliás, diretamente a superfície sonora: "Mudanças abruptas de registro, de dinâmica ou de articulação, e ausência de movimentos graduais e de regularidade rítmica, favorecem a percepção de uma sequência de objetos sonoros contrastados", diz Robert Ericksson[44]. Schaeffer formalizou essa dinâmica com o conceito de "regra de articulação/apoio": surge uma articulação quando há "ruptura do contínuo sonoro em eventos energéticos sucessivos distintos"[45]. No seu modelo, Tenney quantifica, de forma precisa, as condições de *iniciação* de uma nova unidade: é necessário que um elemento "difira do elemento anterior por um intervalo (num parâmetro qualquer) maior que os [...] que o precedem e o seguem imediatamente"[46]. A introdução de uma descontinuidade em um ou vários aspectos da escrita funciona, então, como marcador formal, assinalando, ao mesmo tempo, uma nova unidade e isolando-a do contexto. Por isso, qualquer unidade mantém, por definição, um certo grau de oposição com as unidades adjacentes[47].

Uma unidade será, portanto, definida num espaço de continuidade delimitado por duas rupturas. Sendo a unidade o produto da combinação de um número variado de componentes, a ruptura na continuidade estrutural de pelo menos um desses componentes implica, em teoria, em uma ruptura na continuidade sonora, e, consequentemente, identifica uma nova articulação estrutural, isto é, uma nova unidade. Os componentes não são necessariamente equivalentes, nem intercambiáveis, quanto a sua capacidade de concretizar essas rupturas, e, por conseguinte, de orientar a segmentação. Eles agem em níveis mais ou menos globais, que variam em função da técnica

---

44 *Sound Structure in Music*, p. 13. Cf. também J. LaRue, op. cit., p. 21 e s.

45 P. Schaeffer, *Traité des objets musicaux*, p. 396.

46 Cf. op. cit., p. 209 e 212-213.

47 Sobre essa questão, o leitor pode consultar um artigo de Michael Cherlin que recoloca o conceito de oposição dialética numa perspectiva histórico-filosófica; ele discute várias categorias de oposições simultâneas em teoria musical, com ênfase nos escritos de Schoenberg, em Dialectical Opposition in Schönberg's Music and Thought, *Music Theory Spectrum*, v. 22, n. 2, p. 157-176.

ou das escolhas do compositor, da obra em si ou do contexto local. Alguns desses componentes podem, inclusive, não agir de forma alguma, como vimos no caso da intensidade, no exemplo do primeiro momento de *Pour les sonorités opposées* (Para as Sonoridades Opostas). Um componente, então, será tido como *ativo* ou *morfofórico*[48], quando se constata que ele contribui, pelo seu dinamismo, à criação de uma energia cinética na sequência de unidades sonoras observada. Ele será *passivo*, ou *amorfofórico*, quando a sua configuração estrutural interna, permanecendo mais ou menos intocada ao longo do tempo, fá-lo perder todo seu poder de ação sobre a dinâmica formal.

A classificação que segue poderia ser considerada como paradigmática de uma hierarquia dos componentes agentes de segmentação. Porém, deve-se evitar sua aplicação sem precauções a qualquer contexto, pois ela poderia inferir aí uma apreciação errônea do número e da dimensão das unidades sonoras. Contudo, ela pode ser utilizada como base para o processo de segmentação[49].

1. macrorrupturas: silêncios, barras duplas, respirações, fermatas; alterações no plano macroformal, eventualmente reforçadas ou assinaladas por menções textuais, agógicas, mudanças de andamentos, de unidades métricas, ou outras;
2. rupturas globais: pedais (para o piano), e/ou ligações de articulação (interrupção, ativação ou reativação);
3. ruptura de continuidade nas intensidades globais e/ou nas partições;
4. mudança na configuração em um ou vários dos demais componentes, e sobretudo: modificação da densidade, das modalidades de distribuição dos sons, do perfil direcional global das linhas, do tipo de articulação, da pulsação.

---

48 De acordo com o neologismo francês de M. Elisabeth Duchez, que significa exatamente "portador da forma": La Notion musicale d'élément porteur de forme, approche historique et épistémologique em S. McAdams; I. Deliège (orgs.), *La Musique et les Sciences cognitives*.

49 Novamente, é possível estabelecer pontos de contato com a *Gestalttheorie*, na medida em que numerosas experiências, aliás bem conhecidas, mostraram que ela pode ser aplicada com proveito para o estabelecimento de uma hierarquia dos processos de segmentação da superfície musical pelo ouvinte. Esses trabalhos são evocados em S. McAdams; E. Bigand (orgs.), *Penser les sons*, p. 268-275 et passim. Ver também S. Roy, op. cit., p. 203 e s.

De acordo com o contexto, uma dessas categorias vai dominar a estrutura de segmentação e sujeitar as demais, que a ela, nesse caso, ficam subordinadas. Vemos que esse método permite, por essa característica, o estabelecimento de uma hierarquia entre os componentes, que pode ajudar a esclarecer as estratégias composicionais aplicadas local ou globalmente. Ademais, nota-se que apenas a categoria mais global de leitura (macrorrupturas) pode, eventualmente, coincidir com a articulação métrica em grande escala. Em regra geral, no entanto, a estrutura métrica, e *a fortiori* o recorte mensurado, não são colocados como critérios prioritários para a localização das unidades. Isso para, de um lado, não correr o risco de substituir uma identificação de unidades de caráter sonoro pela identificação de alguma articulação métrica e, por outro lado, para permitir que se avalie, de forma soberana, as relações dialéticas que a obra pode apresentar entre essas duas dimensões. Inferir a articulação das sonoridades da articulação métrica seria como considerar que a primeira é sistematicamente sujeitada à segunda, o que, evidentemente, não advogaria em favor da sua autonomia.

As categorias subordinadas permitirão, então, pôr em evidência, sejam:

a. cossegmentações do discurso, isto é, geração de segmentos que coincidem com a segmentação de primeiro nível, reforçando a identidade da unidade assim delimitada;

b. subsegmentações que resultam na fragmentação das unidades num certo número de subunidades;

c. supersegmentações que encobrem as de níveis inferiores. Caso essas supersegmentações sejam localizadas e em número limitado, elas não afetam a hierarquia previamente estabelecida. Mas o aparecimento de uma certa sistematização da supersegmentação em alguma das categorias que deveria, em princípio, ser subordinada, pode levar a uma modificação da ordem hierárquica dos componentes, resultado provável de uma modificação da estratégia composicional.

As categorias 1 e 2, que apenas se aplicam, em geral, aos níveis mais elevados da estrutura, não oferecem, em princípio, nenhuma ambiguidade de leitura e aplicação. Aliás, os elementos da categoria 1 não constituem, propriamente falando, o que chamo de componentes da sonoridade. Para as demais categorias, o critério de segmentação pode ser expresso de forma simples, estabelecendo que *uma unidade permanece, enquanto nenhum dos seus componentes sofra uma modificação, cuja natureza possa romper uma configuração mantida desde a sua instauração.*

Uma vez identificadas e qualificadas na base da sua configuração interna, essas unidades devem ser, em seguida, relacionadas.

Elementos Teóricos para uma Análise Funcional das Sonoridades

Da "Repetição" à "Oposição Diametral":
Um Vetor de Qualificação dos Processos de Variação

Tecnicamente, a ruptura estrutural entre sonoridades contíguas é gerada por processos de transformação de um certo número de componentes comuns às duas unidades. Ela é medida, de um lado, como já indiquei, pelo grau de ruptura na complexidade relativa consecutiva desses componentes, e, por outro lado, embora ao mesmo tempo, pelo número de componentes que entram no processo de transformação, comparado ao número daqueles que permanecem passivos. A quantificação da oposição é o resultado do equacionamento dos dois dados. Esses pressupostos levam, inevitavelmente, a uma discussão sobre os sutis conceitos de *repetição*, de *similaridade* e de *diferença* (ou *oposição*). A noção de similaridade é de delicada manipulação em análise musical; aliás, ela constitui um dos problemas da metodologia de Ruwet, baseada nesse paradigma. Consiste numa integração dialética dos princípios complementares de repetição e variação, os quais, por sua vez, não se definem de uma maneira tão simples quanto parece.

Com efeito, como bem mostrou Ivanka Stoïanova, a ação conjunta do tempo e da memória faz com que o enunciado musical ignore a estrita equivalência: "qualquer repetição, mesmo sem nenhuma mudança aparente do material, já constitui uma diferença por sua posição, e o acúmulo sonoro anterior"[50]. John Cage, que, conforme sabido, trabalhou muito essa questão, particularmente em associação com os conceitos de acaso e de "não intencionalidade", parece, antes, considerar que é um problema de qualidade da escuta: quando "cremos identificar uma repetição, é porque não prestamos atenção aos detalhes"[51]. As fronteiras entre o que é idêntico e o que é diferente parecem, então, possuir um grau muito elevado de sensibilidade ao contexto. Em verdade, não convém opor os dois termos. Ao contrário, é melhor considerá-los como constituindo as duas pontas de um vetor contínuo de transformações. Essa continuidade encontra seu modelo na natureza, onde nada é idêntico nem se coloca como diferença absoluta.

No centro dessa dinâmica, encontra-se o que chamamos aqui de *variação*. É uma técnica que permite a geração de uma continuidade entre um evento "a" posto como modelo, e um evento "b", seu oponente. Schoenberg tem uma definição que torna clara essa noção de continuidade, que é a característica transitiva da variação; a variação é, segundo ele, uma repetição em que alguns componentes são modificados, enquanto os demais permanecem idênticos[52], definição que encontra evidente eco nos critérios adotados aqui para definir os limites temporais de uma unidade sonora. Quanto mais a unidade variada possuir componentes estritamente repetidos em relação ao modelo, tanto mais será considerada, e até mesmo percebida pelo ouvinte, como um evento "semelhante" ao primeiro, induzindo, com isso, o princípio de equivalência pelo descobrimento da semelhança[53].

---

50 *Geste, Texte, Musique*, p. 41 e s.

51 Carmen Pardo, em *L'Écoute oblique: Approche de John Cage*, baseou-se em R. Kostelanetz, *Conversations avec John Cage*, p. 30.

52 *Fundamentos da Composição Musical*. Pierre Schaeffer aborda também essa questão no *Traité des objets musicaux*, p. 300 e s.

53 Na sua teoria, Tenney expressa, em outros termos, a mesma ideia. Segundo ele, a semelhança entre dois elementos é "função inversa da grandeza do intervalo pelo qual eles diferem num parâmetro" (op. cit. p. 207).

No mesmo sentido, o teor das variações e o grau de transformação que sofrem os componentes atingidos vão aproximar ou afastar essa unidade do original. Podemos deduzir dessa definição que o efeito oposto será idealmente provocado por uma variação onde dominem, dessa vez, as diferenças em vez das equivalências. Quanto mais o número dos componentes modificados se aproxima da totalidade, e quanto mais as modificações implementadas são drásticas, tanto menos a unidade será considerada como semelhante ao modelo, e, consequentemente, mais será qualificada, num ponto de vista da estrutura, como "oposta". O ponto extremo consiste em operar, em cada componente, uma variação diametralmente oposta. Entendemos, com isso, que essa variação é o contrário absoluto do seu modelo: se o contorno melódico desse é ascendente, a variação será descendente, se ele é *legato*, ela será *staccato*, e assim por diante, na *totalidade* dos componentes (e não apenas em alguns). A soma dessas oposições gera um novo objeto diferente o suficiente para que se exclua a possibilidade de identificação imediata ao modelo. No entanto, o fato que tratar-se de uma variação, por mais oponente que possa ser, estabelece, inevitavelmente, certa relação de identidade que se encontrará mais ou menos projetada na diferença. É nessa sutil dialética que se funda, aliás, a linguagem tonal clássica, em particular a forma sonata de tipo beethoveniano. No seu estudo sobre o *Nouveau Roman*, Jean Ricardou chega a teorizar esses conceitos de uma maneira que pode ser de algum recurso para nós:

A semelhança pode unir diversos conjuntos de modo majoritário ou minoritário. No primeiro [modo], ou macrossemelhança, é o Outro quem trabalha o Mesmo. Sendo majoritária a parte de analogia entre os dois conjuntos, são as diferenças o que se destaca neles. A macrossemelhança gera variantes. Com o segundo [modo], ou microssemelhança, é o Mesmo quem trabalha o Outro. Sendo minoritária a parte de analogia entre os dois conjuntos, são as semelhanças o que se destaca neles. A microssemelhança gera o que chamaremos de semelhantes[54].

---

54 *Le Nouveau Roman*, p. 87. O substantivo "semelhantes", no final da citação, traduz o neologismo francês "similantes" usado pelo autor.

Querendo efetuar uma aproximação entre essa teoria, concebida para a literatura, e as formulações de Schoenberg para a música, pode-se dizer que as "semelhantes" se definem como variações elaboradas do modelo. Elas se situam numa região transitória entre a *declinação* e a oposição absoluta. A declinação é o termo que escolhi para designar uma repetição variada, na qual o referencial permanece tão explícito que o que se destaca são as diferenças, minoritárias, portanto. Na oposição absoluta (ou *diametral*), o referencial tão somente pode ser observado em *negativo*.

Esses conceitos se prestam a uma representação geométrica (Fig. 1.7), na qual, de um lado, se colocaria o modelo *a*, e, na outra ponta, sua oposição diametral *b*. O ponto central (*v*) representaria um objeto ideal que não se poderia identificar nem como repetição, nem como oposição, mas que, antes, comportaria uma dosagem equilibrada de componentes repetidos e variados – o arquétipo da variação, *stricto sensu*. É provável que tal objeto seja muito raro. Ele seria um divisor entre, na sua esquerda, o segmento A – espaço reservado às sonoridades que seriam consideradas, seja como *repetições* (mais ou menos exatas) de *a*, seja como *declinações* – e, na sua direita, o segmento B, contendo aquelas sonoridades que definiríamos como *variações* – as *semelhantes* de Ricardou –, e que desembocariam na oposição diametral *b*.

Fig. 1.7: Vetor de qualificação do grau de oposição estrutural entre unidades sonoras.

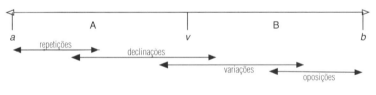

Evidentemente, esse esquema é reversível, na medida em que o que constitui uma variação de *a* pode representar uma declinação de *b*. O corte entre essas categorias, no entanto, não há como ser reto; uma ampliação microscópica revelaria, antes, uma fronteira imprecisa e fluida, em que a penetração dos elementos diferentes é difusa, embora pregnante, descontínua, embora atomizada. Assim, o princípio de similaridade se encontra localizado num espaço movediço entre a declinação e a variação, onde o elemento variado já não é mais percebido como derivado explícito do modelo, embora não esteja ainda identificado como absolutamente diferente. No plano formal, os procedimentos de transformação que se distribuem do lado A do vetor se destacam pela sua vocação prolongadora, portanto estática: é por meio de repetições ou de declinações que uma sonoridade se propaga, prolifera, se instala dentro do tempo da obra. Em compensação, as variações, que se localizam no segmento B do vetor, são responsáveis pela injeção de elementos que objetivam perturbar a continuidade, e, por conseguinte, favorecer a ruptura, a introdução do novo, do contraditório, do oposto sonoro: é com elas, tipicamente, que a composição com o som organiza sua dinâmica.

A Oposição Adjacente

As leis de segmentação acima estabelecidas pressupõem uma organização sequencial, "monofônica", das unidades sonoras. De fato, essa é a situação mais frequente na categoria de obras em foco. Ao intitular, em 1915, seu estudo *Pour les sonorités opposées*, Debussy já induzia uma estratégia composicional baseada em tal sistema de articulação. Ao abandonar a nota pelo som, toda a sofisticada combinatória baseada numa organização hierárquica de elementos abstratos deixa de operar. Privada desse trunfo, a composição pelo som demanda, de imediato, meios originais para produzir energia cinética, os quais vão ser mais simplórios à primeira vista, conforme observou Adorno[55]. A descontinuidade adjacente se torna um meio privilegiado de articulação da superfície[56]. Ela vai gerar uma categoria de formas musicais totalmente nova, cujo emblema histórico é

---

55 Como bem se sabe, essa constatação constitui uma das bases da sua terminante crítica ao impressionismo, sobretudo na forma como esse se encontra absorvido, segundo ele, em Stravínski. Cf. *Filosofia da Nova Música*, p. 145 e s. Na mesma linha de pensamento, Makis Solomos se refere, francamente, a uma "volta à barbária". Cf. *À propos des premières oeuvres (1953-69) de Iannis Xenakis...*, p. 221.

56 Cf. J. Kramer, *The Time of Music* e também Momentform em Twentieth Century Music, *The Musical Quarterly*, v. 64, n. 2, p. 177-194.

a *Symphonie pour instruments à vents* (Sinfonia para Instrumentos e Ventos) de Stravínski, formas que serão baseadas, dessa vez, em processos aditivos, isto é, em esquemas cujos segmentos são apresentados numa ordem tal que exclui a possibilidade de elaborar reagrupamentos de nível superior. Na verdade, é essa nova abordagem que rompe, definitivamente, com o conceito de unidade orgânica da obra, característico da ideologia romântica e ainda subjacente ao fundamento dos princípios da música serial. No entanto, não é raro que a sucessão se realize igualmente por meio de uma nota ou sonoridade "pivô", ou até em *telhagem* (quando a segunda começa antes que a primeira termine). Debussy domina perfeitamente essa técnica, como testemunha esse trecho do mesmo estudo. Nele, as três unidades se encadeiam de maneira intimamente intricada, sendo que a segunda (U44) se insinua já no final da primeira, por meio de sua voz grave, e que o Fá# central (Fá#3) serve de pivô entre a segunda e a terceira unidades, que têm essa nota em comum (Fig. 1.8)[57].

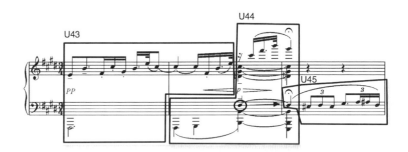

Fig. 1.8: Debussy, estudo *Pour les sonorités opposées*, c. 59-61, contendo três unidades sonoras (U43, U44, U45) encadeadas em telhagem com uma nota-pivô (Fá sostenido).

O Sintagma

No contexto da minha análise dos *Momentos* de Almeida Prado, formalizei um sistema particular de articulação de adjacências ao qual dei o nome de *sintagma*, uma livre interpretação do conceito

---

[57] Boulez atribui a esse procedimento a faculdade de produzir uma "forma em treliça ou entrançada". *Actualité de Debussy..., actualité de Webern*, *Regards sur autrai*, p. 363.

enunciado por Saussure no campo da linguística[58]. No meu modelo, um sintagma é um conjugado sequencial binário de unidades, sendo que uma é *determinante* e outra, *determinada*. É por *reação* ao elemento determinante que o determinado se define, seja como sua "resposta", seja como sua "consequência", seja ainda como seu "complemento". Por exemplo, uma sonoridade composta de gestos de tipo melódico, em "resposta" a um determinante composto de blocos sonoros compactos. O exemplo mais simplista de sintagma é aquele composto de um gesto sonoro qualquer (o determinante) seguido do seu "eco" ou da sua própria ressonância (o determinado). Mesmo o sintagma se estabelecendo, portanto, por uma relação de causalidade que o compositor instaura entre duas unidades adjacentes, não se pode perder de vista que essa relação é provocada de forma arbitrária, artificial. Consequentemente, não se deve pensar que o enunciado de um determinante é, por si só, capaz de gerar uma dinâmica de expectativa, de necessidade, quanto ao aparecimento subsequente de um determinado: a estrutura interna binária do sintagma, em si, não é morfofórica. O determinado costuma ser mais maleável que o determinante: ele tende a suportar mais transformações do que este. Se um dos dois termos do sintagma há de se tornar irreconhecível, ser substituído ou até desaparecer, será ele. O conceito de reação, estranho à formulação de Saussure, parece implicar numa ordem sequencial, em que o determinante é enunciado antes do determinado. Isso constitui, de fato, a situação ordinária. No entanto, não existe nenhuma restrição teórica contra uma apresentação em sentido contrário, como, aliás, pode ocorrer nas línguas, nem, tampouco, contra uma apresentação simultânea – uma prerrogativa, dessa vez, da música. O conceito define a natureza

---

58 *Cours de linguistique générale*. Aplicações dos conceitos saussurianos de relações sintagmáticas e associativas (ou paradigmáticas) à análise da música tonal foram propostas, notadamente, por: Y. Sadai, L'Application du modèle syntagmatique-paradigmatique à l'analyse des fonctions harmoniques, *Analyse Musicale* n. 2, p. 35-43; P. McCreless, Syntagmatics and Paradigmatics, *Music Theory Spectrum*, v. 13, n. 2, p. 147-178. Seria possível integrar a meu modelo teórico um conceito de *paradigma* derivado de Saussure, mas não desenvolverei esta ideia aqui, me limitando em fazer eventualmente uso dos princípios da "análise paradigmática" elaborados por N. Ruwet, Méthodes d'analyse en musicologie, em *Langage, musique, poésie*, p. 100-134.

das relações estruturais que mantêm os dois termos do conjunto, e não a sua posição na ordem temporal. A pertinência desse conceito para a análise torna-se interessante quando se observa, de um lado, que o mesmo sintagma está sendo usado em diversos momentos da obra, funcionando, assim, como uma unidade musical de nível mais elevado, aberta a variações e manipulações, e, por outro lado, e sobretudo, que o compositor mantém, sistematicamente, a relação estrutural assimétrica entre os dois termos[59].

A Oposição Simultânea

Não é raro, no entanto, que as unidades sonoras se organizem, também ou preferencialmente – isso vai depender da obra – em vários fluxos simultâneos, que evoluem paralelamente: o que eu chamarei de *polifonia de sonoridades* é, tradicionalmente, um atributo do que se convencionou chamar de *textura*. As unidades podem, então, se encontrar articuladas ao mesmo tempo na sucessividade – é o processo de *segmentação* – e na simultaneidade – falaremos, então, de *segregação* em várias camadas, ou polifonia (Fig. 1.9)[60].

Mas esses fluxos podem também se encontrar em diversos graus de defasagem. Eu demonstro, no capítulo VII, que a *Sequenza IV* de Berio pode ser analisada como *polifonia* de duas organizações sonoras sequenciais, uma na superfície e a outra subjacente, em ressonância. Na literatura para piano, um Crumb, um Lachenmann, aperfeiçoaram em muito as modalidades de interação entre várias camadas de sonoridades produzidas por modos de atuação diferentes, como veremos nos capítulos dedicados a esses compositores. Relações de interdependência das unidades na simultaneidade podem, também, se instaurar; sua principal dimensão parece ser a da relação espectral, visto que ela favorece, por natureza, a fusão[61]: o conceito de *ressonância*

---

59 Remeto o leitor ao capítulo sobre Messiaen para alguns exemplos de sintagmas.

60 O termo *segregação* e seu complemento *fusão* remetem, na origem, à psicologia da audição. Cf. Albert S. Bregman, L'Analyse des scènes auditives, em S. McAdams; E. Bigand, *Penser les sons*, p. 26-28. Eles constituem ferramentas eficazes para a análise da música eletroacústica. S. Roy, op. cit., p. 207 e s.; D. Hirst, op. cit., p. 114-115.

61 S. McAdams, Fusion spectrale et la Création d'images auditives, *Rapports de Recherche* n. 40.

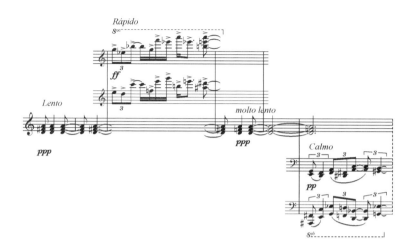

Fig. 1.9: Polifonia de sonoridades em relação de oposição simultânea. Almeida Prado, *Momento* 23.

acrescentada de Messiaen é uma das possíveis formulações dessa técnica de organização. Em todo caso, a oposição adjacente, seja ela articulada em uma ou várias camadas simultâneas, se estabelece pela medida do grau de ruptura na complexidade relativa de seus componentes. É tentador formalizar esse grau a partir das listas de ponderações atribuídas em meu modelo a cada componente, determinando, por exemplo, uma janela de valores, no interior da qual esse componente poderia se mover sem que isso possa ser interpretado como uma ruptura, mas tão somente como uma "variação", uma "oscilação" interna da qualidade sonora. Essa janela, porém, mostra-se muito dependente do contexto e muito variável de componente a componente. Para avaliar a sua capacidade opositiva, geradora de dissociações, cada lista de pesos, que representa a evolução da complexidade estrutural de um único componente, deve ser reinterpretada no seu contexto musical, e depois cruzada com informações obtidas em outros componentes. Essas atividades são, essencial e tipicamente, da competência do sujeito que analisa. Não me pareceu prudente sistematizá-las por um processo quantificador estático.

Classes, Conjuntos de Unidades e Sonoridade Geradora

O princípio genérico de uma articulação baseada em uma ou várias sequências de unidades em relação de contraste mais ou menos marcado não exclui a presença de relações de similaridade estruturais à distância – isto é, na descontinuidade sequencial. Para tanto, recorro às noções de *classe* e *conjunto*. São reunidas numa única *classe* as unidades que se apresentam não somente como *repetições*, mas também como *declinações* de uma mesma matriz. Um caso particular dessa estrutura é quando a matriz se torna a *sonoridade geradora* de todas as unidades da peça. Finalmente, temos um *conjunto* quando uma determinada sonoridade pode se decompor em unidades menores, da qual são subconjuntos. É importante acrescentar que é a totalidade que continua sendo analisada enquanto unidade sonora composta autônoma. Podemos distinguir dois tipos de conjunto: um conjunto homogêneo será formado por unidades resultando da declinação de uma mesma matriz; já um conjunto heterogêneo será constituído de unidades oriundas de matrizes diferentes[62].

Recapitulação

Em síntese, a aplicação do modelo descrito acima obedece, idealmente, ao cronograma seguinte:

1. Segmentação e eventualmente segregação da obra numa sequência (mono ou polifônica) de *unidades sonoras compostas*;

1a. O critério elencado para a segmentação é a *ruptura de continuidade* na configuração de um ou vários *componentes* (a partir de um determinado piso). Os componentes podem agir em qualquer nível da estrutura, os mais genéricos podendo ser responsáveis pelas *macrorrupturas* formais. Aqueles que provocam essas rupturas são definidos como *ativos*, enquanto aqueles

---

62 O *Makrokosmos* de Crumb, abordado neste livro, é uma obra na qual tais conjuntos ocupam lugar de destaque.

cujas configurações variam pouco ou nada ao longo do tempo, ou que não são codificados na partitura, são tidos por *passivos*. O grau de ruptura, que influi no índice de complexidade, é localizado num vetor que, ao deslizar entre a repetição "exata" e a oposição "diametral", possui, no seu percurso, um número indeterminado de formas de *declinações* e *variações*.

1b. A segregação parte da constatação de que é possível dissociar sistematicamente as unidades em dois ou mais fluxos simultâneos, os quais conservam, entre si, ao longo do tempo, tanto elementos de identificação quanto de diferenciação; um dos fatores mais frequentes de segregação é a separação estável entre várias regiões de alturas ou entre diversas configurações instrumentais.

O musicólogo pode julgar mais apropriado, eventualmente, abordar a obra como uma única *unidade sonora composta*, dispensando, nesse caso, essas tarefas preliminares.

2. Descrição de cada unidade assim obtida, a partir dos *componentes ativos*; os aspectos *morfológicos (acrônicos)* e *cinéticos (diacrônicos)* da música são dissociados; alguns componentes são específicos de cada instrumento; a descrição consiste em atribuir uma ponderação numérica numa escala finita, em que o valor teto representa a *complexidade máxima paradigmática* do componente; consequentemente, todos os valores são confrontados a esse teto, o que permite a sua comparação. Ferramentas complementares de análise, como vetores, índices, médias ou modas* podem se tornar apropriados.

3. Da observação dessas séries de ponderações, decorre uma avaliação do *grau de similaridade ou de oposição* entre as unidades sonoras, sejam elas dispostas de forma sucessiva ou simultânea, adjacentes ou não. Dessas avaliações é que se pode inferir seu impacto sobre a forma ou a estrutura da obra. As ferramentas padrão de representação gráfica ou numérica de dados estatís-

---

* Em estatística, a moda é o valor mais frequente de uma lista.

ticos, tais como nuvens de pontos, linhas de tendência, correlações etc. podem consolidar e aclarar essas avaliações.

É nesse estágio que o pesquisador estabelece as relações que pode manter esse nível de articulação com o nível subjacente, onde são manipulados os cromas para produzir as entidades abstratas da estruturação. Com efeito, o estudo dessas relações é uma das chaves dessa proposta analítica, na medida em que é por elas que se define não somente uma dialética que pode se revelar incontornável para a explicitação da dinâmica formal de uma obra, mas, ainda, uma parte talvez crucial da linguagem estilística de um compositor. Essas relações podem ser expressas nos termos pelos quais Roy interpreta o modelo paramétrico de Meyer, evocado acima:

> Se os parâmetros secundários podem apresentar alguns estados de instabilidade ou de estabilidade, esses estados são de natureza morfológica ou natural, segundo a expressão utilizada por Meyer. Ao contrário, no caso dos parâmetros primários, a estabilidade e instabilidade são de ordem sintática, porque o agenciamento das unidades deve responder a um certo número de restrições, de regras. Parâmetros primários e secundários contribuem, nas suas articulações respectivas e recíprocas, para dar forma às progressões musicais. Se as unidades dos parâmetros secundários não têm condição de se organizarem entre si a partir de imposições sintáticas, esses mesmos parâmetros secundários, em compensação, podem manter com os parâmetros primários algumas modalidades relacionais tais que podem constituir a fonte de ambiguidades musicais[63].

É justamente no que Meyer considera como "ambiguidades" que se aninha a verdadeira revolução da linguagem instaurada por Debussy, desde então explorada pela maioria dos compositores, em particular por aqueles que serão abordados neste livro. Minando a hegemonia do princípio de coerência interdimensional, ela abole a sujeição funcional dos elementos secundários aos primários.

---

63 S. Roy, op. cit., p. 499; L. B. Meyer, op. cit., p. 14-16.

É, portanto, nesse contexto teórico e prático que se colocam as análises que apresento a partir do terceiro capítulo[64]. Elas são centradas na exploração de uma certa categoria de peças para piano do século XX. Isso não significa que esse aparato não possa ser eficaz em outros contextos. Como já sugeri, existem poucas obras, para as quais uma análise fundada nessas premissas não possa contribuir para a elucidação de certas qualidades formais que ficariam inacessíveis por outros meios. Pode-se, então, deduzir que a presente proposta é aplicável a um *corpus* mais abrangente, cobrindo até o repertório orquestral. Também é possível imaginar uma transposição de alguns conceitos e métodos para o campo da música fixada sobre suporte analógico ou digital. Os conceitos de *componentes de nível secundário*, de *sintagma*, os vetores *simplicidade – complexidade* ou *declinações –, variações*, entre outros, não comportam nenhuma restrição quanto ao tipo de produção ao qual podem ser aplicados. Denis Smalley, por exemplo, propôs uma tipologia das estruturas espectrais da música eletroacústica, fundada na série harmônica, que pode perfeitamente ser implementada no presente modelo, na forma de um novo vetor qualitativo[65]. Por outro lado, esse arcabouço teórico pode ser usado para a composição, pois que oferece ferramentas para gerenciar ou controlar os componentes secundários, de acordo com os objetivos formais ou estruturais do projeto musical. Ao colocar esse método à disposição do público, meu desejo é, naturalmente, que outros possam se apropriar dele e o apliquem de forma crítica a outros universos.

---

64 As operações descritas neste capítulo podem tirar proveito de uma implementação informática, a qual, encarregada das operações quantificativas, reduz o tempo de trabalho e os riscos de erro. Por essa razão, existe um *software* chamado *Soal*, especificamente desenvolvido com esse intuito, que integra, como biblioteca de funções, o ambiente *OpenMusic*; ela se encontra disponível nos *sites* do Forum Ircam, disponível em <http://forumnet.ircam.fr> e do grupo de pesquisas *Mus*, que a desenvolve sob a minha direção, disponível em <http://www.cchla.ufpb.br/mus3>. Sobre essa biblioteca, ler: D. Guigue, *Sonic Object Analysis Library. OpenMusic Tools For Analyzing Musical Objects Structure*, acessível *on line* nos *sites* mencionados aqui; Guigue et al., *Soal* for Music Analysis: A Study Case With Berio's *Sequenza IV*, *Annales des JIM 2005, Journées d'Informatique Musical*, disponível em: <http ://jim2005.mshparisnord.net/articles.htm>.

65 Com efeito, os quatro tipos espectrais que ele definiu podem ser ordenados no vetor simples – complexos, da seguinte forma: "fundamental", "harmônico", "inarmônico", "nodal" e "ruidoso". D. Smalley, Spectro-morphology and Structuring Processes, em Defining Timbre, Refining Timbre, *Contemporary Music Review*, v. 10 part 2, p. 65 e s.

II.
Alguns Exemplos da Reflexão Debussista sobre o Tonalismo

É sabido que Debussy tratou o problema da tonalidade por um viés muito original, notoriamente ao integrá-la em sistemas multidimensionais, em que ela se encontra simultaneamente presente, geralmente de maneira dialética, junto a elementos de modalismo e atonalismo[1]. Antes de abordar a questão da composição da sonoridade propriamente dita, gostaria de fazer algumas observações sobre a forma com que Debussy projetou o pós-tonalismo a partir de algumas experiências realizadas no seu ciclo dos 24 *Prelúdios*. Com efeito, parece-me que não é suficiente dizer, embora não seja totalmente errôneo, que sua harmonia colorida e não funcional, em muitos casos, é um atributo do "timbre". Com frequência, e às vezes simultaneamente, ela também faz parte de um conjunto de relações que almejam a desestabilização da força gravitacional do centro tonal da obra: essa desestabilização mina o sistema por dentro, *afoga-o*, retomando sua famosa expressão. Ao oposto da abordagem serial, que surgirá um pouco mais tarde,

---

1 Cf. R. S. Parks, *The Music of Claude Debussy*, que define sua linguagem como "não atonal"; J. Barraqué, *Debussy*; J.-L. Leleu, Structures d'intervalles et organisation formelle chez Debussy..., em M. Joos (dir.), *Claude Debussy: Jeux de formes*. Ver também referências na nota seguinte.

Debussy não se situa fora do sistema, não propõe solução alternativa; ele o corroe no seu interior, preservando algumas aparências de hierarquização tonal "para melhor transferi-las dentro de um universo que obedece outras leis" ou para superpor "outros tipos de hierarquizações normalmente antinômicas"[2].

O primeiro dos prelúdios do ciclo, mesmo que carregado de cromatismos, modalismos, bem como de sequências típicas de acordes perfeitos em movimento paralelo, continua apostando numa bipolarização entre a tônica e a dominante, até a cadência perfeita final. Em compensação, em *Voiles*, o segundo dos prelúdios, Debussy foge radicalmente e sem compromisso de qualquer possibilidade de polaridade, pelo viés do uso sistemático e exclusivo da escala de tons inteiros, sustentada do início ao fim por um pedal constante de Si♭. De um ponto de vista harmônico, os últimos compassos são muito interessantes, pois o baixo muda de repente para Fá# (c. 62), formando, desse modo, uma inesperada semicadência suspensiva, por meio da qual se extingue a peça[3]. Isso significa que, *in fine*, Debussy instaura um semblante de funcionalidade tonal, num contexto exótico, enquanto, na realidade, será a estratégia oposta que ele doravante passará a adotar: uma dialética tonal quase sempre latente, mas que será sempre domada, ocultada[4]. Encontramos um exemplo muito bom dessa técnica no prelúdio I (7), *Ce qu'a vu le Vent d'ouest*. Sua estrutura subjacente é sustentada por uma sequência de quatro baixos fundamentais, os quais, aliás, afloram também na superfície perceptiva, como pedais quase onipresentes (Fig. 2.1).

---

2 M. Joos, Debussy ou le paradoxe de la Discontinuité, em M. Joos (dir.), op. cit., p. 229-230. O autor restringe essas "outras leis" ao plano das "organizações escalares", o que não faz justiça à amplidão do projeto debussista. Claudy Malherbe, ao contrário, sustenta a tese de uma abordagem exógena à tonalidade por Debussy (ele comporia "do lado de fora do sistema com o objetivo de encontrar novos meios"). Na realidade, podemos afirmar, sem grande hesitação, que o compositor não segue uma estratégia unívoca para atacar o problema. C. Malherbe, En Blanc et noir, l'espace musical contemporain, altérité et cohérence, *Musurgia*, v. III, n. 3, p. 7-9 e 15.

3 De fato, Fá# corresponde ao v⁰ grau de Si♭, no modo assemitônico. Sobre esse prelúdio, o leitor pode consultar a análise de Philippe Charru, em Les *24 préludes* pour piano de Debussy, *Analyse Musicale*, n. 12, p. 63-88.

4 A evacuação completa dessa dialética raramente será posta em prática, ainda que *Canope* (prelúdio II [x]) se aproxime bastante disso (cf. infra).

Fig. 2.1: Os quatro baixos fundamentais do prelúdio *Ce qu'a vu le Vent d'ouest*.

Não se pode deixar de observar que, juntos, eles configuram a prolongação da tríade perfeita de Si Maior, com a ressalva de que a organização temporal privilegia, claramente, antes Fá# do que Si. É tonal, então, esse prelúdio? Está em Si Maior? Somente com esta primeira indução, já fica interessante observar como o compositor cumpre seu objetivo de "afogar o tom". Com efeito, em momento algum a tríade de "tônica" aparece de forma explícita. Como veremos a seguir (v. também o mapa formal, figura 2.4), a única seção fundamentada no baixo Si (c. 35-42) utiliza a gama de tons inteiros, o que, conforme já constatamos em *Voiles*, não constitui a melhor forma de afirmar uma função tonal, por não conter os intervalos essenciais de quarta e quinta justas. Em compensação, o baixo Fá# parece assumir um papel mais importante como pedal estrutural, pois que, por sua longa permanência durante toda a primeira parte (c. 1-24), e sua reiteração final (a partir do c. 54), contribui para conferir ao conjunto uma forma cíclica ternária, de tipo ABA, habitual em Debussy. Cristina Gerling observa que Fá# sustenta "uma progressão do campo harmônico inicial Fá#-Lá-Dó-Ré (c. 1) e que vai em direção à sonoridade final de Fá#-Lá-Dó#-Ré#. (c. 71)"[5]. Prefiro falar de um jogo dialético entre duas entidades, vizinhas no plano da sonoridade, mas totalmente contraditórias do ponto de vista da coerência tonal, visto que, enquanto uma apelaria para Sol Maior, a outra afirmaria Fá#. Vejamos como Debussy emprega esses dois acordes.

O acorde Ré-Fá#-Lá-Dó, depois completado com harmônicos superiores[6], é demoradamente arpejado e reverberado em todo o

---

[5] A Gramática Musical de Claude Debussy no Sétimo Prelúdio do Primeiro Volume:... *Ce qu'a vu le vent d'ouest*, Cadernos de Estudos/Análise Musical, n. 6-7, 1994.

[6] Tomados na sua totalidade, esses cromas podem ser analisados como uma coleção octatônica. Cf. A. Forte, Debussy and the Octatonic, *Music Analysis*, v. 10, n. 1/2, p. 125-169; R. Bass, Models of Octatonic and Whole-Tone Interaction, *Journal of Music Theory*, v. 38, n. 2, p. 155-186. R. S. Parks

instrumento, ocupando, assim, a totalidade do espaço sonoro inicial (c. 1-6) e a maior parte da seção conclusiva (c. 55-68)[7]. Essa colocação privilegiada já o torna, de imediato, um elemento de alto poder centrífugo. É inútil explicar porque o acorde de Ré Maior com sétima menor, mesmo com Fá# no baixo, não predispõe, muito pelo contrário, a um ambiente tonal de Si Maior. Por sua vez, a tríade de Fá# Maior, que, com ou sem Ré#, poderia, em princípio, assumir a função de dominante principal, aparece em várias oportunidades, porém, a cada vez, em situações que a impedem de desempenhar claramente esse papel (Fig. 2.2):

- c. 7-9, ela serve apenas de ponto de apoio a uma sequência de tríades paralelas colocadas sobre graus que a contradizem;
- c. 15-18, ela fornece, de fato, as principais alturas do motivo arpejado do baixo, mas, em compensação, o movimento cromático ascendente da textura que o compositor sobrepôs – novamente, uma sucessão de tríades paralelas, porém, dessa vez, em rápidos arpejos – anula completamente qualquer função eventual de dominante;
- e, no final da obra, o acorde Fa#-La#-Dó#-Ré# se apresenta de forma tão breve e "seca" que nem há tempo suficiente para soar; a configuração sonora escolhida por Debussy – partição grave, distribuição relativamente cerrada dos sons, intensidade muito alta – é cuidadosamente elaborada para que o objeto resultante seja mais ouvido como ruído do que como uma sonoridade harmônica[8].

(op. cit.) é um dos primeiros musicólogos que chamou a atenção sobre a importância desse formato na música de Debussy.

7 Sobre este assunto, alguns autores evocaram o modelo físico da ondulação. Annette Vande Gorne, por exemplo, vê no processo de repetição de ondas, cada vez mais largas ou mais estreitas, uma assinatura típica de Debussy para a geração de tensão formal. Em Elizabeth Anderson, *Ce qu'à vu le Vent d'Est* (d'après Debussy) by Annette Vande Gorne, *Lien, Musiques & Recherches*, p. 43-46. Ver também H. Pousseur, Para uma Periodicidade Generalizada, em *Apoteose de Rameau e Outros Ensaios*, p. 111-170.

8 A rigor, podemos considerar que é um acorde idêntico a esse o que aparece no contexto hexatonal dos compassos 35 e s., pois ali podemos, a custo, todavia, de uma dose generosa de boa vontade, identificar um acorde Fá#-Dó#-Ré#.

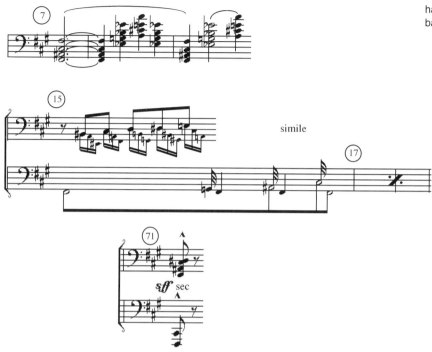

Fig. 2.2: Os três contextos harmônicos onde aparece o baixo Fá#.

Podemos concluir, então, que as duas estruturas harmônicas principais do prelúdio, embora ambas sejam fundadas no v$^{\underline{o}}$ grau de um hipotético Si Maior, possuem características que contrariam uma colocação das tríades de Si e Fá# maiores como centros de gravidade, respectivamente tônico e dominante.

Voltando à sequência de baixos fundamentais (Fig. 2.1), gostaria de demonstrar, em detalhes, como Si maior se encontra afogado no nível intermediário da estrutura por uma organização dos cromas, que enfraquece definitivamente seu potencial tonal. Com efeito, o compositor utiliza quatro categorias de estruturação das alturas:

- uma organização que eu chamaria de "harmônica" (rotulada HM nos gráficos que seguem), baseada na superposição alternada dos intervalos i3 e i4; ela produz, essencialmente, o acorde de Ré Maior com sétima (mais nona, décima-primeira

e décima-segunda menores acrescentadas), do qual acabei de mencionar[9];
- uma organização hexatonal assemitônica (WT), correspondendo à escala de tons inteiros baseada, naturalmente, no intervalo i2;
- uma organização heptatonal que toma emprestada a sua estrutura ao modo menor natural sobre Ré# (rotulada HD#); ela é constituída, por definição, de uma combinação diatônica de intervalos i1 e i2 ;
- e uma organização baseada na escala cromática integral (intervalo i1) (CHR nos gráficos).

É preciso notar que essas organizações devem ter sido cuidadosamente escolhidas por Debussy para evitar uma polarização de Si Maior. A distribuição diacrônica dessas categorias obedece a um princípio de *descontinuidade sequencial sistemática*. Isso significa dizer que é possível articular a forma a partir da análise das categorias sucessivamente utilizadas. O gráfico seguinte (Fig. 2.3) mostra essa organização e sua incidência no perfil formal.

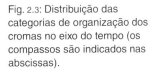

Fig. 2.3: Distribuição das categorias de organização dos cromas no eixo do tempo (os compassos são indicados nas abscissas).

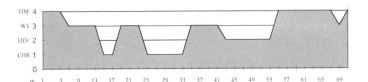

Observamos um princípio estrutural que contrapõe, sistematicamente, seções em tons inteiros (WT) e seções cromáticas (CHR) entre os compassos 7 e 42. Sob esse ponto de vista, a única seção baseada numa escala diatônica (HD#, c. 43-53), que conclui todo o episódio, poderia, eventualmente, ser interpretada como uma síntese, uma resolução equilibrada dessa lógica opositiva binária, pelo fato de que ela integra i1 e i2, intervalos estruturantes exclusivos das duas configurações remanescentes. Esse sistema é enquadrado por estruturas harmônicas

---

9 Lembrei, acima, que esse conjunto forma uma coleção octatônica; no entanto, prefiro adotar uma descrição que ponha o foco sobre o perfil harmônico da estrutura.

(HM), que são o apanágio dos momentos liminares, ou seja, da parte A da grande forma cíclica ABA, ou ainda, mais especificamente, da região sustentada pelo baixo Fá#. Essa organização dos cromas me parece configurar um vetor primordial da dinâmica formal da obra, que se sobrepõe ao estatismo harmônico do nível subjacente. O conteúdo melódico-harmônico e sua distribuição cinética são, portanto, inteiramente gerados pela superposição de dois sistemas de articulação – o do nível subjacente com o ciclo de baixos fundamentais Fá#, Si, Ré# e novamente Fá#, e o do nível intermediário, com as quatro modalidades alternadas de organização dos cromas. Essa superposição possui um bom grau de interdependência. Entendo, com isso, que há uma correlação entre determinado baixo e determinada estrutura de cromas. Mais precisamente, as correlações se observam:

- entre o baixo Si e a organização hexatonal;
- entre o baixo Ré# e a organização heptatonal;
- entre o baixo Fá# e a organização harmônica, apesar das seções envolvidas acolherem também outras modalidades de organização.

Dito de outra forma, há uma mudança sistemática de estruturação dos cromas cada vez que o baixo fundamental gira sobre seu eixo. Além dessa interdependência, por sinal muito interessante do ponto de vista das estratégias formais de Debussy, friso também, por outro lado, a *independência* dos dois níveis no plano da coerência tonal. O potencial tonal da tríade subjacente de Si Maior é deliberadamente ignorado, ou, no mínimo, ocultado nos demais níveis da estrutura. Segundo a justa observação de Célestin Deliège,

basta seguir em Debussy o percurso dos baixos que desenham a trama tonal, apesar de completamente escondidos pelo desdobramento das estruturas fundadas nas escalas modais que evoluem por cima, para penetrar a mais rica substância da morfologia e da sintaxe, muito além das manchas coloridas das quais tanto se falou[10].

---

10 L'Écriture et ses mutations, *Genesis 4*, p. 23-50. Cf. também J.-L. Leleu, op. cit.

Fig. 2.4: Redução da infraestrutura do prelúdio I(7), relacionando os baixos fundamentais (pauta inferior) com as quatro categorias de organização dos cromas.

A redução gráfica (Fig. 2.4) mapeia essas informações, dando também o plano geral da obra do ponto de vista da organização dos cromas. Ao mesmo tempo, essa redução revela alguns outros detalhes que não comentarei, mas que têm sua importância; chamo atenção, em particular, para a omissão *sistemática* da nota Si como componente das seções fundamentadas no baixo Fá#, *e reciprocamente*.

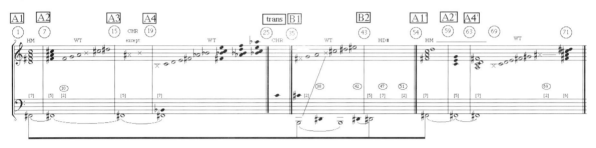

Semibreves: baixo (ou acorde) estrutural; mínimas: escala estrutural; semínimas: nota ou acorde importante ou notável; nota ausente notável; [n]: principal categoria das estruturas verticais ([2] = acordes de segunda; [5] = tríades perfeitas; [6] = acordes com sexta acrescentada; [7] = acordes de sétima). Estruturas intervalares: HM = harmônica; WT = assemitônica; HD# = heptatônica (Ré# Menor natural); CHR = cromática. As alterações são individuais.

Fig. 2.5: Redução da infraestrutura do prelúdio II(2), relacionando os baixos fundamentais (pauta inferior) com suas principais harmonizações (pauta central) e as notas-pivô dos principais motivos melódicos (pauta superior).

Reencontramos uma estratégia muito semelhante em *Feuilles mortes*, prelúdio II(2). A imprecisa tonalidade de Dó# – não se saberia dizer se maior ou menor – que a sequência subjacente de baixos fundamentais poderia sugerir, é constantemente violentada por uma harmonização deliberadamente contraditória[11] e um material motívico-temático pontual sistematicamente fundado em notas

---

[11] Fato que leva Parks a dizer que "o papel da harmonia e da condução das vozes como determinantes tonais é notoriamente fraco" (op. cit., p. 83).

polares estranhas. A figura 2.5 mostra os principais momentos dessa dinâmica. Ao seguir a linha do baixo (pauta inferior), constata-se uma inegável organização funcional dos três graus fundamentais de Dó#, com um uso interessante de graus a caráter "napolitano"[12]. Nesse ponto de vista, esse prelúdio é muito menos ambíguo que aquele que acabamos de analisar. Em compensação, a harmonia, reduzida na pauta central da figura a alguns dos seus mais importantes acordes, assim como os motivos melódicos, cujas notas-pivô são mostradas na pauta superior, oferece o maior número de fricções possíveis com o baixo. A mais notável é, certamente, a da primeira seção na "dominante" (c. 19-30), que contém, a partir do c. 25, uma dupla textura de acordes totalmente conflitantes. Com efeito, os da mão esquerda pertencem ao modo dórico sobre Dó#, enquanto os da mão direita giram em torno de Lá Maior, utilizando uma escala octatônica particularmente assimétrica[13]. Debussy sobrepõe, ainda, uma terceira textura, dessa vez melódica, um "tema-objeto" no registro médio, cuja nota-pivô é Sol Natural, tudo isso sobre um fundo de baixo Sol#!

Isso explica por que o aparecimento não preparado do acorde perfeito de "subdominante", simultaneamente em todas as vozes e sem nenhum "ruído"[14] (c. 31), provoca o mais radical contraste harmônico da peça – um contraste que opera em *negativo*, isto é, por ausência. Com efeito, nesse contexto, é a complexidade dissonante generalizada que atua como configuração estável e consonante: a tensão é, então, provocada pela introdução da maior *simplicidade* harmônica possível – qual seja, a tríade perfeita. Somente um espírito imbuído de boa dose de ironia, mas, ao mesmo tempo, motivado por uma exaustiva pesquisa prospectiva acerca do sistema tonal, poderia ter sido levado a escolher, justamente nessa situação excepcional, o acorde de subdominante: pois, afinal, não é esse, por excelência, o acorde da contratensão na sintaxe tonal, o oposto da dominante, aquele que tende a puxar de

---

12 No caso, napolitanos da dominante durante a "exposição" (Lá e Sol Natural entre os compassos 10 e 14), e, em espelho, napolitanos da tônica no momento da "recapitulação" (Ré e Si♭, c. 47-49).

13 Sua estrutura intervalar, contada a partir de Lá, é (1 2 1 1 2 2 1 2). Para uma análise da infraestrutura dessa peça, cf. R. Bass, Models of Octatonic and Whole-Tone Interaction, *Journal of Music Theory*, v. 38, n. 2, p. 161 e s., que evidencia uma interação entre coleções octatônicas e assemitônicas.

14 Isto é, sem nenhuma nota "estranha".

volta a energia sonora ao seio da tônica ou a mantê-la? Aqui, o seu estado "perfeito", sua inércia, provoca um oco, um vazio, que só pode ser gerador de tensão[15]. Estamos, portanto, numa situação de inversão diametral do princípio tonal. Esse efeito se encontra brevemente reproduzido, como se fosse um eco mnemotécnico, na seção final, c. 47, antes da muito indecisa cadência harmônica conclusiva, na qual as alturas são arranjadas de tal maneira, que fica impossível, em termos de tonalidade, decidir em favor de Dó# ou Fá#.

Se Dó Maior, em *La Cathédrale engloutie* (A Catedral Submersa, prelúdio I [10]), é, em compensação, relativamente bem definido como centro de gravidade – na condição de não se procurar as relações funcionais internas habituais, que são eliminadas[16] –, *Brouillards* (Nevoeiros, prelúdio II [1]), que, teoricamente, anuncia a mesma tonalidade, evolui, no essencial, num contínuo sonoro caracterizado pela superposição de arpejos rápidos e de tríades perfeitas acórdicas, em situação sistemática de completa *independência tonal*[17]. Embora não seja impossível destacar uma bipolarização de tipo tônica/dominante entre Dó Maior e uma espécie de Dó# Menor, com estabilização final no primeiro polo, qualquer funcionalização dos graus demonstra ser anti-idiomática[18]. A simples leitura da partitura mostra que os graus de Dó Maior são percorridos por meio de tríades encadeadas de modo sistematicamente paralelo, o que destrói qualquer inter-relação funcional tonalizante. Por outro lado, a região de Dó# é evocada, sobretudo, por essa nota, sem que jamais uma tríade seja realmente afirmada; ademais, seria tão somente ao preço da verossimilhança que poderíamos forçar a díade Sol#-Ré#, presente nos arpejos dos compassos 32 e s., a assumir uma função de dominante, ou pretender que o "tema" melódico que começa no c. 10, ou ainda o arpejo dos compassos 29-30, representam uma subdominante.

15 Acerca do uso da subdominante em Debussy, cf. R. S. Parks, op. cit., p. 40-42.

16 Essa obra é analisada em *Une Étude…*, p. 263-320. No que diz respeito ao nível primário das alturas, cf. P. Charru, Les 24 Préludes pour piano de Debussy, *Analyse Musicale*, n. 12, p. 66-68.

17 Essa diafonia, na realidade, é o resultado da cisão operada numa estrutura octatônica clássica (na qual falta, no entanto, o sétimo grau), entre as teclas brancas (mão esquerda) e pretas (mão direita) do piano.

18 Daniel Sachs fala em termos de leis de compensação das oposições *simultâneas* para explicar a inter-relação funcional entre Dó e Dó#. Cf. *Claude Debussy and Equalizing Balances: A Different Approach to Analysis of Claude Debussy's Music*.

Muito mais interessante e inovador nessa obra é o procedimento que articula a harmonia e o material motívico de base, ambos sendo, na maioria do tempo, interdependentes. Eu o descrevi alhures como a *escrita da propagação sonora de um modelo por ressonância*[19]; limitar-me-ei, aqui, a lembrar esse mecanismo por meio da figura seguinte (Fig. 2.6).

Fig. 2.6: Os modelos de propagação por ressonância utilizados em *Brouillards*:
a. ondulação senoidal "simples";
b. ondulação senoidal "dupla";
c. retroação estática; d. retroação dinâmica; e. uma combinação de modelos.

---

19 *Une Étude…*, p. 397-455.

Talvez não seja inútil, nesse contexto, lembrar também, ainda que ligeiramente, a complexa configuração harmônica do estudo *Pour les sonorités opposées*, pois essa obra, em muitos aspectos, representa o que o pensamento composicional de Debussy tem de mais prospectivo. A figura 2.7 reproduz uma redução da sua estrutura harmônica[20]. Em cima, são indicadas seções e compassos; as duas pautas superiores recebem dois níveis de redução das notas-pivô das estruturas melódicas ou aparentadas; a terceira pauta comporta uma síntese dos acordes, e a quarta, o baixo. Pode-se, assim, seguir o percurso do Sol#/Láb, como croma constante, quase permanente. Abaixo, figuram uma hipotética linha de *Bassbrechung*[21] (as semibreves conectadas por colchetes) e as duas regiões tonais que as estruturas harmônicas parecem induzir, simbolizadas, respectivamente, pelos sinais de sustenido e bemol.

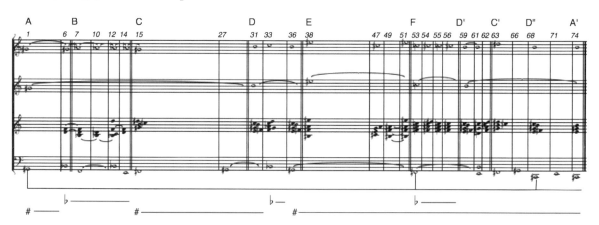

Fig. 2.7: Estudo *Pour les sonorités opposées*: uma redução da estrutura melódico-harmônica. Legenda no texto principal. Os compassos vazios assinalam uma interrupção e não uma prolongação.

Durante a primeira parte (de A a F), um ambiente "tonal com sustenidos" se instala: em volta da "fundamental" Sol#, a harmonia evolui em três variantes modais – estrutura frígia em C, maior

20 O texto integral dessa análise se encontra em *Une Étude...*, p. 397-455.
21 Na teoria de Schenker, *Bassbrechung* é a linha do baixo, que constitui um dos elementos da estrutura geradora inerente a qualquer processo tonal. Ela cumpre, infalivelmente, o percurso I--V-I. Cf. C. Deliège, *Les Fondements de la musique tonale* (contém as referências originais). Em português, pode se consultar: Nicolas Meeùs, *Análise Schenkeriana* (tradução de Luciane Bedusch). Disponível em: <http://www.plm.paris-sorbonne.fr/SchenkerUnicamp/>.

em E, e pentatonal em D. Essa ambientação principal enfrenta uma região "bemolizada": um novo pivô, Si♭, a partir do c. 6, acaba se impondo como "tônica local" (c. 12) de um Si♭ mixolídio; a simples enarmonização da nota-pivô Sol# em Lá♭ é suficiente para integrá-la ao novo contexto[22]. No nadir da forma (seção F, c. 53-55), Debussy provoca uma tensão ainda mais crua entre esses dois polos, ao opor, dessa vez em simultaneidade, Fá# maior, substituto temporário de Sol# pela região "sustenizada", a Fá Maior, substituto de Si♭[23]. Finalmente, na fase de liquidação (de D' ao fim), a região "sustenizada", ao caminhar progressivamente para a "tonalidade principal" de Dó# Menor, afirma, definitivamente, sua hegemonia[24]. O baixo é sempre solidário à região tonal local, da qual ele expressa, na maior parte do tempo, a fundamental (seções A, D, E, F, D") ou a quinta (B). Em C e C', ele sobe à região mediana e adota um desenho melódico cromático em torno do Fá#, que representa, naquele momento, a sétima da "tônica" local. No entanto, se nos ativermos à região "sustenizada", tida por "principal", descartando, portanto, a dicotomia "sustenido/bemol", torna-se possível revelar um movimento de *Bassbrechung* sobre os três graus fundamentais de Dó#: no caso, Sol#, pelo qual a peça inicia, seguido de Fá#, a partir de F, e, finalmente, Dó#, que aparece, pela primeira vez, somente no c. 68 (cf. Fig. 2.7, conexões abaixo da pauta).

Em síntese, duas lógicas tonais subjacentes distintas se fazem presentes: a do baixo, de um lado, que finge assumir a permanência de Dó# Menor; e a da harmonia, por outro lado, que prepara, em primeiro lugar, uma tensão bipolar entre uma região "principal"

---

22 Observa-se, também, que o compositor lança mão dessa região secundária para introduzir um elemento de tensão "tonal" na seção D, nos compassos 33-35, onde ela funciona então, de fato, como "dominante" dentro de um movimento "cadencial" T-D-T.

23 É preciso admirar, nesse trecho, o refinamento da escrita harmônica: entre Fá# Maior, no baixo, e Fá Maior, no agudo, Debussy coloca, ao centro, um tetracorde de Mi# Maior, o qual, em razão da sua natureza ambivalente, pode se integrar às duas regiões tonais. Por esse passe de mágica – um tetracorde equidistante dos dois polos –, poderíamos acreditar que ele possa funcionar como espécie de "conduto" entre um acorde e o outro. É por esses detalhes inaudíveis, que não são raros nesse compositor, que se mede o quanto a *escrita* "ultrapassa" a *escuta*, retomando a expressão de Boulez.

24 A região "bemolizada" intervém, todavia, mais uma vez (em forma de arpejo c. 62), como "dominante" de uma "cadência" local de transição, entre os compassos 61 e 63.

("dos sustenidos") e uma região "secundária" ("dos bemóis"), gerando uma situação abertamente conflitante em F (simultaneidade das duas regiões), antes de, finalmente, se resolver na região "dos sustenidos" a partir de D'. De alguma forma, esses dois sistemas são colocados em concorrência, até que tudo converge *in fine* para um único centro de gravidade. Além do mais, essa dupla lógica, já bastante ambivalente, se encontra enfraquecida, escurecida por uma pletora de infraestruturas intervalares geradoras de equívocos, por se valer de escalas modais diversas, cuja característica comum é evitar as relações fundamentais básicas do tonalismo, o qual se torna, em suma, um vetor muito fraco da energia formal: seria tentador dizer que o essencial está alhures.

Quanto a *Canope*, esse prelúdio constitui, sem dúvida alguma, um caso limite, na medida em que, dessa vez, não é mais necessário partir-se ao descobrimento da infraestrutura tonal em algum lugar por trás de uma série de técnicas de máscara, apesar dos esforços virtuosos de A. Dommel-Diény[25]: ela simplesmente desapareceu. A presença um pouco mais frequente da tríade de Ré Menor num contexto doriano não basta, por si só, para estabelecer quaisquer relações de ordem hierárquico-tonal entre as harmonias dessa sequência (Fig. 2.8).

Fig. 2.8: *Canope* (prelúdio II [10]): infraestrutura harmônica (os números remetem aos compassos).

Os exemplos mostram a riqueza do tonalismo prospectivo de Debussy. Vemos que, salvo exceções, ele não abandona nem o princípio de uma inter-relação harmônica entre os sons, nem o da predominância hierárquica de determinado baixo fundamental ou

---

25 A forma pela qual essa autora justifica a tese tonal pela presença de um polo constante de subdominante, que seria representado pela nota Sol em acordes tão diversos quanto aqueles que encontramos entre os compassos 14 e 18 (cf., aqui mesmo, figura 2.8), deixa-nos perplexos. A. Dommel-Diény, *L'Analyse harmonique en exemples – Fascicule 16*, p. 57-63, e, em particular, a figura 54 bis, que dá o "plano tonal e formal" de *Canope*. Mais aberta, e, consequentemente, mais sensível à natureza da música é a análise de J. K. Williams, no seu *Theories and Analyses of Twentieth-Century Music*, p. 155 e s.

acorde. Portanto, seria extremamente redutor contentar-se com o termo *colorista* para definir a função da harmonia na sua música. Mesmo quando se descobre uma clara organização melódico--harmônica baseada na dicotomia consonância-dissonância, esta jamais está situada onde a esperamos, nem, sobretudo, é constituída de configurações sonoras convencionais. Debussy gosta de tomar à revelia as noções classificadas do tonalismo para submetê-las a uma lógica frequentemente *contrária*. Suas estruturas funcionais conseguem nunca satisfazer as expectativas inerentes do sistema ao qual, no entanto, ele se refere constantemente. Assim, a articulação da sonoridade contribui na complexificação desse contexto, na medida em que Debussy a utiliza como uma dimensão onde todos os níveis de independência, interdependência e interação são permitidos[26].

---

26 Eu volto a algumas dessas obras no capítulo seguinte.

III.
A Escrita da Sonoridade em Debussy:
Alguns Referenciais

Relações Funcionais entre Níveis Primário e Secundário

A energia cinética da música de Debussy depende, em primeiro lugar, das oscilações, transformações ou oposições das qualidades sonoras de unidades adjacentes, cujo conteúdo infraestrutural, por outro lado, provém, frequentemente, de número restrito de matrizes, quiçá de uma matriz única. Sabe-se que a célula intervalar (i2+i7) e sua variante (i2+i5) constituem o germe da totalidade do material primário de *La Cathédrale engloutie*[1], enquanto em *Les Collines*

---

1 Charru observa, com razão, que essa célula forma "a base do invariante harmônico do prelúdio. Invariante, pois, apesar das suas transposições, suas mudanças de tessitura, de valor, de dinâmica, sua estrutura permanecerá a mesma. A *variante melódica [...] é muito fraca. Quase que se encontra somente invariantes*". Philippe Charru, Les 24 Préludes..., p. 66 (grifos meus). Jean-Louis Leleu afirma que essa coerência contribui "para unificar o discurso musical"; porém, podemos sentir-nos no direito de perguntar se o princípio subjacente de *unidade*, que ele adota como premissa implícita, pode ser sistematicamente aplicado a Debussy. Sobre esse assunto, Boucourechliev lembra que um grande número das suas obras adota "uma forma em estruturas compartimentadas, cujas etapas se sucedem sem volta (exceto alguns raros apelos a um início), o que é um procedimento "que desafia nossas noções de unidade e de memória" (Boucourechliev, *Debussy, la révolution subtile*, p. 48). Leleu se serve, aliás, dessa constatação de coerência subjacente, como prova de que a música de Debussy não é "aquela sucessão frouxa de instantes justapostos, isolados uns dos outros". Pessoalmente,

d'Anacapri, a matéria básica é gerada a partir de um único intervalo (i7, a quinta justa), o qual produz, por adição, uma célula de estrutura pentatônica, matriz da obra inteira (Fig. 3.1).

Fig. 3.1: Início do prelúdio I (5), *Les Collines d'Anacapri*, de Debussy, mostrando que a célula germinal apresentada em *incipit*, c. 1, gera o restante do material primário (notas assinaladas na partitura).

Encontramos o mesmo intervalo fundador, dessa vez associado a uma segunda maior, no último dos prelúdios, *Feux d'artifice*. Com efeito, este é percorrido, na sua integralidade, por um motivo temático recorrente multiplicado e desenvolvido como raramente em Debussy. A figura 3.2 mostra como o motivo, assim como as diferentes apresentações, variações e transformações do tema em si, podem ser derivados de uma única célula geradora de três cromas (0, 9, 7), produzida a partir dos dois intervalos germinais (i7 + i2). Apesar de numerosas e, por vezes, muito elaboradas, como se vê na figura, as transformações temáticas não suscitam, *in loco*, nenhum

vejo-a como um dos elementos característicos da dialética da sua linguagem, em que esse conjunto estático de estruturas intervalares serve de contrapeso ao dinamismo da articulação das sonoridades, que dificilmente pode ser qualificada de "frouxa". J.-L. Leleu, Structures d'intervalles..., em M. Joss (dir.) *Claude Debussy: Jeux de formes*, p. 194 e s.

processo de acumulação ou de aceleração que teria como alvo um ápex ou qualquer outra dinâmica formal. Ao contrário, elas atribuem ao tema uma característica estática, o que impede, por definição, que ele assuma uma função dinâmica.

Fig. 3.2: Acima: a célula geradora (cromas, intervalos) das estruturas temáticas de *Feux d'artifice*. A primeira pauta mostra como essa célula intervalar é multiplicada para gerar a única melodia temática da peça. As pautas seguintes mapeiam as diferentes variantes desse material, adotando um sistema cronológico inspirado na análise paradigmática[2]. Os números entre parênteses remetem aos compassos.

[2] N. Ruwet, *Langage, musique, poésie*. Um bom exemplo de análise paradigmática relativamente recente pode ser observado em J. Goldman, *Understanding Pierre Boulez's Anthèmes*, p. 48 e s.

Esse procedimento é retomado de forma completamente sistemática em *Brouillards*. Ilustrarei-o de forma sinótica, sem comentário (Fig. 3.3)[3].

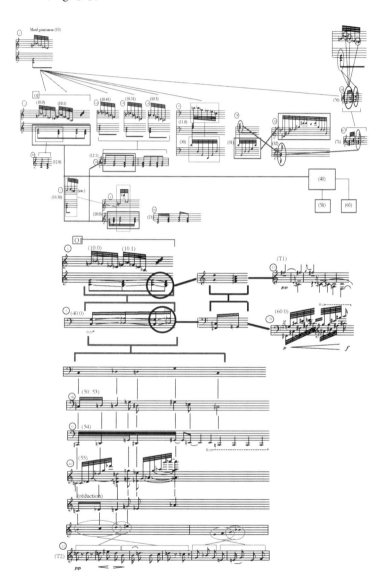

Fig. 3.3: O motivo gerador de *Brouillards* (prelúdio II [1]), rotulado com o índice numérico 10, e suas múltiplas variantes, indexadas de 10.1 a 71, em função do grau de elaboração do modelo, sendo que as frações de inteiros representam subvariantes. Os números circulados remetem aos compassos. O1 designa a sonoridade germinal da obra, c. 1, e T1 e T2, os "temas-objeto".

[3] Figura extraída de *Une Étude...*, p. 420-421 (reproduzida apenas parcialmente aqui).

A elaboração temporal dos motivos ou células na forma de estruturas prosódicas maiores, de "temas", não constituem, por consequência, um *motor* da forma; ao contrário, essas elaborações tendem a se manifestar como elementos *amorfos*, o *azote* da atmosfera sonora: é a noção de *objeto* debussista, tão bem definida por Jean Barraqué, entidade repetida de forma fixa, jamais desenvolvida e sem atividade elaborativa[4]. Geralmente, seu aparecimento provoca uma espécie de suspensão temporária da vida dinâmica da obra. O leitor poderá verificar exemplos dessa situação em *Le Vent dans la Plaine* (O Vento na Planície), c. 3-4, m. e. ("tema" melódico retomado um grande número de vezes); em *La Cathédrale*, c. 28-40 e 72-83; em *Brouillards*, c. 10-15 e 32-37; em …*La Terrasse des audiences au clair de lune* (O Terraço de Audiências ao Luar), c. 16-18 e 25-27; e em *Ondine*, c. 32-27 e 54-59. Essa qualidade permite que esses elementos funcionem como marcadores de estabilidade, ao redor dos quais o compositor molda as figuras sonoras que, em compensação, vão gerar a dinâmica formal ativamente, por meio das mais diversas categorias de contrastes estruturais.

Articulação das Sonoridades: Alguns Referenciais

Tal concepção da composição, que implica, por conseguinte, numa diluição do material primário dentro dos sistemas de articulação das sonoridades, funda-se em dois princípios: o primeiro impõe a integração conceitual do meio instrumental, um apurado conhecimento dos seus recursos, atuais ou potenciais, e dos gestos idiomáticos (inclusive aqueles *inventáveis*), enquanto o segundo considera as configurações sonoras que dali podem ser produzidas, como veículos privilegiados da estruturação formal. Essa estruturação pela sonoridade *a priori*, e não pela combinatória dos cromas, é realizada por meio de um grande número de técnicas, cuja maioria visa a aplicar dinâmicas contraditórias sobre componentes complementares.

---

4 J. Barraqué, *Debussy*, p. 154.

Em meus trabalhos anteriores[5], pude observar, por exemplo, que a organização dos eventos sonoros no tempo tende a se simplificar, quando algumas qualidades acrônicas da sonoridade estão perto de atingir seu ponto culminante no vetor da complexidade, ou, ainda, quando surge algum desenvolvimento temático. Todavia, em outros casos, é, ao contrário, um outro componente morfológico – tal como a distribuição harmônica das alturas em *Brouillars* ou *Feuilles mortes* (Folhas Mortas) – que passa a se simplificar naquele momento. Em *La Cathédrale...*, verificamos uma correlação negativa entre o esquema macroformal, em forma de arco, e a evolução das modalidades de utilização da tessitura pianística. Essa correlação mostra que os índices de ocupação da tessitura obedecem a uma dupla lógica de compressão/expansão, a qual interage dialeticamente com uma dupla dinâmica macroformal de progressão/regressão. Em todos esses casos, o ápex é obtido, portanto, não por um impulso homogêneo e unilateral do conjunto dos diversos componentes, mas, antes, pelo ordenamento de tensões contraditórias entre as lógicas dinâmicas de cada um, e, mais precisamente, entre os procedimentos de ocupação do espaço e do tempo. Essa relação dialética se encontra também no plano inferior da estruturação, de uma unidade à outra. A forma do estudo *Pour les sonorités opposées*, tanto quanto a de *Canope*, que podemos considerar precursora, é determinada pela qualidade, e a dimensão da oposição estrutural entre dois momentos sucessivos ou entre duas seções, resultantes de uma correlação, organizada de maneira cada vez renovada entre o número de componentes implicados na sua caracterização e o nível das modificações efetuadas (Fig. 3.4).

---

5 As referências a *Brouillards, La Cathédrale engloutie* e o *Étude pour les Sonorités opposées* constituem uma breve síntese dos capítulos dedicados à análise dessas obras em *Une Étude...*, nos parágrafos seguintes.

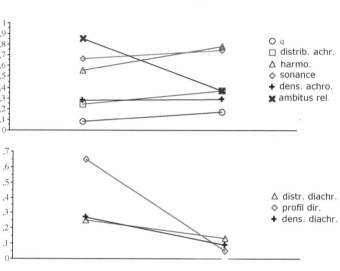

Fig. 3.4: Comparação de duas unidades sonoras adjacentes do estudo *Pour les Sonorités opposées* (c. 53-56 e 57-58, aqui representadas, cada uma, pelo seu primeiro compasso), evidenciando as dinâmicas complementares dos componentes, uns indo no sentido da complexidade, outros, no da simplicidade.

Nos prelúdios, observei uma tendência frequente do compositor em aliviar, simplificar, o perfil temporal de uma unidade, quando essa possui qualidades acrônicas complexas, como, por exemplo, um largo âmbito ou um índice elevado de inarmonicidade (Fig. 3.5). Semelhante fenômeno é constatado, ainda que de maneira menos sistemática, entre o âmbito e a intensidade: as unidades que ocupam o maior espaço possuem, frequentemente, uma intensidade mais fraca que as demais[6].

Essas observações insinuam que o compositor associa o desdobramento de vastos espaços constituídos de uma rica estrutura espectral a uma desaceleração do tempo e à diminuição simultânea da intensidade, talvez com a finalidade de criar um ambiente propício ao desabrochar de complexos buquês sonoros. Seria suficiente mencionar os primeiros e últimos compassos de *La Cathédrale engloutie*, ou, ainda, os compassos 18 a 20 de *Brouillards*. Em todos os casos, a forma é gerada pelo tipo de sinergia instaurada entre as lógicas dinâmicas próprias de cada componente, funcionando como um estrato complementar, que vem misturar-se aos sistemas de alto nível que articulam as situações globais: sinergias lineares ou contraditórias, mais ou menos rigorosas, ou sinergias cinéticas independentes[7]. Eventualmente, as estruturas debussistas não hesitam em vestir aparências quase caóticas, tal como no prelúdio *Les Fées sont d'exquises danseuses* (As Fadas São Delicadas Bailarinas, ii [4], no qual vários componentes saturam ou se esvaziam da maneira mais abrupta possível, suscitando um envelope formal irredutível a alguma teleologia: um verdadeiro esboço de *Momentform* (Fig. 3.6)[8].

---

6 Mostrei, em outra ocasião, que isso era uma característica relevante de *La Cathédrale engloutie*. Evoco esse ponto aqui mesmo e no capítulo i (figura 1.2 e comentário associado).

7 Deve ser por essa razão que Joss define a forma debussista "como um agenciamento orgânico de entidades separadas, que toma como modelo, não a simetria, mas, antes, a *ambiguidade da direcionalidade*". Cf. M. Joos, Debussy ou le paradoxe de la discontinuité, em M. Joos (dir.), *Claude Debussy: Jeux de formes* p. 222 (grifo meu).

8 Cf. capítulo i. Não posso deixar de chamar a atenção para os sofisticados efeitos de ressonância imaginados pelo compositor nessa obra, em particular no seu final.

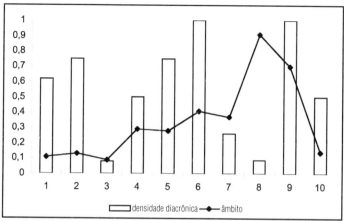
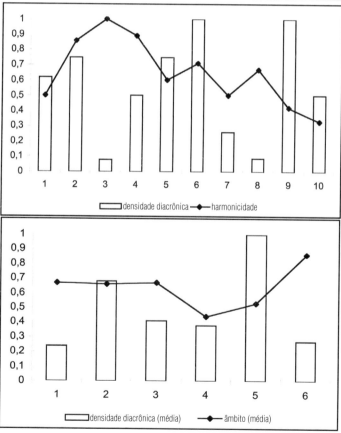

Fig. 3.5: Os dois gráficos superiores dizem respeito às dez unidades sonoras geradoras de *Brouillards*, colocadas em abscissa; o primeiro põe em correlação, para cada uma delas, a densidade diacrônica e o âmbito relativo; o segundo, a mesma densidade com a distribuição harmônica. O gráfico abaixo compara as médias das densidades diacrônicas e dos âmbitos relativos nas unidades contidas nas seis seções macroformais de *La Cathédrale...* Nos três casos, constata-se uma correlação globalmente negativa entre os pares de valores: as sonoridades com forte densidade diacrônica possuem um âmbito bastante reduzido e/ou suas alturas obedecem a uma distribuição acrônica relativamente harmônica.

Fig. 3.6 : Dois exemplos de sucessões rápidas de sonoridades contrastadas em *Les Fées sont d'exquises danseuses*: c. 72-77 e c. 116-127.

Progressões e Perturbações Sonoras
em *Feux d'artifice* (*Prelúdio II* [12])

Elementos Estáticos

Dois elementos em *Feux d'artifice* são ligados à função de estabilidade:

1. permanência sonora criada pela onipresença de unidades que obedecem às mesmas características fundamentais, a saber: envelopes melódicos de tipo senoidal – o que significa que o perfil direcional das alturas se anula por movimento contrário; toque *legato* – o uso do pedal é sugerido implicitamente; e fluxo muito rápido dos sons no tempo, ainda que rigorosamente regular. A figura 3.7 mostra três modelos formais importantes na obra;

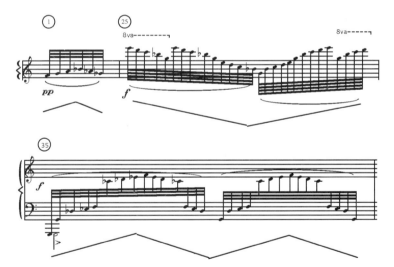

Fig. 3.7: O modelo senoidal em *Feux d'artifice*: três exemplos.

2. um motivo melódico temático recorrente percorre o prelúdio inteiro, desenvolvido como raramente o foi em Debussy. Sua geração e suas variações foram descritas no início deste capítulo (Fig. 3.2).

Elementos Dinâmicos

A oposição adjacente ainda está presente aqui. As unidades dos compassos 17-18, 52-53, 56-57, 87, 88, 90, entre outras, rompem sem comedimento com o contexto, levando a outras situações sonoras e etapas formais (Fig. 3.8).

Fig. 3.8: Exemplos de contrastes adjacentes de sonoridades em *Feux d'artifice*: c. 17-19 e 86-88.

No entanto, essa técnica parece ter um papel relativamente secundário em relação a um princípio formal de algum modo antagônico, o de *progressão*. Uma progressão pode ser definida pela noção de *organicidade*, como bem o evidenciou Meyer[9] assim como os compositores que se associam ao pensamento "espectralista"[10]. No caso, uma sonoridade é inicialmente estabelecida, antes de "crescer" progressivamente num movimento contínuo. É um processo gerativo, causal, cujos exemplos mais conhecidos em Debussy se encontram, possivelmente, em *La Mer* (O Mar).

A propósito da música de Xenakis, Solomos fala de sonoridade como processo de "fusão da forma e do material, do desaparecimento dos níveis de mediação na obra, da sua condensação num único nível"[11]. Debussy ensaia aqui essa fusão, pois esses processos de acumulação agem exclusivamente sobre os vetores da sonoridade. Mais uma vez, nesse prelúdio, o material harmônico e melódico-temático permanece estático, privado de energia: tudo se concentra no nível secundário, que se torna, portanto, consequentemente, o lugar único da gestação formal. O fato dessas progressões serem geradas por processos estatísticos, tira delas a capacidade de concluir por si só, de maneira "natural", como acontece com as organizações cíclicas. Daí vem a necessidade do compositor interromper, arbitrariamente, seu desenrolar – seja, por exemplo, iniciando outro processo sem transição, ou, ainda, introduzindo um corte brutal por meio de um silêncio –, a menos que ele escolha inverter seu sentido, para que ela se "rebobine" e retorne gradualmente a uma situação próxima à do início. Se levarmos em consideração o fato de que a linguagem de Debussy privilegia a articulação de momentos contrastados, em prejuízo do desenvolvimento contínuo de uma matriz única, não é surpreendente que a interrupção não preparada seja a solução mais comum nesse prelúdio. De fato, essa estratégia composicional é tão

---

9 L. B. Meyer, *Style and Music*, p. 197-199.

10 Cf. J. Baillet, *Gérard Grisey: Fondements d'une écriture*; T. Murail, *Questions de Cible*, *Entretemps*, n. 8.

11 M. Solomos, *Introduction à la musique de Iannis Xenakis*. Disponível em: <http://www.univ-montp3.fr/~solomos/lintro.html>.

clara que salta à vista em um simples espectrograma, como aquele mostrado na figura 3.9, onde vemos que a música progride por empurrões sucessivos e interrompidos abruptamente.

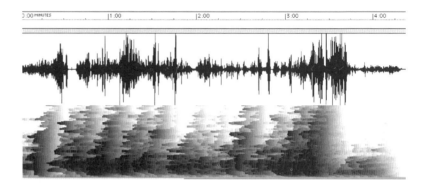

Fig. 3.9: Espectrograma de *Feux d'artifice*, realizado a partir de uma gravação de Philippe Cassard[12]. Acima, representação bidimensional, com o tempo em min.:seg., em abscissa, e, nas ordenadas, a amplitude relativa; abaixo, representação tridimensional, com o tempo em abscissa, e, nas ordenadas, as frequências audíveis; a coloração indica o nível de amplitude (mais escura = mais elevada).

Ademais, vamos ainda poder observar que as progressões, em si, são frequentemente perturbadas na sua linearidade, na sua lógica de continuidade interna, por meio da inserção de sonoridades incongruentes ao contexto. Um detalhe interessante é que a porção melódica do tema – um dos dois elementos de estatismo mencionados anteriormente – e, mais precisamente, a célula que rotulei m2 (Fig. 3.2), é quase sistematicamente convocada para servir de material primário das perturbações, como pode ser constatado no compasso 30, e, sobretudo, a partir do compasso 67. Isso nos obriga a atribuir a essa célula um estatuto especial, devido ao fato de a mesma se deslocar progressivamente, do nível da estase melódico-temática ao nível da cinética sonora de superfície. Tal situação ainda não tinha sido observada no *corpus* analisado até o momento. *Grosso modo*, a primeira metade do prelúdio é composta de longas progressões cuja característica é a homogeneidade. À medida que se avança, as descontinuidades ou incongruências se tornam cada vez mais frequentes, até conduzirem a uma textura constituída por um mosaico de oposições adjacentes, sem mais nenhuma continuidade. Destarte, vou explicitar essa dinâmica formal concretamente.

[12] Philippe Cassard, *Intégrale de l'oeuvre pour piano Volume I. Les Préludes*, ADDA, 1990.

Progressões Sonoras A e A'

A qualidade sonora da primeira progressão é determinada pela unidade geradora apresentada no compasso 1, que chamaremos doravante U1 (Fig. 3.10).

Fig. 3.10: Primeira unidade sonora (U1) de *Feux d'artifice* (c. 1).

Estritamente estática até o c. 12, essa sonoridade *"se aproxima"* – *dixit* Debussy em paratexto, c. 12 – para finalmente subir rapidamente em direção ao agudo, enquanto sua intensidade aumenta (c. 15-16, v. Fig. 3.11). Esse desenrolar é interrompido inopinadamente por meio de uma das rupturas sonoras mais radicais de Debussy, entre o compasso 17 e os compassos 18-19 (U2, v. Fig. 3.8). Essa nova sonoridade se prolonga, na sequência dos compassos 20 a 24, por saturação da sua densidade diacrônica, gerando o desenvolvimento mais curto, que funciona, na verdade, como transição rumo à progressão seguinte. Interessante é observar que a forma logarítmica dada a essa transição – uma subida progressiva que se acelera à medida que chega ao final – é comparável àquela de A. A figura 3.11 consiste num detalhe do espectrograma da figura 3.9, ilustrando esse fenômeno: o processo A se interrompe no trigésimo segundo da gravação; o "branco" que se vê nesse instante corresponde ao "vazio sonoro" dos compassos 18-19; depois, começa a transição A'.

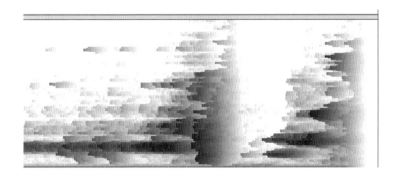

Fig. 3.11: Espectrograma dos compassos 1 a 24, mostrando as duas primeiras progressões sonoras da obra, A e A'.

Progressões B e C

B (c. 25-34) é construída a partir da unidade sonora do compasso 25 (U3, Fig. 3.12). Ela sofre uma breve interrupção no compasso 30. C (c. 35-46) é emendada sem transição, e sua sonoridade geradora (c. 35, U4, Fig. 3.12) pode ser definida como *sistematicamente complementar* a U3 (Fig. 3.12). Com efeito, enquanto U3 ostenta uma forma côncava, restrita no agudo e ocupando um compasso, U4 adota um perfil convexo muito acentuado no grave e duas vezes mais rápido (meio compasso). Ademais, no domínio acrônico, a distribuição dos sons de U4 é nitidamente menos linear que a de U3, e a densidade, francamente mais fraca – para se convencer, basta recensear as categorias de intervalos adjacentes envolvidos em cada uma[13].

Fig. 3.12: Duas unidades sonoras geradoras de *Feux d'artifice*, U3 (c. 25) e U4 (c. 35). O gráfico representa as ponderações de alguns dos componentes, cuja configuração é simetricamente oposta.

[13] No entanto, não devemos menosprezar os elementos *identitários* entre as duas sonoridades: intensidade, densidade acrônica e âmbito relativo são notoriamente estáveis de uma para outra.

Progressão c

A progressão c se encerra com uma sequência de rupturas entre os compassos 45 e 56, constituídas de microprogressões (a mais longa se encontra entre os compassos 50 e 53). Essa sequência é composta de três sonoridades bem contrastadas e apresentadas em alternância, u5 e u6 (introduzidas no c. 45, uma após a outra) e u7 (que aparece na segunda metade do c. 53). A figura 3.13, onde são representadas as ponderações de três componentes, dá uma ideia do grau de oposição estrutural entre essas unidades; ao mesmo tempo, ela mostra que Debussy preserva, mais uma vez, espaços de estabilidade – no caso, a periodicidade quase regular da distribuição diacrônica dos eventos, estritamente idêntica. Outrossim, nota-se que essa sequência se desenvolve num contexto de grande atividade no campo das mudanças de intensidades, situação notoriamente rara em Debussy: *mf, f, p subito, f strident, pp* se sucedem num ritmo rápido, para não dizer desenfreado.

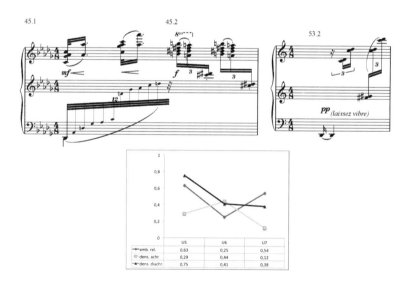

Fig. 3.13: Sonoridades u5 (c. 45.1), u6 (c. 45.2) e u7 (c. 53.2) com as ponderações de três componentes.

Percebe-se muito bem a perturbação, a *corrupção* exercida por tal sequência de sonoridades opostas sobre um ambiente sonoro inicialmente baseado num postulado de progressão contínua. O princípio de perturbação vai aumentar e se precipitar no decorrer da etapa seguinte.

Progressão D

Baseada na sonoridade do compasso 57.1 (U8), essa progressão é interrompida duas vezes. A primeira ruptura, entre os compassos 61 e 64, é definida pelo conteúdo do compasso 61.1 (U9), enquanto a segunda, em forma de *cadenza*, intervém de maneira marcante (c. 67, Fig. 3.14). Essa *cadenza* é, na verdade, um *conjunto heterogêneo*[14] constituído de uma sequência de três unidades contrastadas (U10, U10' e U10") facilmente observáveis na partitura. As fermatas que segmentam esta "*quasi-cadenza*" são o indicador gráfico da descontinuidade sonora desejada pelo compositor. A sonoridade U10, já assinalei, é composta, excepcionalmente, de uma célula vinda diretamente do nível primário. Ainda relativamente escamoteada (c. 30 e 44), ela finalmente explode aqui, impondo-se, doravante, como um elemento fundamental. Em seguida, ela é retomada no compasso 70. Prolongada por desenvolvimento – diminuições e transposições sequenciais – (c. 71-75) seguido de liquidação (c. 76-78), ela se torna o motivo sonoro principal do resto do prelúdio.

A seção compreendida entre os compassos 71 e 78 forma uma transição.

A partir de então, a superfície se torna cada vez mais acidentada: a derradeira seção, de oito compassos (c. 79-87), apresenta nada menos que três sonoridades diferentes em cinco alternâncias, o que inibe qualquer possibilidade de desenvolvimento gradual a partir de alguma delas. O quadro da figura 3.14 esquematiza a articulação das unidades nessa seção, mostrando que estamos muito longe da homogeneidade "orgânica" das primeiras progressões da peça. A oposição estrutural entre essas quatro sonoridades pode ser verificada em praticamente todos os vetores, ainda que os contrastes

---

14 Ver definição supra, p. 78.

mais pronunciados se concentrem no domínio acrônico, como o mostra, em síntese, a figura 3.14.

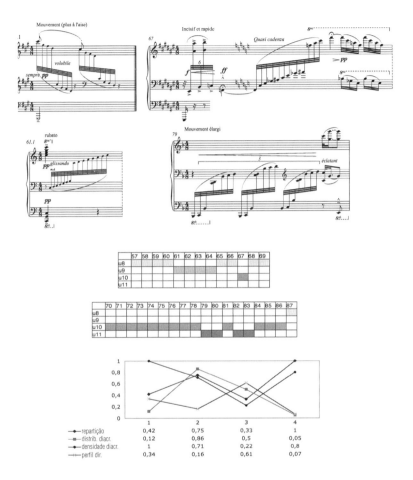

Fig. 3.14: Acima: as quatro unidades sonoras U8 a U11; abaixo: quadro sinóptico mostrando sua distribuição entre os compassos 57 e 87; abaixo: gráficos representando as ponderações de uma seleção de componentes.

Seria igualmente interessante estudar, em detalhes, as estratégias de variação empregadas por Debussy para renovar, cada vez, o contorno da superfície das unidades sem que elas percam suas características. Sobre esse ponto, primeiramente, me limitarei a chamar a atenção para duas instâncias de U8: seu enunciado inicial (c. 57) e sua última variante (c. 87). A figura 3.15 fala por si: assistimos a uma alteração generalizada da maioria dos componentes em prol do máximo de complexidade sonora possível.

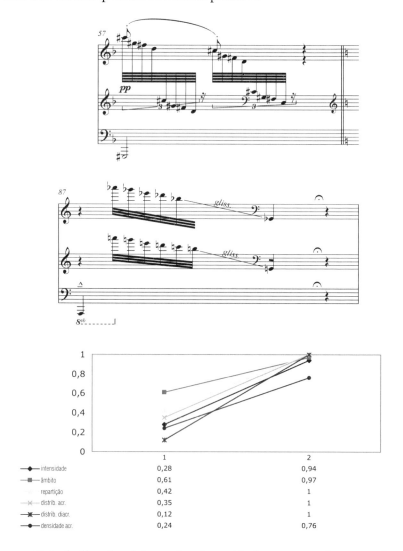

Fig. 3.15: Primeira e última ocorrências de U8 (respectivamente, c. 57 e c. 87) e gráficos mostrando alguns aspectos do processo de variação sonora.

O trabalho de elaboração da unidade U10, no decorrer dessa seção, também é notável; ali o compositor desenvolve um processo de acumulação por expansão da célula motívica original, inclusive por meio de retrogradação e transposição parcial (c. 74 e c. 75).

Esses procedimentos podem ser vistos na redução que proponho na figura 3.16.

Fig. 3.16: Processo de desenvolvimento, no nível primário, da célula motívica que constitui a base de U10.

Seção Final

Quando a forma encerra seu ciclo (c. 88), a progressão A é evocada, de leve, por uma sonoridade derivada de u1. No entanto, ela se encontra entrecortada de silêncios, que atropelam, consequentemente, sua tendência original de continuidade. Ela é seguida de um *ruído*, o tremolo grave nos compassos 90-98. A surpreendente introdução de um elemento exógeno, que alude ao hino francês *La Marseillaise* (c. 91-96), apenas reforça a lógica de descontinuidade que impera em toda a fase final da obra. Esse conteúdo referencial constitui, é certo, um argumento para que se qualifique *Feux d'artifice* como uma peça de caráter impressionista – no caso, impressões sonoras da Festa do 14 de Julho – que conteria um elemento simbólico, o hino. Isso posto, nada ou quase nada está sendo dito da obra em si, que se organiza segundo uma lógica composicional, em que o elemento extramusical tem pouca influência.

Infraestrutura e Sonoridades em *Ce qu'a vu le Vent d'Ouest* (Prelúdio I [7])

No capítulo anterior, vimos como Debussy renova as relações tonais nesse prelúdio, ao estabelecer dois níveis que mantêm, ao mesmo tempo, uma relação de interdependência e de relativa independência quanto ao princípio de coerência tonal: um nível subjacente, onde evoluem os baixos fundamentais, e o nível primário propriamente dito, com suas quatro modalidades alternadas de organização dos cromas. Dessa vez, vamos focar nosso interesse no nível secundário, no intuito de completar e ilustrar os dados evidenciados anteriormente. Os principais vetores ativos da sonoridade nesse Prelúdio são: a intensidade, o âmbito, a densidade acrônica, a periodicidade e o índice de inclinação dos perfis melódicos contidos em cada unidade (o perfil direcional).

Intensidades Relativas

A raridade das intensidades medianas nessa peça é um fato notório. No entanto, mais interessante é a grande proporção das intensidades elevadas – *f* e além –, fenômeno assaz excepcional em Debussy para ser relevado[15]. Essas são repartidas entre todas as seções, qualquer que seja o parâmetro articulador escolhido – isto é, os baixos do nível subjacente ou as categorias de organização dos cromas. Nesse contexto, B1[16] se destaca por contar, exclusivamente, com fortes intensidades (c. 35-42), o que é suficiente para pô-la, de fato, em oposição às demais seções que lançam mão de um leque mais aberto. Em compensação, as seções, cujas alturas são organizadas de acordo com o modelo cromático (c. 15-18 e 25-34), mantêm-se quase sempre em baixa intensidade, o que constitui, aqui também, um eficaz fator de oposição e articulação.

Âmbitos Relativos

Semelhantes assertivas podem ser feitas a respeito desse componente: observam-se poucas taxas medianas de ocupação da tessitura do piano, onde, aqui também, fazem exceção as partes baseadas no modelo cromático, ocupando um âmbito relativamente bem mais estreito do que as demais. Esse paralelismo leva a concluir que existe

---

15 A última parte deste capítulo é dedicada em especial ao papel funcional da intensidade em Debussy.
16 Remeto o leitor ao esquema sintético da obra representado na figura 2.4, no capítulo anterior.

uma forte correlação positiva entre esses dois vetores. A seção se destaca, outra vez, pelo altíssimo índice de ocupação da tessitura.

Densidades Acrônicas

B1 se opõe a todas as demais seções, pela baixa densidade de sons que as suas unidades contêm. Esse fato é relacionado, obviamente, ao imenso âmbito que acabamos de mencionar, associado à implantação, naquele momento, de uma textura com três camadas superpostas, todas elas alimentadas por oitavas simultâneas: levando em conta que o/a pianista somente possui dez dedos, a densidade só poderia ser dispersa.

Periodicidade

Em geral, nesse prelúdio, os eventos sonoros são distribuídos no tempo de forma muito regular. Esse parece, aliás, constituir um traço estilístico constante em Debussy. Nessa obra, a seção central B (soma de B1 e B2) se singulariza pela presença dos perfis mais lineares.

Perfis Direcionais

Excetuando alguns detalhes, constatamos que A2 é a única estrutura que propõe figurações nitidamente descendentes (cf., por exemplo, c. 10-14). Isso é uma maneira de atribuir identidade a A2. Os perfis de todas as demais seções são ascendentes, o que não deixa de ser relevante em termos composicionais; essa particularidade pode ser eventualmente associada à simbolização do *vento*.

Síntese das Observações

1. Correlações observadas entre os vetores ativos e a sequência dos baixos do nível subjacente.

Os dois gráficos da figura 3.17 relacionam, no eixo das ordenadas, as ponderações de três dos vetores ativos acima enumerados, com as quatro seções da obra em abscissa, determinadas pelos baixos fundamentais Fá#, Si, Ré# e Fá#, sucessivamente. Há tantas ponderações para cada seção quantas unidades sonoras originais estas contêm[17].

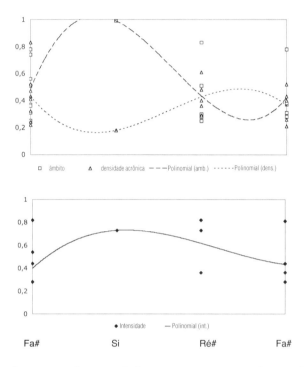

Fig. 3.17: Índices de complexidade de três componentes das sonoridades em função da sequência dos baixos do nível subjacente.

Uma função polinomial do quarto grau revela, na forma de uma curva, a tendência dessas variáveis. Ela confirma, de um lado, a rigorosa correlação negativa entre os âmbitos e as densidades: sistematicamente, mais uma vez, Debussy "esvazia" as sonoridades que ocupam o maior espaço. Essa situação é notável, sobretudo, na seção fundada no baixo Si, como comentei anteriormente. Por outro lado, as três linhas partem e retornam praticamente ao mesmo ponto. Isso significa a existência de uma total correlação positiva entre a volta do baixo Fá# no final da peça (a partir do c. 54) e as configurações sonoras, o que traduz uma simbiose bastante rara dos níveis primário

17 Com efeito, essa análise apenas considera os modelos, sendo excluídos, portanto, repetições e variações.

e secundário, reforçando a lógica cíclica (ABA) da grande forma. Os dois vetores restantes, que não são representados no gráfico para não sobrecarregá-lo, obedecem ao mesmo princípio cíclico.

2. Correlações observadas entre os vetores ativos e as quatro categorias de organização dos cromas.

Os dois gráficos da figura 3.18 foram gerados segundo o mesmo princípio do gráfico anterior. Agora, porém, mostra-se, em abscissa, uma segmentação do prelúdio em função das quatro categorias de organização dos cromas, apresentadas em ordem decrescente de intervalos constitutivos[18].

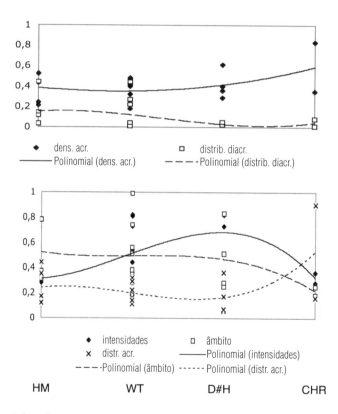

Fig. 3.18: Índices de complexidade de cinco componentes das sonoridades em função das quatro categorias de organização dos cromas. Da esquerda para a direita, no eixo das abscissas: harmônica (HM), assemitônica (WT), heptatonal (Ré# menor) (HD#) e cromática (CHR).

---

[18] Ver capítulo II, figura 2.3.

A categoria *cromática* se destaca de todas as demais pelas suas baixas intensidades e pelo menor âmbito relativo (c. 31-34). Ela, também, é a categoria que contém a unidade sonora, cuja complexidade acrônica associa uma distribuição vertical muito irregular a uma saturação da densidade (c. 15 e s.). Em compensação, as categorias *assemitônica* e *heptatonal* concentram as mais altas intensidades, os maiores âmbitos, mas, também, as mais simples modalidades de distribuição e os únicos perfis direcionais descendentes da obra (c. 10-14 ou 51-53, Fig. 3.19).

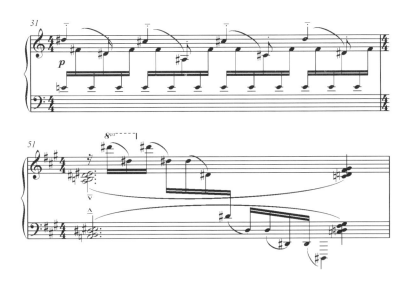

Fig. 3.19: Duas sonoridades emblemáticas construídas sobre infraestruturas: a. cromáticas (c. 31) e b. em tons inteiros (c. 51).

Num plano mais geral, as correlações mais eloquentes, do ponto de vista da técnica composicional, são as observáveis entre a progressiva diminuição da grandeza dos intervalos constitutivos das sonoridades e um acréscimo da complexidade da densidade acrônica, tendências acompanhadas de um movimento contrário de simplificação da distribuição diacrônica. Isso significa dizer, não somente que quanto mais a sonoridade incorpora pequenos intervalos na sua morfologia tanto mais notas ela contém – uma relação causal, afinal, bastante óbvia –, mas, também, que a periodicidade se torna mais regular, o que é, dessa vez, menos "natural" e, portanto, depende mais de uma decisão composicional (Fig. 3.20).

Fig. 3.20: Três sonoridades construídas, respectivamente, sobre uma estrutura: a. harmônica, caracterizada por uma relativamente baixa densidade acrônica (se comparada com seu amplo âmbito) e por uma distribuição aperiódica de sons no tempo (c. 3.2); b. em tons inteiros, de maior densidade acrônica (provocada pelo acréscimo de um acorde de oito sons), porém somente com dois esquemas de pulsação (grupos de seis e depois quatro semicolcheias) (c. 23); e c. heptatonal (Ré# Menor), caracterizada por uma densidade relativa muito elevada (pois o âmbito, dessa vez, é muito mais restrito do que em "a"), porém, em contrapartida, por uma perfeita regularidade da distribuição dos sons (c. 43).

Esse prelúdio constitui, portanto, outro bom exemplo da incorporação do sonoro dentro de um sistema que conserva algumas relações funcionais no nível primário, dentro de uma lógica que guarda traços de tonalismo. Penso ter conseguido evidenciar a existência de um leque de relações e correlações, em que alguns constituintes exclusivos ou privilegiados da sonoridade participam ativamente das estratégias de articulação formal do compositor.

Correlações entre Estrutura e Intensidades: Um Estudo Estatístico Geral nos Prelúdios e Estudos

A Intensidade como Agente de Articulação

É notório o uso parcimonioso que Debussy faz das intensidades elevadas. Com efeito, a literatura estabeleceu que uma parte importante da sua música evolui em torno do *pianíssimo*. Muitas das suas obras para piano jamais saem dessa amplitude, como é o caso dos prelúdios I (4), I (6), II (2), II (8), grande parte das *Images*, ou dos *Six épigraphes antiques* (Seis Epígrafes Antigas). Este quase nada forneceu convincente substância poética à muito bonita interpretação estilística de Vladimir Jankélévitch[19]. No entanto, deve-se frisar que essa característica não se generaliza: neste capítulo, já evidenciei o predomínio das intensidades elevadas em *Ce qu'a vu le vent d'ouest*. É preciso salientar, também, que os doze estudos de 1915, reconhecidos como um dos seus mais significativos legados musicais, pelo menos no que concerne ao piano, abrem espaço para o espectro completo das amplitudes. Entretanto, esse caráter um tanto quanto "atípico" – para quem se contenta com a ideia aceita – e, sobretudo, tardio na sua produção, pode ser considerado como um dos aspectos de uma evolução estilística interrompida inesperadamente[20]. Em todo caso, merece nossa atenção a relativamente rara estatística das intensidades elevadas no conjunto da sua obra, pois isso pode significar que Debussy atribui às mesmas uma importância peculiar, a ponto de recorrer a elas em circunstâncias especiais. Sob esse ângulo, o ordenamento de contrastes abruptos de volumes sonoros entre dois instantes imediatamente consecutivos adquire notável relevo. Devido ao fato de que esses contrastes provocam uma ruptura na continuidade sonora vigente, geralmente em baixos níveis de amplitude, eles se tornam marcadores *per se* na superfície

---

19   Cf. *La Vie et la mort dans la musique de Debussy*; e *Debussy et le mystère de l'instant*.

20   Se atinarmos à famosa frase proveniente de uma das cartas dirigidas a seu editor – "Coloquei muita […] fé no futuro dos estudos", não parece, então, que o compositor os coloca antes numa perspectiva prospectiva do que testamentária? Ver carta em C. Debussy, *Lettres 1884-1918*.

perceptível, o que pode constituir um indício da intenção do compositor em produzir uma manifestação sonora na superfície que reflita uma articulação estrutural.

Partindo dessas premissas, efetuei, na integralidade dos vinte e quatro prelúdios e doze estudos, um levantamento dos contrastes mais acentuados de intensidades adjacentes ou progressivos. Minha meta é verificar até que ponto eles representam ou indicam momentos significativos da articulação formal. Por *contraste adjacente*, entendo, precisamente, uma sequência de duas unidades sonoras consecutivas que, independentemente das suas semelhanças ou diferenças em todos os demais aspectos, apresentam uma grande oposição de amplitude. Trata-se, portanto, de uma espécie particular de *sintagma*, cuja interdependência recíproca é exclusivamente determinada, no caso, pela configuração de um único componente (a intensidade). Fixei o conceito de *grande oposição* a um salto que não seja nunca inferior ao binômio simbólico *piano-forte* ou à sua inversão. Por outro lado, *contraste progressivo* designa um processo contínuo de evolução da amplitude – isto é, na prática, um *crescendo* ou um *diminuendo* –, cujos limites marcam um salto que tampouco deve, por convenção, ser inferior àquele adotado para os contrastes adjacentes – ou seja, *piano-forte* ou vice-versa.

Esse levantamento sistemático permitiu, numa primeira investida, identificar uns sessenta sintagmas dessa natureza disseminados em onze prelúdios e nove estudos, isto é, em pouco menos da metade dos primeiros e em três quartos dos segundos. Vale dizer, então, que a intensidade se inclui, em muitos prelúdios, no rol dos componentes amorfos. Citarei, como exemplo significativo, *Les Fées sont d'exquises danseuses* (II [4]), com sua configuração muito movimentada, para a qual já apontei a importância do princípio de oposição de sonoridades para a articulação da forma, mas que, no entanto, apresenta intensidades que oscilam, numa timidez bem feérica, entre o *pianíssimo* e o *mezzo forte*[21]. Isso significa, também, que num número significativo de obras, e, sobretudo, na maioria dos

---

21 Os três únicos *sf* que aparecem na partitura (c. 88) nada mais são que acentuações pontuais que devem ser inseridas no contexto *pp* do trecho. Encontramos uma situação semelhante no estudo *Pour les cinq doigts* (Para os Cinco Dedos), c. 86-89.

estudos, é o contrário que acontece. É o que vou tentar demonstrar a seguir, começando pelo que chamei de *contrastes adjacentes*.

Os Contrastes Adjacentes de Intensidade e Suas Relações com a Estrutura Formal

No decorrer da análise, descobrem-se várias modalidades de atuação desses contrastes sobre a articulação formal. A primeira é de *pontuação*. O prelúdio I (*Danseuses de Delphes*) comporta um único grande contraste adjacente (*pp-f-pp*) justamente nos três últimos acordes (c. 28-31): é o ponto final, cuja saliência sonora inaudita apoia a afirmação da tônica Si♭. Reencontramos esse efeito, com a mesma função, no final da *La Puerta del Viño* e no estudo *Pour les sonorités opposées* (Fig. 3.21).

Fig. 3.21: O contraste adjacente de intensidade como pontuação conclusiva: *Danseuses* c. 27-31, *La Puerta del Viño*, c. 83-84 versus 85, estudo *Pour les sonorités opposées*, c. 73-75.

Esses contrastes podem também funcionar como *assinaturas sonoras* de determinada seção da peça, contribuindo, dessa forma, para diferenciar a mesma das demais. *Le Vent dans la Plaine* (prelúdio I (3)) possui uma forma tripartita cíclica (A-B-A). O marcante contraste apresentado nos compassos 28-29, no qual se pode imaginar uma repentina rajada de vento, é repetido várias vezes entre os compassos 30 e 34, conferindo, desse modo, uma cor peculiar à parte central, curta, porém, movimentada (c. 28-34). Esse contraste, acompanhado de uma variação de âmbito, é que caracteriza, acima de tudo, essa sonoridade, quando posto em relação com a passividade do nível primário, que mantém uma singela tríade. Também tripartito é o estudo V, *Pour les octaves* (Para as Oitavas). A rude oposição *ff-p*, que surge desde o compasso 3, é reiterada em numerosas formas ao longo da primeira seção (c. 1-48), assim como durante sua repetição final. Totalmente ausente da parte central, ela configura, por essa razão, um traço identitário das seções liminares (Fig. 3.22).

Fig. 3.22: O contraste adjacente de intensidade como assinatura sonora. Estudo *Pour les octaves*, c. 25-38.

O caso de *Minstrels* (prelúdio 1 [12]) é um tanto diverso. Encontramos somente duas grandes oposições adjacentes (c. 18-19 e 58-59, esta em posição inversa da primeira), porém cada uma, por ser única e, sobretudo, por possuir um contraste muito acentuado e inesperado, constitui o evento mais surpreendente, o mais notável da seção na qual está inserida. Por isso, elas participam, ainda que pontualmente, da identidade sonora dessa peça[22].

No entanto, a situação mais frequente e provavelmente mais significativa também é aquela em que o contraste adjacente funciona como *marcador da articulação da forma em grande escala*. Nessa categoria, *Feux d'artifice* constitui um modelo. A análise que apresentei mostrou como esse prelúdio é constituído de uma série de progressões cumulativas encadeadas umas às outras sem transição. As diferenças de intensidade vão exercer um papel de primeiro plano na formação das rupturas de continuidade pelas quais se propulsa a dinâmica formal de uma a outra progressão. O segmento contrastante que aparece em primeira instância (c. 17-18) é associado, como alertei, então, a uma das mais radicais oposições adjacentes encontradas em Debussy (Fig. 3.8). Ele sinaliza o desfecho da primeira progressão sonora da peça e articula a passagem para a sucedente. O segundo contraste se situa entre os compassos 46 e 47. Aqui, dessa vez, não se configura um ponto de articulação, mas, antes, um entre os múltiplos segmentos em ruptura de sonoridade que caracterizam a sequência que começa no compasso 45 e termina no 56. O ponto culminante dessa sequência, em compensação, é marcado por um duplo contraste de intensidade (c. 53-54), o qual prepara, ao mesmo tempo, sua liquidação e o início de uma nova progressão no compasso 57 (Fig. 3.13). O epicentro formal desse prelúdio se situa na *cadenza* do compasso 67. Essa é balizada por dois segmentos em oposição de intensidade: c. 66-67 e c. 67-68. Dito de outra forma, a *cadenza*, que começa e termina *forte* (a Fig. 3.14 acima mostra seu

---

22 Forçoso é reconhecer que a sonoridade do compasso 58 de *Minstrels* é extremamente atípica de Debussy; é inútil dizer que a fonte de tal curiosidade sonora se origina na evocação estilizada de um *tambouro*.

início), é enquadrada por dois compassos *pianíssimo* sem nenhum efeito de gradação. É evidente, portanto, tratar-se de uma marcação.

Em *La Puerta del Viño*, um curto gesto sonoro, cujo aspecto contundente é indissociável do contraste de intensidade que ele comporta, introduz, duas vezes, uma frase melódica que se reveste da importância estrutural de um tema (c. 3-4 e 21). Os compassos 52-54 de *Ce qu'a vu le vent d'ouest*, de formato cíclico A-B-A, constituem o ponto crucial da macroestrutura: a articulação entre o fim da seção central e o início da "re-exposição". Essa articulação é produzida por uma queda vertiginosa de intensidade (*ff-pp*), cujo curto *dim. molto* não consegue amenizar a curva; ela é acompanhada de uma drástica redução de tessitura e de um mergulho no subgrave (Fig. 3.23).

Fig. 3.23: Articulação por contraste de intensidade: *Ce qu'a vu le Vent d'ouest*, c. 52-54.

Sintagmas em relação de oposição de intensidade marcam, também, de forma muito sistemática, a macroestrutura do prelúdio II (6), *Général Lavine – excentric*: c. 1-2 (*f strident* x *p sec*) (Fig. 3.29 infra); c. 10-11 (*sff sec* x *pp*), que introduz a seção *Spirituel et discret* (Espiritual e Discreto); c. 45-46, 58-59 e 69-70, cujos contrastes adjacentes no sentido *forte para piano* sublinham, cada vez, uma desaceleração seguida de uma retomada do andamento original; e c. 91-92, preparando a fase final. Ademais, curtos e nítidos contrastes vêm, aqui e acolá, emaranhar a superfície (por exemplo, c. 7, c. 16-17, c. 32-33 etc.); eles se inserem, dessa vez, na categoria *assinatura sonora*, e podemos imaginar que Debussy os associa à expressão do caráter pitoresco do personagem, cuja memória esse prelúdio evoca. Nos estudos *Pour les cinq doigts* e *Pour les agréments*, cada nova seção é assinalada por uma oposição do tipo *forte-piano*. O estudo *Pour les quartes* (Para as Quartas), por outro lado, apresenta, desde o c. 6, um contraste redigido *piú p – f sonore martelé* (Fig. 3.24a). Essa oposição, que se tornará um traço típico da primeira grande parte (c. 1-41), articula vários subconjuntos formais. Observamos que uma estrutura em oposições se estabelece igualmente no nível primário: cada um dos dois segmentos possui um esquema melódico e rítmico muito diferenciado, ainda que ambos tenham origem – um efeito da restrição composicional escolhida para esse estudo – na infraestrutura intervalar comum de quarta. Em seguida (c. 16-19), encontramos uma variante elaborada do contraste inicial (Fig. 3.24b). Os processos de transformação se aplicam, novamente, tanto no nível secundário quanto no primário. Podemos entender o gesto da mão direita (c. 16) como uma antecipação do esquema que caracterizará o segmento *forte*. O único padrão que se mantém intacto é, justamente, o formato de contraste das intensidades. Uma terceira variante (c. 61-64, Fig. 3.24c) apresenta uma inversão do modelo: o segmento *forte* é colocado à frente do segmento *piano*. Ademais, os contrastes estruturais são mais acentuados, tanto no plano das intensidades como no plano da partição, que conquista, de repente, o registro grave. As configurações melódicas e rítmicas são também transformadas em sentido contrário: as do segmento *forte* vão no sentido da proliferação, enquanto as do segmento *piano* apontam para uma liquidação. Balanceando o fenômeno observado (c. 16), nota-se a prolongação do baixo do segmento *forte* dentro do segmento *piano* que o segue, ainda que submetida ao princípio de contraste de intensidade[23].

---

[23] Na sua edição dos estudos, Claude Hellfer menciona que Debussy resolveu retirar da edição final dois compassos julgados difíceis, entre os atuais c. 61 e c. 62. Quaisquer que sejam os motivos, esse corte teve o efeito de provocar o forte contraste adjacente do qual estamos falando. Importante é ressaltar que o compositor, de quem não podemos duvidar que tenha lido e, talvez mesmo, experimentado o resultado no piano, não procurou eliminar ou suavizar este corte, o que ele teria feito certamente, se não tivesse preferido manter o seu efeito. C. Debussy, *Douze Études* (1915).

Fig. 3.24: Articulação formal por contraste de intensidade: estudo *Pour les quartes*: a: c. 6-7; b: c. 16-19; c: c. 61-64.

Por conseguinte, não é de se surpreender que, se Debussy confia a esse tipo de estrutura uma função lógica, por outro lado ele a usa também para reforçar ou marcar os pontos culminantes da forma. Era de se esperar, aliás, que Debussy se valesse de tal estratégia, visto que ela resulta, em parte, da parcimônia com a qual o compositor se aventura nas fortes amplitudes: nada mais óbvio, portanto, do que reservá-las para os momentos de maior tensão. Os prelúdios *Brouillards* e *...La Terrasse...*, os estudos *Pour les degrés chromatiques* (Para os Graus Cromáticos) e *Pour les sonorités opposées*, compartilham o fato de possuir tão somente uma única e curta fase *forte*, que constitui o apogeu formal. Em todos os casos, a passagem para a seção seguinte, que é a etapa final, lugar de resolução e repouso, é negociada por meio de um contraste adjacente de intensidade (Fig. 3.25).

Fig. 3.25: Os contrastes adjacentes de intensidade nos prelúdios II (2 e 7) e os estudos VII e X marcam o ponto de clivagem entre o momento de máxima tensão da forma e o início da fase final. II (2) c. 30.2-32, II (7) c. 30-32, *Études* VII, c. 58-59, X, c. 50-52.

Os Contrastes Progressivos de Intensidade

Menos numerosos em termos estatísticos, os contrastes progressivos, isto é, as oposições de intensidades preparadas por meio de um processo gradual, nem por isso deixaram de constituir uma ferramenta, da qual Debussy lançou mão, em várias oportunidades, para concretizar certas dinâmicas formais, em particular as transições. Mais uma vez, *Feux d'artifice* talvez forneça o melhor exemplo; não voltarei ao assunto. Ele também faz uso desse recurso, em menor grau, todavia, em *Les Collines d'Anacapri* e em *La Cathédrale engloutie*. Neste, os dois grandes contrastes progressivos em *diminuendo* (*ff* para *pp*) c. 38-46 e 61-67, marcam, com efeito, a passagem de uma seção macroformal a outra. Os estudos VI (*Pour les huit doigts* [Para os Oito Dedos]) e XII *(Pour les accords* [Para os Acordes]) possuem um interesse particular pelo fato de que essa técnica é posta ao serviço da expressão de esquemas menos convencionais do que aqueles aos quais o compositor mais se afeiçoa, sobretudo nos prelúdios.

O fulgurante estudo *Pour les huit doigts*, de uma virtuosidade espantosa, ainda que muito idiomática, pode ser analisada como estrutura binária, isto é, articulada em duas partes (c. 1-41 e 42-68), sendo a segunda uma réplica condensada da primeira. A maioria das dimensões se avizinham do estático: o nível primário é quase exclusivamente constituído de sucessões de notas conjugadas desenhando perfis melódicos senoidais baseados em escalas diatônicas; não existe dinâmica harmônica[24]. No nível secundário, as densidades, as modalidades de distribuição dos sons no espaço e no tempo, o modo de execução, são fixados de uma vez por todas, sendo raras e de pouca envergadura as escapadas. Toda a energia cinética do estudo repousa na dinâmica de três dimensões, que agem em estreita correlação: a intensidade, o âmbito e a partição. Em verdade, essas duas últimas são dependentes da primeira, pois é a intensidade, de fato, que propulsa a música por meio do arquétipo da progressão, limitando-se o âmbito e a partição em acompanhar a energia do processo. Aliás, as "nuances" são anotadas com muito cuidado, o que constitui um indício seguro da sua importância.

A articulação formal da primeira parte, pelo viés das intensidades, induz um recorte que começa por um momento de estase na

---

24 Refiro-me, no caso, obviamente, a uma harmonia que forneceria, implicitamente, um contexto sintático às movimentações melódicas, visto que, de fato, esse estudo não apresenta nenhum acorde *stricto sensu*.

região *pp* (c. 1-12) com oscilações muito baixas nas três dimensões ativas; esse primeiro momento é seguido de uma fase mais dinâmica (c. 13-32), na qual o material primário é enriquecido de intervalos disjuntos e os âmbitos aumentam; essa fase conclui com um breve *crescendo* (c. 29-32), que desemboca no terceiro período *forte*, o qual invade, repentina e brevemente, a tessitura completa do piano (c. 33-35), assinalando, assim, em todos os aspectos, o ápex da obra. A segunda parte, que inicia no compasso 42, é preparada por um *diminuendo* alcançando o *ancora più piano* (c. 35-41). Então, tudo recomeça, porém condensado: após a retomada do período *pp* inicial (c. 42-53), as proporções temporais são atropeladas: o *crescendo* é dramaticamente comprimido em somente seis compassos (c. 54-59), e o período final (c. 60-68), de maior extensão – pois que absorve a pequena seção transitória do original –, faz eco ao *clímax* da primeira parte, sem, no entanto, reproduzir sua violência: a forma se fecha, se dobra, se extingue como veio: do *presque rien*. O quadro abaixo resume o recorte formal que acabei de descrever.

A				A'		
estase *pp*	progr. *cresc.*	ápex f	transição *dimin.*	estase *pp*	progr. *cresc,*	final *dim.+cresc.*
1-12	13-32	33-35	35-41	42-53	53-59	60-68

Tabela 3.1 : Macroforma do estudo *Pour les huit doigts*

O princípio de *contraste progressivo de intensidade* se encontra, portanto, nesse caso, no centro da dinâmica formal. No entanto, ao tomar um pouco de distância em relação aos detalhes de escrita, também é possível ver esse estudo como se fosse um único e grande contraste adjacente duplo, que, dessa vez, articula a peça em três partes. Nesse caso, distinguimos duas longas seções em contexto *pianissimo* – agitadas no íntimo de suas incessantes ondulações de superfície, que ganham amplitude no extremo fim –, as quais enquadram uma violenta intervenção contrastada em todos os componentes ativos (c. 33-41). O espectrograma da obra (Fig. 3.26) mostra essa estruturação de forma muito clara[25]. O ápex se situa *exatamente* no

---

25 Esse espectrograma foi realizado a partir da gravação do estudo por Werner Hass em *Debussy: Complete Piano Music*, volume 2, Philips Classics, 1993.

seu epicentro temporal, em volta do quadragésimo segundo. Não se poderia desejar mais perfeita sintonia entre amplitudes e tempo: é mesmo um *objeto sonoro* que Debussy construiu aqui, cujos componentes frequenciais moldou, essencial e prioritariamente, por meio de um trabalho sobre as variações de intensidade. A forma, nesse caso, *se confunde* com a modulação de amplitude.

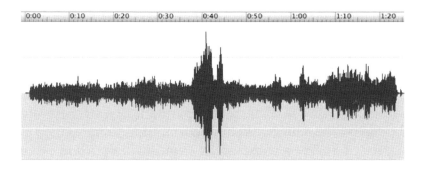

Fig. 3.26: Espectrograma bidimensional do estudo *Pour les huit doigts*: em abscissa, o tempo em min:seg; e em ordenadas, a amplitude relativa.

O décimo segundo e último estudo constitui, sob determinado ângulo, o pendente simétrico do sexto, pois, enquanto aquele lançava mão, no nível primário, de um desenvolvimento fundamentalmente monódico – o que, por sinal, constituiu uma corajosa radicalidade na literatura pianística da época –, este ostenta uma incrível e não menos "ultramoderna" sequência ininterrupta de acordes, poucos dos quais têm menos de seis sons. Apesar disso, ou melhor dizendo, provavelmente *por causa* disso, a harmonia permanece estática. Se, devido à premissa do estudo, a densidade acrônica é permanentemente muito elevada, Debussy, no entanto, reservou dois momentos cruciais, em que esse componente toma parte ativa na dinâmica: primeiro, através de um processo de alteração gradual da textura rumo à simplicidade máxima (c. 68-78); e depois, por meio de um retorno à complexidade original (c. 105-127). Em ambos os casos, a densidade age em correlação com a intensidade, e não é por acaso que essa correlação ocorre em dois momentos-chave da estrutura, como iremos ver. Com efeito, levando em conta que a macroestrutura desse estudo evoca a forma sonata, representarei a estrutura esquematicamente no quadro abaixo.

macro	A	trans.	A'	trans.	B	trans.	A"
m.	1-38	39-53	54-63	64-79	80-104	105-126	127-181
paratexto	Décidé, rythmé...		au mouv.		Lento, m. rubato	1ᵉ mouv.	1ᵉ mouv.
intensidade	*forte*	*cresc.*	*forte*	*dimin.*	*pianissimo*	*cresc.*	*forte*

Tabela 3.2: Macroforma do estudo *Pour les accords*.

Constatamos que a articulação das intensidades se encontra, mais uma vez, diretamente envolvida na expressão da forma em larga escala. Com efeito, como está indicado no quadro, a cada uma das duas seções principais, A e B, corresponde um nível próprio e oposto de amplitude. As três ocorrências da seção A, que, de acordo com as indicações do compositor na partitura, devem ser executadas "*Décidé, rythmé, sans lourdeur*", simulam, respectivamente, a exposição, seu ritornelo e a re-exposição, elementos próprios ao esquema histórico que Debussy toma emprestado. Elas compartilham tudo, inclusive, com destaque, uma intensidade elevada. Nessas circunstâncias, a seção B – que seria o "desenvolvimento" –, marcada *Lento, molto rubato*, se configura, nitidamente, como um anticlímax muito peculiar, onde domina, por contraste, o *pianissimo*[26]. É nessa arquitetura que intervêm três importantes progressões, as quais funcionam como transições para os patamares de amplitude de cada seção. Nota-se, especialmente, que a seção B é delicadamente preparada por um *molto diminuendo,* ao qual se junta um processo, já mencionado, de rarefação máxima da densidade de sons até o vazio absoluto que é o silêncio (Fig. 3.27). O retorno a A também é preparado, de maneira exatamente simétrica, nas mesmas dimensões (c. 105-127): crescimento paralelo da intensidade e da densidade.

26 É tentador aproximar a austeridade monumental das seções liminares, que se põem em contraste com o lado improvisado e sonhador da parte central, da estética das últimas sonatas para piano de Beethoven.

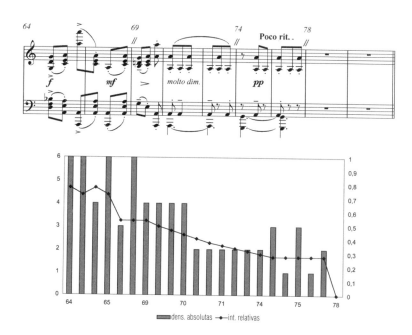

Fig. 3.27: Estudo *Pour les accords*, c. 64-79 (extratos): intensidade e densidade acrônica agem em correlação para articular a transição de uma estrutura a outra. O índice de correlação entre as duas listas é (0.87).

Finalmente, seria preciso acrescentar que, diferentemente do estudo VI, a escrita das intensidades assume um papel suplementar no nível superficial: os contrastes abruptos que se encontram nos compassos 36-37, 52-53 e 168-169, são signos pontuais que delimitam subconjuntos formais. Nos três casos, essas rupturas interrompem a linearidade sonora do contexto; elas "quebram" a mecânica do sistema.

Relações entre Intensidades e Outros Componentes da Sonoridade

Essas observações põem em evidência, nas obras em que elas se apresentam, a existência de uma correlação sistemática entre os contrastes adjacentes ou progressivos de intensidade e os pontos cruciais da articulação macroformal. As progressões que crescem a partir de um volume baixo são a grande maioria, assim como os contrastes adjacentes no sentido *forte–piano*[27]. Em muitos casos, uma coisa se explica pela outra, quando o contraste adjacente se situa no ponto de justaposição do final

[27] Cf. prelúdios I (3, 7), II (3), estudos I, V...

de um processo em *crescendo* seguido, sem transição, de outro processo semelhante, ou, simplesmente, de uma faixa *piano* ou *pianissimo*. Assim, ocorre nesses casos complementaridade funcional entre as progressões de tipo *piano para forte* e os contrastes adjacentes *forte/piano*[28].

Vimos, também, que, apesar de diferenciados ao extremo no plano da sonoridade, muitos segmentos em situação de contraste adjacente apresentam elementos de identidade na sua infraestrutura (cromas, intervalos ou ritmos)[29]. Esse fato corrobora, mais uma vez, a assertiva, da qual já mostrei numerosos exemplos, segundo a qual o nível primário geralmente representa, no sistema composicional de Debussy, um elemento amorfo. Constatei também, porém, que muitas vezes, o compositor associa à dinâmica, da qual acabamos de ver algumas circunstâncias nas quais ela se insere, a configuração dos âmbitos, da densidade acrônica e da periodicidade. Não é irrelevante observar que essas correlações se tornam mais sistemáticas no ciclo dos estudos do que no dos prelúdios. Isso sugere que, de fato, os estudos foram abordados pelo compositor como um lugar de experimentação sistemática de soluções composicionais prospectivas. Em primeira instância, a análise estatística comparada dos pesos atribuídos aos dois componentes *intensidade relativa* e *âmbito relativo* (gráfico, Fig. 3.28) mostra que o compositor associa, com bastante frequência, o aumento do volume sonoro entre um segmento e outro do sintagma ao alargamento da tessitura. Os segmentos de intensidade elevada possuem, frequentemente, um âmbito maior do que os segmentos de baixa intensidade. Esse fato se verifica positivamente em 26 das 42 amostras elencadas para essa análise[30]. Os prelúdios *Ce qu'a vu le vent d'ouest*, *La Cathédrale engloutie*, os estudos *Pour les tierces*, *Pour les quartes*, *Pour les agréments*

---

28 É o caso dos estudos VII, VIII, X, e dos prelúdios II (1, 7, 12).

29 De memória, entre outros: prelúdios I (1, 5, 7), II (1), estudo I. E, *ao contrário*, o contraexemplo notável do estudo III, analisado acima.

30 De um universo original de sessenta sintagmas, o número efetivo de amostras elencadas para essa última parte de análise acabou sendo reduzido para 42 devido à decisão de conservar somente um exemplar daqueles que atendiam à categoria de *assinatura sonora*, tendo em vista que esses se encontram, geralmente, repetidos numerosas vezes na mesma obra, sem mudança significativa da sua configuração ou do contexto musical. A sua acumulação redundante, no âmbito de um estudo estatístico, poderia enviezar os resultados, inclusive, em particular, as interpretações das tendências composicionais mais relevantes. As peças afetadas por essa redução são o prelúdio II (6) (*Général Lavine*) e os estudos V e XI.

ou ainda *Pour les accords* fornecem um número suficiente de exemplos para comprovar a consistência dessa relação[31].

Está certo que a proporção de sintagmas em posição de correlação negativa, apesar de minoritária (38%), não deve ser negligenciada. Os sintagmas como aquele que encontramos em *Minstrels* (c. 57-58), em *Brouillards* (c. 29-30), ou ainda no estudo *Pour les degrés chromatiques* (c. 58-59), ilustram, por sua vez, essa situação. De qualquer forma, o que se pode deduzir desses primeiros dados é que os contrastes adjacentes de intensidade são *sempre* acompanhados de alguma modalidade de oposição de âmbito. Quando o segmento *piano* ocupa um âmbito relativamente estreito, então, via de regra, o segmento *forte*, que completa o sintagma, ocupará um espaço muito maior. Em compensação, não foi possível verificar alguma correlação com as partições. Com efeito, era factível a expectativa de que os segmentos *forte* fizessem um uso mais frequente das regiões graves do piano, porém não é o caso, em virtude do número elevado de segmentos *piano* que se expandem no grave, como em *La Cathédrale engloutie*.

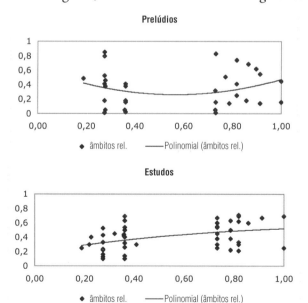

Fig. 3.28: Gráfico da correlação entre as intensidades relativas (abscissas) e os âmbitos relativos (ordenadas) para os treze sintagmas extraídos dos prelúdios (acima) e os 29 sintagmas extraídos dos estudos (abaixo). Uma linha de tendência foi acrescentada, gerada por uma regressão polinomial do segundo grau. A correlação entre as duas listas de valores, prelúdios e estudos confundidos é de (0.23). O gráfico abaixo mostra que a tendência fica muito mais nítida nos estudos.

---

31 Cf., nas figuras deste capítulo, os sintagmas dos estudos III (Fig. 3.24), V (Fig. 3.22), X (Fig. 3.25), e dos prelúdios I (7) (Fig. 3.23) e II (7) (Fig. 3.25).

A correlação entre intensidade e densidade acrônica é bem mais evidente (Fig. 3.29). Em termos musicais, isso significa que as oposições adjacentes de intensidade são usualmente reforçadas por uma oposição de densidade, sendo a regra os segmentos *forte* possuírem uma menor densidade do que a dos segmentos *piano*. A figura 3.29 mostra alguns exemplos dessa correlação[32].

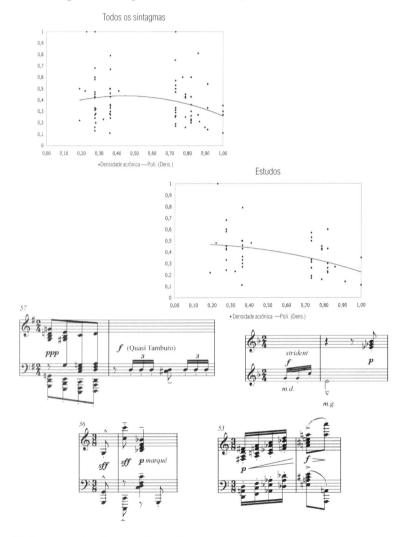

Fig. 3.29: Gráfico da correlação entre as intensidades relativas (abscissas) e as densidades acrônicas (ordenadas) para o total dos 42 sintagmas, prelúdios e estudos confundidos (acima), e somente estudos (abaixo), com linha de tendência. A correlação entre as duas listas de valores, prelúdios e estudos confundidos, é de (-0.21). Abaixo, alguns exemplos dessa correlação: prelúdios I (12) (*Minstrels*), c. 57-58; II (6) (*Général Lavine*), c.1; e estudo XII, c. 36-37 e 53-54.

---

32 Contraexemplos são mostrados nas figuras 3.24 e 3.25.

Quanto à relação entre as intensidades e as distribuições diacrônicas (Fig. 3.30), ela denota um vínculo positivo não menos potente: as unidades mais fortes correspondem, muitas vezes, também àquelas de maior irregularidade distributiva. Já encontramos exemplos dessa correlação em *Général Lavine* (Fig. 3.29) e *Feux d'artifice* (Fig. 3.14); outros casos são mostrados na figura 3.30[33].

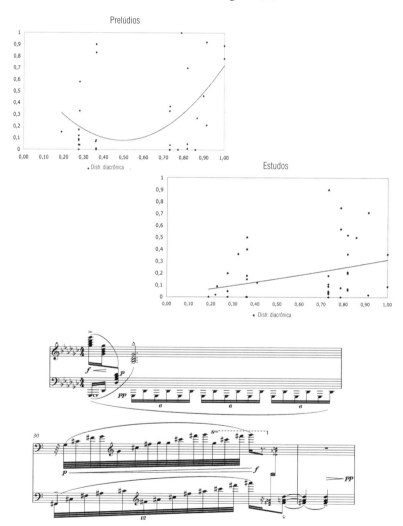

Fig. 3.30: Gráfico da correlação entre as intensidades relativas (abscissas) e as distribuições diacrônicas (ordenadas) para os prelúdios (acima) e os estudos (abaixo), com linha de tendência. A correlação entre as duas listas de valores, prelúdios e estudos confundidos, é de (0.37). Abaixo, alguns exemplos desta correlação: prelúdios I (3) (*Le Vent dans la plaine*), c. 28; II (1) (*Brouillards*), c. 30; II (6).

[33] Alguns contraexemplos estão nas figuras 3.8, 3.22, 3.24 e 3.25.

Ferramentas para o Futuro

Esse conjunto de relações estruturais concorre para a definição de uma elaboração compositiva dedicada à expressão de uma estética muito precisa: uma estética que busca construir formas a partir da manipulação coordenada de componentes que agem diretamente sobre a sonoridade. Acabei de mostrar que existe, de fato, no *corpus* analisado, uma coleção estável de técnicas composicionais que Debussy desenvolveu para concretizar essa ideia. Não vou, novamente, proceder a sua enumeração nesta conclusão; creio, porém, ser útil insistir, mais uma vez, na primeira dessas técnicas, reafirmada aqui mesmo, no início deste capítulo, por ser, provavelmente, a que exercerá mais impacto na história da música. Trata-se da decisão de deslocar o essencial da dinâmica formal do nível primário para o nível secundário. Doravante, na maioria das vezes, o primeiro se encontra circunscrito seja à produção de um reservatório de notas (para retomar uma definição de Boulez, que atribui ao sistema de organização serial mais ou menos o mesmo papel), de figurações, de gestos, seja a uma função de invariância, de estase, quiçá de unificação subjacente. A partir desse princípio, Debussy elaborou uma rede de dimensões secundárias, sobre a qual a articulação da forma vai se apoiar, e, mais importante ainda, ele instituiu, entre essas dimensões, relações de natureza variada, de modo a reinventar, nesse nível, uma dinâmica, a qual ele, ao mesmo tempo, eliminou nos elementos que preservou da linguagem tonal. Às vezes relativamente conservador quanto às formas em grande escala, ele nunca o foi quando tratou de decidir quais dessas dimensões iam participar da construção formal, e quais, ao contrário, iam atuar como um peso morto. Entre essas dimensões, o leitor poderá ter constatado, neste capítulo, que o trabalho integrado entre a organização das intensidades, dos âmbitos e das densidades, reveste-se de um caráter particularmente significativo para expressar a forma, e, portanto, para definir o estilo do compositor.

Essas escolhas e essas técnicas fazem parte, definitivamente, das idiossincrasias da linguagem de Debussy. Evidentemente, há ainda outras a serem descobertas. Uma exploração sistemática da sua escrita orquestral, com ferramentas apropriadas, constitui uma etapa incontornável para atender plenamente esse objetivo. No entanto, no momento presente, vou antes dedicar-me ao exame das modalidades de projeção dessa visão composicional, e, sobretudo, das técnicas empregadas para sua concretização, na obra para piano de compositores que eu situei no mesmo eixo estético. Pretendo, assim, mostrar como, nesse processo, o conceito de herança se distingue do de influência. Ainda que uma quantidade notável desses artistas mencione a música de Debussy como uma das suas principais referências históricas, é preciso buscar além, ou talvez *aquém*, eventuais signos exteriores de afinidade. Sem nunca ter redigido manual de composição (ele foi antes do tipo que os queima), Debussy, no entanto, estabeleceu um certo número de propostas técnicas, mostrou caminhos de acesso a um sistema baseado no som, que tem valor de *ferramentas*, o que significa poderem ser reutilizadas em múltiplas situações e com total independência do contexto estilístico que presidiu a sua elaboração na origem. Na prática, os compositores realizaram frequentemente, pelo menos nas obras que ocupam o resto deste livro, sejam aplicações autônomas dessas técnicas, sejam evocações mais ou menos pronunciadas e mais ou menos ocultas de alguns aspectos da estética sonora debussista que elas suscitam.

IV.
O Eixo Messiaen-Boulez e a Herança Debussista

(1) A Sonoridade como Elemento Estrutural em Messiaen

Messiaen constitui, na ordem do tempo, a primeira baliza fundamental no eixo estético cuja fonte localizo em Debussy. É claro que existem evidências indicando a influência de Debussy sobre Messiaen: as referências comuns à herança musical francesa, um universo de "harmonias-timbre", cujas afinidades foram apontadas por Robert S. Johnson no seu clássico *Messiaen*[1], a exploração de novos recursos modais, entre outras. As indicações mais proeminentes residem, porém, essencialmente, nas afirmações do próprio compositor, seja nos seus livros seja nas suas entrevistas. Parece-me que a declaração mais esclarecedora se encontra no tomo VI de seu tratado sobre o ritmo, no momento em que revela como se apropriou – no caso, na *Bouscarle*, da qual voltaremos a falar adiante – de algumas estruturas harmônicas deduzidas das *Images* de Debussy[2]. Escolhi, para principiar, trechos dos *Vingt regards sur l'Enfant-Jésus* – três

---

1 Cf. p. 14 e s.
2 *Traité de rythme, de couleur, et d'ornithologie*, t. VI, p. 17-18 e 108.

movimentos, para ser preciso – para tentar ir mais a fundo no estudo dessas relações. Em seguida, debruçar-me-ei sobre alguns aspectos da sonoridade no *Catalogue d'oiseaux*.

Polifonias Sonoras em Três dos *Vingt regards sur l'Enfant-Jésus*

Messiaen afirmou que o piano é, "justamente *por sua falta de personalidade*, um instrumento propício à pesquisa de timbres, pois o timbre não provém do instrumento, mas sim, do executante"[3]. Consequentemente, tomar ao pé da letra as referências extrainstrumentais que aparecem nessa partitura, a exemplo dos trombones (*Regard* xiv) ou do oboé (xvi), torna-se tão imprudente quanto esperar que o instrumento soasse "como um contrafagote" no início do *Scarbo* de Ravel. Parafraseando Debussy, bem sabemos que as harpas não imitam os pavões[4]. É evidente que essas indicações constituem metáforas poéticas destinadas a guiar o executante na sua interpretação analítica da peça[5]. Assim, a passagem intitulada "trombones" consiste em valores longos em oitava no grave, enquanto a menção "oboé" assinala uma breve seção monódica de inspiração oriental. Parece impossível ir mais além e atribuir ao piano qualidades sonoras exóticas que ninguém, sobretudo Messiaen, teve a intenção de assumir: "foi em Debussy que encontrei o piano-orquestra, criando falsas flautas, falsos clarinetes, falsas trompas, falsos trompetes com surdina *mais poéticos que os originais*"[6].

---

3 *Musique et couleur*, p. 59 (grifo meu).

4 Faço, bem entendido, alusão ao famoso paratexto de *Quelques aspects de "Nous n'irons plus au bois"* (*Images oubliées*, iii).

5 Vale assinalar, no entanto, que a metáfora do contrafagote em *Scarbo* foi concretizada com êxito por Marius Constant na sua orquestração de *Gaspard de la nuit* (Durand, 1990).

6 Citado por A. Goléa, *Rencontres avec Olivier Messiaen*, p. 106-107 (grifo meu). Sobre o mesmo assunto, ver também suas análises de peças para piano de Debussy no t. vi do *Traité de rythme…*, assim como sua afirmação de que ele toca piano como se fosse uma "falsa orquestra", em *Musique et couleur*, p. 122.

"I: *Regard du Père*" (Olhar do Pai)

Esse primeiro movimento é construído a partir da superposição de dois grandes processos homogêneos: o que chamarei de "ostinato" em oitavas agudas (pauta superior), e o "Tema de Deus", que consiste em sequências de acordes no registro grave (Fig. 4.1). Messiaen teve, aliás, o cuidado de sublinhar, por uma indicação textual, o que pertencia às duas entidades, respectivamente[7]. Ele mesmo descreveu o "Tema de Deus" em termos bastante coloridos: "complexo de sons" "aureolados de ressonâncias" e "destinado a variações perpétuas", ele preexiste no abstrato como série, porém se concretiza, na realidade sonora, por suas cores: "um cinza-azul de aço atravessado de vermelho e de alaranjado vivo, um roxo malva manchado de marrom couro e circulado de púrpura violácea"[8]. O tema, escrito no 2º modo de transposição limitada, sugere um ambiente de Fá# Maior, tonalidade que o compositor conotaria como mística[9].

Fig. 4.1: Início do *Regard du Père*. © 1947 by Éditions Durand & Cie (Paris), D. & F. 13-230, para esse trecho e todos os seguintes.

---

7 Com uma exceção: As notas Dó# em oitavas do c. 8 (e na sua repetição no c. 16), pauta do meio, constituem, na realidade, os primeiros tempos acentuados do ostinato da pauta superior; eles são dissociados para fins de clareza da execução a duas mãos.
8 Citado por Harry Halbreich, Analyse de l'oeuvre, em E. Lockspeiser, *Claude Debussy*, p. 219.
9 Cf. F. J. C. Ciscar, *Aproximación al Lenguaje de Olivier Messiaen*, p. 56.

A forma global é tão clara quanto simples: um primeiro período (c. 1-8) é retomado (c. 9-16) praticamente de maneira idêntica, só não o sendo no fim, onde, a partir da segunda metade do c.14, algumas alturas são modificadas no sentido de uma expansão do espaço em direção ao agudo, pelo que se configura o ponto culminante do período, e, portanto, do movimento. A localização do ápex formal, aproximadamente situado nos dois terços da duração total, é arquetípica de Debussy[10]. Finalmente, o segundo período é seguido de uma extensão conclusiva, que podemos, por conseguinte, chamar de "coda" (c. 17-19). É importante relevar duas características comuns a essas duas entidades, que dizem respeito aos níveis de amplitude: a baixíssima curva do envelope – $pp \rightarrow mf \rightarrow pp$ para o "Tema de Deus" –, e também o paralelismo dos níveis, estando o ostinato sempre situado um grau de amplitude abaixo do tema. Essa escrita, em que um pico, coincidindo com o apogeu, se destaca de um ambiente geral de muito baixa intensidade, era, conforme ainda vimos no capítulo anterior, um dos traços mais marcantes do estilo de Debussy.

Cada um desses dois temas superpostos se subdivide em segmentos bastante parecidos, durando inicialmente o valor de oito colcheias. Esses segmentos podem, por sua vez, ser fracionados em dois subconjuntos, contendo três e cinco colcheias, respectivamente. A figura 4.1 mostra o início dessa articulação: temos dois subsegmentos 1A e 2A, durando três colcheias cada um, seguidos dos subsegmentos 1B e 2B, de cinco colcheias. O conjunto {A+B} constitui, tipicamente, portanto, o que designei como *sintagma*, em que {A} é o determinante, enquanto {B} é, como veremos logo a seguir, o elemento que sofrerá a maior quantidade de transformações. Essas proporções alternadas se repetem ao longo da peça, com exceção de uma permutação. Os primeiros sintagmas estão, *grosso modo*, em fase com os compassos; mais adiante, sofrem extensões temporais. Dessa maneira, a peça pode ser segmentada numa sequência de duas vezes seis sintagmas (+ coda), os quais são encadeados como demonstra a tabela 4.1.

---

10 Sabemos que Roy Howat construiu toda a sua tese em *Debussy in Proportion, a Musical Analysis*, a partir dessa premissa.

comp.	1	2	3	4	5.1	52.-7.2	7.3-9.1
sint.	{1A+1B}	{2A+2B}	{3A+3B}	{4A+4B}	{5A}	{6A+6B}	{5B}

Tabela 4.1: Estrutura do primeiro período de *Regard du Père*.

Nota-se a ruptura provocada no sistema. No c. 5, Messiaen opera uma permutação: o termo {5B} é remetido ao fim do período, encapsulando, assim, o sintagma 6. No entanto, o equilíbrio por simetria é mantido.

O segundo período, a partir do c. 9, retoma o esquema do primeiro: constatamos que as únicas variações atingem as entidades que correspondem ao sexto sintagma daquele. Essas variações alteram não a forma, mas tão somente o detalhe da configuração da sonoridade conclusiva do "tema" e das duas derradeiras unidades do "ostinato". Consequentemente, será suficiente que nos debrucemos sobre o primeiro período, para obter uma descrição da estrutura completa do movimento. A "coda" (c. 17-19) não é outra coisa senão mais um sintagma, construído no mesmo molde. A evolução dos dois termos dos sintagmas é estritamente paralela e interdependente. As variações, que começam a aparecer somente a partir do determinado {B} do terceiro sintagma, são pouco numerosas – conta-se duas variações básicas para cada modelo – e afetam, quase exclusivamente, as alturas, o que vai pesar no perfil das linhas horizontais e na qualidade sonora das agregações verticais. As dimensões secundárias, porém, tal como as densidades, as intensidades e as partições, fazem-se notar pela sua permanência, sua imobilidade: elas constituem, dessa maneira, os invariantes dessa peça. Poderíamos descrevê-las assim:

a. densidade acrônica elevada, associada a uma distribuição quase perfeitamente linear para o "tema", o que contrasta com uma densidade mais escassa e uma distribuição muito menos regular para o "ostinato"; o compositor realiza, então, uma permutação dos caráteres sonoros;

b. densidade diacrônica: muito baixa para o primeiro, perto da saturação para o segundo;

c. partição: o teclado é rigorosamente dividido em dois: o tema ocupa os graves do instrumento[11], e o ostinato, o registro médio;

d. o ostinato se caracteriza, ainda, por uma "granulação" típica provocada pelas notas repetidas, além de um nível de intensidade sistematicamente aquém do nível do tema, como já assinalei.

O quadro abaixo dá as ponderações comparadas desses componentes para o termo {A} do primeiro sintagma, tomado como modelo (confira o trecho musical, Fig. 4.1).

	"Tema de Deus"	"Ostinato"
Densidade acrônica	(0.64)	(0.40)
Linearidade	(0.12)	(0.67)
Densidade diacrônica	(0.17)	(0.83)
Índice de repartição	(0.25)	(0.08)
Vetor de repartição	(9 0 0 0 0 0 0)	(0 0 0 9 1 0 0)

Tabela 4.2.: Ponderações de alguns componentes para o termo {A} do primeiro sintagma. Em negrito: as ponderações dos componentes mais ativos.

Essas decisões composicionais são responsáveis, de fato, pelo essencial da identidade sonora do movimento e, em particular, do "Tema de Deus", que percorre vários momentos do ciclo. As ponderações reproduzidas na tabela descrevem um tema, em que uma forte densidade de sons, distribuídos de forma muito cerrada na partição mais grave do piano, se opõe a uma baixa quantidade de fatos sonoros sucessivos. Diante disso, o "ostinato" responde por características exatamente contrárias, como fica muito claro na tabela. O material elementar – as alturas utilizadas para a feição dos acordes e dos perfis melódicos – encontra-se num nível hierárquico subsequente à ideia fundamental de estabilidade e de intemporalidade, representada pela invariabilidade de dimensões independentes desse material.

---

[11] Vimos que o tema escapa brevemente dessa região no momento do ápex (c. 14, dois últimos tempos).

"*II: Regard de l'Étoile*" (*Olhar da Estrela*)

Esse segundo *Olhar* é constituído pela dupla apresentação do "Tema da Estrela e da Cruz" (c. 6-17 e 23-34). Esse duplo enunciado é enquadrado por um grupo autônomo e invariável (o "Choque da Graça", c. 1-5, 18-22 e 35-39), que se decompõe em três classes de unidades sonoras nitidamente diferenciadas: U1 (c.1, 18, 35), U2 (2, 19,36), e U3 (3, 20, 37), sendo esta sempre seguida de duas variantes.

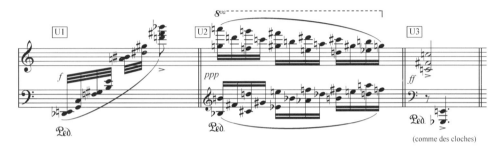

Fig. 4.2: As três classes de unidades sonoras do "Choque da Graça".

O "tema", por sua vez, é montado a partir de um sintagma introduzido nos compassos 6 a 9 (Fig. 4.3), sendo repetido duas vezes consecutivas de forma variada (c. 10-13 e 14-17). As variações, que são de baixa amplitude, se comparadas com aquelas apresentadas no "Choque da Graça", dizem respeito exclusivamente, dessa vez, à organização sequencial das alturas e das suas durações relativas. Com efeito, o tema é constituído de um único desenho monódico, o qual, desdobrado numa distância de quatro oitavas, traça "um espaço sonoro insólito"[12]. Os termos {A} e {B} do sintagma se comportam realmente como o antecedente e o consequente na prosódia tonal clássica. No entanto, em conformidade com meu modelo teórico, {B} é menos estável do que {A}; a organização das durações e a distribuição das articulações, mais complexas, configuram um aspecto mais caótico. A última repetição do sintagma é muito interessante, pois Messiaen permuta os dois termos, resultando na forma {B+A}

[12] M. Reverdy, *L'Oeuvre pour piano d'Olivier Messiaen*, p. 37.

(Fig. 4.4). Ademais, a diafonia original é substituída, em {A} – então em segunda posição – por uma homorritmia maciça a seis vozes. Esse aumento superlativo da densidade absoluta dos fatos sonoros, que nada preparou, preenche a função de pontuação, função formal que, aliás, será confirmada no final do movimento. Já que, por hora, não faz parte da minha proposta, deixo aos exegetas da mística do compositor a tarefa de estabelecer as possíveis relações entre essa organização musical e a dupla semântica "Estrela/Cruz"[13].

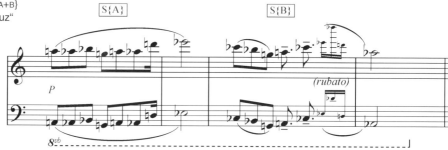

Fig. 4.3: Sintagma original S{A+B} do "Tema da Estrela e da Cruz" (c. 6-9).

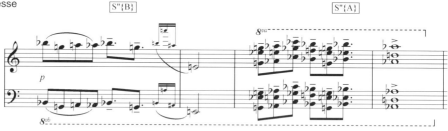

Fig. 4.4: Segunda variante desse sintagma, S"{B+A} (c. 14-17).

O segundo enunciado desse tema (c. 23-34, Fig. 4.5) consiste numa repetição variada do primeiro. Mas os elementos sobre os quais se aplicam essa variação *são exatamente aqueles que, no primeiro movimento, davam suporte à invariabilidade*. Ela nem atinge os cromas, nem as durações – dimensões do nível primário que continuam rigorosamente idênticas –, nem a prosódia, posto que as três versões do sintagma são

---

13 A análise que o compositor faz dessa peça não traz muita luz sobre o assunto, excetuando a informação de que esse tema é de inspiração gregoriana. *Traité de rythme...*, tomo II, p. 439.

retomadas da mesma forma. Antes, ela atua, exclusivamente, no campo da partição e da intensidade, componentes secundários. A técnica utilizada lança mão de dois operadores contraditórios. O primeiro, aplicado às partições, consiste em uma contração da diafonia melódica original (cf. Figs. 4.3 e 4.4) em uma linha única restrita ao registro médio (Fig. 4.5). Essa contração acarreta uma redução da complexidade dos espectros, e, portanto, um empobrecimento global da sonoridade – ao que dou o nome técnico de *simplificação*. O segundo, ao agir sobre a intensidade, opera em sentido inverso: o *p* inicial é substituído por um *f*, o que constitui um fator considerável de enriquecimento do conteúdo e do volume espectral, provocando um ganho de *complexidade*. Em verdade, a depuração gerada pelo primeiro operador variacional é, numa certa medida, atenuado, ou melhor dizendo, reequilibrado pelo aumento da intensidade. O mais importante nesse segundo enunciado é, todavia, o fato de que ele não se apresenta mais sozinho: é incrustado de *objetos decorativos* – pois uma terminologia barroca parece particularmente convir a esse retábulo que são os *Vingt Regards*. No nível primário, eles são analiticamente dedutíveis das unidades liminares U1 e U2. São indexados, respectivamente, U4 (c. 24 e 28) (cf. Fig. 4.5), U5 (c. 25 e 29), U6 (c. 26 e 30) e U7 (c. 33-34). Essas sonoridades são permutadas assimetricamente ao longo do tema, conforme a sequência a-b-c-a-b-c-b-a-d (cf. Fig. 4.6)[14].

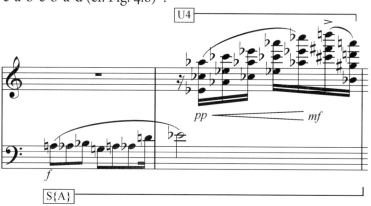

Fig. 4.5: Início do segundo enunciado do tema, c. 23-24: parte {A} do sintagma S, com incrustação de U4. Não mostrado, segue o argumento {B} do sintagma, com três outras incrustações. Essa construção, por sua vez, configura um novo sintagma {A+U4}.

[14] Sobre as técnicas de permutação de Messiaen, cf. A. Forte, Olivier Messiaen as Serialist, *Music Analysis*, 21/1, p. 3-34; S. Ferraz, *Música e Repetição*, p. 193 e s.

Para a compreensão da forma, é essencial perceber que essas incrustações não fazem parte do processo de variação do tema, mas que constituem uma camada sonora independente. Nesse caso, estamos em presença de uma diafonia de segundo plano (o das sonoridades), que se coloca em contraponto com a monodia temática do primeiro plano. Essa concepção parece encontrar sua justificativa no paratexto poético que o compositor menciona no subtítulo: "a estrela brilha inocentemente, *encimada* por uma cruz…" (o grifo é meu). Ademais, se ela antecipa a configuração do sétimo *Regard*, construído sobre o mesmo tema, não podemos esquecer que todo o primeiro movimento é baseado numa diafonia análoga.

A peça encerra com a repetição da variante a seis vozes de {A}, confirmando a função conclusiva que ela já anunciava no final do primeiro período (c. 16-17). Ela se encontra ligeiramente alongada, por meio de uma fermata, durante cuja ressonância três acordes ainda são acrescentados, em éco (*ppp*) e *poco rall*.

Assim, teremos identificado um total de sete unidades sonoras, U1, …, U7, as quais Messiaen vincula à expressão do "choque da graça", e um sintagma s, apresentado em quatro versões levemente diferentes, cujo conjunto configura o "Tema da Estrela e da Cruz". Essas duas categorias de sonoridades se superpõem durante a segunda parte da grande forma. A figura 4.6 mapeia sua distribuição na linha do tempo.

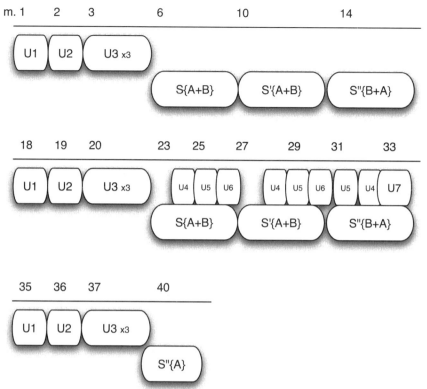

Fig. 4.6: Distribuição, na linha do tempo (eixo horizontal, com indicação dos compassos), das unidades sonoras do *Regard de l'étoile*.

    Essas sonoridades apresentam diversos graus de similaridade ou de contraste. No presente caso, eles se encontram no âmbito relativo, nas intensidades, nas densidades, sejam acrônicas ou diacrônicas, assim como nos perfis direcionais, sobre os quais incidem o maior número de variações, e que, por conseguinte, tornam-se os principais fatores de identificação e personalização de cada unidade sonora. Nisso, deve-se acrescentar, em grande escala, a oposição binária gerada pelo uso sistemático do pedal durante as seções do "choque da graça", enquanto o mesmo fica ausente das seções do "tema"[15].

---

[15] A edição Durand indica um único pedal para o c. 24, que o "tema", na sua exposição inicial, não contém. Opto pela hipótese de erro de impressão. Em compensação, parece evidente que a indicação de *Ped.*, no último acorde em semibreves com fermata, é intencional.

Algumas das ponderações mais significativas são representadas na figura 4.7.

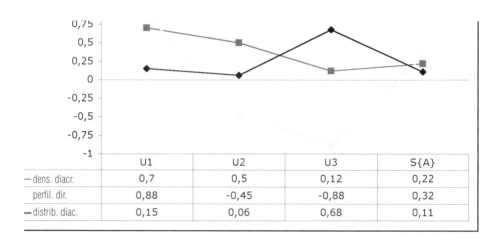

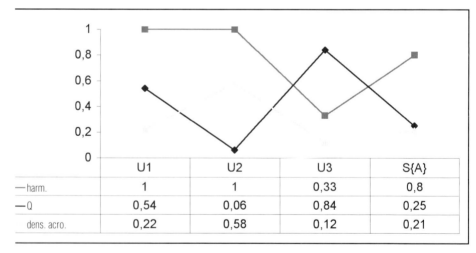

Fig. 4.7: *Regard de l'étoile*; principais agentes do contraste entre U1, U2, U3 e S{A}; vetor de repartição: U1 U1 [0 3 1 5 2 2 0] ; U2 [0 0 0 11 3 10 4] ; U3 [1 1 0 3 0 0 0] ; S{A} [4 2 0 0 5 1 0].

O grupo do "choque da graça" possui a particularidade de oferecer umas oposições sonoras adjacentes muito extremadas. O fator Q, em particular, cobre um âmbito excepcional, de (0.06) a (0.84). Não levantei exemplos semelhantes em Debussy. Esse fato poderia indicar que Messiaen presta uma atenção maior às características acústicas propriamente ditas do instrumento, e à sua inclusão na escrita. Por um lado, se não é de se surpreender que o conteúdo acrônico das sonoridades de Messiaen adote, em geral, um esquema de distribuição muito inarmônico (componente *harm.*, Fig. 4.7), haja vista que constitui um aspecto sistêmico da sua linguagem, é preciso sublinhar, por exceção, a relativa harmonicidade de U3. Esta se deve à relação que existe entre as notas Fá#, Mi, e Si♭ (enarmônico de Lá#)[16]. Por outro lado, a irregularidade da sua distribuição diacrônica destaca, também, U3 do contexto. Não é muito necessário insistir nas diferenças acentuadas dos perfis direcionais e das densidades diacrônicas visíveis até a olho nu (Fig. 4.2). Essa escrita pianística em blocos sonoros de fortes contrastes, dos quais Boulez e Stockhausen souberam lembrar, encontra sua origem, mais uma vez, em Debussy. Ela caracteriza vários fragmentos dos prelúdios, como, por exemplo, os primeiros compassos de *Les Collines d'anacapri*, de *La Terrasse des audiences au clair de lune*, ou ainda dos estudos *Pour les quartes*, e – conforme esperado – *Pour les sonorités opposées*.

Em contrapartida, o "Tema da Estrela e da Cruz", embora muito bem individualizado em relação ao outro grupo, contém poucos contrastes devido à utilização do mesmo sintagma com poucas variações, todas situadas no nível primário. No entanto, já assinalei a notável exceção da densidade acrônica da última unidade (compare-se, por exemplo, c. 14-15 e 16-17). É claro que uma das funções da complexidade acústica da sequência que constitui o "choque da graça" é acentuar, por contraste, a palidez "estrelar" desse tema. As quatro sonoridades "incrustadas" que o adornam, quando da sua segunda aparição (c. 23-24, U4 a U7), trazem uma certa coloração, através de um aumento da complexidade, *ressonâncias acrescentadas* em sequência. Não há dúvida de que, mesmo quando não se fundem, essas ocorrências paralelas acabam formando, juntas, entidades que adquirem suas próprias características, podendo atender à definição de "variações

---

16 A fundamental virtual detectada pelo algoritmo de cálculo desse componente pelo programa *Soal* é Fá# 0. Isso atribui, para U3, a morfologia de um "acorde" de Fá# Maior com sétima menor e décima-sétima diminuta.

por proliferação" da sonoridade original do tema. Na verdade, poderíamos considerar que a dupla constituída do motivo temático mais a incrustação, tal como aquela representada na figura 4.5, configura um sintagma, cujos dois membros interagiriam na simultaneidade. No entanto, essa interpretação alternativa perde a sua legitimidade, penso, ao lembrarmos que o compositor apresentou o mesmo tema anteriormente, totalmente desnudo (c. 6-17), o que apontaria, antes, para uma intenção formal de fissão, provavelmente presente também no domínio do sensível. Esse segundo movimento, quanto à sua natureza dinâmica, revela-se, portanto, como uma resposta dialética ao primeiro, o qual, vimos, é baseado em decisões opostas.

"*XVII: Regard du Silence*" (*Olhar do Silêncio*)

Num dos seus recitais-palestras, o pianista Pierre-Laurent Aimard disse que essa peça, de um certo modo, "não se desenvolve", deixando às sonoridades, cuja função é evocar "uma ausência de sonoridade", o tempo de serem elas mesmas[17]. Nicolas Armfelt escreveu que certas "sonoridades especiais, algumas delas bastante violentas, são utilizadas no intuito de sugerir os sons potenciais que o silêncio encerra"[18]. Isso é particularmente notável na primeira seção do movimento (c. 1-19) – do qual a figura 4.8 reproduz os dois primeiros compassos –, e, mais ainda, na sua reprise final (c. 88 adiante, cf. Fig. 4.10). Com que meios o compositor gera, então, esse *silêncio*? Com certeza, não será a partir do material primário, um catálogo restrito de acordes construídos sobre dois dos modos de transposição limitada (no caso, os modos 3^4 e 4^4): pois essa técnica é uma constante de toda a sua obra desde 1929. Ela dá origem a uma coleção de estruturas verticais construídas sobre intervalos relativamente pequenos, cuja superposição, contrariando um modelo harmônico de distribuição, torna-as muito "dissonantes". Isso explica por que a maioria das sonoridades de Messiaen possui uma ponderação elevada para o componente

---

17 *Le Piano au XXe siècle*, ciclo de seis concertos comentados.

18 Nicolas Armfelt, Emotion in the Music of Messiaen, *Musical Times*, nov. 1965. Disponível em: <http://www.oliviermessiaen.org/messwrit.html>.

harmonicidade, como acabamos de ver, aliás, no II. *Regard*. Deve-se, antes, buscar a identidade sonora dessa seção nas particularidades técnicas seguintes:

a. uma utilização reduzida da tessitura instrumental por meio de uma partição que eliminou as regiões mais timbradas, isto é, as partições extremas;
b. perfis direcionais planos ou levemente ascendentes (com uma única exceção, a penúltima unidade, situada no c. 18);
c. uma intensidade uniforme e extremamente baixa (*ppp impalpable*), sugerindo ao intérprete um toque *senza attacca*;
d. uma pedalização em relação direta com as leis de sequenciamento dos acordes, criando efeitos de ressonância, quando o acorde da mão direita continua soando durante o acorde seguinte na mão esquerda.

Fig. 4.8: *Regard du silence*, c. 1-2.

Por sinal, é essa pedalização que constitui o critério de segmentação dessa seção. Ela coincide com as durações dos acordes da mão esquerda, que se contrapõem às da mão direita segundo a bem conhecida técnica do "cânone rítmico por acréscimo do ponto", destacando-se, assim, como exemplo notável de interdependência sistemática entre duas dimensões usualmente postas em correlações menos lineares. O interessante dessa simples técnica é que ela provoca uma extraordinária complexificação da linearidade rítmica da música, essa famosa "periodicidade com variações", em que o mesmo "nunca é *idêntico*, antes *semelhante*"[19]. Associada ao uso do Pedal, essa forma canônica, ao atenuar qualquer sensação de pulsação, provoca a característica impressão de estatismo apontada por Aimard. Ainda é necessário observar a rigorosa simetria da organização das durações de cada unidade desse cânone, em duas partes exatamente iguais, em que o primeiro ciclo termina com a décima-sétima unidade, c. 10 (Fig. 4.9).

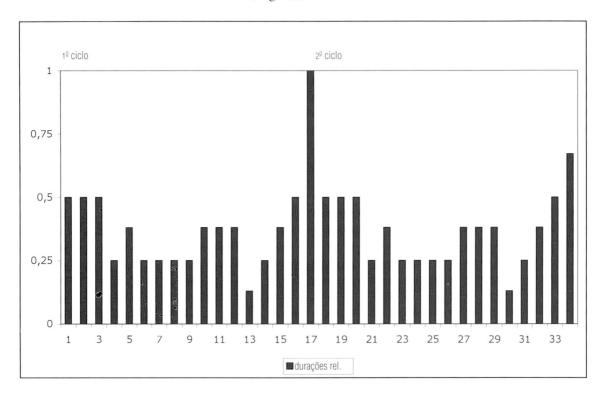

Fig. 4.9: Duração relativa das unidades sonoras (enumeradas no eixo horizontal) da primeira seção do *Regard du silence* (c. 1-19).

Considerando que, como de costume, o valor (1.00) pondera a duração da mais longa unidade, a qual começa no compasso 9.2 e conta com seis colcheias, o mesmo se torna, por definição, o padrão da medida das durações das demais unidades[20]. Identificamos, a partir

19 *Traité de rythmes...*, t. I, p. 29.
20 De acordo com a prescrição do compositor, colcheia = 66, essa unidade maior dura, então, 11 segundos.

daí, uma primeira sequência ascendente de cinco unidades, da menor, c. 7 (três fusas), até a maior. Essa sequência se reproduz sem nenhum tipo de variação, com exceção da última sonoridade, um pouco menor do que a original (duas semínimas). Apesar da variedade das configurações locais e da falta de um pulso regular, resultado da utilização de três ritmos hindus pertencentes à categoria *tâla*[21], essa repetição exata deve ser considerada antes como um fator que reforça a impressão de ausência de desenvolvimento temporal. Sob esse ponto de vista, a retomada da sequência, como conclusão do movimento (Fig. 4.10), é mais radical ainda: qualquer contorno rítmico é abolido em proveito de uma pulsação única. A sua rapidez, conjugada ao efeito de imersão provocado pelo pedal mantido aberto sem interrupção, facilita a diluição dos acordes numa única imensa vibração imóvel.

Fig. 4.10: *Regard du silence*, c. 88-89.

Resumindo, poderíamos arguir que os aspectos composicionais levantados nesses exemplos corroboram o que Michelè Reverdy afirma no seu livro sobre a obra para piano do compositor. Para essa autora, os *Vingt regards sur l'Enfant-Jésus* são caracterizados por um "dualismo entre as fortes oposições de matérias sonoras e a perenidade de um pensamento temático"[22]. Na realidade, esse pensamento temático, tradicionalmente dependente da estruturação do material primário, nem sempre cumpre um papel de agente estabilizador, no qual viriam se articular sequências sonoras contrastadas. Ao contrário, vimos que Messiaen redistribui, a cada vez, as qualidades estáticas e dinâmicas da sua música entre os dois níveis, e

---

21 *Traité de rythme...*, t. II, p. 484-485.
22 Op. cit., p. 59.

que a função de "tema", no que costuma representar um elemento de estabilidade, pode, então, tornar-se um atributo do nível secundário.

Alguns Elementos para uma Análise das Sonoridades no *Catalogue d'oiseaux*

Ficamos com Reverdy: "O *Catalogue* se distingue dos desenvolvimentos sistemáticos [anteriores], para deixar aflorar uma nova técnica de composição mais atualizada, agindo mais sobre as massas sonoras do que sobre eventos específicos"[23]. Para abordar o *Catalogue d'oiseaux* sob esse prisma, seria conveniente, em primeiro lugar, efetuar o inventário das classes de sonoridades escolhidas por Messiaen. Para ser validado no âmbito de uma análise imanente, esse deveria ser realizado em total independência das referências ornitológicas ou ambientais, às quais o compositor atrela, explicitamente, cada uma delas. Esse *parti-pris* não exclui a pertinência de tal tentativa, como bem o comprovam as análises estruturais de Robert Johnson[24]. Ele almeja, contudo, penetrar a escrita pianística em si, *in abstracto*. Ademais, deveria trazer à tona as mais sistemáticas modalidades de articulação dessas sonoridades entre si. Com propósito, Johnson observa que "o material poderia ser ordenado de acordo com seu andamento (rápido-lento), sua dinâmica (mais forte-mais suave), sua textura (mais denso-menos denso), ou seu grau de dissonância. Os vários arranjos assim produzidos formarão uma rede de características continuamente variadas"[25]. Vou me dedicar à identificação de algumas dessas redes. Johnson acrescenta, por outro lado, que, se abordássemos o conceito de *modo* em Messiaen, de uma maneira mais ampla que a simples organização escalar, passando a incorporar alguns componentes de nível secundário – ele menciona perfis

23 Idem, p. 88. Por "desenvolvimentos sistemáticos" anteriores, a autora alude, evidentemente, ao *Livre d'orgue* (1951), bem como aos famosos *Quatre études de rythme* que o antecedem imediatamente (1949-50). Pierre Boulez, por sua vez, insiste menos sobre os aspectos prospectivos dessa nova fase do que sobre um retorno a "métodos mais tradicionais". Cf. Le Temps de l'Utopie, *Regard sur autrui*, p. 446.
24 Op. cit., cap. 12.
25 Idem. p. 139.

rítmicos, textura, timbre, registro, intensidade e andamento – "obteríamos os meios de lidar com todo o variado material envolvido no *Catalogue d'oiseaux* e, [ainda], um método para esclarecer sua estrutura"[26].

O ambicioso programa ornitológico dá ao *Catalogue*, bem como a muitas outras obras de Messiaen onde a Natureza se faz presente, uma dimensão "realista", no sentido que Célestin Deliège atribui a esse termo. Para esse autor, trata-se de uma arte que, "ignorando a abstração do conceito e dos valores da retórica cultivada por si só, devota-se concretamente à *expressão do ser das coisas*". Isso se traduz "por uma proximidade da estrutura com o objeto que ela é encarregada de mostrar ou expressar, podendo esse objeto ser tanto uma sensação quanto uma matéria tangível"[27]. Quando reparamos que Deliège, na verdade, está propondo essa definição para Debussy, cuja música, segundo a sua hipótese, seria antes realista que simbolista ou impressionista, abrimos novas perspectivas quanto às relações estéticas que seria possível traçar entre esses dois compositores. No *Catalogue*, a relação compulsória entre a "matéria tangível" e a estrutura[28] induz uma configuração de base em dois planos: o plano de frente, onde "representam" os atores alados, e um de "fundo", frequentemente constituído de uma sequência de "acordes-cor" simulando seu ambiente natural. De fato, é assim mesmo que Messiaen resolve, globalmente, o problema da forma. O *Loriot* (*Catalogue*, II), por exemplo, é inteiramente construído sobre esse princípio. Na *Rousserolle effarvatte* (VII), uma longa introdução evoca a *música dos lagos* antes que a personagem principal inicie seu *grand solo* (c. 19-100). Após essa primeira parte, a escrita adota um modelo que encontraremos de maneira muito constante: a oposição adjacente de blocos sonoros. Sabemos, e verificamos ainda no capítulo anterior, que esse procedimento, aliás, constitui um traço reconhecido e característico

---

26 Idem. p. 138.

27 La Conjonction Debussy-Baudelaire, em M. Joss (dir.), *Claude Debussy: Jeux de formes*, p. 125 e s., (grifo meu).

28 Do ponto de vista musical, essa relação, quando seguida de maneira rigorosa, é, de fato, bastante restritiva, a ponto de certo crítico tê-la qualificado de "extenuante". B. Duteurtre, *Requiem pour une avant-garde*, p. 31.

Fig. 4.11: *La Rousserolle effarvatte* (*Catalogue*, VII), c. 104-107 (Leduc, p. 9).

da estética debussista e não apenas do paradigmático estudo *Pour les sonorités opposées*. Nesse ciclo, esse procedimento é vinculado à descrição de pequenas cenas campestres, explicitamente descritas por paratextos. Messiaen se vale de múltiplas estratégias de oposição, em todas as dimensões secundárias, tal como no exemplo a seguir, o qual, por outro lado, abunda em sugestões textuais destinadas ao pianista: "*como um choque de pratos*", "*como um tam tam*", "*como trombones*"...

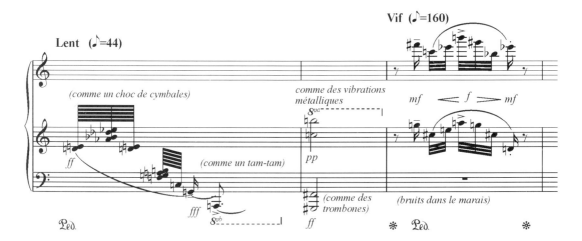

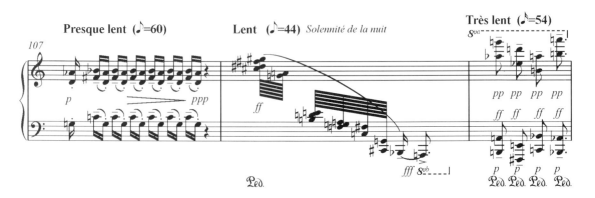

A figura 4.12 representa, graficamente, as dimensões nas quais os contrastes adjacentes se tornam mais notáveis. Nota-se:

a. os perfis direcionais, que alternam entre descendentes e planos (não se encontra nenhum gesto ascendente);
b. os contrastes de durações[29];
c. a alternância entre uma distribuição regular e irregular dos fatos sonoros ao longo do tempo; fortes contrastes sucessivos nos âmbitos, nas intensidades e sua dispersão relativa.

Fig. 4.12: VII, c. 104-109: gráficos representando alguns dos componentes e sua evolução contrastada nesta sequência.

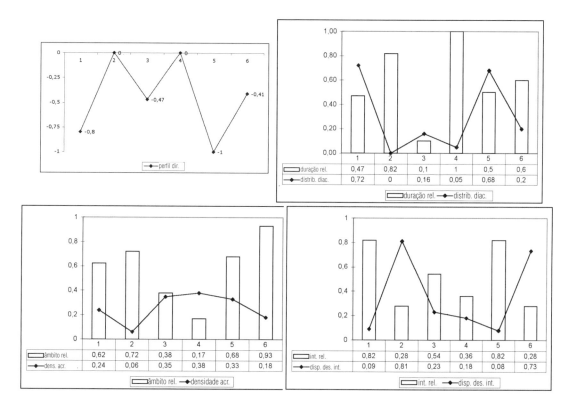

A singularidade dessa escrita, sobretudo em relação ao paradigma debussista, reside, contudo, no fato de que o nível primário participa, também, dessa dinâmica de oposições. As configurações

---

29 O padrão escolhido para o cálculo da duração relativa é o c. 107, maior unidade dessa sequência. As mudanças de andamento foram levadas em conta.

de cromas, de intervalos e de partição são renovadas a cada compasso. O quadro abaixo propõe uma representação. Vê-se que estruturas onde dominam tons inteiros (c. 104, 105, 107) se opõem a construções decafônicas (c. 106, 108, 109). Sobre esse assunto, vale a pena reparar a lógica permutatória dos cromas omissos nesses dois grupos de três compassos. Observe-se também que a constância das classes de intervalos i10 e i11 está acompanhada de uma escolha sempre diferente entre as classes restantes, de compasso a compasso. Por outro lado, ao olhar a partição das alturas, constata-se que não existem dois vetores idênticos; todas as distribuições possíveis no espaço pianístico são aplicadas, cada uma na sua vez, sempre conforme a regra da oposição adjacente.

Tabela 4.3: *Catalogue* VII, c. 104-109: elementos estruturais de nível primário e vetor de repartição. Forma primária: os pontos assinalam as classes omissas.

c	Cromas	Forma primária	Classes de intervalo	Vetor de repartição
104	(0 2 4 5 6 7 8 10)	(0 1 2 3 4 . 6 . 8 . 10)	(1 2 3 4 7 11)	(1 1 5 9 0 0 0)
105	(0 1 8 10)	(0 . 2 . 4 5)	(5 10 11)	(1 1 0 0 1 1 0)
106	(0 1 2 3 4 6 7 8 9 11)	(0 1 2 3 4 5 . 7 8 9 10)	(1 2 4 6 7 8 11)	(0 0 0 1 2 5 4)
107	(0 2 4 6 10)	(0 . 2 . 4 . 6 . 8)	(4 6 10)	(0 0 0 6 0 0 0)
108	(0 1 2 4 5 6 7 8 10 11)	(0 1 2 3 4 . 6 7 8 9 10)	(2 3 4 6 7 9 10 11)	(2 3 1 14 2 0 0)
109	(0 1 2 3 4 5 6 8 9 10)	(0 1 2 3 4 5 6 . 8 9 10)	(0 2 10 11)	(2 3 2 0 1 4 3)

Essa preocupação com a não repetição das estruturas primárias, associada a uma construção de oposições adjacentes *também* nesse plano, parece, claramente, ser um rastro das experiências anteriores do compositor. Aqui, Messiaen põe em prática uma leitura pessoal de alguns princípios fundamentais do sistema serial, realocados num contexto que os absorve e submete, aliás, pacificamente, à sua poética privada.

Le Traquet stapazin (*Catalogue*, IV) também explora, deliberadamente, a franca oposição adjacente e continuamente renovada. As complexas sequências assim geradas são retomadas mediante permutações e inserções de objetos novos. O quadro abaixo mostra essa articulação nos 75 primeiros compassos. Não são nada menos que onze as unidades sonoras nesse início; elas, porém, são distribuídas de maneira muito desigual: algumas são repetidas de sete a onze vezes, enquanto outras se limitam a uma só aparição. No quadro, são ordenadas segundo um princípio inspirado na análise paradigmática: leia-se a sequência no sentido esquerda-direita e de cima para baixo. Esse arranjo tem a vantagem de mostrar onde as sequências formais se repetem, quantas vezes, quantas variações cada unidade possui, e onde estão duplicadas, ou, ainda, deslocadas, para ceder espaço a inserções. Na verdade, as unidades 1, 3 e 10 constituem sintagmas: isso significa que, de fato, cada uma contém duas unidades complementares.

Tabela 4.4: Articulação das unidades sonoras adjacentes entre os compassos 1 e 75 do *Le Traquet stapazin*. As unidades são numeradas sequencialmente, a partir do número 1, por ordem de entrada. Os decimais indicam variantes. Coluna esquerda: pontos de referência (compasso da primeira unidade da linha correspondente).

c.											
1	1.0	2.0	3.0	4.0	5.0		6.0	7.0	8.0		
14					5.1						
16				4.0	5.2						
19	1.0	2.1	3.0	4.0	5.3						
28				4.0	5.4	9.0	6.1	7.1		10.0	
43										10.1	
45										10.2	11.0
51					5.5						
52	1.0	2.2	3.1								
59			3.2								
61			3.3	4.0	5.6						
66				4.0	5.7						
69				4.0	5.8						
72					5.9						
74					5.10						

O que assegura a coerência formal e sonora da peça é essa oposição constantemente renovada, ainda que alimente as teses daqueles que, tal qual Boulez, sustentam que Messiaen "não compõe, mas sim justapõe"[30]. No entanto, cada sonoridade possui, em si, fortes traços

30 Proposições, *Apontamentos de Aprendiz*, p. 67.

que a personalizam e que se encontram sem falha a cada reiteração, o que constitui um segundo aspecto da referida coerência. Digna de nota é a estabilidade da unidade 4: apesar de repetida numerosas vezes, ela nunca é variada. Em compensação, a unidade 5, da qual se conta nada menos que dez variantes nesse trecho, denota extrema volatilidade[31]. Messiaen convoca todos os componentes secundários para gerar esse rico feixe de sons, porém, um dos fatores mais discriminantes da sonoridade dessa peça e da sua originalidade, em relação ao ciclo como um todo, reside na concentração das alturas na região central do piano exclusivamente. Essa se torna, assim, um centro de gravidade sonora, e, consequentemente, um agente de estabilidade[32]. Dito de outra forma, a partição preenche, aqui uma função comparável à tônica no sistema tonal. Com isso, Messien cria um princípio estrutural, do qual Boulez lembrará alguns anos depois, quando formalizará os conceitos de "campos de fixidez e mobilidade", que dizem respeito à decisão de distribuir os cromas na tessitura instrumental de maneira fixa ou móvel[33].

Classes de Sonoridades

É imensa a diversidade das unidades sonoras compostas encontradas no *Catalogue*, compensando, de alguma forma, a predominância do princípio estrutural aditivo por justaposição de oposições, que é muito simples. É possível inventariar algumas classes de sonoridade recorrentes, com a ressalva de que não constituem, necessariamente, a cada vez, indícios da mesma referência ao mundo real. Com isso, pode-se pressupor que Messiaen vê ou força

---

31 Na realidade, quando justapostas, as unidades 4 e 5 tipificam um sintagma, de modo que 5 poderia igualmente ter sido rotulado 4{B}.

32 Johnson interpreta esse fato como sendo um fenômeno de transferência do baixo para o registro médio, onde seu papel se encontra transformado, tornando-se um ponto central de convergência de atividades, acima, abaixo e ao redor (op. cit., p. 139). Em nota, o autor acrescenta que esse fenômeno antes constitui um atributo das músicas da segunda metade do século xx. "Até mesmo Schoenberg e Berg, nos seus períodos seriais, tendem a assumir estruturas harmônicas fundadas num baixo" (Idem, p. 142).

33 *A Música Hoje*, p. 111 e s. Ver também Proposições, op. cit.

relações supostamente icônicas entre certos sons e alguns aspectos do mundo real que, *a priori*, não as sugerem[34]. Voltarei logo a esse assunto. Uma dessas classes surge no primeiro compasso do *Loriot*. Carcateriza-se, na origem, por uma homorritmia a cinco vozes situada no grave, baseada numa métrica jâmbica muito lenta, e de baixa intensidade. A direção pode ser tanto ascendente, tal como nesse primeiro compasso, quanto, com muito mais frequência, descendente (cf. Fig. 4.13)[35]. Reencontramo-la em múltiplas formas variadas ao longo do *Catalogue*, algumas das quais são reproduzidas na figura 4.13. Vê-se que uma mesma classe de sonoridades pode remeter a imagens tão heterogêneas quanto *o calor do deserto da Crau* (VIII), *a noite* (X), *as falésias* (III), *vinhedos em terraços* (IV), *a gaivota acinzentada* (XIII), *o melro azul* (XII) etc. Messiaen nunca escondeu a sua admiração e seu profundo conhecimento da arte hindu, a dança em particular, onde o menor movimento, seja, por exemplo, da mão direita ou dos olhos, é cuidadosamente codificado para expressar um leque amplo e diversificado de situações narrativas ou emocionais, segundo o contexto. É esse princípio que reencontramos aqui, já que cada classe se constitui num "gesto" com múltiplas codificações semânticas[36].

---

34 Quero dizer, com isto, que Messiaen declara relações icônicas (no sentido de Pierce), as quais, na verdade, não são mantidas de forma "coerente" no plano semântico, ao longo do ciclo.

35 Seguem algumas ponderações da variante do c. 10 do *Loriot*: Q (0.24), âmbito relativo (0.44), vetor de repartição [0 2 2 3 1 0 0], densidade acrônica (0.21), índice de densidade acrônica no tempo (0.12), distribuição acrônica (0.59), perfil direcional (-0.53).

36 *Traité de rythme...*, v. I, p. 61. A diferença entre a dança hindu e a música de Messiaen, que é considerável, reside no fato de que, na sociedade hindu, o código gestual dos dançarinos é universalmente conhecido e entendido (ainda segundo Messiaen, idem).

Fig. 4.13: Uma das classes de sonoridade recorrente no *Catalogue* com algumas declinações, colhidas na totalidade do ciclo.

No âmbito de uma única peça, as modalidades de variação das unidades de uma classe frequentemente lançam mão das bem conhecidas técnicas idiomáticas do compositor – permutações, transposições tonais ou modais, valores acrescentados ou subtraídos...

Nesses casos, as mudanças nos componentes secundários são, em grande parte, fruto das operações realizadas no material primário. Exemplifica-se mostrando as nove principais variantes dessa mesma classe, apenas no *Loriot* (Fig. 4.14).

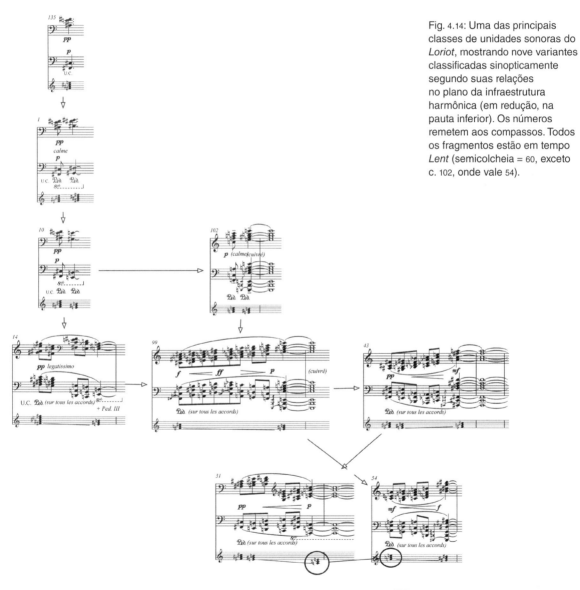

Fig. 4.14: Uma das principais classes de unidades sonoras do *Loriot*, mostrando nove variantes classificadas sinopticamente segundo suas relações no plano da infraestrutura harmônica (em redução, na pauta inferior). Os números remetem aos compassos. Todos os fragmentos estão em tempo *Lent* (semicolcheia = 60, exceto c. 102, onde vale 54).

Essas variáveis são produzidas a partir de uma *sonoridade geradora* (mostrada na parte superior da figura), que se encontra revelada somente no derradeiro momento da obra (c. 135). O que parece, à primeira vista, um simples acorde de sétima de dominante sobre Fá#, descortina-se, na verdade, como uma estrutura mais refinada, composta de uma quinta justa acrescida de ressonâncias harmônicas, tudo isso concentrado no grave (-2 -1 0). Tal como nos *Regards*, toda a diferença reside na existência de dois planos de intensidade, transformando, assim, um acorde de cinco sons classificado numa sonoridade mais complexa, típica de Messiaen, onde se superpõem duas camadas sonoras: mais do que uma roupagem, a intensidade relativa intervém como um componente ativo da configuração. Aplica-se, então, a essa matriz, procedimentos de transformação, cujo resultado mais aparente é a desmultiplicação de um único som em sequências homorrítmicas. Dois desses procedimentos vão no sentido da simplificação: a supressão da sétima, a qual reduz as relações harmônicas às de uma tríade maior, e a fusão da intensidade num plano único. Messiaen conjuga esses dois fatores, de modo a transformar as unidades em sequências de acordes perfeitos, que, inevitavelmente, lembrem tanto Debussy, ao ponto de parecerem citações[37]. Os demais procedimentos agem em prol da complexificação: as transposições recursivas em movimento paralelo descendente, num primeiro momento, conduzem, sistematicamente, a Mi Maior, por caminhos progressivamente menos diretos (c. 10, 14, 99, 102). Uma segunda espécie de encadeamento subjacente aparece em seguida, nas unidades mais complexas (c. 43, 31), produzindo, seja um movimento harmônico em sentido contrário (c. 43), seja uma acentuação do perfil descendente (c. 31). O movimento mais diversificado se realiza em duas etapas dissociadas no tempo: uma progressão de Fá# Maior para Lá Menor (c. 31-32) se prolongando para Sol# Menor (c. 54). Nas variantes mais complexas, um movimento contrário entre as duas mãos substitui o paralelismo.

---

37 Veremos, no capítulo VIII, como Crumb, ao seu modo, remete, também, a esse traço estilístico tipicamente debussista.

Como se vê, essa elaboração atinge, principalmente, o nível primário: os componentes secundários se movem num leque limitado de variações, de modo que funcionam antes como agentes de estabilidade do que de dinamismo (Fig. 4.15a)[38]. No contexto do *Catalogue*, considerado como um todo, a qualidade harmônica constante desses acordes constitui um dado estatístico digno de nota[39]. No entanto, duas dimensões manifestam uma atividade mais elevada nessa coleção de objetos: são as intensidades relativas e o índice das densidades acrônicas no tempo. As primeiras acusam forte elevação para as unidades dos compassos 43 e 54, enquanto as segundas evoluem em sequências homorrítmicas de acordes constituídos de 4 a 13 sons. Esses dois componentes são representados na figura 4.15b[40].

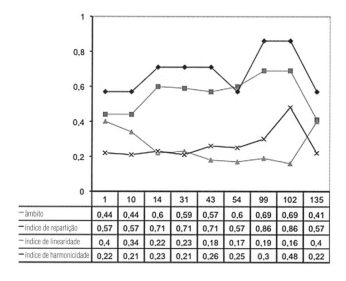

Fig. 4.15a: Alguns componentes de ordem morfológica das sonoridades da figura 4.14, mostrando seu baixo índice de variação. As unidades analisadas são rotuladas pelo compasso onde aparecem pela primeira vez (repetições exatas foram omitidas).

---

[38] Remarcaremos, contudo, que dentro desses limites, a unidade sonora do compasso 102 se destaca por acumular as ponderações mais elevadas nos componentes *âmbito*, *partição* e *harmonicidade*.
[39] Média dos índices de harmonicidade: (0.26). Por natureza, a linguagem de Messiaen não favorece quantidade tão grande de harmonicismo. Cf., por exemplo, as avaliações desse componente para o *Regard de l'étoile* (Fig. 4.7).
[40] Nem menos notável, por outro lado, é a correlação entre esses dois grupos de valores, já bem visível no gráfico: (0.65). Isso significa que as unidades mais densas tendem, também, a serem as de intensidade mais forte.

Fig. 4.15b: Evolução das intensidades e do índice das densidades acrônicas no tempo, nas sonoridades da figura 4.14. As unidades analisadas são rotuladas pelo compasso onde aparecem pela primeira vez (repetições exatas foram omitidas).

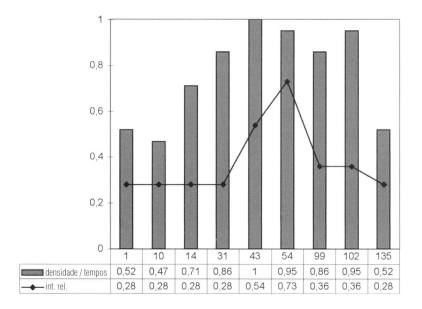

Sintagmas

O sintagma é frequente no *Catalogue*. Já levantamos vários casos nos primeiros compassos do *Le Traquet stapazin*. O *Loriot* é inteiramente baseado numa estrutura em dois termos contrastados, cujo segundo sofre sempre mais variações importantes que o primeiro; sobre a estabilidade deste, acabei de chamar atenção. *L'Alouette Lulu* e *Le Courlis cendré* (vi e xiii) oferecem dois belos exemplos de sintagmas, cujos termos são superpostos, e cujas variantes, em conformidade com o modelo teórico, afetam sobretudo {B}. No caso, no segundo sintagma (Fig. 4.16), destacam-se as transformações dos perfis direcionais de {B}, que alternam entre um formato de onda senoidal e uma curva ascendente. {A} fornece um contraste surpreendente, por ser uma tríade menor estática no grave, cuja única variação é a transposição exata ao semitom. A duração relativa também constitui um fator importante de transformação, embora influa no sintagma como um todo. Entre a primeira apresentação do sintagma (c. 1) e sua variante (c. 21-37, Leduc, p. 4), aliás, retomada integralmente para concluir (c. 202-219, p. 20-21), temos, de longe, a dessemelhança mais pronunciada: medida em semicolcheias, ela é de 72 para 13, o que representa um desvio de 553%.

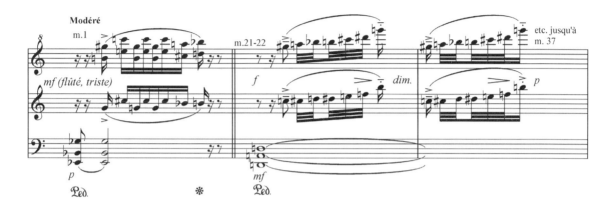

Fig. 4.16: O sintagma inicial do *Courlis cendré*, com os termos superpostos (c. 1) e o início da sua mais significativa e maior variação (c. 21-22).

Em *La Bouscarle* (IX), Messiaen justapõe uma sucessão muito longa de sintagmas, os quais afirmam não somente a oposição interna inerente à sua condição, mas também diversos graus de contraste entre suas sucessivas reiterações[41]. Não vou enumerar todos: somente a primeira parte da peça (c. 1-19) contém seis sintagmas em sequência, todos diferentes e facilmente identificáveis. Em alguns, o determinado se superpõe à ressonância acústica do determinante, por meio da manutenção do pedal, como é o caso dos sintagmas situados entre os compassos 12 e 15. Limitar-me-ei a montar uma tabela que identifica e descreve sucintamente as repetições e variações de dois dos sintagmas mais recorrentes, sendo o primeiro correspondente à sonoridade que remete ao canto de pássaro principal.

---

[41] Johnson distingue dezoito tipos de estruturas de grupos na peça, que ele organiza num vetor atonal-tonal, partindo de um modo dodecafônico (o grupo dos compassos 20-45, "*l'eau reflète les saules et les peupliers*" [a água reflete os salgueiros e os choupos]), passando por diversas formas de atonalidades mais ou menos dissonantes, para terminar com os grupos que tendem para Lá maior em modo 3, como no caso da "*rivière*". O autor utiliza um critério de partição para descrever alguns grupos (op. cit., p. 153-154).

	comp.	Principais componentes ativos de variação	
		{A}	{B}
Modelo	1-2, repetido 102-103	Três acordes de 4 notas, partição (0 1 2), atacados seco (porém unidos pelo pedal), periodicidade irregular, perfil ligeiramente descentente, *fff*, *modéré*.	Dois acordes de 3 ou 4 notas, alternados (onda senoidal), partições (0 1), articulações variadas, periodicidade levemente irregular (0.15), perfil plano, *fff*, *un peu vif*.
Var. 1	16-18, repetida 84-86, 200-203	Não é uma variação do original (c. 1), mas sim um material subsitutivo.	Duração triplicada pelo acréscimo de um compasso (c. 17), densidade acrônica (+ 0.24), sonância (+ 0.39), densidade absoluta média mais elevada.
Var. 2	52-53, repetida 63-64, 139-140	A variação não afeta o nível primário (transposições/permutação), mas o declive do perfil é mais acentuado.	A omissão do 2º segmento, em benefício da expansão do 1º, regulariza, totalmente, a periodicidade: (0.00).
Var. 3	120-121, repetida 227-228.	Outra variação no nível primário, com estreitamento da partição (-1 0).	Diminuição da densidade absoluta (2 sons simultâneos) e periodicidade regularizada (como a anterior).

Tabela 4.5 : O primeiro sintagma da *Bouscarle* e suas variações.

Este quadro confirma a maior resistência de {A} à variação, o que consolida sua estabilidade sonora. Com exceção da variação 1, {A} é sempre constituído de uma sequência de três acordes tocados num andamento *modéré*, *fff brusque et violent*. Embora também de intensidade constante, {B} suporta mais transformações morfológicas (os componentes acrônicos oscilam entre mais ou menos complexidade em relação ao modelo) e cinéticas (as periodicidades e os tipos de ataques se simplificam). Nota-se, também, que o perfil rítmico do segundo elemento de {B} é reutilizado em contextos estranhos ao sintagma original, como, por exemplo, no compasso 153.

O segundo sintagma escolhido aparece pela primeira vez nos compassos 46-47 (Fig. 4.17) e entra na categoria daqueles cujo determinado intervém durante a ressonância por pedal do determinante[42].

---

42 Johnson considera que esse sintagma focaliza a região de Lá Maior no modo 3 (Idem, ibidem).

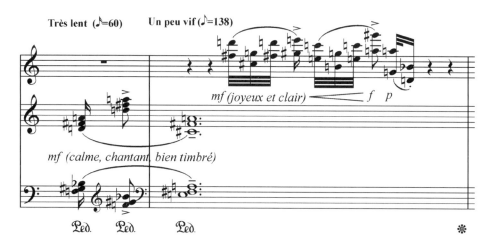

Fig. 4.17: *La Bouscarle*, c. 46-47, primeiro enunciado do sintagma.

Aqui, a relação funcional – estabilidade de {A} *versus* mobilidade de {B} – pode ser induzida, *a priori*, do contexto extramusical, na medida em que {A} "representa" cada vez o riacho (*la rivière*), enquanto que por meio de {B} se "expressam" três espécies de pássaros diferentes, em alternância. A música irá confirmar essa indução. O sintagma tem nada menos que onze reapresentações variadas ao longo da peça, afirmando, assim, seu valor referencial, tanto no plano estrutural quanto no sensível. Assim como a anterior, a tabela abaixo descreve, de forma sucinta, os principais agentes modificadores do modelo nas suas reiterações.

Tabela 4.6: Segundo sintagma selecionado na *Bouscarle* e suas onze variações.

	comp.	Principais componentes ativos de variação	
		{A}	{B}
Modelo	46-47		
Var. 1	48-49	Complexificação das densidades; os valores acrescidos aumentam a duração relativa.	Modificações no nível primário: supressão das notas mais graves (o que provoca uma diminuição do âmbito relativo).
Var. 2	50-51	Expansão da variação 1 por multiplicação de acordes.	Repetição do modelo sem a anacruze e com notas acrescentadas no final.
Var. 3	57-62	Expansão da variação 2 segundo o mesmo procedimento, com incrustação, entre {A} e {B}, de uma pequena unidade autônoma *comme un tam tam...* (c. 61).	Combinação dos elementos das variações 1 e 2, e inserção de um gesto descendente.

	comp.	Principais componentes ativos de variação	
		{A}	{B}
Modelo	46-47		
Var. 4	78-79	Repete o modelo.	Reprise da variação 1, truncada do seu início, com a desinência variada do modelo em apêndice.
Var. 5	80-81	Variante da variação 1.	Repete o modelo, algumas notas suprimidas ou transpostas.
Var. 6	82-83	Repete a variação 2.	Expansão das figurações anteriores.
Var. 7	96-101	Repete a variação 3 com prolongação da ressonância final.	Grande expansão do modelo; se o âmbito e as partições mudam pouco, em compensação os outros componentes se complexificam por causa do número elevado de fatos sonoros sucessivos.
Var. 8	126-128	Pequena variação do modelo (basicamente: transposições, domínio cinético intacto, exceto a duração da ressonância, um pouco maior).	Variação do modelo (c. 128) precedida da proliferação de uma nova célula motívica.
Var. 9	129-131	Variação da anterior, por inserção de 2 acordes transpostos do primeiro; no domínio cinético, retoma o esquema da variação 1 com pequeno aumento da duração da ressonância.	Variações sobre os novos elementos da variação anterior, que afetam, sobretudo, o nível primário.
Var. 10	132-138	Expansão exponencial da variação 2, com adjunção de forte sustentação harmônica (c. 133 e s.) que não se avista em nenhum outro lugar.	Expansão/proliferação da anterior.
Var. 11	205-210	Repete a variação 3, aumentada de 4 acordes no final, que orientam o conjunto para o grave; ressonância prolongada.	Expansão/proliferação retomando elementos característicos da variação 3; grande diversidade de figurações melódicas e rítmicas, ataques.

Naturalmente, é a duração do acorde ressonante que determina o tempo total do sintagma, haja vista que {B} intervém durante essa ressonância. A organização das durações relativas pode ser traduzida pelo gráfico seguinte, que toma como referência, por ser a maior (172 unidades de fusas), a penúltima versão do sintagma (c. 132-138, n. 10).

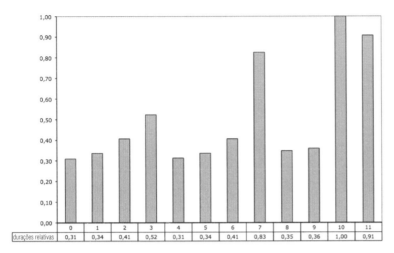

Fig. 4.18: Durações relativas das doze ocorrências do sintagma. 0 é o modelo e as variações são numeradas de 1 a 11.

Percebe-se uma lógica de aumento progressivo em três etapas, a primeira praticamente linear (do modelo até a variação 3), e a segunda, exponencial (a variação 7 é duas vezes maior que a 6). A duração das duas últimas variações, que constituem a terceira etapa, corresponde, aproximadamente, a três vezes a do modelo; essa duração também é a das variações que iniciam cada etapa[43]. As expansões de {A} influenciam diretamente sobre a qualidade da distribuição diacrônica: pois, enquanto o modelo oferece uma irregularidade rítmica absoluta (semicolcheia – colcheia – semibreve pontuada) (ponderação [1.00]) (cf. Fig. 4.17), as variações se efetuam por proliferação de acordes que se sucedem em pulsações, onde domina a regularidade das semicolcheias, resultando que a maior variação, não fosse a semibreve final, alcançaria a perfeita linearidade (Fig. 4.19).

Fig. 4.19: C. 205-209; o determinante da variação 11 do sintagma (algumas barras de compassos foram omitidas).

---

43 Essas relações permanecem, em todo caso, aproximativas, pois não levei em consideração, nos meus cálculos, as variações de andamento, muito importantes e sistemáticas, entre {A} e {B}, sendo o primeiro sempre muito lento e o segundo mais ou menos vivo; desnecessário lembrar de que estamos falando de durações *relativas*, e não absolutas.

Provocam, também, simples relação de causa-efeito, um aumento das densidades, nas duas dimensões. Em compensação, essa importante dilatação temporal não se vincula a um aumento proporcional da ocupação do espaço, nem a alguma evolução das intensidades. Com exceção de uma muito modesta abertura para o grave, e de algumas notas *f*, isso na única variação 10 (c. 132-137), todos os sons de todas as variações são confinados na região central e na intensidade *mf*. Em suma, é novamente o caráter típico de estabilidade que comanda a evolução de {A} na obra. O quadro abaixo reproduz as ponderações atribuídas a alguns dos componentes desse determinante, na sua apresentação inicial e na sua variação maior e mais complexa, a décima.

Componente	{A} modelo	{A} variação 10
Duração relativa	(0.31)	(1.00)
Âmbito relativo	(0.33)	(0.49)
Vetor de repartição	(0 0 1 **12** 2 0 0)	(0 1 5 **24** 5 0 0)
Harmonicidade	(0.56)	(0.62)
Densidade acrônica	(0.50)	(0.80)
Densidade diacrônica	(0.11)	(0.37)
Periodicidade (distrib. diacr.)	(1.00)	(0.06)

Tabela 4.7: Comparativo de alguns componentes de {A} na sua apresentação original ("modelo") (c. 46-47), e sua variação mais extensa (var. 10) (c. 132-138). Em negrito, as informações mais significativas.

Quanto ao segundo termo, {B}, em primeiro lugar, não é de se surpreender que as dilatações temporais o afetem da mesma maneira que {A}, pois vimos que elas agem de forma global no sintagma. Em geral, duas dimensões o diferenciam nitidamente de {A}. São, de um lado, a textura – sua rude diafonia contrasta com a rica sequência de acordes de seis sons ou mais, que constituem o trivial de {A} – e, por outro lado, a repartição das alturas – enquanto {A} se mantém no centro da tessitura do piano, {B} se projeta para o agudo.

As estratégias de variações internas afetam as dimensões da sonoridade apenas em proporções limitadas, como o leitor já pôde deduzir pela leitura da tabela 4.6. A tabela 4.8., abaixo, é montada segundo o mesmo princípio da anterior, porém, com o acréscimo da avaliação de uma variação intermediária, e um número maior de componentes analisados, isso para afinar os dados estatísticos. Ela enfatiza a incidência das modalidades de distribuição sobre a configuração (pesos realçados em negrito): os fatos sonoros são, em geral, distribuídos de maneira mais regular no tempo, tanto em {B} quanto em {A}. Revela também, porém, que as variações na maioria dos outros componentes não apresentam mudanças que possam provocar um contraste estrutural significativo. Reparemos os baixos índices de dispersão relativa das alturas: é um dado sonoro que se deve vincular ao perfil melódico típico dos cantos de pássaros de Messiaen.

Componente	{B} modelo	{B} Var. 6	{B} Var. 10
Duração relativa	(0.31)	(0.41)	(1.00)
Âmbito relativo	(0.25)	(0.31)	(0.41)
Vetor de repartição	(0 0 0 0 3 8 3)	(0 0 0 1 4 10 3)	(0 0 0 3 7 12 9)
Harmonicidade	*(0.58)*	*(0.64)*	*(0.68)*
Densidade acrônica	(0.61)	(0.64)	(0.86)
Densidade diacrônica	*(0.67)*	*(0.74)*	*(0.77)*
Distribuição acrônica	(0.25)	(0.22)	(0.59)
Distribuição diacrônica	(0.20)	(0.08)	(0.32)
Perfil direcional	(− 0.36)	(0.04)	(0.12)
Dispersão rel. das alturas	*(0.09)*	*(0.14)*	*(0.18)*
Dispersão rel. das intensidades	*(0.30)*	*(0.31)*	*(0.35)*
Índice das densidades acrônicas no tempo	*(0.21)*	*(0.22)*	*(0.30)*

Por conseguinte, os principais elementos transformadores em {B} devem ser buscados nas células intervalares utilizadas. No sintagma original (Fig. 4.17), presenciamos, essencialmente, saltos sucessivos de terças, quartas ou quintas, as duas vozes observando um paralelismo não exato, a grande distância uma da outra (entre i7 e i14). As variações acrescentam, aos poucos, elementos mais conjuntos, de maneira a formar arpejos, primeiro descendentes, depois ascendentes. É o que acontece, *grosso modo*, até a sexta variação. Em seguida, sextas e sétimas se tornam mais presentes (c. 101...). Sobretudo, o intervalo que separa as duas vozes encolhe-se de repente em i2 (segunda maior) (Var. 8, c. 127...). O andar paralelo das duas

Tabela 4.8: Comparativo de alguns componentes de {B} na sua apresentação original ("modelo", c. 47) e duas variações, uma intermediária (Var. 6, c. 83), outra de maior duração (Var. 10, c. 137-138). Em negrito, os componentes mais ativos; em itálico, os mais passivos.

vozes se dá, então, na alternância entre intervalos muito pequenos e muito grandes, antes de retornar à última variação de {B} (c. 210), na distância original. Ademais, a sequência das alturas dessa derradeira ocorrência é também a mais carregada de elementos distintivos (tipos de intervalos, notas repetidas, trinados, arpejos, saltos...). Daí pode-se concluir que existe uma progressão da complexidade da organização dos cromas, progressão essa favorecida, evidentemente, pela expansão gradual da duração dos sintagmas.

Em Prol de uma Integração dos Níveis Primário e Secundário

Ainda que de forma fragmentária, o que inibe a formulação de generalizações categóricas, essas observações tendem a mostrar que, em Messiaen, a continuação do experimentalismo debussista, no tocante à incorporação da sonoridade à linguagem, amplia seu campo de atuação. No entanto – no que parece ser mais notável –, a ênfase dada à sonoridade não se realiza mais, como frequentemente no seu predecessor, ao custo de uma perda de importância hierárquica do nível primário no processo de estruturação. Ela se efetiva em conjunção com uma formalização dos cromas bem mais explícita, almejando a integração permanente dos dois níveis da composição. Instala-se, então, uma dialética, em que os dois níveis dialogam mais, intercambiando, segundo as circunstâncias, suas recíprocas responsabilidades estruturantes, enquanto que, em Debussy, a busca da expressão a partir do sonoro procurava, antes, reprimir, quiçá romper o potencial morfofórico dos elementos do tonalismo e do tematismo que ele ainda conservava.

Entre os *Vingt Regards* de 1944 e o *Catalogue*, mais de dez anos se foram, durante os quais Messiaen passou pela experiência radical dos anos cinquenta, quando *Mode de valeurs et d'intensités* (Modo de Valores e de Intensidades) se tornou um marco indelével. Ele mesmo diz: "O *Catalogue d'oiseaux* [...] constitui [...] um passo de gigante em relação às obras de 1944"[44]. De certa forma, isso se vê: o trabalho com os

---

44 *Musique et couleur*, p. 122.

cromas adquire uma sistemática combinatória que se faz menos presente, e, sobretudo, provavelmente menos desejada no ciclo anterior. Digo que é essa sistematização singular do material primário, fruto do contato antes com o espírito do que com a ortodoxia do serialismo, que coloca Messiaen exatamente no centro do vetor Debussy-Boulez.

O elo entre Messiaen e Debussy, de qualquer forma, não pode ser medido com base no conceito de influência, pelo menos na acepção comum do termo. Sobre esse assunto, Barbara Derfler parece querer sustentar a tese de que Messiaen, conscientemente ou não, superaria seu predecessor, o qual não teria compreendido bem[45]. Curiosa conclusão que, no entanto, possui a vantagem de oferecer um ponto de partida menos simplório para a avaliação dessa relação. De fato, os traços de influência superficialmente visíveis – e provavelmente audíveis – permanecem, em suma, bastante escassos. Quanto aos outros, vimos em parte, aqui, que Messiaen os incorporou organicamente, extraindo deles seu contexto original para reciclá-los no seu próprio sistema.

Em razão de evidentes circunstâncias históricas, Messiaen não precisa tanto quanto Debussy renegar a tradição herdada do romantismo germânico, a qual obstruia, na época, o acesso a certas práticas, das quais Messiaen pôde se apropriar com mais facilidade, e que o fizeram se sentir mais à vontade para elaborar uma linguagem que aglutinou as duas abordagens da composição – pelas notas e pelos sons[46]. Por outro lado, sua vocação de formador o levou a explicitar verbalmente sua linguagem tanto quanto possível, fazendo-o entrar num universo teórico estruturado e transmissível, atitude que, ninguém duvida, deve ter feito Debussy se revirar na tumba... Sobre esse ponto, no entanto, só podemos ficar surpresos em constatar que, com exceção da explicitação das relações que sua linguagem estabelece entre a harmonia e o timbre, essa preocupação formalista

---

45 "Messiaen se impôs à contribuição de Debussy. Ou seja, ele interpretou mal [*he misread*] o prelúdio de Debussy". Cf. *Claude Debussy's Influence on Olivier Messiaen*, p. 74. Nessa dissertação, a autora lança mão de várias teorias da *ansiedade da influência* para tentar apreender de qual maneira Messiaen teria absorvido a herança debussista.

46 É nesse sentido que podemos concordar com a assertiva de Reverdy, segundo a qual "Messiaen lança uma ponte entre o tratamento beethoveniano e a pesquisa contemporânea" (op. cit., p. 59).

tão somente abarca o *modus facere* da escrita das sonoridades através de considerações bem genéricas, ou a descrição de um sistema muito intimista e místico de interação com a cor, sistema esse dificilmente transmissível[47]. Entendo que, para Messiaen, apesar do seu interesse declarado pelas pesquisas sobre o som desenvolvidas tanto por Schaeffer quanto por Murail[48], o domínio da linguagem musical toca o Mistério e a Graça, e que, nesse sentido, ele o considera inacessível ao racional, a uma formalização técnica e subsequente disseminação pedagógica.

Boulez recorda que a linguagem de Messiaen "é suficientemente unificante para aglomerar, fortemente, componentes que tenderiam à dispersão"[49]. Ele retomou essa atitude por sua conta, dessa vez, porém, fundado no princípio unificador do sistema serial.

---

47 *Musique et couleur*, em particular p. 51-69 ; *Traité de rythme…*, tome VII.

48 *Musique et couleur*, p. 56.

49 Le Temps de l'Utopie, *Regard sur autrui*, p. 450.

V.
O Eixo Messiaen-Boulez e a Herança Debussista

(2) Pierre Boulez, da *Troisième Sonate a Incises*

Átomos e Objetos na Troisième Sonate

A *Troisième Sonate* para piano de Pierre Boulez (1957) é uma das obras que mais claramente caracterizam a dupla filiação estética do compositor: a Debussy, pelo trabalho sobre e com a sonoridade, que Boulez recebe através de Olivier Messiaen; e a Webern, pela organização do material primário. A obra reflete a ambição de Boulez por sua inserção na senda das experiências historicamente determinantes realizadas por Beethoven e, depois, por Liszt, para ultrapassá-las e colocá-las numa problemática contemporânea[1]. O desafio de uma análise dessa obra consiste em esclarecer os respectivos aportes dessas duas estéticas. Enquanto é incontestável não ser possível fazer

---

1 André Boucourechliev minimiza o vínculo com Webern: "as primeiras obras do 'serialismo integral' de Boulez procedem, via Messiaen, mais diretamente de Debussy do que de Webern" (*Debussy, la révolution subtile*, p. 120). O autor emite, por outro lado, uma assertiva um tanto quanto enigmática: negando a Debussy descendentes, em compensação, reconhece em Messiaen e Boulez seus "antecessores ao revés" (Idem, p. 10).

um estudo formal da obra sem passar pelo exame da série como elemento estruturante primário, aspecto que a literatura de referência vasculhou com suficiente exaustividade para que não seja preciso, creio, reabordá-lo aqui[2], parece-me, não obstante, indispensável superar essa etapa e observar como a combinatorialidade serial se insere num programa mais global. O compositor deu alguns indícios das suas estratégias composicionais de nível superior. Gostaria de extrair algumas linhas significativas de um dos seus textos:

> Trata-se de materializar, incorporar os dados básicos, [i.e., as estruturas seriais elementares, N.D.T.], de *torná-los audíveis* [...]. Eis um *bloco sonoro* composto de um certo número de alturas, que você preparou como material bruto [...]. Esse objeto, você pode descrevê-lo[3] horizontalmente na ordem que lhe parecer melhor adaptar-se à situação onde se encontra, no exato momento em que o empregará, por exemplo, entre dois objetos de mesma natureza, [...] a *liberdade* sendo a garantia da melhor transição [...]. Essa liberdade de descrição já me permite compor um material [...] elaborado [...] em função do poder expressivo que requer o momento único da obra, frente à qual eu me situo [...]. A liberdade de manipulação não põe em perigo a coerência, tampouco a dissimula; [simplesmente] deixa que se manifeste sob tão variados aspectos, que a dependência [a essa coerência] reveste a aparência de um caráter secundário, considerando o renovado interesse da apresentação[4].

---

2 Para uma análise elementar dessa sonata, o leitor poderá consultar: P. Boulez, Sonate "Que me veux-tu", *Points de repère 1*, p. 431-443; A. Piret, Pierre Boulez: *Troisième Sonate* pour piano, *Analyse Musicale*, n. 29. Outras referências: o número 16 de *Musique en Jeu* (contribuições de Ligeti, Stoïanowa e Hellfer); N. Tooth, *Pierre Boulez*, Troisième Sonate *pour piano*; F. Bayer, *De Schönberg a Cage*. p. 142-155; R. P. de Tugny, *Le Piano et les dés*; Idem, La *Troisième Sonate* de Pierre Boulez, *Dissonnanz/Dissonance*, n. 36, p. 4-7. Thomas Bösche, por sua vez, estuda as relações entre Debussy e Boulez via Artaud, Poe e Mallarmé, cf. "Des résonances obstinément mystérieuses...": Claude Debussy et Pierre Boulez ou le portrait des compositeurs en Roderick Usher, em M. Joos (dir.), *Claude Debussy: Jeux de formes*, p. 145-155.

3 Boulez utiliza o verbo "descrever" onde outros empregariam "elaborar", "trabalhar". Sua escolha terminológica sugere uma atividade analítica acontecendo simultaneamente à atividade de composição.

4 *Jalons (pour une décennie)*, p. 382-383 (grifos nossos).

Com isso, Boulez afirma o caráter subjacente da organização serial elementar concernente à dinâmica da obra, a qual se concretiza na articulação – na "apresentação" – de *blocos sonoros* autônomos e diferenciados. Nesse sentido, a sua ligação com Debussy se evidencia substancialmente. Essa estratégia composicional aparece claramente na *Troisième Sonate*: cada "formante" – que é como rotula os movimentos da sonata – é uma sucessão mais ou menos determinada de blocos nitidamente identificados, que mantêm múltiplas relações de similaridade ou de oposição. Defendo que são essas relações que geram a energia própria a cada um desses movimentos, que musicalmente os *justificam*, e não a presença, em filigrana permanente, de uma única série matricial. Proponho-me a sustentar essa asserção com a análise das configurações sonoras de dois dos "formantes" de *Trope*: *Texte* e *Parenthèse*. Ivanka Stoïanova escreveu que os quatro "formantes" de *Trope* podiam ser considerados como "microcosmos da estrutura global" da sonata[5]. Estaríamos, portanto, em presença de uma amostra representativa da estratégia composicional que Boulez planejou para o conjunto da obra. *Texte* facilita meu propósito: a forma é totalmente determinada, permitindo, ao contrário das demais seções, uma única realização. Por outro lado, a sua estrutura é linear e muito explícita, na medida em que cada bloco é isolado por um silêncio, e que a série é bastante valorizada na superfície, caso não muito frequente. *Parenthèse*, por sua vez, oferece condições de avaliar como os tropos, unidades sonoras que eventualmente se inserem no sistema, alteram o rigor formal original.

Texte

O material de base dos treze "blocos", cuja sequência forma *Texte*, e que chamarei unidades sonoras U1 a U13, é oriundo de uma formulação específica da série geradora da sonata[6]. (Fig. 5.1)

---

5 La *Troisième Sonate* de Boulez et le projet mallarméen du Livre, *Musique en Jeu*, n. 16, p. 21.
6 Sobre esta série, ver P. Boulez, *A Música Hoje*, p. 72 e s.

Fig. 5.1: As quatro versões da série original em *Texte* e seu encadeamento em telhagem.

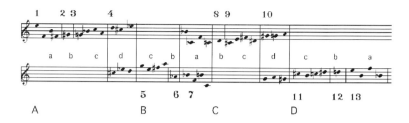

As quatro variações da série determinam quatro seções A, B, C e D. Essa articulação é significativa o bastante para que o compositor a tenha realçada por uma configuração agógica tal, que cada *incipit* é sinalizado por uma retomada do andamento inicial (*presque lent*), o qual se perde (*retenu* ou *accéléré*) em fim de percurso. Essas balizas remetem, de alguma forma, a um hábito de marcação macroformal típico de Debussy e Messiaen. Como se vê na figura 5.1, cada seção contém três unidades sonoras, com exceção da primeira, onde se contam quatro. A sétima unidade constitui o eixo central do formante; também é a mais longa. Cada unidade geralmente se distingue das duas unidades contíguas de maneira muito acentuada. O contraste é provocado, cada vez, por um novo meio composicional, combinando vários componentes da sonoridade. Os mais ativos são representados na figura 5.2.

Fig. 5.2: Os componentes mais ativos da oposição sonora adjacente das treze unidades sequenciais de *Texte*.

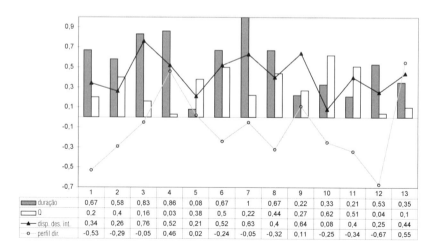

Esses componentes traduzem importantes contrastes nos perfis direcionais, sendo o mais notável aquele que opõe as duas últimas unidades de maneira quase diametral – um gesto descendente (U12) desembocando num gesto ascendente conclusivo (U13), pelo que podemos inferir uma articulação de tipo pseudocadencial (cf. Fig. 5.3, sistema inferior). As durações relativas mostram, semelhantemente, uma sequência muito irregular, inserindo, por exemplo, a muito breve U5 entre as longuíssimas U4 e U7. O componente Q é excepcionalmente ativado, por causa da grande atividade e complexidade do jogo das intensidades e dos pedais *Una Corda* e *Péd*. A figura 5.3 reproduz as duas últimas unidades da peça, como exemplo.

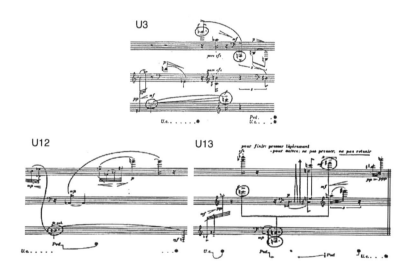

Fig. 5.3: Três unidades sonoras de *Texte*: U3 (sistema superior), U12 e U13 (sistema inferior); as notas circuladas assinalam os membros da série (cf. Fig. 5.1).

Tal hiperatividade das intensidades e pedais não tem equivalente em Debussy ou em Messiaen. Ela acusa um traço idiomático da escrita parametrizada do serialismo integral, cuja fonte se localiza do lado de Webern. No caso das intensidades, isso transparece também, e de maneira muito edificante, nas ponderações do componente *dispersão* (Fig. 5.2). Lembro que essas ponderações têm como escopo avaliar até que ponto a sequência das intensidades se afasta de um critério de referência, que pode ser a fixidade (uma única "dinâmica") ou a continuidade (p. ex., um *crescendo*). O modelo ao qual essa sequência é confrontada simula a maior dispersão possível. Boulez se aproxima desse patamar em várias ocasiões. Destaca-se, no caso, a terceira unidade, que utiliza nada menos que dez indicações diferentes para apenas onze fatos sonoros (cf. Fig. 5.3). Ademais, as oscilações de valores entre duas unidades consecutivas podem ser bastante pronunciadas: apontamos o contraste em negativo que provoca U10, composta de quatro fatos sonoros sucessivos na única região *ff* / *sfz*.

É supérfluo dizer que, nesse campo, estamos totalmente no oposto da estética debussista. Como prova demonstrativa, a figura 5.4 justapõe as curvas de evolução da dispersão das intensidades em *Texte* e *Étude pour les sonorités opposées*. Ao contrário de Boulez, em Debussy predomina a ponderação nula (0.00), indicadora de um sistema de fixação de uma só intensidade por unidade. As oscilações se situam todas abaixo de 20%. A exceção é a sonoridade final (dois últimos compassos), com seu surpreendente *fp* seguido de *pp*. Ela quebra, no derradeiro instante, uma rotina de continuidade: como vimos no capítulo III, esse é o gesto sonoro saliente, que Debussy escolheu para marcar a conclusão da obra.

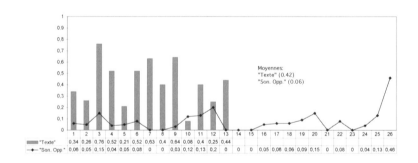

Fig. 5.4: Comparação das ponderações do componente *dispersão das intensidades* em *Texte* (Boulez) e *Étude pour les sonorités opposées* (Debussy). Constam mais valores no *Étude*, porque a peça tem um maior número de unidades.

Paralelamente, interessante é constatar que alguns componentes, que eram muito implicados na articulação adjacente em Debussy e Messiaen, tornam-se praticamente amorfos aqui: o âmbito e o índice de repartição variam muito pouco e solicitam, quase constantemente, a maior parte da extensão do teclado. Isso é resultado do processo de dispersão dos cromas na tessitura instrumental, outro traço da escrita idiomática serialista bouleziana. O corolário desse tratamento é a baixa densidade generalizada das sonoridades associada a uma relativa regularidade da distribuição acrônica. Esses componentes são mostrados na figura 5.5. Chama a atenção a monotonia da curva das densidades acrônicas, que trai a sua quase total *passividade* na estruturação. Enquanto é certo que essa inércia é produto da técnica de composição, em compensação, não estou muito seguro de que ela traduza uma intenção formal. Ao contrário, sabendo-se que a obra foi concebida com base em princípios tais como a não repetição, a descontinuidade e a parametrização generalizada de todos os elementos, é de se esperar que esses princípios encontrem alguma forma de aplicação na morfologia sonora dos blocos. Acontece que não se pode querer compor evitando a todo custo a continuidade das alturas, sem renunciar, ao mesmo tempo, à faculdade de jogar com os contrastes de registros e de distribuição no espaço[7].

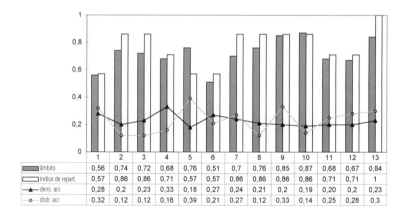

Fig. 5.5: Os componentes menos ativos em *Texte*.

7 Um prato cheio para Iannis Xenakis que, numa afirmação provocadora, na música serial apenas ouve "um amontoado de notas em registros variados" e "uma dispersão irracional e fortuita dos sons em toda a extensão do espectro", La Crise de la musique sérielle, *Gravesanner Blätter*, n. 1, p. 3. György Ligeti chega à análoga conclusão na sua célebre análise de *Structure 1a*, Decision and Automatism in *Structure 1a*, *Die Reihe*, n. 3, p. 56 e s.

A figura 5.6, novamente, relaciona as mesmas ponderações com aquelas encontradas no mesmo *Estudo* de Debussy, para ilustrar que, nesse compositor, as densidades marcam uma presença infinitamente mais dinâmica na expressão das diferenças sonoras. Trata-se, claramente, de um componente que o compositor utiliza como elemento portador de forma, ao oposto de Boulez. Em certo sentido, Debussy se revela mais modernista, posto que ele gera energia por meio da manipulação de uma dimensão secundária, enquanto, em Boulez, essa dimensão, nesse exemplo específico, é completamente dependente da organização do nível primário, como o era no século XIX[8].

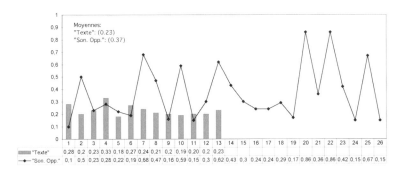

Fig. 5.6: Comparação das ponderações do componente *densidade acrônica* em *Texte* (Boulez) e *Étude pour les sonorités opposées* (Debussy).

Parenthèse

Naturalmente, em *Parenthèse*, o material serial subjacente é o mesmo que em *Texte*. A diferença fica por conta da sequência e da concatenação formal das subséries, que pode ser representada assim: ([b] [c d a d c] [b] [c d a d c] [b]). No modelo, *b* é, como em todas as variações da série matriz, uma célula de uma nota, a qual enquadra a sequência das demais subséries, enunciadas duas vezes (cf. Fig. 5.1). O conjunto forma uma estrutura não retrogradável. As três

---

[8] Convém não generalizar. No capítulo Forma, Boulez cita as "séries de densidade variável" como exemplo da "mobilidade" dos componentes de nível secundário no seu sistema composicional, *A Música Hoje 2*, p. 96-97.

ocorrências da célula *b* (respectivamente Sol#1, Ré6, e novamente Sol#1) constituem os pivôs formais do movimento, e configuram, ao mesmo tempo, seu espaço sonoro. As posições de Sol# são singularmente privilegiadas: como altura limítrofe do "formante" (primeiro e último fatos sonoros), a nota se apresenta completamente isolada, numa longa duração de tempo – quase cinco segundos –, separada do contexto por uma pausa, e numa sonoridade caracterizada pela partição, pela intensidade e pelo timbre *Una Corda*. A sua função de pivô é reforçada pela sua repetição, como ecos (primeiro e segundo sistema da partitura editada)[9]. Esses dois "ecos" se diferenciam do modelo pela região (superagudo), pela intensidade (um grau acima), pelo uso das três cordas, e por uma duração muito curta. Os outros parâmetros são conservados: a nota é isolada do contexto por pausas. Os "ecos" marcam os limites das zonas onde Sol# funciona como referencial sonoro.

A seção central ocupa o segundo sistema, até a nota Láb aguda. Ela é inteiramente dominada pela presença de Ré6. Essa nota é repetida três vezes e, em cada vez, de modo a ser bem identificável na percepção, criando, assim, o que Boulez chama de "campo de fixidez". O seu primeiro e último enunciados, que delimitam seu território funcional, são de longa duração, e a sua ressonância se estende aos objetos seguintes. Sua sonoridade é diametralmente oposta a das notas Sol# limítrofes, e nas mesmas dimensões: alta intensidade, partição aguda, a três cordas. Boulez insiste, repetidas vezes, nessa bipolarização no trítono Sol#-Ré, que forma uma díade *f* perto do final do primeiro sistema (pentagrama do meio, Sol#4-Ré5) e também um intervalo melódico posto em saliência na proximidade dos dois terços do tropo central (pentagramas superior e mediano, Láb7-Ré6 ligados). Esses fatos assinalam, sem ambiguidade, inclusive na audição, o papel dominante desse intervalo. Podemos entender a função dessas duas notas-pivô como desdobramento daquela estratégia de Debussy, que consiste em estabelecer uma altura polar sem

---

9 O segundo "eco" (final do segundo sistema) é grafado Láb, em vez de Sol#, de forma aparentemente arbitrária: já que Láb pertence à subsérie *d*, transposta ao trítono, essa transposição poderia ter sido expressa em notas sustenidas.

que, para tanto, uma situação se concretize, onde ela possa assumir o papel tradicional de fundamental. O melhor exemplo disso se encontra, mais uma vez, no *Étude pour les sonorités opposées*, onde Sol# sustenta a peça inteira, sem gerar nenhuma sintaxe harmônica[10].

Consequentemente, eu tenderia a interpretar a bipolarização acionada em *Parenthèses* como extensão de uma lógica tonal avançada, desenvolvida no eixo prospectivo da experiência debussista. Com efeito, essa bipolarização se fundamenta na oposição estrutural entre duas regiões sonoras, cada uma baseada numa nota-pivô fundamental, que funciona, respectivamente, como "região (pseudo) tônica" (a qual abre e fecha a forma) e "região (pseudo) dominante" (localizada no centro). O fato de o material de base ter sido gerado por um processo serial, então atonal, não afeta a coerência de tal estrutura; ele é apenas a expressão dos diferentes níveis do planejamento composicional. A série, esse simples "reservatório de notas", é deliberadamente direcionada para dois centros de gravidade, o que, por definição, conflitaria com sua natureza. Essa dinâmica encontra sua fonte na essência da dialética tonal[11].

A forma bipolar e tripartita de tipo ABA é distribuída em seis "sequências", que são unidades ou conjuntos de unidades sonoras compostas, claramente delimitadas por silêncios indicados por meio do símbolo convencional de respiração (cf. Fig. 5.9). A segmentação, guiada por essa marcação, resultou na seguinte estrutura[12].

- U1: conjunto de 3 subunidades (U1.1 [b – Sol#], U1.2 [c], U1.3 [d]).
- U2: conjunto de 2 subunidades (U2.1 [a, d_1] U2.2. [d_2 – Sol#]).
- U3: (c, b – Ré).
- U4: conjunto de 3 subunidades (4.1 [c, sobre ressonância, ou continuação, de b], U4.2 [d_1 – Lá♭], U4.3 [d_2, a]).

10 Cf. Cap. 2, Fig. 2.7 e comentário associado. Até certo ponto, é o que ocorre também no caso de Dó# grave em *La Terrasse des audiences au clair de lune* (prelúdio II [7]).

11 O princípio de polarização ainda se faz presente em *Incises*. Contudo, sem antecipar a segunda parte deste capítulo, veremos que, para funcionar tão bem quanto na sonata, falta-lhe uma integração funcional com o material primário.

12 Para cada unidade ou subunidade, indico, entre parênteses, a subsérie (a, b, c ou d, cf. Fig. 5.1) geradora do seu material primário, com menção da nota polar (Sol# ou Ré), se for o caso.

- U5: (d).
- U6: conjunto de 2 subunidades (U6.1 [c], U6.2 [b – Sol#]).

A simetria, inerente à tripartição, é tão mais rigorosa quanto a organização das alturas absolutas obedece ao princípio do palíndromo: o polo Ré, situado no final de U3, representa o epicentro do movimento, em torno do qual as estruturas de alturas das unidades sonoras se desenvolvem em espelho invertido. Essa inversão se organiza ao redor de uma nota ou de um intervalo. A figura 5.7 mostra dois exemplos desse mecanismo, que se faz transparente à simples leitura da partitura.

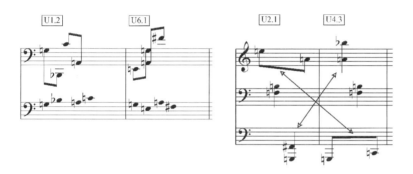

Fig. 5.7: Dois exemplos de retrogradações-inversões das alturas absolutas em *Parenthèse*.

Andamentos, configurações rítmicas, intensidades e articulações seguem, com precisão, o movimento de retrogradação. Em compensação, as indicações de *Pedal* sofrem algumas alterações. Por se tratar de um componente que age fisicamente sobre a realidade sonora, torna-se incômoda sua manipulação por meio das categorias abstratas, típicas do nível primário. O mesmo se dá, de modo geral, com os componentes secundários. O epicentro U3, é fato, ostenta algumas características sonoras salientes, que reforçam a sua função central na forma. Podem ser descritas por um *crescendo* de amplitude, culminando com um *f bem acentuado*, o qual, associado à presença permanente do *Pedal* – situação única no movimento – atribui ao componente Q a maior ponderação no vetor complexidade. Soma-se a isso o fato de tratar-se não somente da mais longa unidade, mas também da única, cujo perfil direcional se projeta sem ambiguidade para o agudo, percorrendo um âmbito muito vasto.

Ao seu redor, no entanto, observamos configurações sonoras que não procuram obedecer às prescrições do modelo palindrômico. Encontramos, outra vez, uma sequência de oposições adjacentes, cujos principais agentes são os mesmos encontrados em *Texte*, quais sejam: Q, cuja atividade é principalmente, mais uma vez, provocada por um trabalho de pedalização muito refinado; uns perfis direcionais acentuados e contrastados; e um largo espectro de durações. O leitor poderá comparar os gráficos da figura 5.8, abaixo, com os da figura 5.2.

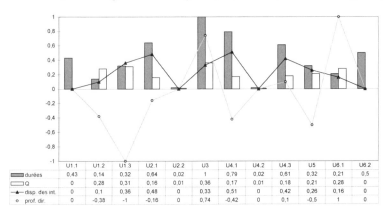

Fig. 5.8: Os componentes mais ativos da oposição sonora adjacente das unidades sequenciais de *Parenthèse*.

Como em *Texte*, as densidades acrônicas são extremamente baixas, e as distribuições dos sons no espaço acrônico, geralmente regulares. Isso, mais uma vez, é resultado de uma distribuição muito pulverizada das alturas, governada por princípios de inversão ou de permutação. A escrita de U13 (cf. Fig. 5.9) constitui um exemplo marcante, com suas três alturas separadas pelo mesmo intervalo. Por outro lado, o fato de que um número significativo de subunidades se reduz a uma única nota, ou a apenas um ou dois fatos sonoros no tempo, limita a pertinência das ponderações em muitos outros componentes. Essas configurações proporcionam um conjunto bastante achatado, com sonoridades relativamente simples, nas quais sobram apenas os perfis direcionais para sustentar alguma atividade. Isso porque ainda não estudamos o papel interventor dos *Tropes*.

A *Abertura da Forma pelos* Tropes

Com efeito, a estrutura que acabei de descrever pode ser alterada, se assim decide o intérprete, pela introdução de sequências facultativas chamadas *Tropes* – tropos –, destacadas na partitura, entre parênteses. Considerados isoladamente, os tropos compõem também um ritmo não retrogradável, cujo epicentro se confunde com o amplo acorde *fff* localizado no exato centro do segundo sistema. Cada tropo constitui uma espécie de expansão, de variação da sonoridade obrigatória, a qual ele sucede. O princípio de retrogradação invertida continua presente – particularmente visível entre P1 e P5, respectivamente primeiro e último *parêntese* – porém trabalhado com muito menos rigor: o dogma se encontra muito flexibilizado. Com durações individuais significativamente superiores às das unidades obrigatórias, mais complexos também na sua configuração sonora, os tropos têm o efeito de quebrar a simetria sistemática da estrutura principal. São conjuntos de unidades que se sucedem de forma mais ligada que as sequências obrigatórias: para separá-los, no lugar das respirações não metrificadas, apenas, eventualmente, um curto silêncio (Fig. 5.9). Os maiores tropos contêm até oito unidades sonoras.

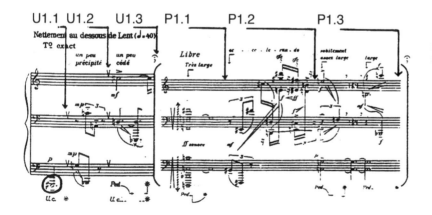

Fig. 5.9: Conjuntos U1 e P1 e sua respectiva segmentação em unidades sonoras.

A estrutura do movimento pode, então, ser re-esquematizada da forma seguinte, em que os tropos são indexados pela letra P:

- U1 :[U1.1 (b – Sol#), U1.2 (c), U1.3 (d)]
- P1 [P1.1, P1.2, P1.3]
- U2 : [U2.1 (a, d_1) U2.2. (d_2 – Sol#)]
- P2 [P2.1, P2.2, P2.3, P2.4, P2.5]
- U3 : (c, b – Ré)
- P3 [P3.1, P3.2, P3.3, P3.4, P3.5, P3.6, P3.7, P3.8]
- U4 : [U4.1 (c), U4.2 (d_1 – Láb), U4.3 (d_2, a)]
- P4 [P4.1, P4.2, P4.3, P4.4, P4.5, P4.6, P4.7]
- U5 : (d)
- P5 [P5.1, P5.2]
- U6 : [U6.1 (c), U6.2 (b – Sol#)]

Os perfis sonoros do conjunto das sequências obrigatórias, de um lado, e dos tropos, de outro lado, conservam, cada um, traços comuns que facilitam sua identificação. Em particular, como vimos, a baixa amplitude global das primeiras e sua polarização acentuada numa única nota contribuem para sua vocação funcional de balizas. Essas sonoridades contrastam com os tropos, visto que esses se destacam, ao contrário, pela ausência de alturas claramente polarizadoras, e, sobretudo, por um espectro maior de contrastes, conforme testemunham os gráficos abaixo (Fig. 5.10). Com a notável exceção das densidades acrônicas, já comentada a propósito de *Texte*, os tropos são concebidos de modo a injetar grande energia na música: isso se deduz da análise das ponderações, cuja maioria varre o leque completo dos valores, do mais simples ao mais complexo.

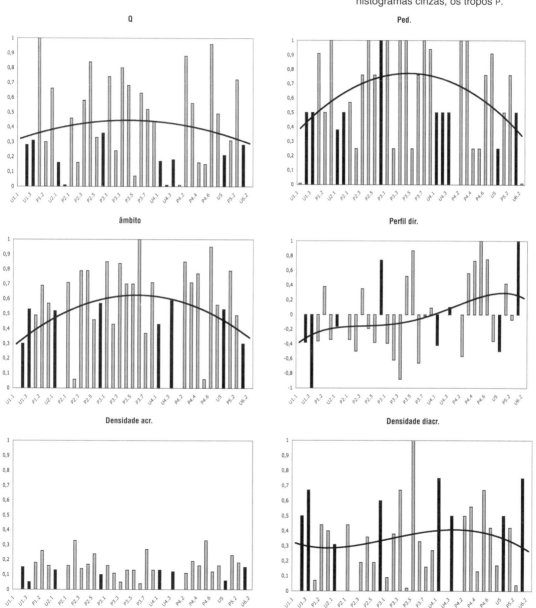

Fig. 5.10: Curvas de evolução de alguns componentes, com suas respectivas linhas de tendência, para a série das unidades sonoras de *Parenthèses*. Os histogramas pretos representam as unidades obrigatórias U, e os histogramas cinzas, os tropos P.

A incidência dos tropos na dinâmica global é significativa. A estrutura simétrica inicial cede lugar a uma forma, que, no entanto, ainda é essencialmente cíclica, como se pode conferir na maioria das linhas de tendência da figura 5.10: esse é um traço que remete a um formalismo clássico[13]. Contudo, esse perfil é quebrado na superfície por fortes oscilações na taxa de complexidade de algumas unidades. Em suma, os tropos introduzem *caos, ruído* na organização sonora original. Eles realizam perfeitamente a intenção formal do compositor na medida em que constituem elementos eventuais: cabe ao intérprete a dosagem do equilíbrio "entre a ordem e o caos", o som e o ruído, por meio da introdução de um número maior ou menor de tropos.

Da *Troisième Sonate* a *Incises*: Memória e Amnésia

A *Troisième Sonate* estabelece um triplo sistema de articulação: no nível primário, por manipulações combinatórias da série geradora; no nível secundário, pelas configurações sonoras dos "blocos", que geram sequências mais ou menos contrastadas; e no nível terciário, pelas modalidades de organização macroformal, sob a responsabilidade (vigiada) do pianista. Podemos ver, nos dois primeiros níveis, o aprofundamento de uma técnica iniciada por Messiaen, que identifiquei no *Catalogue*, e, mais geralmente, nas obras que sucedem as suas experiências dos anos de 1950. Na sonata, eu a considero mais formal, mais "dura", devido às características do sistema serial subjacente. Ao mesmo tempo, temos observado que esse sistema leva Boulez a congelar, no percurso, eventualmente, algumas dimensões que contavam entre os atributos fundamentais da riqueza da linguagem de Debussy, das quais Messiaen também quis tirar proveito. Essas dimensões, no entanto, encontram-se parcialmente recuperadas no nível terciário, por conta da ação mais livre de elementos que vêm perturbar os rigorosos mecanismos distributivos do primeiro nível. O meu breve estudo mostrou parte da multiplicidade das relações e

---

13 Outro aspecto interessante, ainda que secundário, é a progressão quase linear dos perfis direcionais, do descendente até o ascendente, do início até o fim do movimento.

interações postas entre a organização serial e a articulação de unidades sonoras. Ao integrá-las ao projeto macroformal, em condições cada vez renovadas, o compositor reivindica uma estratégia, em que são postos em situação dialética um pensamento abstrato, que trabalha os "parâmetros", e um pensamento concreto, dedicado à configuração de objetos sonoros. Isso é que constitui, efetivamente, o centro da "dupla preocupação" mencionada por François Coadou:

preocupação pela forma, pela estrutura, a qual procura reproduzir [*rendre*], na obra, o infinito do universo de onde ela provém e o infinito do sentido. E, ao mesmo tempo, preocupação pela sonoridade, sua espessura, sua matéria, também como uma outra maneira de fazer sentir a infinita complexidade da totalidade[14].

Quarenta anos depois, sem ter terminado a sonata, Boulez voltou à composição para piano solo, com *Incises*, composta para Pollini em 1994 e revisada em 2001. No entremeio, muitas coisas mudaram no âmbito do debate sobre a forma musical. Conforme sustenta Vladimir Safatle, é bem possível que o elemento fundamental dessa mudança tenha sido, para Boulez e para seus contemporâneos que adotaram os mesmos postulados, a obsolescência da ideia que a estrutura é revelada a partir da série entendida como um processo construtivo. Ligeti, aliás, logo percebeu o problema na sua bem conhecida análise da *Structure Ia*, já lembrada aqui, quando ele observou que, afinal, a determinação integral equivalia à indeterminação total. O serialismo integral provoca, em particular, uma "dessensibilização aos intervalos, que leva diretamente à aparência do indeterminado"[15], assim como, a exemplo do que acabamos de observar, à passividade de alguns componentes fundamentais da articulação das sonoridades, como a densidade e o âmbito. Nesse contexto, segundo afirma ainda Safatle, "a trajetória

14 Boulez face à l'École de Vienne, *Références en musicologie*. Disponível em: <http://www.musicologie.org/publirem/coadou_boulez.html>.

15 V. Safatle, Organizar o Delírio. Disponível em: <http://pphp.uol.com.br/tropico/html/ textos /2566,2.shl>. Acesso em: out. 2007.

de Boulez a partir dos anos 1960 poderá ser compreendida como o longo trajeto em direção à recuperação de uma certa escrita motívica [...] capaz de criar repetição e relações de polaridade"[16], sem, todavia, voltar às estruturas formais fechadas. O musicólogo defende, e o acompanho, que:

tudo se passa como se Boulez retornasse a algo dessa forma atonal própria ao Schoenberg de *Erwartung*. Dahlhaus, em um grande ensaio, nos mostrou como *Erwartung* não era apenas marcado por uma aparente falta de continuidade e desenvolvimento, mas pela recorrência de pequenas relações celulares que funcionavam como leis estruturais. Há algo disso no Boulez atual[17].

Incises

É exatamente esse fenômeno que presenciamos em *Incises*. Células que formam motivos curtos repetem-se circularmente e respondem-se no imediato ou à distância, desenhando nítidos contornos facilmente perceptíveis. Um grande número desses motivos são arquetípicos daqueles mesmos gestos musicais históricos que eram sistematicamente excluídos no passado, como, em particular, certas células melódicas francamente diatônicas ou banalmente cromáticas (cf. exemplos em Fig. 5.11 e Fig. 5.14). Repara-se, sobretudo, no nível primário, a predominância da classe de intervalos i2, que, por adição, gera a escala assemitônica, igualmente muito presente; e a predominância dos conjuntos (0,3,6) e (0,3,7), que formam, respectivamente, o acorde diminuto e a tríade menor. Outras organizações menos convencionais, mas, no entanto, bem exploradas desde Messiaen, combinam i1, i2 e i3 para produzir coleções octatônicas, simétricas, em palíndromo ou não retrográdáveis. A figura 5.11 propõe alguns exemplos dessas estruturas. No mais, existe uma fortíssima polarização de Dó#, sobre a qual voltarei a tratar.

---

16 Idem, ibidem.

17 Idem, ibidem. O autor não especifica a qual ensaio de Dahlhaus faz referência.

É inútil dizer que tais organizações seriam não somente improváveis, mas também incongruentes na *Troisième Sonate*. Elas constituem o indício de uma perda de importância hierárquica do nível primário na rede das dimensões ativamente estruturantes, pois o compositor, em vez de elaborar um sistema intrínseco de relações, não titubeia em recorrer a algumas modalidades combinatórias padrão, não raro inseridas tais quais. Essa perda supõe uma transferência da quase totalidade da dinâmica formal para os níveis superiores

Fig. 5.11: Alguns exemplos da organização do nível primário de *Incises*, onde aparece um grande número de estruturas classificadas, tais como tríades menores ou diminutas, gama de tons inteiros, modos de Messiaen etc. Os números acima dos pentagramas indicam a página e, os sobrescritos, o sistema (página[sistema]).

de articulação, o que não deixa de remeter, mais uma vez, à ideologia debussista de composição, como também, por conseguinte, de sugerir um certo recuo em relação à concepção experimental da *Troisième Sonate*, já que essa promovia uma participação igualitária de todos os níveis.

É aí que entra em jogo o princípio do *inciso*, configuração musical cuja função consiste em interromper a continuidade ou a expectativa nascida do gesto anterior. Os incisos interferem aqui, tanto em grande escala como no agenciamento sequencial dos fatos sonoros. Dessa forma, é possível interpretar cada "seção" da peça como um fenômeno de interrupção, de corte do que estava acontecendo até o momento. De fato, o que surpreende, em primeiro lugar, é a assimetria da macroforma, assim como a desproporção dos períodos. Podemos esquematizar essa forma estipulando que ela se alicerça em duas vertentes. A primeira se divide em dois momentos contrastados, cujo "Prestissimo" ocupa, sozinho, oito páginas (p. 3-10). O conceito de sintagma se aplica bem à segunda vertente, que começa na página 11. Com efeito, ela é formada pela sucessão de um conjunto binário {A+B} de momentos sonoros contrastados, respectivamente "très lent" e "vif", cujo primeiro constitui um fator de estabilidade, enquanto o conteúdo do segundo é sempre renovado. Formalmente, as entradas de {B} configuram incisos no *continuum* de {A}. Essa macroestrutura pode, portanto, ser representada da maneira mostrada na figura 5.12.

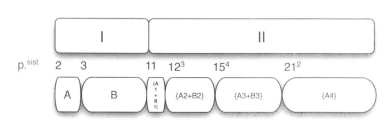

Fig. 5.12: Macroestrutura de *Incises*, seccionada em duas grandes vertentes, I e II. As proporções de durações foram estabelecidas, por convenção, e aproximação, de um lado, conforme o número de sistemas ou páginas que cada momento ocupa, assim como, por outro lado, de acordo com o andamento, onde, por convenção, os momentos lentos – aqueles com indicação metronômica entre 40 e 46 para a semínima – ocupam três vezes mais espaço horizontal que os momentos rápidos – entre semínima = 132 e 144. O início de cada momento é indicado pela sua página e, eventualmente, pelo sistema em expoente (página^{sistema}). As letras A e B assinalam, como de costume neste livro, uma relação de oposição sonora. Os conjuntos {A+B} são sintagmas.

Seção IA ("Libre. Lent, sans traîner"[18]).

A seção que intitulo IA ocupa a primeira página. Ela forma uma sequência de seis conjuntos de unidades (U1 a U6), claramente separados por uma respiração, como em *Texte*. Os conjuntos adjacentes obedecem a uma lógica de contraste, embora constituídos de unidades sonoras que, de uma a outra, mantêm relações de similaridade. Isso porque cada um contém sempre três unidades, que pertencem a uma das três classes seguintes:

classe *a*: grupos de sons simultâneos;
classe *b*: sons isolados, ruídos ou ressonâncias, sem manutenção ou com manutenção estática;
classe *c*: sequência de sons possuindo determinado perfil direcional.

Podemos, então, descrever esta primeira seção da forma seguinte:

U1 (a b c), U2 (a b c), U3 (a c b), U4 (a c b), U5 (a x c), U6 (a c x),

em que x designa uma unidade configurada de tal maneira, que pode ser considerada como pertencendo a qualquer uma das classes *a, b* ou *c* (essa terceira possibilidade ocorre porque, quando um acorde é arpejado, ele pode ser entendido como uma sequência unidirecional de sons).

---

18 "Livre, lento, sem se arrastar". Essa indicação agógica, não isenta de ambiguidades, pode ser interpretada como um sintoma do conceito de liberdade em Boulez.

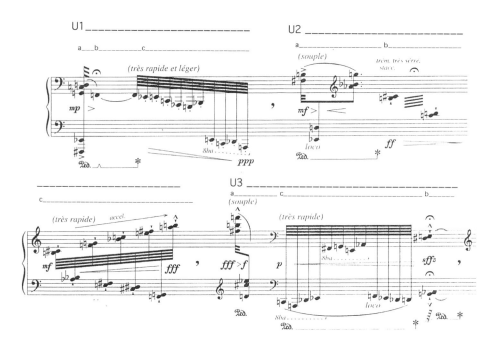

Fig. 5.13: Início da seção IA de *Incises*, três primeiros conjuntos de unidades (p. 1 da partitura). © 994, 2002 by Universal Edition A.G., Wien/UE 31966, para este trecho e todos os seguintes.

Essas classes se declinam por vários procedimentos. Para *a*, o compositor manipula a variação da densidade diacrônica (conta-se de um a seis fatos sonoros sucessivos). Ele distribui os sons no tempo de forma muito irregular, permutando, cada vez de maneira diferente, três valores de durações – semifusa, colcheia, colcheia pontuada. Nota-se, também, um largo espectro de intensidades, de *pp* a *fff*, e mudanças de registro, ainda que cada unidade esteja confinada num âmbito relativamente estreito. Trata-se, portanto, de uma lógica articulativa, que diverge em numerosos aspectos do que temos observado na sonata. No que diz respeito à classe *b*, Boulez varia as modalidades de ressonância do fato sonoro gerador pelo seu nível de intensidade, pela sua manutenção física (o tremolo), ou pelo *Pedal*[19]. Essa classe, todavia, possui um elemento de fixidade, por se manter geralmente confinada na região mediana. Finalmente, os gestos melódicos da classe *c* são declinados em diversas modalidades,

---

[19] Nesse ponto, é mister constatar que Boulez retorna a um uso muito convencional dos pedais, mais decorativo que funcional.

que alteram seu perfil direcional, sua densidade (alternância entre um ou dois sons simultâneos), sua intensidade, sua articulação (do legato ao staccato), e sua partição.

Dificilmente pode-se atribuir a essa abertura uma função de *introdução*, que tanto sugerem a indicação *Libre* como o aspecto *impromptu* da forma, pois ela contém apenas escassos elementos que poderiam preparar o terreno para o que a segue. O fator de ligação mais tangível reside numa certa equivalência estrutural entre o primeiro compasso da seção seguinte (p. 3) e a subsegmentação ternária das unidades. Com efeito, esse compasso pode ser decomposto em três células *a*, *b* e *c*, configuração essa que pode ser relacionada com o perfil das classes que identificamos no início (cf. Fig. 5.14). Já que essas células vão se repetir à exaustão em diversas recombinações, um elo pode, assim, estabelecer-se. Ademais – voltarei ao assunto adiante –, o acorde conclusivo dessa primeira seção mostra importantes pontos de contato com aquele, pelo qual começa a segunda vertente (p. 11).

Seção IB ("Prestissimo")

A seção *Prestissimo* constitui, na verdade, uma única unidade sonora composta, fluxo ininterrupto de traços rápidos numa sempre elevada intensidade e sem *Pedal* – salvo os derradeiros compassos. Esse longo processo é seccionável numa infinidade de minúsculas células, não sendo impossível reduzi-las às três classes de gestos que formam a seção anterior, conforme sugiro na Fig. 5.14, e que se articulam numa sequência que visa a evitar a constituição de estruturas de nível superior. A dinâmica formal do conjunto se fundamenta numa lógica de alternância entre as diversas regiões do piano, que finaliza a partir da p. 8 com a ocupação da totalidade da tessitura. A figura 5.14 mostra o início e o fim do processo, e a figura 5.15 esquematiza a evolução da repartição dos sons entre os sete registros, durante a primeira vertente.

Fig. 5.14: Início (p. 31 e 35) e fim (p. 105) da grande unidade sonora IB. As letras remetem às classes de sonoridades presentes na seção anterior (cf. Fig. 5.13).

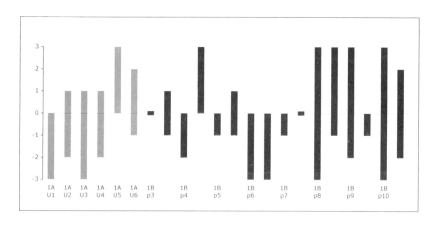

Fig. 5.15: Evolução da partição na vertente I. Em cinza: as seis unidades da seção IA; em preto: as sete páginas da seção IB (p. 3 a 10, dois levantamentos por página).

O que me parece caracterizar essa seção, acima de tudo, tal como, aliás, o termo {B} do sintagma que ocupa a segunda vertente, é a sua austera monofonia. A ausência de Pedal durante a maior parte do percurso contribui para a relativa aridez dessa sucessão bastante longa de gestos, em que grupos de notas repetidas se alternam com gestos esfuziantes, que usam a escala cromática, as diatônicas, ou sua combinação.

Seção II

Conforme já apontei, a segunda vertente da obra é constituída de quatro apresentações variadas de um só sintagma, que assim se sucedem: {A1+B1} {A2+B2} {A3+B3} {A4} (cf. Fig. 5.12). Sendo o último sintagma amputado do seu segundo segmento, estamos, na realidade, diante de uma forma cíclica. O aspecto mais notável dessa seção é o fato de que o agudo do instrumento (partições [2] e [3]) é totalmente eliminado. Com exceção de um lance singular descendente, que sai de Dó 7, p. 15, absolutamente nenhuma sonoridade ultrapassa Ré# 6[20]. Em compensação, o grave e subgrave (-2) e (-3)são bastante explorados, sendo, aliás, o lugar onde evoluem todas as reiterações de {A}. O gráfico da figura 5.16 apresenta o levantamento da partição dos sons. Essa configuração é muito curiosa, pois, forçosamente posta em relação com a seção anterior, durante a qual as diversas regiões do piano eram utilizadas rotativamente (cf. Fig. 5.15), provoca uma espécie de assimetria que não será resolvida.

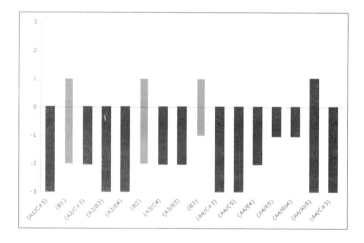

Fig. 5.16: Evolução da partição na Seção II.

[20] O que torna esse lance, de repente, incongruente, visto que nada o prepara e que em nada terá consequências.

Restrições e Polarizações

O segmento {B} do sintagma indicado *vif* possui numerosos pontos de similaridade com a parte B da vertente I descrita acima. Além dos grupos de notas repetidas (ausentes, no entanto, em {B1}), o ouvinte se depara novamente, a cada reprise, com o mesmo fluxo ininterrupto de rápidos desenhos melódicos, onde, contudo, a monofonia cede lugar à diafonia como textura principal, e onde algumas figurações arpejadas em movimento paralelo passam a ocupar um certo espaço (p. 11, 14, 19…). O conjunto se mantém numa estreita tessitura (−2 −1 0 1) (cf. Fig. 5.16).

Prefiro demorar-me sobre {A}, principal elemento de estabilidade sonora da seção, e até mesmo da peça inteira. Ele se diferencia de todo o restante por uma configuração que superpõe duas camadas de acordes, duas *vozes*, cuja primeira, em pano de fundo, forma uma espécie de *cantus firmus*. Este é composto de hexacordes em valores muito longos, desdobrando um ambiente harmônico-espectral pronto para acolher a voz superior. Esta, muito ornada, é constituída de cachos de sons simultâneos, distribuídos de maneira muito aperiódica. É bastante ativa no campo das variações de intensidade, desenhando um envelope bastante acidentado. Em compensação, como já assinalei, a repartição das alturas, para as duas vozes, se concentra, exclusivamente, entre (0) e (-3). Na verdade, o que as diferencia não será a partição, mas, antes, a escolha das alturas, a densidade diacrônica e as intensidades. Apesar de tudo, um efêmero impulso rumo ao registro (1) na penúltima página, culminando em Lá bemol 5, gera uma modesta tensão nessa dimensão. Esta é reforçada por um movimento independente da voz superior, a qual, de repente, mergulha no grave, sem ser seguida pelo *cantus firmus*, que permanece acampado na sua posição aguda. Quando, para terminar, as duas vozes se unem novamente no grave, obtém-se, então, uma espécie de "bom encerramento". Porém, a mais saliente constante de {A} reside na polarização sistemática de todos os acordes das duas vozes em torno de notas referenciais, entre as quais Dó# 3 domina de longe. Em realidade, essa nota já vai se insinuando no final de IA (fim da p. 1), como baixo do acorde conclusivo. Isso autorizaria o entendimento de que o *Prestissimo* seguinte (a seção IB, Fig. 5.12) é um inciso que vem interromper um processo harmônico simulado na figura abaixo (Fig. 5.17). Com efeito, os dois acordes possuem vários cromas e classes intervalares em comum; em torno do eixo Do#3, eles parecem se refletir como num espelho deformante. Por causa desse processo de inversão, o baixo do acorde final de IA se torna a nota superior do primeiro acorde de IIA.

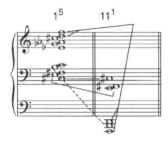

A partir daí, essa nota se impõe como a altura absoluta mais estável de {A}. A figura 5.18 ilustra isso, ao reproduzir o primeiro sistema da página 11: vemos que ela constitui a constante de todos os acordes da voz superior.

Fig. 5.17: O último acorde de IA (fim da p. 1) se conecta com o primeiro acorde de IIA (início da p. 11), por meio de uma inversão em torno de Dó#3.

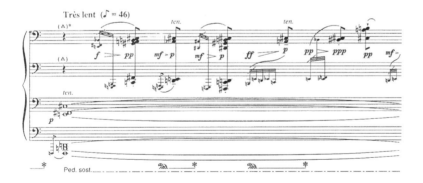

Fig. 5.18: Página 11¹, mostrando a constante Dó#.

Esse princípio se reproduz, de forma imutável, em todas as repetições subsequentes de {A}. A nota aguda do acorde da voz inferior sempre será aquela ao redor da qual gravitarão os fatos sonoros da outra voz. No entanto, posto que as intervenções de {A} se alongam progressivamente, o compositor introduz outros acordes, que resultam na modificação dessa altura polar. A figura 5.19 mostra, em ordem sequencial, todos os acordes presentes no decorrer das quatro versões de {A}. Se colocarmos em perspectiva a sequência dos acordes do *cantus firmus* que polarizam Dó#, excluindo temporariamente os demais – foi o que fiz no sistema inferior da figura – obtém-se uma sequência, em que todos os acordes são permanentemente conectados por um grande número de alturas compartilhadas – assinaladas por ligaduras. Quanto às passagens polarizadas em outras notas – cujos acordes são agrupados no sistema superior – observamos, por três vezes, encadeamentos estritamente paralelos – assinalados por colchetes – procedimento que seria impossível encontrar nas obras dos anos de 1950/60.

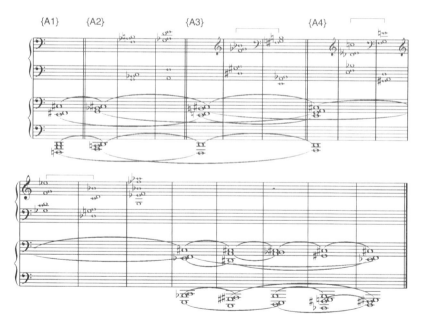

Fig. 5.19: Sequência completa dos acordes da voz inferior, no decorrer das quatro ocorrências sucessivas de {A}. Sistema inferior: acordes tendo Dó# como polo. Sistema superior: acordes tendo outras alturas polares. As ligaduras reúnem as notas em comum (algumas relações distantes foram omitidas, e algumas notas foram permutadas de um pentagrama para outro, para maior clareza). Os colchetes assinalam um movimento paralelo.

Na análise, esse sistema harmônico se reduz, no essencial, a uma lei, rezando que todos os acordes da voz inferior possuam seis sons – o que, de imediato, joga para escanteio o componente densidade acrônica. Outra condição estipula que um mínimo de alturas deve ser compartilhado, de modo a manter uma continuidade sonora por meio de encadeamentos em telhagem. Mesmo que completado pela regra que transforma a nota aguda de cada acorde em polo para a voz superior, esse sistema não comporta em si elementos que estejam em condição de gerar qualquer espécie de reatividade, de dialética, nem entre os acordes, nem entre as alturas polares. Eu ficaria tentado a estabelecer um paralelo entre essa formalização harmônica, relativamente fraca, e a articulação das células de IB e de {B}. Ali também o que se colhe da análise imanente são fórmulas melódicas que mantêm relações de similaridade ou de diferença na superfície, sendo, porém, concatenadas segundo esquemas não sistemáticos.

Formal, Informal?

Enquanto foi possível concluir, à maneira de Ligeti, que o hiperdeterminismo das obras compostas na virada dos anos de 1960 – dentre as quais a *Troisième Sonate* conserva numerosos aspectos – teve como corolário uma aparente e frustrante proximidade com o indeterminismo, poder-se-ia sustentar o contrário com *Incises*, cuja análise evidencia uma formalização aparentemente sumária do nível primário, mas que, no entanto, fica submetida a uma arquitetura, cuja causalidade não deixa espaço para ambiguidades. Essa arquitetura repousa inteiramente sobre a articulação simples dos níveis superiores, articulação baseada sobre o princípio da interrupção de uma sonoridade por outra. Na realidade, constatamos que, na peça, existem apenas duas metassonoridades contrastadas, que o compositor alterna. No meu esquema, foram rotuladas, respectivamente, A e B. *Grosso modo*, A pode ser definida por um conteúdo onde predominam agrupamentos mais ou menos densos de notas simultâneas. Esses grupos são distribuídos numa periodicidade muito irregular, sem pulsação, podendo ocupar um largo âmbito. B se situa exatamente no oposto, e é por causa disso que o princípio do inciso funciona: ela apresenta fluxos cerrados de linhas horizontais, em mono ou diafonia, raramente com mais vozes, que evoluem em âmbitos apertados e em pulsação contínua, frequentemente regular ou alternada. A simplicidade desse procedimento binário garante, sem margem de erro, o acompanhar da estrutura, afastando *manu militari* o espectro do caos aparente: tudo é muito claro, pois é desenhado a grossos traços.

A nota Dó#, pela sua insistente repetição, acaba criando certo polo atrativo, sem que, porém, se desenvolva em torno dela alguma rede de relações funcionais. Simplesmente é martelada por períodos, inclusive durante a totalidade da última página, aparentando querer mostrar que estamos chegando ao fim. Se arrisquei uma evocação da sombra de uma certa dinâmica pseudotonal em *Parenthèse*, fi-lo tendo claro em mente que apenas se tratava de uma hipótese que não se encontra, de forma explícita, no projeto formal *per se*. Em compensação, em *Incises*, tudo se passa como se Boulez tivesse realmente buscado restabelecer um contato com a ideia de centro de gravidade tonal. Mas, aí, sentimos bem isso, faltam um ou vários sistemas concomitantes de articulação que possam opor resistência, sem a qual tal centro não pode se manifestar como agente polarizador.

E o piano? O agenciamento das sonoridades, suas inter-relações, a dinâmica dos componentes secundários – aqueles de ordem acrônica em particular –, o pianismo e a exploração funcional dos recursos do instrumento, tudo isso bem aquém da sofisticação de algumas peças contemporâneas ou mesmo históricas, deixam a impressão de que Boulez não ouviu nada do que se produziu na literatura para o piano durante o meio século que separa as duas obras. Essa aparente defasagem se explica, porém, pelo fato de que, na realidade, não se pode comparar a ambição do projeto da sonata, uma obra que declara a sua intenção de trabalhar uma grande forma, a qual se caracteriza pela sua imanência, com *Incises*. Como se sabe, *Incises* funciona, na trajetória criadora bouleziana, como fonte de uma peça de maiores proporções, *Sur Incises*, para três pianos, três harpas e três percussões, na qual o trabalho sobre a sonoridade restaura essa dimensão numa problemática esclarecida e prospectiva. O texto original de *Incises*, de fato, revela não ser nem mais nem menos que um reservatório de material primário, de gestos e configurações formais que aguardam sua realização nas estruturas sonoras geradas por uma combinatória instrumental cuidadosamente elaborada[21]. Mesmo assim, o compositor não deixou de assumir a existência de *Incises* como peça autônoma – prova disso, a revisão de 2001, posterior a *Sur Incises* – e foi como tal que me propus a analisá-la, como sua obra mais recente para piano solo.

Debussy, na alvorada do século XX, torce o sistema tonal de modo a dobrá-lo à sua estética pessoal, antirromântica, enquanto, ao mesmo tempo, integra-o numa linguagem composicional baseada no som. Não tendo mais que tomar distância dessa pesada herança, Messiaen constitui, com toda liberdade e independência, um conjunto coerente de ferramentas que, ao organizar os cromas, os ritmos, a sintaxe harmônica, a cor sonora, forneceram a base do seu material, praticamente durante toda sua vida. É num espírito semelhante que Boulez compõe a *Troisième Sonate*. Como vimos, nessa obra, ele integra, de maneira dialética, os mesmos processos de alto nível dos dois outros compositores num sistema de organização do material primário imanente e autônomo, que a Messiaen fica devendo apenas a centelha inicial da parametrização integral. Tal preocupação se encontra manifestamente excluída de *Incises*, na qual algumas células nascem como que espontaneamente, a partir de um certo número de fórmulas, sem aparentar exercer alguma influência vital sobre a macroestrutura. Resta-nos ouvir uma sucessão de gestos que, ainda que articulados segundo um princípio norteador que se deixa apreender com muita clareza, parece reivindicar a espontaneidade do *impromptu*.

---

21 Cf. W. Fink, Métamorphoses de la musique de soliste dans trois oeuvres de Pierre Boulez, e Un entretien avec Pierre Boulez, ambos no encarte do CD *Boulez: Sur Incises, Messagesquisse, Anthèmes 2.*

VI.
A "Repartição Espectral", Vetor da Forma na *Klavierstück 11* de Stockhausen

A "Filtragem" Espectral, Metáfora para a Análise das Estruturas Harmônicas

Se, de acordo com Robin Maconie, a *Klavierstück 10* de Karlheinz Stockhausen "unifica a delicada complexidade de Debussy (p. ex., *Voiles*, c. 41, ou *Feu d'artifice*, c. 43-45) com a energia e intensidade do som eletrônico gerado por código pulsado"[1], a peça seguinte, dessa vez, segundo o próprio compositor, não seria "nada mais que um som, em que os harmônicos, os formantes, são organizados de acordo com regras estatísticas"[2]. Lembrei, na "Introdução" deste livro, em que circunstâncias Stockhausen elabora um sistema de transformações fundado sobre "critérios formais estatísticos"[3]. De fato, é possível obter informações pertinentes sobre a complexidade sonora relativa de cada uma das unidades sonoras que compõe

---

1 *The Works of Stockhausen*, p. 149. Ver também a análise de J.-Y. Bosseur, *Musiques contemporaines*, p. 21-29.

2 Em J. Cott, *Conversations avec Stockhausen*, p. 76.

3 Supra, p. 32-34. Ver também K. Stockhausen, Von Webern zu Debussy. Bemerkungen zur statistischen Form, *Texte zur Elektronischen und Instrumentalen Musik*, v. 1, p. 75-85.

Klavierstück 11, a partir de um certo número de componentes, entre os quais um dos mais ativos parece ser a densidade relativa, cuja curva mostro na figura 6.1.

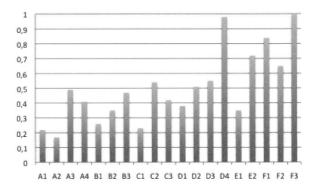

Fig. 6.1: Histogramas representando a densidade relativa de cada "grupo" de *Klavierstück 11*.

No entanto, a minha proposta é, por ora, investigar a obra a partir de um critério mais intrínseco, o da "repartição espectral"[4], com o objetivo de mostrar que essa peça para piano é uma sucessão de estruturas espectrais complexas, cuja configuração determina cada um dos dezenove grupos que a segmentam.

Essa composição de 1956, que também é seminal na literatura para piano do século XX, situa-se, tradicionalmente, ao lado da *Terceira Sonata* de Boulez como paradigma histórico do conceito de "obra aberta". A análise a seguir parte do pressuposto de que o leitor conhece tanto a obra quanto os conceitos teóricos do compositor[5]. Ela se apoia na noção de espectro, o qual se entende, metaforicamente, como construção que remete aos princípios de distribuição das alturas numa escala de tipo logarítmico, a partir de uma fundamental.

---

4 Embora Stockhausen não faça menção textual da "repartição espectral" na sua lista, os critérios *Klangfarbe, Tonhöhenlage, Lautstärke* ou ainda *Dichte*, abordam, implicitamente, certos aspectos da mesma. Cf. a definição desses termos supra, p. 32-33.

5 Uma boa referência em francês é o número especial Kalheinz Stockhausen, *Contrechamps*, n. 9, 1988. Igualmente R. Maconie, *The Works of Stockhausen* e *Stockhausen sobre a Música*; K. Stockhausen, A Unidade do Tempo Musical, em F. Menezes (org.), *Música Eletroacústica*, p. 141-149. Oportuno pode ser lembrar que Boucourechliev soube tirar partido das teorias de Stockhausen para analisar algumas obras de Debussy, *Debussy, la révolution subtile*, p. 38-48.

A restrição dessa premissa é que todas as notas presentes numa estrutura musical se tornem "frequências" que se relacionem como "parciais" de uma "fundamental". Para esse estudo, considerei tão somente o conteúdo acrônico dos "grupos", cuja sucessão o pianista terá de organizar no tempo. Isso não significa que os componentes diacrônicos não sejam relevantes no âmbito de uma análise baseada num modelo espectral, muito pelo contrário. No caso, apenas efetuei uma redução, cuja finalidade é facilitar a observação de uma única dimensão[6]. No mais, tampouco escolhi considerar as variáveis do percurso que foram deixadas pelo compositor ao livre arbítrio do intérprete, e que interferem na duração global de cada grupo, no tipo de articulação e na intensidade[7]. No que toca à segmentação e classificação, retomei as propostas de Konrad Boehmer, tais como foram apresentadas e adotadas por Claude Hellfer na sua análise da obra[8]. O musicólogo alemão constitui seis famílias (A, B, C, D, E e F) em função da duração relativa aproximada dos grupos. Essa é estimada pelo número de colcheias que cada um contém, da maneira indicada na tabela 6.1.

Família	Número de colcheias
A	3
B	6
C	10
D	15
E	21
F	28

Tabela 6.1: As seis "famílias" dos "Grupos" de *Klavierstück* 11.

Esse critério de classificação pode ser discutido, mas não tenciono engajar um debate a respeito aqui, pois essa convenção não tem incidência direta sobre meu objetivo. Identificaremos os membros de uma família por um número inteiro acoplado à letra do

---

6 Faço, todavia, no final, breves considerações sobre o comportamento cinético dos grupos.

7 Stockhausen, nota de interpretação publicada com a partitura n. 7, *Klavierstück XI*, Viena, Universal Edition, 1957.

8 La *Klavierstück n. 11* de Kalheinz Stockhausen, *Analyse Musicale*, n. 30, p. 52, que faz referência a: Konrad Boehmer, *Zur Theorie des offenen Form in der neuen Musik*, p. 71-84.

grupo aos quais pertencem, p. ex., A1, A2,... As variantes – as que devem ser tocadas quando algum grupo é repetido, em conformidade com as instruções do compositor – são assinaladas pela letra B aposta ao rótulo, p. ex., A1B. Essas variantes consistem, no essencial, em transposições na oitava superior das partes mais agudas, e/ou inferior das partes mais graves. O gráfico (Fig. 6.2) deveria facilitar a identificação dos grupos para os leitores que têm a partitura em mãos. Ele reproduz, aproximadamente, a sua disposição espacial na folha[9], com as convenções de rótulo que estabeleci.

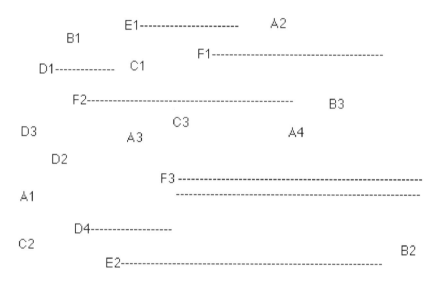

Fig. 6.2: "Mapa" de *Klavierstück 11*, reproduzindo a localização dos grupos na partitura original, com rotulagem desses por família, de acordo com a tabela 6.1 e as convenções explicadas no texto principal.

[9] Lembramos que a partitura é constituída de uma única grande folha, na qual são dispostos os diferentes grupos.

As Fundamentais Aparentes dos Dezenove Grupos

A tabela 6.2 mostra um levantamento das notas mais graves observadas para cada grupo. A denominação de "fundamental aparente" tem o intuito de não prejulgar a estrutura espectral real do grupo, que, às vezes, como veremos, remete a uma fundamental situada abaixo dessa nota. Nesse caso, qualifica-la-ei de "virtual".

Fund.	Grupos
Lá	B2, C1, C3, D4B, E2 (*cluster* final), E2B, F2, F3B
Lá #	A3, D4, F1
Si	
Dó	F3
Dó #	A4
Ré	B3, D1, D2
Ré #	B1
Mi	
Fá	A1, C2, E2
Fá #	E1
Sol	A2, D3
Sol #	A2 (parcialmente)

Tabela 6.2:
Os grupos classificados por "fundamental aparente".

O quadro evidencia a predominância de Lá. Sem sombra de dúvida não se trata de uma coincidência, pois essa é a nota mais grave do piano. Por isso mesmo, é capaz de produzir os mais ricos e complexos espectros harmônicos, inclusive através da ressonância por simpatia do conjunto das cordas na caixa acústica. Isso comprova que o compositor desejou tirar proveito das propriedades acústicas do instrumento[10]. Em compensação, Mi e Si são completamente ausentes da coleção de "fundamentais", talvez para evitar uma polarização baseada num esquema de quintas que poderia induzir relações consonantes com Lá. Observamos, também, que alguns grupos só passam a apresentar a nota Lá grave do piano na ocasião da sua repetição (variante "B").

10 Veremos, no último capítulo, como Lachenmann saberá, também, explorar esses recursos.

Exemplos de "Filtragens" Harmônicas

A1 e A1B

O conteúdo de A1 (Fig. 6.3) pode ser interpretado como uma construção espectral, cuja fundamental seria Fá-1. Ela começaria, de fato, no 8º parcial (quarta oitava, ou seja, Fá2), e seria filtrada por um filtro em forma de "pente" (*comb-filter*), cuja taxa de amostragem, isto é, o intervalo entre os "dentes" do "pente", seria a terça, maior ou menor (Fig. 6.3).

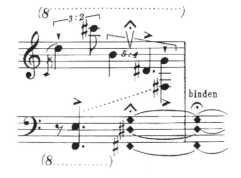

Fig. 6.3: Grupo A1, e variante A1B (signos de oitava entre parênteses).

©1957 by Universal Edition (London) Ltd., London/ue 12654, para este exemplo e os seguintes.

Fig. 6.4: Estrutura acrônica de A1 (esq.), revelando um filtro de terças (dir.).

Notas em forma de (x): componentes parciais ausentes do grupo; notas em forma de losango: ressonâncias em conformidade com as convenções da partitura original.

A interpretação segundo o *pente de terças* negligencia, todavia, duas alturas: Fá# ressonante e Mi (cf. Fig. 6.4, esq.). Estas foram "artificialmente" acrescentadas a uma estrutura que, se fôssemos seguir à risca o modelo harmônico, não deveria contê-las no lugar onde o compositor as colocou. Porém, para integrá-las, basta, na verdade, fazê-las "descer" respectivamente uma e duas oitavas, local onde elas se encontram naturalmente no espectro (Fig. 6.5).

Fig. 6.5: A1, analisado a partir do espectro harmônico.

Notas em forma de cruz (x): componentes parciais ausentes do grupo. Notas em forma de losango: ressonâncias em conformidade com as convenções da partitura original. As linhas retas, em negrito, apontam sequências de componentes ausentes entre dois presentes. As ligaduras mostram os componentes parciais transpostos no grave. Valores em semínimas: estes parciais transpostos. Fá-1 (terceiro sistema) representa a fundamental "virtual" da estrutura.

Essas transposições, conforme se observa, apenas afetam as alturas Mi e Fá#, vizinhas imediatas da fundamental Fá. Podemos detectar nisso a intenção de enfraquecer, de embaralhar a sensação harmônica, pela criação de um *ruído* ao redor da nota, que deveria polarizar a consonância. A1B é uma transposição incompleta de A1, realizada por meio das indicações de oitava postas entre parênteses pelo compositor. O exame do seu conteúdo acrônico (Fig. 6.6., esq.) permite constatar que essa dupla transposição, pela qual seu âmbito aumenta em uma oitava os limites superior e inferior da tessitura original, resulta numa completa reconfiguração do espectro e das relações com a fundamental. A redistribuição dos sons num espaço ampliado gera, em particular, um notável *vazio* no espectro – entre Mi2 e Fá#4, que é tão somente ocupado por ressonâncias – e desloca o formante principal para o agudo. A1B, no entanto, mantém algumas relações de similaridade com seu modelo A1, graças à conservação integral da sua estrutura rítmica.

Fig. 6.6: Estrutura acrônica da variante A1B, e sua análise harmônica (comparar com a Fig. 6.5).

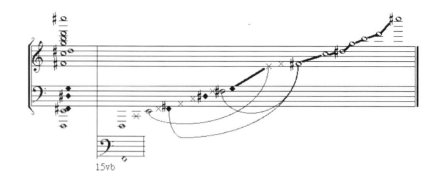

C1 e C1B

O mesmo tipo de transformação se verifica na maior parte das variantes, já que essas são quase todas baseadas na dilatação da tessitura, simultaneamente para cima e para baixo, sem acréscimo de notas suplementares. Como exemplo, a figura 6.7 mostra o grupo C1/C1B com suas estruturas acrônicas comparadas. A operação de transposição simultânea nos dois sentidos provoca um imenso vazio no centro do espectro de C1B (entre Sol#2 e Dó5), como bem se repara na figura.

Fig. 6.7: Grupo C1/C1B (esq.) e suas estruturas acrônicas respectivas (dir.).

A2

Fig. 6.8: A2 e sua estrutura acrônica, com análise harmônica a partir de duas fundamentais virtuais. Cf. Fig. 6.5.

Quanto ao grupo A2, ele é o resultado de uma filtragem alternada do espectro harmônico de duas fundamentais virtuais, Sol1 e Sol#0. A filtragem consiste em eliminar do espectro de Sol todos os parciais abaixo do parcial harmônico 8, colocando no lugar alguns parciais de Sol# (harmônicos 8, 11 e 12, Fig. 6.7). Reencontramos, portanto, uma estratégia composicional já constatada no grupo A1, qual seja, obstruir a percepção clara (e, portanto, consonante) dos primeiros parciais de determinada estrutura espectral (aqui, a de Sol), por meio da introdução de elementos estranhos que estejam em relação de semitom com o componente natural e esperado do espectro (aqui, os de Sol#). O resultado provoca um batimento acústico. A partir do Sol4, o espectro de Sol toma conta do restante da estrutura, apesar dos últimos sons poderem ser atribuídos tanto a Sol como a Sol#. Esses exemplos objetivam mostrar que o conceito de filtragem, tomado emprestado da técnica do tratamento eletrônico do som, pode constituir uma ferramenta interessante para explicitar os processos de geração das estruturas acrônicas em *Klavierstück 11*, sendo, ademais, coerente com as teorias espectrais contemporâneas do próprio compositor.

Análise Comparada de Grupos Aparentados

Nesta segunda seção, analiso alguns grupos que compartilham a mesma fundamental aparente, com o fim de evidenciar, se for o caso, outras características que os aproximariam.

A3, D4 e F1

Fig. 6.9: Estruturas acrônicas de A3, D4 e F1, com indicação das suas fundamentais virtuais. As faixas verticais indicam que todas as alturas cromáticas estão presentes. A indicação de transposição "29vb" (4 oitavas abaixo) é válida para a pauta inteira.

Além da fundamental Lá#, os três grupos apresentam em comum uma faixa contínua de frequências (*cluster*) na região mais aguda do seu espectro. Para obter-se, na lógica espectral, uma faixa contínua de frequências, é preciso que a fundamental seja extremamente grave, pois é somente a partir do 16º parcial que se começa a ter alguma continuidade sonora – dezesseis sons diferentes no espaço da oitava. A presença de faixas contínuas em registros graves (principalmente nas unidades D4 e F1) obrigou a deduzir fundamentais, que, apesar de bem aquém do limiar da audição humana (Lá-2, cerca de 7 Hz, para A3 e D4, e Lá-3, aproximadamente 3.5 Hz, para F1), são congruentes ao sistema composicional de Stockhausen em vigor na época, o qual, como é sabido, integrava, numa única dimensão frequencial, alturas, durações e forma em grande escala[11].

No campo das diferenças entre os três grupos, o mais interessante, sem dúvida, é a progressão para o grave do formante principal: à medida que o âmbito da faixa contínua vai descendo (ao mesmo tempo, aliás, que expande seus limites), a tessitura global também desce. Paralelamente, o intervalo entre a primeira nota (real) e a segunda

[11] K. Stockhausen, "...comment passe le temps...", *Contrechamps*, n. 9, p. 26-65; [em inglês: "... how time passes...", *Die Reihe 3 – Musical Craftsmanship*, p. 10-40.]; F. Menezes, A Unidade do Tempo Musical e Karlheinz Stockhausen: A Teoria da Unidade do Tempo Musical, *Música Maximalista*, p. 257-268.

aumenta. Finalmente, devemos notar a evolução da importância do centro acústico Lá#: de início bastante diluído e "perturbado" em A3, por causa da presença, na primeira oitava, da dissonância Lá#1-Dó2-Sol#2, ele transparece, de forma mais distinta, em D4, quando Lá#1 se encontra mais isolado, para, finalmente, predominar sem mais nenhuma ambiguidade em F1. Nesse instante, ele baliza os limites inferiores e superiores tanto do grupo quanto da faixa contínua de frequências. De maneira geral, podemos ainda salientar que A3, o grupo mais curto e mais "simples", em termos diacrônicos (cf. Fig. 6.10), apresenta a estrutura harmônica mais complexa, mais perturbada, menos "natural".

Fig. 6.10: O grupo A3.

Em compensação, os grupos D4 e F1, bem mais extensos e complexos na sua composição diacrônica, são constituídos de morfologias acrônicas relativamente rudimentares, nas quais prevalece uma indiferenciada faixa contínua de frequências acima de uma fundamental isolada.

B2, C1, C3

Além de compartilharem Lá como fundamental aparente, esses três grupos apresentam o interesse de constituir uma progressão, a qual se realiza na evolução das durações relativas e da densidade proporcional de fatos sonoros (Fig. 6.11).

Fig. 6.11: B2, C1 e C3.

Fig. 6.12: O espectro de B2, C1 e C3 pode ser fundado numa matriz filtrada virtual M (acima).

As conexões verticais em negrito salientam os componentes que permanecem de um grupo ao outro. As linhas oblíquas mostram oscilações na frequência de um componente (± 1/2 tom). As linhas descontínuas (na região aguda) assinalam transposições à oitava superior.

A figura 6.12 mostra que a morfologia dos três grupos pode ser deduzida de um processo de filtragem seletivo de uma estrutura espectral virtual M. Essa estrutura não se encontra *in extenso* na partitura; no entanto, F3, a mais complexa estrutura da peça, apresenta nada menos que 43 dos 49 sons que a compõem.

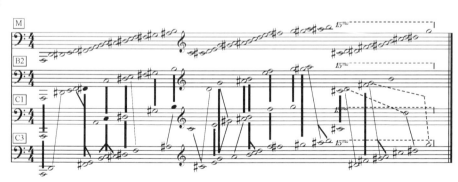

Essa redução evidencia a filiação dos três grupos. Os numerosos componentes parciais constantes entre eles formam o núcleo de estabilidade, ao mesmo tempo em que contribuem para conferir-lhes uma semelhança sonora mútua. Alguns parciais são alterados por pequenas oscilações de frequência: por exemplo, Si3 em B2, após se transformar em ressonância em C1, desliza para Lá#3 em C3; Dó4 em C1 sobe de um semitom em C3 para alcançar Ré em B2; Sol4 em B2 se desloca para Sol# em C1, para retornar a Sol em C3. Outros são levemente "parasitados" pela introdução de ruídos nas estruturas locais: por exemplo, Dó3 em B2 e C1 se transforma, em C3, num aglomerado Si2-Dó3-Dó#3.

A rarefação da densidade do espectro na região central do piano constitui um artefato composicional importante, que já levantamos em outros grupos. Se fosse verificado em proporções mais significativas, poderia constituir boa parte da "assinatura" sonora da peça. Por outro lado, nesse mesmo aspecto, C1 se singulariza pela sua baixa densidade relativa de componentes (também claramente visível na partitura, reproduzida na Fig. 11). Observamos, finalmente, uma abertura progressiva e oblíqua do filtro: enquanto a fundamental permanece fixa, o espectro alcança gradualmente a região aguda. Tendo Si6 como limite superior em B2, passa a Ré7 em C1 para atingir Sol7 em C3. Essa expansão, que se traduz evidentemente por um aumento correspondente do valor do componente âmbito relativo, oferece uma interessante correlação com a expansão simultânea da duração relativa dos três grupos (Fig. 6.13). Podemos, outra vez, creditar essa convergência à teoria do tempo musical do compositor. Sendo a duração, no caso, função de uma estrutura harmônica, os elementos mais duradouros poderiam ser gerados, de fato, a partir dos espectros mais amplos[12].

---

12 Cf. referências da nota anterior.

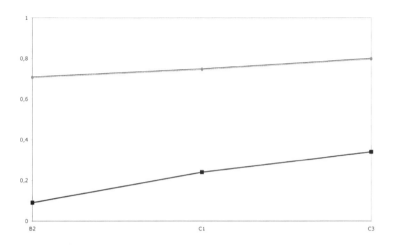

Fig. 6.13: Evolução correlata dos componentes âmbito relativo (curva superior) e duração relativa (curva inferior), para os grupos aparentados B2, C1 e C3.

De modo geral, por outro lado, os dois principais componentes de ordem cinética, a duração relativa e a distribuição diacrônica, acusam, quando se leva em conta a totalidade dos 19 grupos, uma correlação negativa muito acentuada (-0,50), que se observa no gráfico da figura 6.14. Esse comportamento não constitui, dessa vez, uma característica estilística da peça. Ao contrário, é um traço estrutural recorrente na música pós-serial, diretamente ligado ao tratamento combinatório dos valores rítmicos. Posto que os compositores não trabalhavam com esquemas ou células, mas, antes, a partir de quantidades abstratas, resulta que, se, por um lado, os menores objetos apresentam um perfil rítmico muito assimétrico, fruto direto do princípio de não repetição (cf., por exemplo, A2, Fig. 6.8, que possui um índice de aperiodicidade de 97%), em contrapartida, quanto mais a estrutura contém fatos sonoros em sequência, tanto mais seu perfil rítmico global mergulha numa relativa indiferenciação, ainda por causa do mesmo princípio. Segue-se, naturalmente, uma simplificação da distribuição diacrônica, o que remete, mais uma vez, à observação crítica que fiz aqui mesmo a propósito de Boulez[13], e que o gráfico mostra de uma forma que não poderia ser mais clara. Assim, F3, o mais comprido dos grupos, mostra um índice de distri-

---

13 Cf. capítulo anterior.

buição acrônica de apenas 10%, o que o aproxima da regularidade estatística perfeita. Considero mais que provável que esse fato não corresponda a uma intenção estética, mas seja o resultado, esperado ou tacitamente aceito, de decisões composicionais que agem mais em baixo, sobre os "parâmetros".

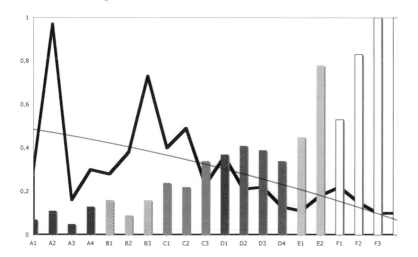

Fig. 6.14: Durações relativas (histogramas) e distribuições diacrônicas (curva) de todos os grupos. Sua correlação negativa é mostrada por suas linhas de tendência (em cinza).

Conclusão

A análise que acabei de desenvolver sugere que é possível verificar *in situ* as asserções do compositor brevemente evocadas no início deste capítulo. Os grupos foram pensados em termos de estruturas espectrais complexas. Os processos de variação ou transformação aplicados foram regidos por estratégias composicionais inspiradas no trabalho com a matéria acústica bruta, tal como o praticavam na época tanto os compositores da Elektronische Musik – entre eles, em primeira instância, o próprio Stockhausen – como os da *musique concrète*. *Klavierstück 11* é composta de objetos acusticamente esculpidos, e as (pseudo) infinitas variações na sua organização sequencial, deixadas em parte ao livre arbítrio do intérprete, não são mais do que a abstração de um trabalho de transformação sempre renovada sobre a matéria sonora em si.

VII.
Polifonias Defasadas: Uma Análise das Dimensões Harmônicas Paralelas da *Sequenza IV* de Berio

A *Klavierstück* de Berio

Enquanto todas as demais *Sequenzas* foram escritas em estreita colaboração com os mais eminentes especialistas, a *Sequenza IV* é a única a ter sido concebida e elaborada diretamente ao piano pelo próprio Berio, apesar da dedicatória à pianista brasileira Jocy de Carvalho. De acordo com Philippe Albèra, a peça "é o resultado do gesto instrumental próprio do compositor", conferindo, assim, "esse caráter improvisado, influenciado pelo jazz"[1]. Por outro lado, David Burge relata que Berio lhe comunicou "com grande excitação" sua descoberta da *Klavierstück 10* de Stockhausen, confessando que "aquela 'nova maneira de tocar piano' o tinha estimulado a compor uma grande peça para o instrumento", a qual utilizaria os *clusters* "de uma maneira diferente" e "exigiria a utilização do terceiro Pedal a maior parte do tempo[2]. Essas declarações colocam a *Sequenza IV*

---

1 Albèra considera, aliás, que essa particularidade constitui um vetor crucial da originalidade da *Sequenza IV*, Introduction aux neuf sequenzas, *Contrechamps*, n. 1, p. 102.

2 *Twentieth-Century Piano Music*, p. 163–164.

numa posição assaz peculiar no contexto do ciclo, pois sugerem mais afinidades com a bagagem pianística pessoal de Berio e as impressões deixadas pela peça de Stockhausen, do que com as outras *Sequenzas*. De fato, excetuando a utilização quase permanente, portanto, do pedal *sostenuto*, nenhuma das técnicas instrumentais experimentais, típicas da vanguarda da época e que alimentam em abundância as *Sequenzas* mais teatrais para flauta, voz ou trombone (para citar apenas as peças adjacentes), é utilizada nessa. Razão pela qual Gale Schaub pode afirmar que a singularidade da quarta *Sequenza* se deve, "em primeiro lugar, a recursos puramente musicais"[3]. Nesse sentido, podemos considerar a redação musical da peça como sendo, aparentemente, mais tradicional, centrada antes nos materiais que nos efeitos. O uso do tempo mensurado, convenção deveras atípica do contexto das *Sequenzas*, fornece um dos indícios dessa característica.

Todavia, no momento em que decide incluir essa nova "grande" peça para piano na série das *Sequenzas*, Berio aplica o conceito fundamental que gera todas as estruturas do ciclo. Esse conceito, como bem explica nas entrevistas dadas a Rossana Dalmonte, consiste, de um lado, em criar "uma sequência de campos harmônicos" da qual a maioria das outras dimensões musicais são derivadas, à qual é "associada um controle da trajetória e da densidade", e, por outro lado, em "transformar e precisar melodicamente um discurso essencialmente harmônico"[4]. De fato, a totalidade do material da *Sequenza IV* é derivada dos acordes de abertura, os quais se desdobram progressivamente, gerando, assim, um *"continuum* de figurações" que circula entre densas agregações e tênues "fragmentos arpejados e eventualmente melódicos, que interagem num fluxo sintático entre constituintes intermediários estruturalmente opostos"[5]. Os objetos

---

3 *Transformational Process, Harmonic Fields, and Pitch Hierarchy in Luciano Berio's Sequenza 1 through Sequenza x*, p. 72.

4 *Entrevista sobre a Música Contemporânea*, p. 83-86.

5 J. McKay, Aspects of Post-serial Structuralism in Berio's Sequenza IV and VI, *Interface*, n. 17, p. 223-239. Não tenho a intenção de estabelecer agora uma comparação com *Klavierstück 10* de Stockhausen – tarefa que se revelaria, provavelmente, frutífera; porém, é interessante observar que essa peça é similarmente construída sobre uma oposição estrutural entre *clusters* (ou acordes) e rápidos gestos cromáticos monódicos. Cf. J. Harvey, *The Music of Stockhausen*, p. 42-47.

verticais que se dão a ouvir nos primeiros momentos da peça são, na realidade, instâncias das duas categorias de sonoridades que irão constituir o núcleo da *kinesis* da música. A primeira categoria, que rotulei de A, é uma construção "bitriádica", assim chamada por ser construída a partir da sobreposição de duas tríades, sejam elas maiores, menores, aumentadas ou diminutas. Essas tríades duplas, algumas reforçadas por uma sétima, quiçá uma nona, assumem uma tendência harmonizante. Do lado oposto, as sonoridades da segunda categoria (B), são baseadas em relações cromáticas, onde dominam segundas e quartas, o que as tornam indubitavelmente inarmônicas, tendendo para o ruído. Elas formam o que chamarei, por oposição semântica, *atríades*. Como afirma Albèra, "essa oposição é mantida ao longo de toda a obra: o segundo tipo de acordes gera, por exemplo, os *clusters*, enquanto o primeiro desenvolve figurações melódicas, se valendo de intervalos 'consonantes' "[6].

No mais, a maioria dos autores que se debruçaram sobre essa obra repararam na fluidez da estrutura temporal, pela qual a música muda progressiva e suavemente de um estado "harmônico" a um estado "melódico" e vice-versa. Ainda que uma macropartição seja sugerida pela volta da seção harmônica inicial no final da peça (p. 16[14])[7], não é nada pacífico decidir exatamente como uma presumida forma ABA poderia articular-se. "A imagem de um 'fluxo' ou de uma evolução instável porém dirigida constitui uma descrição apropriada do *design* formal, já que a sucessão, relativamente imprevisível, dos tipos constitutivos, […] faz parte de uma transformação global da textura da peça, da predominância de um tipo constitutivo à predominância de outro"[8].

É mais provável, por conseguinte, que estejamos em presença de mais de um nível de articulação da peça, cada um deles tendo seu próprio esquema temporal, não necessariamente coincidente. Avanço a hipótese de que a estrutura da *Sequenza IV* é gerada por

---

6 Op. cit., p. 103.

7 O expoente à direita da indicação de página remete ao compasso dessa página (contado a partir de 1 para cada página).

8 J. McKay, op. cit., p. 226.

uma polifonia defasada (*out-of-phase*) de várias dimensões. A minha proposta é dupla, portanto. Primeiro, trata-se de tentar elucidar os meios pelos quais o compositor controla a evolução da complexidade sonora relativa dos objetos *acordes* – um daqueles meios "puramente musicais" aos quais alude Schaub. Devido à minha restrição às construções harmônicas imanentes, não discutirei nenhuma das suas expansões ou transformações "lineares", "gestuais" ou "melódicas". Em seguida, tentarei pôr em evidência o aspecto polifônico da organização das diferentes dimensões.

Critérios de Seleção, Nomenclatura dos Acordes, Matrizes e Declinações

Tendo, portanto, como objetivo primeiro desenhar a evolução das estruturas verticais, decidi levar em consideração apenas as agregações com, pelo menos, seis notas. Essa decisão se fundou nas seguintes observações:

a. a característica *bitriádica* dos acordes – cujo número de notas internas, por definição, nunca é inferior a seis – forma o conteúdo harmônico mais saliente da peça;

b. um aspecto sonoro notável é a grande quantidade de estruturas verticais muito densas (até doze notas, como nas p. 5^{10} e 13^{6});

c. em contrapartida, os "pequenos" acordes tendem a se diluir nas figurações melódicas (cf., p. ex., p. 4^{5} – 4^{11}, p. 10^{11} – 10^{13} etc.), pelo que perdem, naturalmente, sua função harmônica *stricto sensu*.

No entanto, incluí nesse catálogo dois pentacordes excepcionais: o acorde A6^{1} p. 3^{13} – um Fá Maior com nona acrescentada, declinação de A6 (cf. Fig. 7.1) – e o acorde B19 p. 8^{13}, uma construção altamente inarmônica. Esses dois objetos merecem ser levados em conta por causa da sua configuração, que assume excepcionalidade no contexto harmônico da *Sequenza*. Em compensação, os *clusters* foram excluídos, devido à sua inércia enquanto protagonistas de sintaxe harmônica.

Ao lado das duas letras A e B, que correspondem, respectivamente, às duas famílias, as *bitríades* e as *atríades*, cada acorde recebe um número de ordem. Assim sendo, B1, por exemplo, faz referência à primeira atríade da peça. As variações de um mesmo acorde são consideradas declinações da sua matriz. A matriz corresponde, simplesmente, à primeira instância do acorde na obra. As declinações são identificadas por um expoente acoplado ao número da matriz, o qual corresponde à ordem do seu aparecimento. As repetições exatas de um mesmo acorde (seja matriz ou declinação) recebem o mesmo rótulo.

Nessa obra, as declinações são produzidas por três técnicas composicionais. A primeira comanda a mudança de uma ou várias notas, realizada usualmente por deslocamento para a altura adjacente, cromática ou diatônica. Pode-se visualizar alguns exemplos na figura 7.1, $A1 - A1^1$, e $A4 - A4^1$ ou figura 7.2, $B5 - B5^1$. A segunda técnica consiste em acrescentar ou retirar uma ou várias alturas da matriz, provocando, assim, uma oscilação das densidades absolutas: cf. figura 7.1, $A5 - A5^1$, e figura 7.2, $B8 - B8^2$. Essa oscilação é geralmente empregada em conjunção com a técnica anterior, tal como na figura 7.1, $A6 - A6^1$, ou na figura 7.2, $B4 - B4^3$ e o grupo B15. O terceiro recurso apela para um gesto pianístico muito idiomático, aquele em que as notas atribuídas a uma das duas mãos são modificadas em bloco, seja por transposição, seja por uma das técnicas acima mencionadas, enquanto a parte do acorde alocada à outra mão permanece intacta. O leitor pode encontrar vários exemplos na figura 7.1. A segunda modalidade de declinação – que gera relações de similaridade na base de variações da sua densidade absoluta – é uma das estratégias que Berio privilegiou na maioria das outras *Sequenzas*, em prejuízo dos procedimentos mais comuns da escola tradicional serial, como aqueles que alteram a formação original pelo viés de permutações ou operações combinatórias. Como ele mesmo deixa a entender no seu depoimento a Rossana Dalmonte, que citei anteriormente, a densidade é um dos elementos fundamentais de organização das estruturas, e veremos como ele põe isso em prática na segunda parte deste capítulo. Por outro lado, é relevante notar que o procedimento de transposição convencional, que afeta linearmente e na mesma proporção todas as alturas de um acorde, intervém somente uma única vez nesse material, no caso, entre as matrizes A1 e A2 (cf. Fig. 7.1)[9]. Para concluir, é preciso mencionar que resolvi levar em conta os erros de impressão da edição Universal de 1967 anotados por Gale Shaub, que teve acesso ao manuscrito do compositor[10].

Uma Organização Bipolarizada das Estruturas Harmônicas

Segundo os critérios estabelecidos acima, identifiquei seis matrizes para a família das bitríades, cuja maioria se faz presente nos primeiríssimos momentos da peça, p. 1^1 – 2^2 (cf. essas matrizes e suas declinações na Fig. 7.1). Isso significa que as atríades, que comportam nada menos que 25 matrizes (cf. Fig. 7.2), se encarregam da maior parte da sintaxe harmônica. Após introduzir a obra, elas aparecem primeiro em alternância equilibrada com as bitríades, nos cinco primeiros compassos e entre os compassos p. 1^{13} e p. 2^2; em seguida, porém, controlam, de maneira quase exclusiva, a totalidade das entidades verticais restantes, com raras exceções[11]. Durante a sessão conclusiva, encontramos um número significativo de ocorrências de A2 – assim como, em proporção menor, de A1 (cf. p. 16^4, p. 16^{14} – 17^3, p. 17^{11} – 17^{13}) – que fornecem, em particular, o material que fecha definitivamente a forma. Os outros acordes da família desaparecem. Esses dados sugerem que poderia existir algo parecido com

---

9 Essa é a razão pela qual A2 não é considerada como declinação de A1. Ademais, a transposição das duas tríades simultâneas ocorre em sentido contrário.

10 Cf. op. cit., p. 76, 88, 102. Esses erros são: a. p. 1^{10}, último acorde do segundo sistema: Sol5 deve ser acrescentado, de modo que o acorde se torne uma repetição exata de A3, sexto acorde do início da peça; b. p. 6^1 (primeiro acorde da página: Dó grave deve ser sustenido, de modo que o acorde se torne uma repetição exata de B2, terceiro acorde da peça; c. a gráfica teria esquecido de reproduzir uma indicação *ppp* a se restituir na p. 17^4.

11 Essas exceções são: A6 na p. 3^{13} e p. 12^{10}, duas declinações de A4 na p. 6^9 e p. 8^5, e A5, introduzindo a p. 8^{14} e depois repetida nas p.11^5, 13^4 e 15^4.

uma estruturação bipolar pseudotonal na harmonia da *Sequenza*, cujas bitríades funcionariam como centro principal de gravidade, enquanto as atríades, cromáticas e dissonantes, forçariam para um polo alternativo de tensão. De fato, como nas formas tonais clássicas, os acordes situados no bojo da "tônica" (aqui, portanto, as tríades duplas) introduzem a peça, para ser, em seguida, rapidamente substituídos por aqueles que pertencem à "região dominante" (no caso, as atríades), que assumem, então, conforme observamos, o essencial do suporte harmônico. Durante o que poderia ser considerado como uma "recapitulação" final, os acordes com vocação de "tônica" – no caso, especialmente o acorde do grupo A2 – retornam com muito mais frequência, para dissolver as tensões anteriores. No entanto, não existem sinais unívocos que autorizem a estruturação definitiva da *Sequenza IV* segundo esta hipótese: a dinâmica harmônica observada pode muito bem ser avaliada por meios imanentes em relação às outras dimensões do discurso.

Fig. 7.1: As bitríades (grupo A), matrizes e declinações.

Fig. 7.2: As atríades (grupo B), matrizes e declinações.

Uma Descrição das Matrizes Harmônicas a Partir das Suas Características Sonoras

U	Q	Int.	Amb.	VR	DA	H
A1 (p.1¹)	(0.05)	(0.19)	(0.32)	(0 0 0 3 3 0 0)	(0.30)	(0.60)
A2 (p.1²)	(0.04)	(0.19)	(0.18)	(0 0 0 5 1 0 0)	(0.07)	(0.46)
A3 (p.1³)	(0.04)	(0.19)	(0.2	(0 0 0 6 1 0 0)	(0.13)	(0.40)
A4 (p.1⁵)	(0.07)	(0.19)	(0.29)	(0 0 1 7 0 0 0)	(0.07)	(0.76)
A5 (p.8¹⁴)	(0.06)	(0.39)	(0.33)	(0 0 0 5 2 0 0)	(0.16)	(0.83)
A6 (p.12¹⁰)	(0.05)	(0.09)	(0.45)	(0 1 2 3 2 0 0)	(0.10)	(0.73)

Tabela 7.1: Matrizes das bitríades.

Análise das matrizes das bitríades (grupo A) segundo uma seleção de componentes. As declinações são omitidas.

U: rótulo do acorde (página^{compasso}); Q: Q; int: intensidade relativa; amb.: âmbito relativo; VR: vetor de repartição; DA: distribuição acrônica; H: harmonicidade relativa.

Conforme se constata na leitura da coluna VR, todas as matrizes, com exceção da última, são restritas à região central do piano (partições [-1 0 1]). Essa escolha provoca âmbitos relativamente estreitos (v. coluna *amb.*). Geralmente associada a intensidades muito baixas (v. coluna *int.*), a qualidade sonora desses acordes tende a se caracterizar como bastante "pobre". Ela figura, portanto, bem em baixo no nosso vetor de análise da complexidade relativa, como o traduzem os valores muito pequenos de Q na tabela. Essas qualidades são um tanto contrabalanceadas por uma distribuição vertical complexa, causada, naturalmente, pelo princípio de superposição de duas tríades. Assim sendo, apesar de uma configuração na qual se fazem presentes acordes consonantes de três sons – o que deveria, aparentemente, produzir ponderações relativamente baixas –, essas agregações tendem a apresentar distribuições irregulares, acidentadas, muito distantes de um modelo harmônico, como o comprovam os valores bastantes elevados da coluna H[12]. Noutra vertente, o caráter altamente inarmônico das matrizes A5 e A6 facilita sua integração ao contexto geralmente dissonante dos acordes de tipo B, nos quais elas estão inseridas (cf. p. 8 e 12). A busca de uma integração sonora contextual, de um mimetismo do contexto, parece ser também a razão pela qual A6 possui um âmbito bem maior que as demais matrizes A,

---

12 É relevante notar que a qualidade "perfeita" das tríades da mão esquerda, nas matrizes, se encontra geralmente enfraquecida nas declinações. Cf., por exemplo, a evolução dos acordes da mão esquerda no grupo A1, figura 7.1.

e uma intensidade excepcionalmente baixa (*pppp*). Com efeito, esse acorde, em suas duas ocorrências (p. 3^{13} e p. 12^{10}), fica imerso em ambientes de vastos espaços e muito baixas intensidades.

U	Q	Int.	Amb.	VR	DA	H
B1 (p.1^1)	(0.10)	(0.19)	(0.46)	(0 2 2 4 1 0 0)	(0.21)	(0.52)
B2 (p.1^2)	(0.11)	(0.19)	(0.36)	(0 2 2 4 0 0 0)	(0.09)	(0.60)
B3 (p.1^3)	(0.09)	(0.19)	(0.36)	(0 1 1 5 0 0 0)	(0.21)	(0.59)
B4 (p.1^4)	(0.05)	(0.19)	(0.34)	(0 0 0 5 3 1 0)	(0.29)	(0.78)
B5 (p.1^5)	(0.06)	(0.19)	(0.22)	(0 0 0 7 0 0 0)	(0.19)	(0.45)
B6 (p.1^5)	(0.07)	(0.19)	(0.44)	(0 0 2 3 3 0 0)	(0.36)	(0.66)
B7 (p.1^6)	(0.06)	(0.19)	(0.18)	(0 0 0 9 0 0 0)	(0.25)	(0.49)
B8 (p.1^7)	(0.12)	(0.28)	(0.30)	(0 0 2 6 0 0 0)	(0.18)	(0.42)
B9 (p.2^5)	(0.10)	(0.19)	(0.33)	(0 0 0 4 2 0 0)	(0.38)	(0.53)
B10 (p.2^8)	(0.15)	(0.73)	(0.33)	(0 0 0 4 2 0 0)	(0.28)	(0.60)
B11 (p.3^1)	(0.04)	(0.19)	(0.24)	(0 0 0 5 1 0 0)	(0.18)	(0.54)
B12 (p.3^4)	(0.08)	(0.28)	(0.29)	(0 0 0 5 1 0 0	(0.05)	(0.44)
B13 (p.4^2)	(0.19)	(0.54)	(0.37)	(0 0 1 5 1 0 0)	(0.19)	(0.70)
B14 (p.5^7)	(0.14)	(0.54)	(0.30)	(0 0 0 6 2 0 0)	(0.19)	(0.64)
B15 (p.5^{10})	(0.10)	(0.36)	(0.40)	(0 0 1 6 4 1 0)	(0.15)	(0.75)
B16 (p.6^1)	(0.11)	(0.36)	(0.29)	(0 0 1 7 0 0 0)	(0.28)	(0.64)
B17 (p.6^1)	(0.10)	(0.82)	(0.36)	(0 0 0 4 1 3 0)	(0.11)	(0.64)
B18 (p.8^5)	(0.04)	(0.19)	(0.21)	(0 0 0 7 1 0 0)	(0.23)	(0.55)
B19 (p.8^{13})	(0.18)	(0.28)	(0.31)	(1 0 2 2 0 0 0)	(0.25)	(0.52)
B20 (p.9^{15})	(0.07)	(0.19)	(0.24)	(0 0 1 5 0 0 0)	(0.19)	(0.60)
B21 (p.9^6)	(0.15)	(0.31)	(0.22)	(0 0 2 4 0 0 0)	(0.17)	(0.41)
B22 (p.9^8)	(0.15)	(0.71)	(0.26)	(0 0 0 4 2 0 0)	(0.27)	(0.61)
B23 (p.10^1)	(0.33)	(0.82)	(0.30)	(0 0 2 4 0 0 0)	(0.30)	(0.45)
B24 (p.12^1)	(0.14)	(0.39)	(0.23)	(0 0 1 5 0 0 0)	(0.47)	(0.54)
B25 (p.15^2)	(0.21)	(0.73)	(0.33)	(0 0 0 5 2 0 0)	(0.30)	(0.63)

Tabela 7.2: Matrizes das atríades.

Análise das matrizes das atríades (grupo B), segundo a mesma seleção de componentes do grupo A. As declinações são omitidas. Cf. Tab. 7.1.

Como era de se esperar, as matrizes do grupo B mostram uma maior diversidade estrutural, donde decorre um leque de ponderações mais aberto para as listas Q e *int*. É bastante interessante observar que essas ponderações se encontram organizadas em ordem crescente, os valores de Q e *int*. tendendo a subir nas últimas matrizes (cf. as linhas de tendência na Fig. 7.3). Posto que essas foram rotuladas de acordo com a ordem de sua apresentação, isso significa que sua complexidade tende a aumentar em função do tempo.

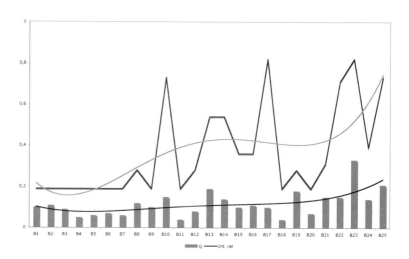

Fig. 7.3: Evolução das ponderações de Q e *intensidade relativa* para as matrizes do grupo B, com linhas de tendência. As matrizes são dispostas no eixo horizontal, na ordem em que aparecem na tabela 7.2.

No entanto, as informações levantadas sobre a repartição das notas no espaço (col. VR) demonstram que Berio continua evitando os registros extremos. Com efeito, a maioria dos acordes tendem a conservar a partição na região central, como já havíamos constatado para a categoria A, ainda que um pequeno número se abra um pouco mais para o agudo, região {+2} (B4, B15 e B17). A figura 7.2 confirma que as declinações, com raras exceções, preservam a tessitura das suas respectivas matrizes. Deve existir um bom motivo para que Berio tenha reservado as partições mais extremas ao uso exclusivo dos gestos "melódicos", alguns exemplos podendo ser conferidos na p. 8. Sugiro que tanto as funções estruturais como sonoras dos acordes de ressonância, ativados por meio do pedal *sostenuto*, dos quais tratarei mais adiante, levaram o compositor à escolha da região central, mais adaptada a seus objetivos, do ponto de vista sonoro[13].

Sintaxe Harmônica: Ensaio de Análise Estrutural por Meio dos Componentes da Sonoridade

Para avaliar como essas configurações podem contribuir à sintaxe harmônica, é preciso alinhar os 137 acordes selecionados na linha do tempo, isto é, na ordem em que eles aparecem na partitura. Esse número corresponde à soma das matrizes e declinações, inclusive às suas repetições exatas. Nos exemplos a seguir, essa sequência figura no eixo das abscissas, com os acordes identificados não pelo seu rótulo, mas, por razões práticas, por um número de ordem[14].

Estruturação da Sintaxe Harmônica pelos Índices de Intensidade

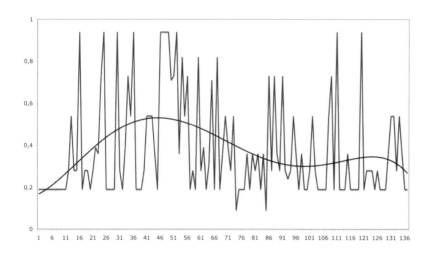

Fig. 7.4: Lista das intensidades relativas de cada acorde por ordem sequencial, com linha de tendência.

[13] O baixo poder de sustentação do som na partição [+3] não permitiria um efeito de ressonância eficaz na duração, enquanto as frequências parciais das notas mais graves do piano, muito ricas e potentes, mascarariam a percepção das estruturas harmônicas e da polifonia sonora almejada.
[14] É importante lembrar que a maioria dos acordes é localizada na primeira e nas duas últimas páginas. Mais precisamente, os 29 primeiros acordes se concentram na primeira página, enquanto as páginas 16 e 17 contêm todos os acordes a partir daquele que leva o número de ordem 93 nos gráficos.

A análise estatística das ponderações atribuídas pelo componente intensidade relativa mostra que predominam acordes de baixo volume: com efeito, 42% são marcados *pp* ou menos. Esse contexto é, todavia, frequentemente perturbado por fortes contrastes não preparados, como, aliás, se escuta de forma límpida no início da peça, entre p. 1^8 e p. 1^{13}[15]. Entretanto, esses acidentes não questionam um princípio cíclico, sublinhado pela linha de tendência: nisso é que reside a contribuição da escrita das intensidades para com a forma em grande escala. Essa linha mostra, com efeito, dois apogeus, o primeiro bem maior que o segundo, e um ponto de queda no final, de valor exatamente idêntico ao ponto de partida (no caso, *ppp*). O primeiro ápex, estruturalmente mais importante, intervém na página 5^{11} (números de ordem 46 a 52). Ele marca o início da seção central da obra, constituindo o momento mais potente da *Sequenza IV*[16]. É formado de uma sequência de atríades, na qual a dissonância se adiciona ao volume sonoro, portanto, para gerar um ponto máximo de tensão. É seguido de uma queda brutal entre os números de ordem 74 e 85. Essa passagem corresponde a uma longa faixa, entre o fim da página 12 e o início da página 14, na qual domina a nuance *pppp*, cujo efeito atenuador é multiplicado pela ação do pedal *una corda*. Essa seção delimita o perigeu da atividade desse componente.

As intensidades, portanto, podem ser analisadas a partir de uma perspectiva funcional. Se fôssemos comparar essa estruturação com o esquema clássico da *proporção áurea*, segundo o qual as tensões se acumulam até um ápice situado aproximadamente aos dois terços, proporção que foi observada em variadas circunstâncias na música do século xx por muitos autores, perceberíamos que Berio está propondo uma recentragem: a crista ocorre na metade do tempo. Dessa forma é que podemos explicar as duas saliências secundárias que surgem perto do final da obra – especificamente p. 16^{14} (n. 111) e,

---

[15] Esses contrastes são transcritos no gráfico, entre os números de ordem 10 a 25.

[16] Alerto o leitor que os gráficos não levam em conta a posição relativa dos objetos selecionados sobre o eixo do tempo, mas tão somente sua ordem de aparição. Se o tempo fosse representado, a cúpula da curva da linha de tendência da figura 7.4 se localizaria no *centro* do eixo horizontal.

depois, p. 17[5] (n.º 120) – como uma maneira de compensar ou de prolongar, num eco diferido, esse clímax "antecipado".

Estruturação da Sintaxe Harmônica pelo Vetor de Repartição

Conforme apontamos, Berio evitou construir acordes que explorassem as partições limítrofes do piano (com uma exceção anteriormente assinalada). Não se pode, então, esperar fortes contrastes estruturais nesse componente. Contudo, a análise estatística do vetor de repartição das notas traz informações interessantes. Um primeiro olhar ao gráfico (Fig. 7.5) mostra uma alternância quase sistemática entre acordes fechados e abertos, e/ou em situação de oposição entre as regiões agudas e graves.

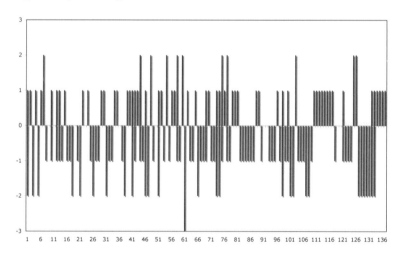

Fig. 7.5: Repartição dos acordes na extensão do piano, em ordem sequencial.

Essa construção em dentes de serra, movimento pendular entre acordes localizados alternativamente no grave e no meio-agudo, marca a superfície sonora diretamente, como qualquer ouvinte pode comprovar na audição, logo no início (descrito graficamente na figura 7.5, números de ordem 1 a 9). É interessante constatar que esse sistema é mantido até a página 8[13] (n. 61), independentemente do número de estruturas melódicas que podem, eventualmente, se encontrar inseridas entre dois objetos harmônicos sucessivos: pode-se verificar essa situação nas páginas 2-3 ou 6. A sequência da página 6, reproduzida na figura 7.6, ilustra cabalmente esse princípio de alternância.

Fig. 7.6: A sequência de acordes da p. 6, mostrando o movimento pendular entre as regiões graves e agudas.

Não há dúvida de que o centro de gravidade desse modelo oscilatório se situa entre p. 8^9 (B4², n. 60) e p. 8^{13} (B19, n. 61). Esses dois acordes (cf. Fig. 7.7) protagonizam a mais forte oposição adjacente da peça, dado que B19 é o único a alcançar o registro (-3) na *Sequenza*. Esse par, em consequência disso, divide a peça em duas grandes metades de duração semelhante[17].

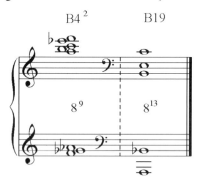

Fig. 7.7: Os dois acordes da p. 8, onde se situa o maior contraste adjacente de registro.

Depois disso, o sistema começa a se diluir aos poucos, pois sequências de acordes de partição idêntica aparecem cada vez com mais frequência, tais como entre as páginas 9^{11} – 13^8 (n. 67 a 80 na figura 7.5) e 14^6 – 15^4 (n. 86 a 90, também representados na figura 7.8). Essa redução de atividade se dá num contexto em que se localizam os gestos melódicos mais desenvolvidos (cf. p. 12-13) – ou seja,

[17] Com efeito, esse momento ocorre a cerca de 5':30" da gravação de referência, que dura 11':11": Luciano Berio, *Piano Works* (Andrea Bacchetti, piano), Decca, 2004.

num momento em que a sintaxe harmônica perde sua importância, tanto no plano estrutural e temporal, quanto no plano da percepção.

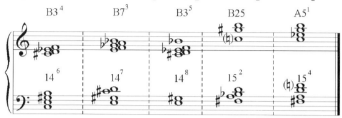

Fig. 7.8: Um exemplo da diluição do movimento pendular entre as páginas 14 e 15.

A partir da página 16, as estruturas harmônicas convergem para sequências constituídas de alguns acordes repetidos em alternância, durante os derradeiros compassos da peça. O gráfico da figura 7.5, a partir do número de ordem 110 (que corresponde, exatamente, à p. 16¹⁴) até o final, traduz, visualmente, a função de resolução do que não é outra coisa senão uma recapitulação. Berio elimina quase totalmente o movimento pendular, que ele dissolve em longas passagens contidas no mesmo registro. Essa estratégia de articulação do material harmônico, por meio da sua repartição em diversas regiões alternadas, é, pois, diretamente ligada à realização da forma.

Estruturação da Sintaxe Harmônica pelas Modalidades de Distribuição Interna das Alturas

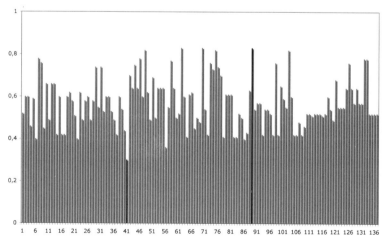

Fig. 7.9: Lista das ponderações do componente *harmonicidade* para cada acorde em ordem sequencial.

Conforme enfatizei, a maioria dos acordes evitam o modelo espectral de distribuição harmônica das alturas[18]. Entre esses, dois merecem uma atenção especial por conta da sua distribuição interna fora do comum. O primeiro é o já mencionado A6[1][19]. Construído sobre uma superposição linear de quintas, forma um acorde de Fá Maior com nona acrescentada[20]. O segundo é A5[1] (p.15[4], n. 89, histograma preto). Ele possui a distribuição mais linear da coleção inteira – uma superposição quase totalmente regular de terças. Em certo sentido, ambos polarizam a tendência global da harmonia, preenchendo uma função de marcação na macroforma. Essa induz, mais uma vez, uma tripartição que passarei a descrever. A figura 7.10 mostra que eles são agrupados em sequências, onde geralmente se organizam em ordem decrescente de complexidade relativa. Três dentre essas sequências, cada uma contendo quatro acordes, são especialmente notáveis; elas são marcadas por traços horizontais na figura.

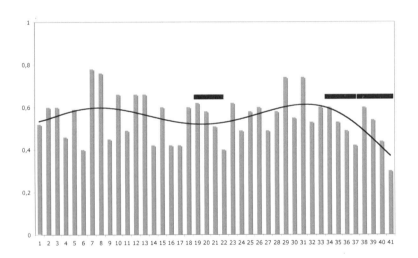

Fig. 7.10: Um extrato da figura 7.9 (números de ordem 1 a 41), com linha de tendência acrescentada. Três linhas horizontais delimitam "cadências", durante as quais caem progressivamente as qualidades sonoras.

18 Especificando, 75% das ponderações do componente *harmonicidade* são superiores a (0.50), o que significa que a mesma proporção de acordes diverge do modelo de distribuição em maior ou menor grau.
19 P. 3[13], n. 41 na figura 7.9, histograma destacado em preto. Cf. também o acorde em notação musical na figura 7.1.
20 É por causa dessa configuração consonante, pela qual se assemelha a um acorde perfeito, que ele foi incluído na família das bitríades em vez das atríades.

A primeira dessas sequências marcadas corresponde aos quatro acordes que antecedem o c. 11 da primeira página. Vemos aí uma alternância das duas categorias A e B (cf. esses acordes, Fig. 7.11). A decrescente complexidade da sua estrutura intervalar, de acordo com o critério de distribuição harmônica (as suas ponderações são lembradas abaixo do pentagrama, figura 7.11), age como repouso cadencial, cuja função parece ser preparar o aparecimento do primeiríssimo gesto melódico da obra. A segunda sequência, que começa na página 2[7] (n. 34, Fig. 7.10), prepara outro movimento cadencial secundário, configurado por B7, p. 2[13], *sffz*, e B8, p. 3[1], *ppp*. Essa estrutura pode se definir como uma espécie de "semicadência" que teria a função de introduzir a terceira e última "cadência", de desenho conclusivo bem mais firme. Representada pelos quatro últimos acordes da seção (numerados de 38 a 41), ela inicia com B3[1], p. 3[2], que consiste numa superposição de intervalos variados; prossegue, nos compassos seguintes, com B11 e B12, ambos construídos sobre quartas – figuração rara na *Sequenza* –, para concluir com o já referido acorde de "Fá Maior" (A6[1] p. 3[13], Fig. 7.11, abaixo). Parece admissível estabelecer que a música atinge, nesse lugar, uma conclusão temporária, um ponto de articulação.

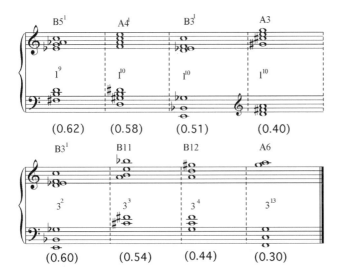

Fig. 7.11: Dois exemplos de acordes arrumados em ordem decrescente de complexidade da distribuição das suas alturas (por meio das ponderações obtidas para o componente harmonicidade), sugerindo uma dinâmica de repouso, de cunho "cadencial": acima, os quatro acordes antes do c. 11 da p.1; abaixo, a sequência de acordes, p. 3[2]-3[13].

Enquanto a parte central da obra, que poderia corresponder ao "desenvolvimento" de uma forma em grande escala (da p. 3 à p. 15), revela uma organização mais complexa, em que agregações relativamente harmônicas alternam com outras bem mais irregulares (cf. números 41 a 89 na Fig. 7.9)[21], a tendência ao decrescimento pode ser novamente observada, ainda que de uma maneira menos marcada, entre a p. 15[4] – onde se coloca o outro acorde excepcional A5[1] – e a p. 16[9] (números 89 a 104 na Fig. 7.9). Poderia se aventar que, nesse instante, estabelece-se uma seção de transição para a recapitulação final, alcançada na p. 16[9] (n. 104). Aí começa um notório movimento em sentido contrário (cf. Fig. 7.2), no qual o índice de complexidade das distribuições cresce consideravelmente até um *culmen*, diminuindo em seguida para concluir a peça.

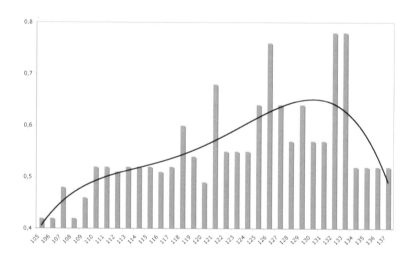

Fig. 7.12: Outro extrato da figura 7.9 (números de ordem 105 a 137, correspondendo às p. 16[10] a 17[13], com sua linha de tendência. Notar que as ponderações de *H* (*harmonicidade*) no eixo das ordenadas são calibradas excepcionalmente numa escala de (0.40) a (0.80) em vez da extensão usual (0.00 – 1.00), no intuito de melhor afixar a tendência.

Em termos de sintaxe musical, aquilo é uma maneira quase clássica de concluir uma forma. A complexidade máxima na distribuição interna das alturas é alcançada gradualmente, por meio de uma sucessão de três progressões:

[21] É preciso guardar bem em mente que, nessa longa seção central, os acordes tendem a se dissolver em figurações monódicas.

(1) de 16^{10} (n. 105) a 17^6 (n. 121), passando, na p. 17^4 (n. 118), por uma dupla tríade complexa, A4^5;
(2) desse lugar até 17^8 (n. 126), culminando com o muito denso B4^4;
(3) e finalmente até p. 17^{11}, que começa com duas iterações de B1 – o acorde de abertura da *Sequenza* (n. 132-133).

Em seguida, a tensão é dissolvida no decorrer dos dois últimos compassos pela repetição suave de uma das mais simples bitríades da peça, A2^3. A figura 7.13 mostra as principais etapas desse processo em notação musical.

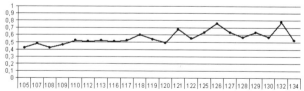

Fig. 7.13: Progressão dos acordes entre p. 16^{10} e p. 17^{13}, com seu número de ordem (105 a 134); alguns acordes repetidos foram omitidos. A curva no gráfico ao lado acompanha a complexidade relativa da harmonicidade, tal como é representada também na figura 7.12.

Sonoridades, Estrutura Harmônica e Forma

Essas análises sugerem que as estratégias de elaboração de alguns componentes específicos da morfologia sonora contribuem para a articulação das estruturas harmônicas da *Sequenza*. Entre eles, três foram evidenciados: as intensidades, a partição e a distribuição acrônica. No que tange a esse terceiro componente, Berio estabeleceu uma relação bipolar entre duas modalidades de organização vertical das alturas – aqui chamadas respectivamente "bitríades" e "atríades". Ainda que grande parte desse material possua caráter altamente dissonante, o que torna todos os acordes mais ou menos próximos, de um ponto de vista psicoacústico, a análise abriu a possibilidade de esboçar uma organização formal que desvenda algumas conexões funcionais. Em certos momentos, a noção tradicional de "cadência", entendida como gesto partindo de uma situação de tensão para chegar num repouso conclusivo, permanece pertinente, conquanto aplicada aos componentes de nível secundário – no caso, a harmonicidade relativa –, em vez dos de nível primário. Essa bipolaridade harmônica encontra eco no sistema de repartição das alturas, baseado sobre um movimento pendular entre acordes situados seja no grave, seja no agudo. Esse fenômeno depende de uma teleologia – mais precisamente, de um processo gradual, ainda que não linear, de desaceleração da velocidade de alternância das partições utilizadas. Essa estratégia constitui um traço modernista, que se opõe, de certa maneira, ao esquema das intensidades, o qual se mostra clássico, no sentido de ostentar uma forma arquetípica, em que as coisas terminam como tinham começado. Noutras palavras, cada uma das três dimensões analisadas possui sua própria lógica estrutural, a respeito das quais pode ser oportuno observar que se vinculam a um procedimento composicional histórico específico: dicotomia tensão/repouso – aqui interpretada pelos binômios tríades/atríades e regiões tônica/dominante – estrutura cíclica e processo teleológico.

Outro aspecto de interesse é a escala de valores que essas dimensões ocupam no vetor de complexidade. A figura 7.14 mostra que Berio utiliza praticamente todo o espectro de amplitudes para gerar fortes contrastes entre os acordes, do raro *pppp*, que somente aparece nas páginas 12^{10} e 14^6, ao bem mais frequente *sffz*, desde a p. 1^8, ainda que, visto sob um ângulo estatístico, confine-as, na maior parte do tempo, a um ambiente de baixas intensidades, sendo a nuance mais corrente o *ppp*. O compositor adota um conceito oposto para as partições: creio ter sublinhado suficientemente que os acordes geralmente não se encontram nas regiões limítrofes. Essa decisão produz âmbitos geralmente estreitos, confirmados pelas baixas ponderações. Essa restrição, em compensação, não pode ser aplicada aos gestos "horizontais" (cf., por exemplo, p. 2^3 e, mais sistematicamente, a partir da p. 10). O fato de Berio explorar esse material na totalidade do âmbito do piano, tem afinidade com a escrita das *Sequenzas* para instrumentos monódicos, considerando que essas fazem uso da totalidade da extensão. Assim, ao restringir à região central a sua harmonia, de tal forma que se demarque o amplo espaço atribuído aos elementos melódicos, ele atribui uma feição individual a cada uma dessas duas dimensões. Finalmente, a terceira estatística do gráfico da figura 7.14 resume o que foi aventado a propósito da distribuição acrônica: a maioria dos acordes adota um esquema distributivo altamente inarmônico. Outra constatação é que os valores-limite (0.00) e (1.00) são ausentes, por não se encontrar nenhum acorde verdadeiramente "consonante", nenhuma tríade simples, nem, tampouco, agregações verticais totalmente ruidosas – os poucos *clusters* presentes na obra sendo associados a grupos melódicos. No entanto, nesse contexto de dissonância generalizada, conforme vimos, ainda é possível desvendar uma lógica de estruturação no eixo do tempo, baseada na organização sequencial dos acordes em função da sua complexidade sonora relativa.

Fig. 7.14: Ponderações mínima, média e máxima para as *intensidades relativas*, os *âmbitos relativos* e as *harmonicidades*. Essas estatísticas cobrem a totalidade da população de acordes, matrizes e declinações.

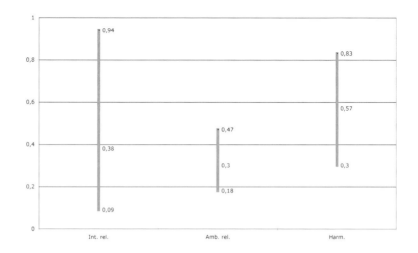

Do ponto de vista da análise formal, as relações estruturais interdimensionais assumem, também, um papel muito importante, que vou tentar discernir. A figura 7.15 mostra, de forma sintética, como se organiza uma espécie de polifonia entre as intensidades, o índice de repartição e a harmonicidade, cujas configurações se superpõem como se fossem vozes, camadas do discurso. A complexidade relativa de cada uma produz uma dinâmica que tanto mantém um evidente grau de independência quanto alguma convergência em grande escala. A correlação de (0.41), muito significativa entre as tendências dos índices de repartição e da harmonicidade, revela uma escrita que associa esses dois componentes para produzir objetos, cujo nível de inarmonicidade aumenta em função do número de partições ocupadas. O momento notável de convergência generalizada é destacado em cor cinza na figura. Ilustrado pelo crescimento mais ou menos sincrônico das três linhas de tendência em volta dos números de ordem 41 a 61 (aproximadamente entre as páginas 4 e 8)[22], esse momento apresenta, ao mesmo tempo, o mais alto volume sonoro da peça (a partir da p. 5^{11}), um grande dinamismo nas mudanças de configuração interna dos acordes – construções relativamente

---

[22] Essas indicações só podem ser aproximadas, visto que, por definição, as ilhas indicam *tendências* estatísticas, e não pontos específicos dentro da lista.

harmônicas alternam com outras bem mais irregulares (cf. números 41 a 89 na Fig. 7.9) –, e o centro de gravidade do modelo oscilatório, no qual é baseada a repartição, entre os compassos 8^9 (B4^2, n. 60) e 8^{13} (B19, n. 61) (cf. Fig. 7.7).

Seu corolário regressivo o segue imediatamente: as ponderações das três dimensões diminuem, de maneira sincronizada, para alcançar um perigeu ao redor do número de ordem 94, que corresponde ao início da p. 16. Na obra, esse movimento coincide com a seção *pppp* e *Una Corda*, já comentada durante a discussão sobre as intensidades.

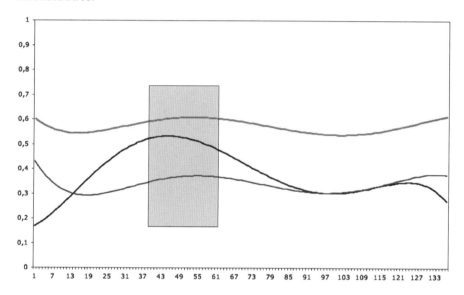

Alternando "movimentos paralelos" e "movimentos contrários", essas três "vozes" formam uma polifonia que favorece o sentimento de *fluidez* da estruturação harmônica da peça. Com efeito, apesar das correlações estatísticas observadas, que revelam a existência de uma teleologia em grande escala – na qual se sucedem momentos em que as qualidades sonoras se tornam mais complexas e outros em que, ao contrário, se simplificam –, não é possível identificar um ponto exato, um acorde específico, no caso, onde essas dimensões se juntem para segmentar a estrutura sem ambiguidade.

Fig. 7.15: Curva preta: linha de tendência das intensidades relativas, de acordo com os dados mostrados na figura 7.4; curva cinza inferior: linha de tendência dos índices de repartição; curva cinza superior: linha de tendência das harmonicidades relativas, de acordo com os dados mostrados na figura 7.9.

Os Acordes Ressonantes: Um *Cantus Firmus* Acústico?

Essa polifonia é vinculada à organização dos acordes da peça. No final da sua análise, Gale Schaub conclui que "os parâmetros harmonia, melodia, textura, ritmo e dinâmica sofrem processos *separados* de transformação"[23]. Isso significa que todos são implicados, num certo nível, na formação da estrutura, porém de maneira independente. É exatamente assim que acontece na dimensão harmônica. Esse tipo de escrita se faz presente, de forma mais ou menos virtual, num grande número de *Sequenzas* para instrumentos monódicos[24]. Na peça para piano, no entanto, a natureza polifônica do instrumento e, sobremaneira, a "revelação" provocada pela audição da *Klavierstück* de Stockhausen, que fez Berio entrever um universo inteiro de sonoridades para explorar, suscitam uma estruturação num nível superior, que tira pleno proveito da possibilidade de controlar os efeitos de ressonância no tempo por meio do terceiro pedal. Ele chega, então, a conceber um plano de fundo acústico, dimensão paralela que, segundo seus próprios termos, "deve criar uma espécie de sombra sonora ao discurso do teclado"[25].

Esse plano de fundo é constituído de uma sequência praticamente ininterrupta de sonoridades – acordes, na sua grande maioria –, cuja única atividade consiste em serem mantidos pelo pedal *sostenuto* de maneira a produzir um halo. Essa camada subjacente funciona como um *espectro*, em todos os sentidos do termo, como a "manifestação de uma memória acústica"[26], tanto mais pelo fato de

---

23 Op. cit., p. 107, grifo meu.

24 Isso explica por que, por exemplo, Pierre Michel pode dizer que é possível analisar a *Sequenza III* para voz segundo várias grades (J-Y. Bosseur; P. Michel, *Musiques Contemporaines*, p. 100 e s.). Um rascunho de *Sincronie* para quarteto de cordas, publicado por Thomas Gartmann, não deixa, aliás, nenhuma dúvida sobre a abordagem polifônica da composição das dimensões secundárias em Berio: os diversos componentes (no caso, timbre, intensidade, variações de frequências, andamento e sincronização) são considerados como vozes interdependentes, cada uma submetida a um processo estruturante que utiliza uma escala de tensões relativas. As convergências e divergências são elaboradas ao milímetro. T. Gartmann, *Una frattura tra intenzioni e realizzazione?*, em F. Meyer (org.), *Quellenstudien II*, p. 90.

25 Transcrito por Ivanka Stoïanova, Luciano Berio, Chemins en musique, *La Revue Musicale*, triple numéro 375-376-377, p. 407.

26 Jonathan Impett, Shadow Boxing: *Sequenza X* for Trumpet and Piano Resonance, em J. K. Halfyard (org.), *Berio's Sequenzas*, p. 94.

não ser produzida a partir de nenhum elemento novo. Com efeito, alguns acordes ou notas isoladas que aparecem na superfície são "capturados" e como que "congelados" na duração em forma de ressonância, enquanto o discurso principal prossegue. De acordo com as circunstâncias, o material de superfície pode coincidir ou não, num dado instante, com o conjunto ou algum subconjunto das frequências sustentadas pelo pedal. Assim, essa escrita gera o que a pianista Zoe B. Doll, num texto que descreve as implicações desses efeitos em todos os detalhes, chamou de harmonias "escondidas", pois são oriundas da ressonância filtrada de alguns sons e não dos acordes "explícitos" completos. Segundo a autora, esse pedal "se torna uma espécie de gerador de envelope acústico, expandindo a duração de extinção de alguns acordes, ao mesmo tempo em que cria ataques fantasma' "[27]. A frequência da "captura" desses sons é muito irregular; porém, as harmonias resultantes geralmente se instalam por longos (às vezes até muito longos) períodos de tempo[28]. Esse discurso, bem mais lento que o outro, é igualmente *articulador*, na medida em que os instantes de "captura" são os únicos momentos da peça onde os fatos sonoros dos dois níveis são sincrônicos. Essa dicotomia de ordem temporal, em total interdependência, poderia induzir que a voz ressonante funcionasse como uma espécie de *cantus firmus*, sobre o qual Berio desenvolveria, a partir do mesmo material, o *motetus* do plano acústico principal. Conforme sabemos, esse é constituído de uma alternância assimétrica de sequências de acordes secos e curtos e de gestos melódicos rápidos, que são elaborações "horizontais" dos acordes. Para conservar uma terminologia contra-pontística, poder-se-ia admitir que ele elabora um desenvolvimento ornamental, *florido*, uma *diminuição* da sequência harmônica enunciada lentamente no plano inferior. Não seria descabido pensar que, numa análise imanente do conjunto dos níveis polifônicos, projeto que ultrapassa meu objetivo, poder-se-ia, efetivamente, derivar esse

---

27 Phantom Rhythms, Hidden Harmonies, em J. K. Halfyard (org.), op. cit., p. 53. A *Sequenza X* para trompete e ressonâncias de piano amplificado (1984) explora os mesmos princípios.

28 Cf., por exemplo, o grupo Ré-Dó-Réb, que se prolonga de uma fermata à outra entre as páginas 4^9 e 5^8.

motetus do *cantus firmus*[29]. A representação sinótica que segue se afina com esta hipótese. Tomada de uma página escolhida aleatoriamente, no caso, a última (p. 17, Fig. 7.16), essa representação é generalizável à peça inteira. Nessa redução, *motetus* e *cantus firmus* são colocados em pautas separadas. A posição das "notas" remete, de maneira aproximada e sem rigorosa preocupação com o ritmo, à posição que os diversos elementos do discurso têm na partitura, compasso após compasso. As semínimas ou mínimas simbolizam os acordes (a semínima indica uma ligeira prolongação do acorde de superfície no tempo, situação relativamente rara), enquanto as figuras triangulares representam os gestos melódicos (um triângulo por gesto ou célula). As setas do pentagrama inferior enfatizam o tempo, durante o qual o acorde é submetido à ação do pedal *sostenuto*[30]. As hastes representam os pontos de articulação dos dois níveis, isto é, os momentos em que um acorde da superfície (identificado pelo seu rótulo simbólico) coincide com um *punctum* no plano ressonante. Essa representação torna bem evidente, por um lado, o aspecto contínuo e lento desse plano, que se opõe ao material breve e ornado da superfície, e, ao mesmo tempo, a interdependência absoluta dos dois níveis, tal como no contraponto florido.

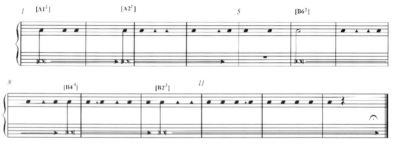

Fig. 7.16: *Sequenza IV*, p. 17 (redução sinóptica das duas vozes).

29 Gianfranco Vinay deixa entender isso, quando, a propósito do conjunto das *Sequenzas* e *Chemins*, afirma que Berio "cria uma polifonia complexa que é, ao mesmo tempo, um jogo de reflexos sonoros e de imitações em ressonância entre as vozes e a estrutura harmônica". Berio, em D. Cohen-Levinas (org.), *Omaggio a Luciano Berio*, p. 27. O estudo dos rascunhos ou anotações preparatórias do compositor seria outra estratégia que permitiria trazer à luz o processo de gestação desses níveis complementares e avaliar até que ponto um é derivado do outro.

30 Isso não significa que a ressonância se mantém durante esse tempo todo: o processo de extinção natural dos sons assim capturados segue uma dinâmica semelhante àquela que o pianista obtém com o *Pedal* (*forte*). O efeito, no entanto, é renovado a cada vez que a outra voz atinge uma ou várias das notas mantidas sob ressonâncias pelo pedal *sostenuto*. Os gráficos propostos por Zoe B. Doll (em J. K. Halfyard (org.), op. cit., p. 58 e 63) demonstram esses fenômenos de forma muito clara.

A figura 7.17 oferece uma visão sinóptica completa do *cantus firmus*. As sonoridades que possuem menos de seis notas, razão pela qual não receberam rótulo durante a etapa anterior da análise, são simplesmente identificadas pela lista dos seus cromas. As páginas^{compassos} são mencionadas ao centro. São assinalados os raros momentos em que o *cantus firmus* é interrompido em mais de um compasso. O *cantus firmus* é estritamente homofônico, com uma exceção, todavia, devidamente assinalada (no primeiro sistema): a ressonância (Ré, Dó, Ré♭) é mantida acima do acorde seguinte. É esse *overlap*, por sinal, que provoca a incorporação de B14 dentro da mesma unidade.

Fig. 7.17: Sinopse da sequência de sonoridades do *cantus firmus* ressonante.

Quatro sequências, assinaladas na figura por retângulos numerados I, II, III e III', se distinguem por uma clara teleologia, que pode ser apreendida à primeira vista. Ela obedece a um princípio de acréscimo progressivo da quantidade de sons, associado a um aumento do número de sonoridades por sequência. Esse aumento, todavia, se organiza no bojo de uma duração global aproximada. Apesar de possuir tão somente três fatos sonoros, a sequência I, no entanto, dura não menos de dois minutos[31], correspondendo a três páginas da partitura, no que se mostra tão comprida quanto as demais.

Essa primeira "marcha" parte de uma ressonância sobre uma nota, Ré♭, que ocupa um longo período até a fermata da p. 4^7. Durante esse tempo, as volutas do discurso principal fazem frequentes paradas acentuadas nessa nota, ou na sua enarmônica, reanimando, assim, a vibração das cordas liberadas pelo pedal. Em seguida, seus vizinhos Dó e Ré são agregados a ela; o tricorde assim formado se mantém até a p. 5^8, englobando, *in fine*, como já mencionamos, o octacorde в14. A ressonância de в14 permanece só (p. 5^{10}) e conclui numa fermata no final da mesma página. в14 não incorpora nenhum dos três cromas anteriores, nisso resultando que a sequência, nas suas três etapas, utiliza o total cromático com exceção de Lá#. O vetor das densidades absolutas dessa sequência é (1 3 8), uma sequência defectiva de Fibonacci.

A sequência II começa também por uma nota isolada, no caso um Sol#, que surge imediatamente após a progressão anterior, no fina da p. 5. A marcha se desenvolve, dessa vez, em cinco etapas, num vetor de densificação agora praticamente linear (1 2 3 4 6). Porém, dado que a duração global é aproximadamente idêntica à [duração] da primeira sequência, produz-se uma aceleração da velocidade das mudanças de ressonâncias. O mais interessante nisto é que cada nova sonoridade conserva os cromas da sonoridade precedente, de modo que o hexacorde conclusivo в3^8 acumula a todos, sendo cada acorde da série um subconjunto deste último. Estamos diante de uma técnica composicional diametralmente oposta à anterior: enquanto uma faz uma operação de substituição de uma coleção de cromas por seu complemento em módulo 12, a outra procede por acumulações recursivas.

A sequência III, por sua vez, começa com um heptacorde, в3^2: esse enriquece, portanto, в3^8, pelo qual terminou a progressão anterior, e com o qual possui três cromas em comum. São dois acordes da mesma família, o que reforça a hipótese da continuidade das duas sequências, para além das cinco sonoridades diferentes que o compo-

---

31 Na gravação de referência citada supra.

sitor interpolou. Essa sequência alcança a extrema complexidade de um duplo *cluster* (p. 12^8), que oferece a peculiaridade de ser cindido em duas vozes bem distintas, uma aguda e outra grave, separadas por amplo vazio (i11). No entanto, a progressão das suas densidades não possui a regularidade aritmética das outras. Ao contrário, assiste-se a um vaivém entre acordes de sete e cinco sons. Ademais, a densidade máxima da última ressonância, o *cluster*, é alcançada de maneira descontínua, por meio de um salto muito grande. Não obstante, em conjunto, as sequências I, II e III constroem um único processo de complexificação progressiva da sonoridade por meio da densidade, do simples som isolado ao *cluster*. Nessa perspectiva, as sequências II e III perfazem as duas metades de uma única grande elaboração de I.

Surge, então, a mais importante interrupção do *cantus firmus* da peça toda, entre o fim da p. 12 e o início da p. 14. Trata-se de uma passagem totalmente contrastante, na qual o compositor faz uso da associação dos pedais *Forte* e *Una Corda*, uma combinação exclusiva desse momento. Já mencionei essa passagem notável anteriormente, dominada, na superfície, por longos lances em *pppp*. O pedal *Sostenuto* é utilizado, todavia, de maneira pontual, no entanto, para ajudar a definição espectral de duas unidades particulares, as que ficam na p. 13^5 e 13^8. Essa alteração da qualidade sonora, por meio da ação conjugada do pedal *Una Corda* e da suspensão temporária do plano ressonante subjacente, age em conjunto com as outras dimensões analisadas anteriormente, cujo comportamento, no tempo, é sintetizado pelo gráfico da figura 7.15. Juntas, elas exercem uma função depressiva na dinâmica formal em larga escala.

Torna-se muito interessante, por conseguinte, a constatação de que, quando o *cantus firmus* retorna, a partir da p. 14^3, após uma tríade inicial sobre a qual voltarei, é para repetir, *literalmente*, a sequência III, recém-concluída. Por isso, rotulei-a por III' e não IV, pois é, em todo, idêntica a III – exceto quanto ao último acorde –, o que constitui um fato notório no contexto. Não que Berio rejeite o princípio de repetição em si na sua música. Ao contrário, isso faz parte da sua linguagem pessoal, ao lado do comentário, da referência, até da citação. Na sua análise, John McKay lembra, a propósito, que o compositor considera a "redundância" como necessária a uma "interpretação da forma"[32]. No entanto, esse é um artifício composicional praticamente inexistente no *corpus*, o que torna o procedimento, aqui levado ao extremo, tanto mais curioso, ainda que justificável, precisamente, pelo contexto. O prolongado silêncio que precede teria por função, então, preparar essa reprise. Se assim for, esse fator reforça a hipótese de uma forma cíclica, ainda que defasada, na medida em que a reprise, *nesse exato momento*, apenas ocorre nesse nível. Na realidade, esse fenômeno não é isolado na peça. Algumas fontes apontam repetições (mais ou menos mascaradas por diversos processos de permutações e outras transformações) de longas séries de fatos sonoros na superfície, em particular entre as páginas 5 e 8, 8 e 12, 13 e 16[33]. Mesmo que os autores divirjam quanto ao lugar preciso e às modalidades de variação dessas reprises – o que só faz confirmar, mais uma vez, a dificuldade de segmentar objetivamente uma estrutura pensada no contínuo – não é inegável que a sequência III e sua repetição III' se situem justamente na mesma faixa temporal. No entanto, esse é o único material que se encontra repetido *ad litteram*. No plano do *motetus*, com efeito, mesmo que as alturas estejam reproduzidas com mais ou menos exatidão, todas as demais dimensões, em particular sua distribuição no tempo por meio de permutações, os recortes rítmicos, as durações e articulações, concorrem para minimizar a evidência do procedimento. No plano das ressonâncias, em compensação, os acordes são retomados de modo idêntico, visto que as ligeiras variações de durações, de toda forma inevitavelmente longas, não chegam a caracterizar uma configuração contrastante. Podemos sugerir que é porque a percepção é sem dúvida menos sensível ao *cantus firmus* ressonante, que Berio nele arrisca a repetição exata, apostando no efeito de máscara, e, sobretudo, na dinâmica dos gestos melódicos na superfície. De toda forma, Schaub observa que "não se encontra, em nenhuma outra *Sequenza*, sucessões repetidas dessa grandeza"[34]. McKay estima, por

---

[32] Op. cit., p. 230.
[33] Cf. G. Schaub, op. cit., p. 87 e s.; J. McKay, op. cit., p. 230-231.
[34] Op. cit., p. 87, n. 6.

outro lado, que "uma repetição excessiva e manifesta" como esta "*contradiz o índice padrão de mudanças estabelecido na peça*"[35]. Por isso é importante tomar nota da presença desse artifício excepcional, para tentar integrá-lo na dinâmica formal em larga escala.

Se III' não culmina no *cluster*, tal como seu modelo, ela chega, todavia, a uma agregação muito pesada de dez sons. No entanto, percebemos, rapidamente, que este não é outro senão um subconjunto do mesmo *cluster*: com efeito, as cinco notas atribuídas a cada mão são filtradas da metade respectivamente aguda e grave do *cluster* de III, do qual compartilham a mesma tessitura (ressalvada uma transposição ao semitom na mão esquerda). Esse *cluster filtrado*, se assim podemos chamá-lo, reaparece de maneira notável perto do final da peça (p. 17[8]), quando, então, constitui a penúltima ressonância do conjunto. As quatro progressões de densidade absoluta são graficamente representadas na figura 7.18.

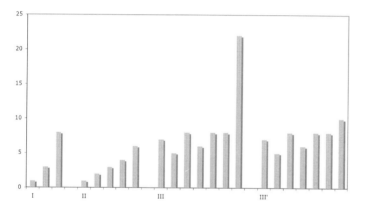

Fig. 7.18: Evolução das densidades absolutas nas sequências I, II, III e III'. Nas ordenadas, o número de notas de cada acorde.

Ainda é preciso acrescentar, que todas as sequências, com exceção da segunda, que emenda diretamente com a primeira, são precedidas por um grupo de três alturas, Fá#-Lá-Si♭, (respectivamente p. 2[5], 10[1] e 14[3]). Esse grupo é, para começar, apresentado como parte de uma atríade (B9, precedendo a sequência I, depois B23, precedendo II), para finalmente ressoar sozinho antes da última sequência (no

---

[35] Op. cit., p. 230 (grifo meu).

segundo sistema da p. 14). Esse grupo seria, então, o marcador que anunciaria o início dos processos teleológicos que ele precede[36].

Se, até o momento, baseamos-nos na observação da evolução das densidades absolutas é porque era fácil e eficaz balizar sua articulação à leitura da figura 7.17 nas sequências selecionadas. Embora essas sequências dominem, no eixo do tempo, a maior parte do *cantus firmus*, convém observar como as sucessões remanescentes se organizam. E, para tanto, a simples contagem do número de notas por acorde deixa de produzir informação interpretável. É preciso voltar ao conceito de densidade relativa, para perceber que, na verdade, *essa voz, como um todo, se organiza em torno de um sistema de progressões graduais, que alternam entre complexificação e simplificação*. A base dessa análise é representada graficamente na figura 7.19.

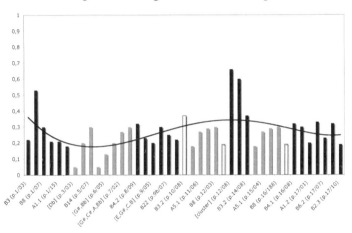

Fig. 7.19: Evolução das densidades relativas do *cantus firmus*.

As progressões enfatizadas por histogramas cinza alternam com digressões representadas por histogramas pretos. Os histogramas brancos são atribuídos a três acordes que incorporam, ao contrário, o *contraste adjacente*, pelo que não se enquadram em nenhum dos dois processos. O movimento digressivo é, de um modo geral, menos

---

[36] Se o compositor exterioriza esse tricorde nas circunstâncias que estou descrevendo, não é difícil, por outro lado, re-encontrar a configuração intervalar (0 3 4) ou (0 1 9), isto é (i3 + i1) ou (i1 + i8), mais ou menos escondida, em numerosas outras configurações verticais, seja nos acordes da voz superior, seja nos da voz ressonante.

linear que o das progressões. A dinâmica rumo à simplificação se cumpre de maneira mais fragmentada. No entanto, o princípio formal de oscilação ainda fica claramente simulado pela linha de tendência em forma de onda senoidal. A figura 7.20 mostra, em detalhe, a primeira dessas digressões, aquela pela qual começa o *cantus firmus*.

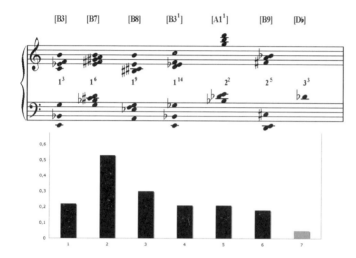

Fig. 7.20: Evolução das densidades relativas no início do *cantus firmus*.

Quanto à sequência conclusiva, mais do que um decréscimo progressivo, ela põe em jogo uma alternância estática entre dois tipos de baixas densidades relativas – no que preserva o princípio de simplificação. É notável, todavia, que o primeiro e último acordes, ainda que sem comunhão de cromas ou de intervalos, como se pode verificar na figura 7.17, se aparelhem nesse componente[37], o que favorece a dedução de que a escrita dá a essa voz o aspecto de uma estrutura fechada.

Isso leva a estabelecer, em larga escala, um *cantus firmus* baseado num fluxo de ressonâncias, que evoluem nas suas características espectrais em função de uma densidade mais ou menos elevada de sons. Essa estratégia se encontra conforme a premissa composicional que Berio revelou nas suas *Entrevistas* – lembrada no início deste

---

37 Densidade relativa respectiva desses dois acordes: (0.22) e (0.19).

capítulo –, a qual estipula um controle sistemático dessa dimensão, em paralelo à do percurso harmônico. A abordagem analítica adotada, ao sustentar essas decisões, dá uma versão dos fatos, na qual a dinâmica procede por ondas, ondas essas que imprimem certo ritmo na evolução das qualidades sonoras no vetor simplicidade--complexidade.

Uma Harmonia Multidimensional

É arriscado aventurar-se numa análise "harmônica", numa obra onde as funções próprias a essa dimensão são extrínsecas à sua linguagem. No entanto, isso não significa que não seja possível organizar esse componente num sistema. Ao abordar esse material por um prisma que dispensa deliberadamente o estudo das relações entre coleções de cromas, tentei analisá-lo a partir de uma seleção de componentes secundários. Essa seleção evidencia uma organização harmônica nutrida, claramente, por um pensamento da forma como processo contínuo. Com efeito, a sintaxe harmônica não se define por relações que regeriam o encadeamento de acordes, mas, antes, pela evolução orientada de densidades e outros aspectos estatísticos dentro de um postulado de interdependência assincrônica, como penso ter demonstrado. Essa opção composicional reduz, quando não elimina, qualquer possibilidade de segmentação uniforme de recorte em seções indubitavelmente articuladas. O corolário mais evidente de tal premissa é que a percepção ativa da lógica formal se encontra dificultada, fato que Berio pode ter desejado, eventualmente, minimizar ao lançar mão de alguns artifícios de repetição. Quanto às relações entre os planos "principal" e "ressonante", evidenciei, a partir de uma análise das modalidades pelas quais se desenha sua interdependência, um princípio de escrita que, por assumido abuso de linguagem, associei ao contraponto. Esse conceito se desdobra no nível do *motetus*, o qual, bem mais complexo que o *cantus firmus* – o que, em suma, corresponde bastante às suas respectivas naturezas num "verdadeiro" contraponto – estabelece um entrelaçamento de processos dinâmicos que agem em várias dimensões secundárias. Enquanto isso, o nível primário permanece quase inoperante, praticamente privado de energia própria.

Além de um tratamento muito pessoal do idioma instrumental, é nesse *modus operandi*, sem dúvida, que reside um dos aspectos mais originais da *Sequenza IV* e do seu aporte à música do século XX. Sua ligação com a escrita debussista é mais evidente do que com as *Klavierstücke* de Stockhausen. Com efeito, Berio delimita claramente uma dimensão puramente harmônica, a qual é possível apreender de maneira relativamente autônoma. Em Stockhausen ou mesmo em Boulez, tal abordagem seria extremamente aventurosa, haja vista a existência, neles, de princípios superiores de organização, de ordem serial (*lato sensu*), que governam os elementos horizontais e verticais de forma indissociável, sem prerrogativas. Berio, ao contrário, desenvolve uma dinâmica autônoma, fundada, essencialmente, na evolução ou na alternância balanceada das qualidades sonoras de acordes agrupados em duas grandes categorias, técnica essa que lembra a estruturação de alguns prelúdios dentre os que abordei neste livro.

VIII.
"Sons Primevos Obscuramente Misteriosos"

Entre o que é e o que Era

Ambicioso herdeiro da tradição pianística e, ao mesmo tempo, espécie de *Cravo bem temperado* de todos os novos recursos do piano, *Makrokosmos: Twenty-Four Fantasy Pieces after the Zodiac for Amplified Piano* (Makrokosmos: Vinte e Quatro Peças de Fantasia após o Zodiáco para Piano Amplificado, 1974), de George Crumb, apresenta um pianismo ultrassofisticado que, além da exploração sistemática e extremamente imaginativa de todas as possibilidades timbrais "expandidas" do instrumento, o que constitui, *per se*, uma soma notável, sintetiza, transforma e expande os aportes técnicos e expressivos de todos os grandes ciclos compostos durante o século. Nesse contexto referencial, Debussy é explicitamente mencionado (e reverenciado) por Crumb[1]. Esse ponto de contato é que justifica, em primeira instância, sua inclusão no meu campo de investigação. Não me deterei sobre a sedutora ambientação místico-cosmogônica do *Makrokosmos*, não apenas porque o compositor somente deixou,

---

[1] Notes, introdução à edição da partitura, N. York: Peters, 1974.

com possível intencionalidade, uns bem vagos prolegômenos sobre esse universo bem íntimo[2], mas, sobretudo, porque considero que essa dimensão pertence ao domínio do *inefável* – termo tão apropriadamente utilizado por Jankélévitch em sua abordagem de Debussy[3], e que me parece, igualmente, cair como uma luva na música delicada, sofisticada e hermética do músico norte-americano. *A Prophecy of Nostradamus [SYMBOL]* (*Makrokosmos II* [8]) ilustra adequadamente, na minha opinião, o elo criado por Crumb com o compositor francês. A metade superior da partitura é reproduzida na figura 8.1[4].

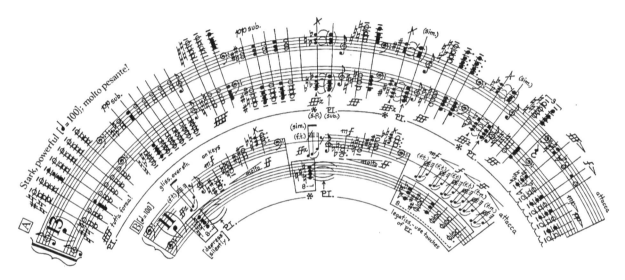

Fig. 8.1: *Makrokosmos* II (8), metade superior da partitura.
© 1974 by C. F. Peters Corporation (New York), para este trecho e os seguintes.

Observemos a seção liminar A. É uma sequência homofônica de acordes perfeitos menores, a oito vozes, na qual cada acorde é repetido um certo número de vezes. A redução proposta na figura 8.2 revela o

2 Em Notes, op. cit., Crumb menciona as ideias e imagens que o "perseguiam" durante a composição do ciclo: as "propriedades mágicas" da música (as aspas são dele); o problema da origem do Mal; a "intemporalidade" (*timelessness*) do tempo; o sentido das profundas ironias da vida; e umas frases de Pascal e Rilke. Para um estudo apropriado dessa dimensão nessa obra, sugiro: J. Carbon, Astrological, Numerological, and Mythical Symbolism, em George Crumb's Makrokosmos, v. I e II, *20th Century Music*, 1995/1996.

3 *Debussy et le mystère de l'instant.*

4 A segunda metade do semicírculo constitui, literalmente, o seu espelho.

esquema estrutural dos baixos fundamentais. Esse alterna duas progressões pentatônicas paralelas e distanciadas por um trítono, de formato intervalar (3 2 3 2). A seção é encerrada por dois acordes também paralelos, sem terça (cf. Fig. 8.1).

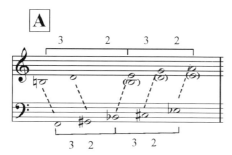

Fig. 8.2: Redução da sequência harmônica da seção A de *A Prophecy of Nostradamus* (ii [8]). As notas representam os baixos fundamentais das tríades menores que se sucedem, alternadamente, na região aguda (pentagrama em clave de Sol) e grave (clave de Fá). Entre parênteses, os baixos reais (nas inversões). Os números inteiros informam a estrutura intervalar. As linhas tracejadas assinalam os intervalos de trítono.

Tríades perfeitas paralelas, eventualmente sem terças, escalas pentatônicas, trítono, oposição binária de registros: temos algo como um concentrado dos elementos mais conhecidos da sintaxe de Debussy[5]. Crumb recupera esses elementos, fusiona-os, redistribui, tanto dentro do tempo musical quanto no espaço gráfico da página, de modo que se crie uma sensação ilusória de distância em relação ao modelo histórico. Todavia, ele pode ser francamente mais explícito. *Dream Images: Love-Death Music* (Imagens de Sonho: Música de Amor-Morte, ii [11]) são provocadas por uma sequência de profundos acordes perfeitos *pianissimo* no grave, sobre os quais se põe uma "*faintly remembered music*" que toma a forma de uma monodia no registro agudo. Diatônica, esta evolui numa gama de alturas situada sistematicamente fora da harmonia induzida. O conjunto produz relações e sonoridades que remetem a uma das assinaturas estilísticas de Debussy. Dou um exemplo desse paralelismo na figura 8.3.

---

[5] Num ensaio ao qual me referi anteriormente, Bass estabelece outros pontos de contato entre os dois músicos, constatando uma maneira análoga de articular a infraestrutura, por meio de uma interação dialética entre escalas octatônicas e assimétricas (R. Bass, Models of Octatonic and Whole-Tone Interaction). Quanto a Pearsall, seu estudo das simetrias e dos movimentos teleológicos no compositor americano o leva a formular relações com Bartók, para, em última análise, reconhecer a influência seminal de Debussy nesse processo. E. Pearsall, Symmetry and Goal-Directed Motion in Music by Béla Bartók and George Crumb, *Tempo* v. 58, n. 228, p. 32-40.

Fig. 8.3: Crumb, *Makrokosmos*, I (11), início; Debussy, prelúdio II (10), c. 30-31.

Porém, Crumb se aventura mais longe nesse jogo com a nossa memória. Se Debussy, nesse caso, apenas é sugerido pela atmosfera sonora, citações literais da *Fantaisie-Impromptu* (Fantasia-Improviso), de Chopin emergem e evanescem na paisagem em vários momentos (Fig. 8.4).

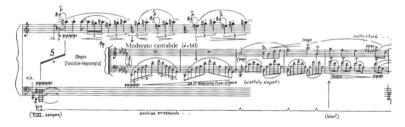

Fig. 8.4: I (11), p. 18.

Além do seu caráter eminentemente poético e elegíaco, essas flutuações oníricas entre o passado e o presente, entre o *já ouvido* e o *inaudito*[6], provocam, dessa vez, uma referência explícita que, de repente, tende a anular seu distanciamento histórico real pelo tanto

---

6 "A elegia contrasta a presença e ausência, 'o que é e o que era'". S. M. Bruns, Space, Time, and Memory, encarte do CD *George Crumb Makrokosmos*, v. I e II, p. 11, citando Christopher Maurer.

que a ambientação sonora, de evocação debussista, parece aguardá-las. Surpreendemo-nos, então, a pensar numa *música de sonho* que nasceria da fusão íntima e atemporal dos sons de Chopin, Debussy e Crumb. Aliás, não é o compositor mesmo que afirma que, enquanto a associação com Debussy lhe parece "puramente externa" – ainda que tenhamos acabado de ver que ela é, também, profundamente interiorizada na sua linguagem –, ele "suspeita que o "impulso espiritual" "da sua música se situe mais próxima do lado mais sombrio de Chopin"?[7]

Mais adiante, bem mais adiante, praticamente ao termo dessa viagem macrocósmica, quem nos surpreende é Beethoven, em *Litany of the Galactic Bells* (Litania para os Sinos Galáticos, II [11]), pelo viés de um curto trecho do movimento lento da sonata *Hammerklavier*. Esse trecho se insere como último desenvolvimento de uma célula motívica, cuja fonte ninguém saberia identificar, quando ela aparece no início da obra – pelo menos na primeira audição. Esse processo de desenvolvimento motívico, uma referência à linguagem do mestre alemão que não poderia ser mais evidente, é parcialmente mostrado na figura 8.5.

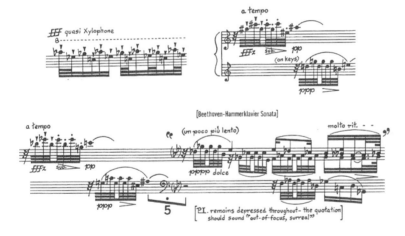

Fig. 8.5: Três etapas do desenvolvimento da célula da *Hammerklavier* em *Makrokosmos* II (11), antes do aparecimento da citação completa.

Na verdade, essa *litania* que o compositor deseja *jubilante, metálica, incisiva, reverberante* (*echoing*), antes remeteria, pelo menos por esses paratextos, ao Messiaen litúrgico, cantor do gozo místico.

---

[7] Notes, op. cit.

Não é um acaso, portanto, que, em vez das harmonias estáveis e etéreas das evocações debussistas, vivenciamos timbres extremamente agressivos, agregações dissonantes, em suma, metálicas e incisivas, que constituem também a marca de um grande número de momentos da obra do compositor de *Couleurs de la Cité céleste* (Cores da Cidade Celeste). O material primário, contudo, não possui complexidade comparável. Os acordes são simples verticalizações da escala de tons inteiros[8]. Alternam com figuras em intervalos repetidos, provindas da fonte beethoveniana. Um *Descant* homofônico dissonante, formado de tricordes de sequência intervalar (9 4), que se sucedem em movimento paralelo num baixo, progredindo por escalas defectivas, constitui o terceiro e último elemento dessa peça.

A Forma em *Makrokosmos*

De modo geral, as estratégias de estruturação formal de Crumb são simples[9]. Formas cíclicas de tipo ABA, que se encontram em I (3), I (4) e II (1), ou ABCB'A', sobre a qual é baseada a *Prophecy* evocada há pouco, confirmam as afinidades do compositor com alguns daqueles arquétipos que funcionam tal como nos prelúdios de Debussy. *Spiral Galaxy* (I [12]) segue o mesmo modelo, com a diferença de que a seção A', em vez de concluir, é deslocada para o início, logo depois de A. Obtém-se, então, a interessante assimetria AA'BCB'. O esquema AA', onde A' retoma A de forma mais extensa, é uma estrutura aberta já presente em algumas pequenas formas de Chopin[10]. *The Abyss of Time* (O Abismo do Tempo, I [9]) é construído segundo esse plano, no qual A é constituída de uma sucessão de quatro unidades sonoras muito contrastadas – cuja primeira é, por sinal, uma réplica exata daquela que introduz o ciclo inteiro (I [1]). A' se distingue de A pela

---

8 Essa estrutura é um dos motivos sonoros recorrentes do ciclo; ela é reencontrada, por exemplo, em I (8), onde atende ao adjetivo *luminoso*.

9 Afirma ele, aliás, que "as formas sofisticadas deixaram de ser viáveis". Citado por Christopher Wilkinson, *Makrokosmos* I and II, em D. Gillespie (org.), *George Crumb: Profile of a Composer*, p. 57.

10 Por exemplo, o *Nocturne* op. 27, n.º 2, formatado A-A'-A''-coda.

hipertrofia da segunda unidade, porém, o equilíbrio geral é mantido, de alguma maneira, pela concomitante supressão da quarta unidade, as duas remanescentes sendo repetidas de forma quase idêntica. Algumas organizações mais singelas distribuem um número restrito de unidades mais ou menos contrastantes e as alternam, obedecendo a um esquema temporal de aparência caótica. É o caso de *Spring-Fire* (I [10]), por exemplo: cinco tipos de sonoridades (a, b, c, d, e) se espalham de forma irregular no eixo do tempo, de modo a recortá-lo de acordo com uma dinâmica representada pela sequência de histogramas (Fig. 8.6).

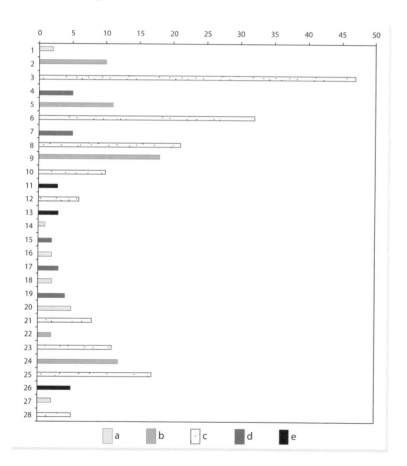

Fig. 8.6: Estrutura temporal de I (10). Cinco tipos de sonoridades são representados por histogramas em tons de cinza diferenciados. Seu comprimento (nas abscissas) corresponde ao número de centímetros que as unidades ocupam na partitura, o que permite uma estimação das relações de duração. A sequência se desenrola de cima para baixo.

No plano da articulação, os conceitos de *sintagma* e de *sonoridade geradora* funcionam maravilhosamente. Como exemplo do primeiro, citaria a segunda e a terceira peças, inteiramente baseadas em declinações do sintagma apresentado nos dois primeiros compassos de cada uma (a figura 8.7 mostra I [2]). Em *Proteus* (I [2]), a segunda apresentação desse sintagma (mesma figura) se manifesta por um processo de união, no sentido matemático, dos dois argumentos. Essa segunda estrutura pode, então, ser descrita na forma {A} + {A∪B}.

Fig. 8.7: I (2), c. 1-8.

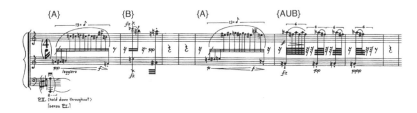

Music of Shadows (for Aeolian Harp) (Música das Sombras [para Harpa Eoliana], I [7]) constitui um breve momento sonoro inteiramente desenvolvido a partir da sonoridade geradora inicial, um *glissando* sobre as cordas na região central, seguido de uma nota em *pizzicato*. No decorrer das suas reiterações, o conteúdo espectral dos glissandos é controlado pela mão esquerda, que abaixa, silenciosamente, grupos de teclas que formam "acordes" de cinco ou seis sons, igualmente no centro. A evolução desse nível harmônico ressonante se dá por discretas modificações internas de um acorde a outro.

Apesar da inserção "*intrusive, eruptive*" de *Music of Strife*, *The Mystic Chord* (Música da Contenda, O Acorde Místico, II [2]) fornece outro exemplo de estrutura desenvolvida a partir de uma sonoridade geradora, que é o acorde *místico* anunciado no título e mantido silenciosamente desde o início.

Conjuntos de Sonoridades em *Primeval Sounds*

Mencionarei, ainda, um último modelo de estruturação, o qual consiste em organizar as unidades em *conjuntos*. Objeto da minha demonstração será a primeira peça do ciclo. *Primeval Sounds* (*Genesis I*) é, de fato, constituída de um total de seis conjuntos homogêneos ou heterogêneos, construídos a partir de uma coleção de seis unidades sonoras distribuídas de maneira desigual e cada vez renovada. Não é indispensável descrevê-las em detalhe, pois que se apresentam de forma nítida tanto à audição, daí à memória auditiva, quanto à leitura. Suas repetições ou declinações são, por conseguinte, facilmente identificáveis em qualquer desses planos. Em compensação, poderia ser útil dar uma visão global de como Crumb distribui seu material de base. Expresso isso em linguagem pseudomatemática, na qual as seis unidades são designadas pelas letras A a F. O signo de adição indica a ordem sequencial. As chaves { } representam um sintagma, como de costume neste livro. A inclusão ($\supset$) significa que a sonoridade mencionada à sua esquerda inclui aquela(s) localizada(s) à sua direita. Os inteiros servem para diferenciar várias retomadas de uma sonoridade no mesmo conjunto[11]:

Conj. 1 : $\{A+B\} + \{A1+B1\}$
Conj. 2 : $(C \supset [B, D]) + (C1 \supset [B1, D1]) + (C2 \supset [B2, D2])$
Conj. 3 : $(D \supset B) + (D1 \supset B1) + D2 + E$
Conj. 4 : F
Conj. 5 : $(C' \supset (B, D)) + (C'1 \supset [B1, D1]) + (C'2 \supset B2) + E$
Conj. 6 : $F + B' + D + B$

Salta aos olhos o fato de a unidade sonora B ocupar um lugar privilegiado. Observamos, também, que o conjunto 5 não é senão uma variação do segundo, e, naturalmente, que o quarto conjunto é composto de uma única sonoridade. Limito-me a analisar, em detalhe, os dois primeiros conjuntos.

---

11 Isso não significa, por exemplo, que B1 do conjunto 2 seja necessariamente uma repetição de B1 do conjunto 1. Infelizmente, a partitura publicada não possui nenhum sistema de referência que me permita ajudar o leitor a se situar. Não obstante, segue uma localização aproximada: Conj. 1: sistema 1; conj. 2: sistema 2; conj. 3: sistema 3, a partir do *mf*; conj. 4: última sonoridade da página; conj. 5: p. 7, sistemas 1 e 2; conj. 6: último sistema, a partir do *ppp sub*.

Fig. 8.8: Conjunto n. 1.

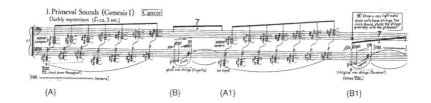

A figura 8.8 mostra o conjunto n. 1. Ele é constituído de um *sintagma* declinado duas vezes e formado de duas unidades {A+B}, as quais, ainda que contrastadas, são localizadas na mesma região. {A} é uma sucessão muito lenta[12] de sete acordes, cuja escrita amplia o conceito de *ressonância acrescentada* de Messiaen. Com efeito, a cada tríade expressa brevemente pela mão esquerda, corresponde outra, ressonante, tocada pela mão direita que abaixa as teclas sem emitir som. Quanto a {B}, é uma sequência, em *glissando*, num curto lapso de tempo, de notas individuais produzidas diretamente nas cordas pelas pontas dos dedos. Essa oposição estrutural se inscreve em dois vetores principais: o das densidades – elevada densidade acrônica, e baixa densidade diacrônica para {A}, e o inverso para {B} – e o das modalidades de produção – por meio do teclado no caso de {A}, e diretamente nas cordas para {B}.

É importante observar que o compositor inaugura o ciclo com duas sonoridades que vão representar um papel fundamental no *Makrokosmos* como um todo. Com efeito, tanto {A} quanto {B} se encontram distribuídos num grande número de peças e de tal forma que raramente as diferenças de apresentação impedem que sejam reconhecidos pelo ouvinte. Considero suficiente mencionar aqui a ocorrência significativa de {A}, ou de uma das suas declinações, nos números 4, 8 e 9 do vol. I, e 6, 8 e 11 do vol. II. Quanto a {B}, ele se encontra nos números 5, 7, 9 e 12 do vol. I, e 2 e 4 do vol. II.

Voltando a *Primeval Sounds*, já observamos que {B} se faz presente em cinco dos seis conjuntos, o que o confirma como peça--mestra da arquitetura desse primeiro número. Após seu enunciado

---

[12] Cerca de 30 segundos, de acordo com as indicações do compositor na partitura.

inicial, o sintagma é logo redeclinado (Fig. 8.8). {A1} se diferencia do modelo {A} por uma inversão de alturas: as notas da mão direita são agora tocadas uma oitava abaixo pela outra mão e, reciprocamente, aquelas que eram reservadas à mão esquerda. Isso resulta na inversão do efeito de ressonância, e, consequentemente, do conteúdo espectral da sonoridade produzida: as alturas que eram explicitamente emitidas no original se tornam ressonantes por simpatia, e vice-versa. Esse exemplo ilustra como Crumb integra dois níveis acústicos – o dos sons "normais" e o das ressonâncias – de uma forma totalmente diferente de Berio na *Sequenza IV*. Lembramos que o compositor italiano elabora duas camadas polifônicas que se colocam em contraponto praticamente contínuo[13]. Crumb, diferentemente, funde-os numa entidade homofônica, num objeto sonoro *stricto sensu*. Quando aquele procurava a fissão, este pensa em fusão. Veremos, no capítulo seguinte, que Lachenmann adota uma escritura semelhante.

Em compensação, a identidade visual aparente de {B1} em relação a {B} não deve ser superestimada: apesar de as notas e o perfil direcional em *glissando* terem sido, de fato, retomados de forma idêntica, na segunda vez, esse gesto é executado por meio de uma corrente metálica jogada sobre as cordas, em vez de tocado com a ponta dos dedos. Esse "detalhe" modifica radicalmente o resultado. A indicação *ffz* apenas apoia o efeito dessa transformação. Se as duas versões de {B} podem ser colocadas em relação de equivalência, isso é bem mais por causa da sua *função* no interior da estrutura *sintagma* do que da sua similaridade concreta.

Enquanto as duas sonoridades do primeiro conjunto se articulam de maneira sequencial, o conjunto seguinte (segundo sistema da partitura, p. 6, cf. figura 8.9) se apresenta como uma diafonia composta da superposição de unidades sonoras heterogêneas. O conjunto 2, sendo tocado três vezes consecutivas, será identificado na figura por 2a, 2b e 2c.

---

13 Cf. capítulo anterior.

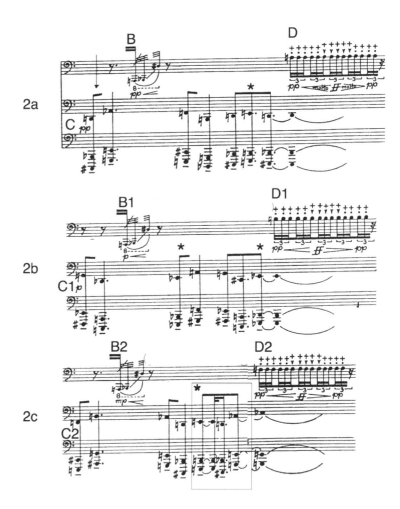

Fig. 8.9: O conjunto 2 e suas duas declinações sucessivas. Os tricordes consonantes polarizadores são marcados por um asterisco.

Destaca-se, escrita nos dois sistemas inferiores, uma unidade principal c que determina a duração do conjunto. Duas unidades secundárias, consignadas na pauta superior, vêm se inserindo, tal como ornamentos, nos interstícios ressonantes deixados por c[14]. A primeira dessas unidades secundárias é uma declinação de {B}. A única variação que conhece é a da intensidade, que cresce progres-

[14] O leitor certamente se lembra que encontramos construção semelhante nos *Vingt Regards* de Messiaen (Cap. IV).

sivamente. Remarquemos, *en passant*, que as qualidades intrínsecas desse gesto sonoro são suficientemente delineadas para suportar, sem se perder na audição, sua inclusão em contextos tão diversos quanto esses dois primeiros conjuntos. A segunda unidade secundária, D, constitui um elemento novo, formado de uma nota aguda repetida, tocada numa corda "muda"[15]. Ela se destaca por suas características diacrônicas – saturação da densidade e intensidade dinâmica. O croma de referência muda a cada declinação (Lá 3, Si 3 e Fá 3). C consiste numa sequência de sete tríades apresentadas em dois sub-conjuntos: de duas e de cinco. O modelo rítmico permanece invariável de uma declinação à outra, com exceção de uma unidade de semicolcheias que se encontra retirada em 2b (onde o último acorde perde seu ponto) e acrescentada em 2c (acorde assinalado por um asterisco), gerando, assim, equilíbrio na assimetria. Estamos numa lógica aditiva-subtrativa que provém diretamente das técnicas de Messiaen, que Crumb, aliás, tem por essenciais no desenvolvimento da sintaxe contemporânea do ritmo[16].

Os tricordes de C são de dois tipos: um é francamente consonante, pois é composto de i7+i5 (resultando numa oitava). É o menos frequente (um só, em 2a e 2c, e dois, idênticos, em 2b) e parece exercer alguma função polarizadora. Prova disso seria o fato de que os demais, todos caracterizados pela superposição de i9+i4, somando uma nona menor, se articulam em torno do primeiro tipo. Essa articulação harmônica é particularmente nítida em 2c. Na figura, vemos claramente que o grupo de cinco tricordes se organiza simetricamente à esquerda e à direita do acorde central de Mi (i7+i5). Em 2a, C apresenta cinco tricordes, cujo primeiro, um acorde (i9+i4) sobre o baixo Dó#, é tocado três vezes. Acontece aí, portanto, duas polarizações concorrentes, uma fundada na *qualidade* – o tricorde "consonante" de Mi em penúltima posição – outra na *quantidade* e *saliência temporal* – o tricorde "dissonante" de Dó#, cujas três repetições enquadram a sequência.

---

15 Indicação *mute string* na partitura. O efeito é produzido pelo apoio de um dedo da outra mão na corda.

16 Music: Does it Have a Future? Disponível em: <http ://www.georgecrumb.net/future.html>. Também em D. Gillespie (org.), op. cit., p. 16-19.

Em 2b, contamos somente quatro tricordes, todos diferentes daqueles presentes em 2a. Em compensação, para 2c, o compositor se contenta com a redistribuição dos tricordes de 2a: trata-se mesmo, portanto, de uma repetição variada. Isso dá uma estrutura harmônica geral em forma de ciclo fechado A-B-A', polarizada pelos tricordes "consonantes" sobre Mi, Mi♭, e novamente Mi.

Em resumo, importa, portanto, observar que as declinações de C são restritas ao nível primário e podem ser interpretadas à luz de uma certa lógica pseudotonal, pelo fato de se fundar num movimento harmônico que alterna consonâncias e dissonâncias, e faz interagir duas regiões contrastadas, uma delas servindo de referência. É o oposto das declinações do sintagma do primeiro conjunto, as quais, ao contrário, jogam, a partir de um material primário que permanece inerte, com dimensões exclusivamente sonoras, para não dizer acústicas. Ademais, é preciso acrescentar que, ao contraste significativo observado entre as três unidades B, C e D, que compõem o segundo conjunto, responde, de maneira equilibradora, o efeito estabilizante provocado pelo reduzido índice de variação das três apresentações sucessivas 2a, 2b e 2c (cf. Fig. 8.9). Entre esses dois conjuntos, estamos, portanto, diante de um jogo de compensações que represento visualmente na tabela 8.1.

Tabela 8.1. Simetria dos princípios de repetição e variação entre os dois primeiros conjuntos de I(1).

	Nível primário	Nível secundário
Conj. 1, {A+B} vs {A1+B1}	repetição	variação
Conj. 2, {B} em 2a, 2b e 2c	repetição	declinação
Conj. 2, C e D em 2a, 2b e 2c	variação (progressão)	repetição

O Som é a Obra

Essas considerações analíticas, em primeiro lugar, apontaram para a dimensão fundamentalmente sincrética da música de George Crumb, cuja principal alavanca é a tensão criada pelos diversos níveis de relacionamento que os materiais mantêm com a história. Esses níveis, vimos, incluem a citação "não preparada" (Chopin em I [11]) ou, ao contrário, formalmente integrada (Beethoven em II [11]). Os materiais, porém, se inserem também, de maneira mais profunda, na estrutura, pelo alto grau de intertextualidade que a escrita desenvolve: estamos, quase constantemente, dentro do referencial, e a forma, então, pode se descrever pelos processos e modalidades de inserção, seja de construções, seja de lógicas ou ainda de gestos históricos, por *zooms in* ou *out*, que o compositor aplica às fontes – quer sejam patentes ou latentes. Outro aspecto que deve ser lembrado tange a fusão orgânica operada entre eventos acústicos independentes: os numerosos efeitos exógenos de produção de sons diretamente sobre as cordas, a intervenção eventual da voz – grito, assovio ou murmúrio –, tudo isso é, em permanência, incorporado às estratégias estruturais e formais, que visam à integração íntima das disparidades. Como ele mesmo diz: "É difícil para mim conceber sons particulares, independentemente do conjunto da obra. Um som nunca é um efeito, ele deve fazer parte da peça. Costumo utilizar o termo '*ethos*', a obra inteira é que reside dentro do som"[17].

Muito provavelmente por essa razão, é que as formas de Crumb são governadas por procedimentos clássicos, pois o compositor deseja, antes de tudo, que o ouvinte o acompanhe. Aliás, ele não esconde sua nostalgia dos "majestosos" princípios unificadores da música tonal antiga[18]. Daí vem o jogo com a memória de curto e meio prazo, o qual, ao mesmo tempo que provoca uma escuta ativa, oferece pontos claros de referência que ajudam o ouvinte a balizar o percurso, a construir sua compreensão do organismo musical que ele está escutando, a *se situar*. Unidades, ou conjuntos de unidades, retomados para concluir, motivos, estruturas se refletindo em espelho, efeitos sonoros marcantes pontuando periodicamente o discurso, esses são alguns dos procedimentos empregados. Algumas sonoridades repercutem de um movimento ao outro, graças à permanência das suas características sonoras essenciais. Esse classicismo se manifesta, igualmente, na aplicação sistemática dos princípios de resolução das

---

17 Idem, ibidem.
18 Idem, Ibidem.

assimetrias na simetria, do desequilíbrio no equilíbrio, da tensão no repouso, em diversos níveis hierárquicos, da superfície ao nível mais profundo.

Se Crumb se avizinha de Lachenmann neste livro, isso não é fortuito. Com efeito, é possível colocar esses dois compositores dentro do mesmo *macrocosmo*, pois é também pela sua relação com a história que a obra de Helmut Lachenmann mais pode nos interpelar, mesmo que essa relação seja nitidamente conflitual. Após a *nostalgia* de Crumb, abordemos a progressiva *reconciliação* de Lachenmann.

IX.
A *Ars Subtilior* de Lachenmann:
Uma Incursão no Universo Sonoro de *Serynade*

O Conceito de Som Estruturado: Uma Breve Revisão Ilustrada

Por várias razões, o *corpus* pianístico de Lachenmann não podia faltar numa obra que põe a sonoridade ao mesmo tempo como conceito, material elementar e realização concreta da composição. *Serynade*, composta em 1997/1998 e até o momento a *grand-oeuvre* de Helmut Lachenmann para piano, insere-se numa sequência de criações que, se não são muito numerosas e ficam um tanto na sombra das obras mais mediatizadas para conjuntos instrumentais e teatro musical[1], nem por isso são menos intimamente ligadas à evolução das posições estéticas do compositor, das quais grande parte se concentra no problema da corporalidade do sonoro instrumental e da sua integração à estruturação musical. *Fünf Variationen über ein Thema von Franz Schubert* (Cinco Variantes sobre um Tema de

---

1 Lachenmann considerou que sua ópera *Das Mädchen mit den Schwefelhölzern* (A Menina dos Fósforos, 1997) representava, naquele momento, o coroamento das suas experiências composicionais. Entre as obras orquestrais importantes, é preciso mencionar *Mouvement (–vor der Erstarrung)* (1982-84), *Staub* (1985-87), *Schreiben* (2002-2004), NUN (1997-2002), assim como o concerto com piano *Ausklang* (1984-86).

Franz Schubert, 1956), *Echo-Andante, Wiegenmusik* (1962 e 1963), *Guero* (1970, revisado em 1988) e *Ein Kinderspiel* (Uma Brincadeira de Criança, 1980) constituem não somente as balizas de uma reflexão--ação que Lachenmann nunca dissociou de um engajamento filosófico e até político, mas, ainda, põem em prática soluções no contexto do idiomatismo instrumental. Não podia ser de outra forma em *Serynade*, obra imponente com seus mais de trinta minutos de duração, a qual não é muito arriscado considerar-se, desde já, uma referência histórica incontornável da literatura para piano na passagem do século XX ao XXI. Sem que ele reivindique, de forma explícita, outros ascendentes senão os serialistas – parte de suas técnicas de elaboração de materiais pré-composicionais encontram ali, ainda hoje, seu fundamento[2] –, vários aspectos fundamentais do seu pensamento e da sua escrita fazem dele, na atualidade, uma das principais figuras representativas do movimento estético, cujo fio seguimos neste livro desde Debussy.

Em primeiro lugar, faz-se absolutamente necessário mencionar o conceito de *música concreta instrumental*, que considera *o som instrumental como signo da sua produção*. É esse que orienta as hierarquias, sempre renovadas, das categorias "físicas" dessa produção, levando "à experiência do ruído e do som desnaturado como parte integrante de um *continuum*"[3]. Se, no início do século XX, os pioneiros Debussy e Varèse se aventuravam em *compor com o som*, Lachenmann, por sua vez, *compõe o som*, e o ato de compor pode ser concebido como a "construção de um instrumento"[4]. Isso passa

---

2 "É provável que todas as minhas decisões e meu controle do texto musical tenham a ver com o pensamento serial", ao qual "não se pode renunciar". H. Lachenmann, Des paradis éphémères, entrevista a Peter Szendy, em *Helmut Lachenmann* (livreto-programa). Disponível em: <http://www.festival-automne.com/public/ressourc/publicat/1993lach/>. A função eminentemente subjacente das organizações seriais, pelo menos na sua obra mais recente, não poderia ser mais claramente expressa por ele mesmo na análise do seu Quarteto n. 2, à qual, aliás, farei várias referências aqui. Lachenmann, On My Second String Quartet (Reigen seliger Geister), *Contemporary Music Review*, v. 23, n. 3/4, p. 59-79. Sobre o serialismo de Lachenmann e suas relações com o de Luigi Nono, cf. M. Kaltenecker, *Avec Helmut Lachenmann*, p. 25 e s., p. 131 e s. Ver também aqui mesmo, abaixo, a respeito de *Echo-Andante*.

3 Lachenmann, Des Paradis éphémères.

4 Mais precisamente, compor equivaleria a construir um instrumento *e tocá-lo*. H. Lachenmann, Über das Komponieren, *Musiktexte*, v. 16, p. 9-14. Tradução francesa de Martin Kaltenecker, De la composition, *Entretemps*, n. 10, p. 7-22.

pela contestação e por um processo de desconstrução do "belo som" convencional, a partir do quê o compositor define um ideal do belo fundado na "rejeição do hábito" – expressão que abriu a porta a interpretações equivocadas[5] – e liberto das categorias padronizadas.

Eu falo por vezes de uma nova virgindade do som: o som como experiência convencional, como elemento conhecido, já vem, sempre, maculado, carregado de convenções e, finalmente, impuro. O trabalho do compositor consiste em criar um contexto que possa torná-lo novamente intacto, intacto sob um novo aspecto. Desembaraçar o que ficou exposto à superfície para trazer à luz o que estava escondido, permitindo, assim, uma experiência mais pura. E isso nunca significa apenas fazer, mas sim, evitar e sempre resistir[6].

No seu catálogo pianístico, esse ideal se encontra concretizado por *Guero*, obra tida por radical porque em nenhum momento utiliza o modo de tocar convencional, e porque Lachenmann teria expresso ali a essência das suas ideias sobre a função sociocrítica da música[7]. O que Lachenmann quer demonstrar experimentalmente nesse *estudo* (pois a peça leva esse subtítulo), tal como, aliás, mais tarde, em *Ein Kinderspiel* – porém aí de um modo menos subversivo e mais metódico[8] –,

---

5 Não creio, por exemplo, que esta recusa implique numa "relação destrutiva com o que amamos", como parece pensar Pierre Albert Castanet, em *Tout est bruit pour qui a peur*, p. 352. Cf. também Thomas Kabisch, Dialectical Composing: Dialectical Listening Helmut Lachenmann's Compositions for Piano (1956-1980), p. 39 e s., encarte do CD *Helmut Lachenmann, Klaviermusik* (Roland Keller, piano), publicado também em alemão em *Musik Texte* 38, 1991.

6 Montagem de citações de Lachenmann provindas de duas fontes: Des Paradis éphémères, e L'Aspect et l'Affect, em *Helmut Lachenmann* (livreto-programa). Para um apanhado crítico da evolução dos conceitos e ideologia de Lachenmann, sugiro M. Kaltenecker, *Avec Helmut Lachenmann,* (sobre a *música concreta instrumental*, em particular p. 45 e s.); R. Nonnenmann, Music with Images, *Contemporary Music Review*, v. 24, n. 1; E. Hockings, Helmut Lachenmann's Concept of Rejection, *Tempo*, n. 193, p. 4-10.

7 C. Gottwald, Vom Schönen im Wahren, *Musik-konzepte*, 61/61, p. 8. Lachenmann produziu, na mesma época, várias obras na mesma linha, entre as quais *Pression*, para um violoncelista, e *Gran Torso*, para quarteto de cordas.

8 *Ein Kinderspiel* poderia corresponder, de alguma forma, ao *Caderno de Exemplos*, para piano, de uma "Técnica de Minha Linguagem Musical", que o compositor de fato formalizou, não em um manual com vocação pedagógica, como Messiaen, mas sim ao longo de numerosos textos, artigos e análises, cuja maioria se encontram reunidos em Josef Haüsler (org.), *Musik als existentielle Erfahrung. Schriften 1966–1995*.

é, de fato, que a música, "realmente não é uma questão de notas"[9], mas sim de "som-estrutura". Essa expressão, ele entende por um som pensado simultaneamente como *estado – "Klangzustand"*, o qual é função da sua natureza, do que eu chamo de sua morfologia – e como *processo – "Klangprozess"*, quando esse mesmo som é, dessa vez, pensado como forma capaz de gerar uma articulação do tempo[10]. A representação de um objeto sonoro pode, então, tornar-se "a imagem de uma forma, e reciprocamente"[11]. Se me apressei, no início do primeiro capítulo, em estabelecer a junção entre esse duplo conceito e o de *unidade sonora composta*, é porque Lachenmann formula e, sobretudo, põe em prática, sistematicamente e sem descanso, essa ideia do sonoro como forma, que Debussy tinha já como a essência *do* pensamento musical do futuro, e que, de minha parte, remeto às obras, pelo viés de uma análise imanente que também dela se vale.

Klangstruktur versus *Klangkadenz*

Essa conceituação levou Lachenmann a elaborar uma tipologia das relações do som estruturado com o tempo e a forma, que ele detalha em vários textos[12]. Se eu me dou ao trabalho de mencioná-la aqui, ainda que seja antiga e, no mais, relativamente conhecida, é não somente porque o próprio compositor a considera como uma ferramenta potencial de análise sempre "à mão" para peças mais recentes[13], mas, ainda, porque comprovei, pessoalmente, a sua funcionalidade. Essa tipologia, no topo da qual *Klangstruktur* representa o *caos estruturado em sonoridade ordenada no eixo do tempo*, "uma ordem formada de componentes sonoros heterogêneos, produzindo um campo complexo

---

9 P. Steenhuisen, Interview with Helmut Lachenmann, *Contemporary Music Review*, v. 23, n. 3/4, p. 11.

10 H. Lachenmann, Quatre aspects fondamentaux du matériau musical et de l'écoute, *Inharmoniques*, n. 8/9, p. 265; Idem, Klangtypen der Neuen Musik, em J. Haüsler (org.), *Musik als existentielle Erfahrung*, p. 1-20.

11 P-A. Castanet, op. cit., p. 305.

12 Inclusive os já citados Klangtypen der Neuen Musik, Über das Komponieren e Quatre aspects..., que constituem a minha fonte para a breve explanação que segue. Em cada um desses textos, no entanto, os diversos tipos não se relacionam exatamente da mesma forma, o que obriga o exegeta a fazer escolhas.

13 H. Lachenmann, On My Second String Quartet, *Contemporary Music Review*, v. 23, n. 3/4, p. 67.

de relações", como o é, segundo ele, qualquer obra "formando um todo coerente"[14], estabelece um pequeno número de arquétipos de *estados sonoros estáticos*: de um lado, *Farbklang* (i.e., o som colorido), e, de outro lado, dois tipos de "experiências estáticas do tempo" – *Fluktuationklang*, formado de movimentos periódicos, e seu pendente aperiódico, *Texturklang*, composto, por sua vez, de uma multiplicidade de eventos heterogêneos ou caóticos. Ele estabelece também um *processo dinâmico* elementar, que chama de *Klangkadenz*, caracterizado por um impulso inicial seguido de uma perda de intensidade ou de energia. *Klangkadenz* se decompõe idealmente em *Impulsklang* (som-impulso), *Einschwingklang* (som "composto", "acumulado") e *Ausschwingklang* (som que se "decompõe"). *Mutatis mutandis*, pode-se identificar, nessa estrutura, a articulação clássica tripartita *arsis-thesis-katalexis*, igualmente designada por *anacruse-acento-desinência*, ou ainda *initium, motus* e *terminus*[15]. Por outro lado, podemos ser mais tentados a efetuar uma aproximação com o modelo de Denis Smalley, também articulado em três fases, a saber *onset, continuant* e *termination*, destinado à modelização das funções estruturais na música eletroacústica, música essa que converge para a do compositor alemão, na medida em que sua matéria-prima é o som[16]. Tampouco resisto à tentação de sugerir um elo com o modelo estrutural da narratividade do "*récit*" proposta por Claude Bremond, nos termos de Eero Tarasti. Esse modelo também é composto de três fases: a *virtualidade*, situação que gera a possibilidade de um evento ou de uma ação (onde se pode re-encontrar uma conceitualização do *Impulsklang* de Lachenmann), a passagem à ação (o *som composto*), e seu desfecho (*Ausschwingklang*)[17].

Em todo caso, é esse conceito decisivo de *perda de energia como estrutura portadora de forma* que o compositor passará a utilizar em

---

14 Quatre aspects…, op. cit., p. 265.

15 Portanto, *grosso modo*, considero equivalentes os termos gregos, latinos, portugueses e "lachenmanianos". A terminologia latina foi proposta pelo musicólogo russo Boris Assafiev. Cf. I. Stoïanova, *Geste, Texte, Musique* e *Manuel d'analyse musicale*, p. 13.

16 D. Smalley, Spectro-Morphology and Structuring Processes, em S. Emmerson (org.), *The Language of Eleroacoustic Music*, p. 84 e s.

17 Claude Bremond, *Logique du récit*, citado em Eero Tarasti, La Musique comme art narratif, em M. Grabocz (dir.), *Sens et signification en musique*, p. 213.

abundância no almejo de articular as unidades sintáticas do seu discurso. Ele o adota desde o *Echo-Andante* de 1962, uma obra importante que, coincidindo com o início das suas investigações teóricas – ele mesmo chegou a compará-la à *Sonata* op. 1 de Berg, pelo seu caráter fundante[18] –, pode ser entendida como um laboratório. Composição inspirada pela escrita vocal não figurativa de Luigi Nono e reconhecida, sob vários aspectos técnicos, como mais difícil que *Serynade*[19], essa obra contém os primeiros exemplos da aplicação desse sistema tipológico ao piano. A figura 9.1 mostra que o compositor desenha, logo no início, uma forma constituída de um impacto inicial seguido de uma tendência à queda da complexidade/qualidade das sonoridades. Essa sequência é, de fato, formada de quatro unidades sonoras, que eu rotulo P1, C1, P2 e P3[20]. O espectrograma fornece uma boa transcrição visual dos três momentos. A *anacruse* inicial alcança, em duas etapas, o acorde Dó6-Sol6-Sol7 e *fff*, o qual é mantido durante alguns segundos por algumas ressonâncias intersticiais, e depois substituído pelo segundo acorde (unidade C1) Sol2-Mi♭6-Mi7, que constitui o *acento*[21]. A partir de P2, começa a fase de "*descomposição*", provocada, em primeiro lugar, pela diminuição das intensidades, seguida da supressão do *Pedal*, deixando tão somente à mostra algumas ressonâncias terminais. O gráfico

---

18 M. Kaltenecker, op. cit., p. 36. Isso posto, é bastante surpreendente que Breitkopf, embora editor de todas as obras de Lachenmann para o instrumento, anuncie *Serynade*, no seu *site* como sua *primeira* [sic] peça para piano "*full length*", relegando ao esquecimento, não somente esse importante opus anterior, cuja complexa partitura conta com 17 páginas e que dura, afinal, seus doze minutos, bem como, também, *Ein Kinderspiel*, mais extenso ainda (cerca de 17 min.), e cujo título não remete à obra quase homônima de Debussy apenas em função do seu caráter "infantil". Disponível em : <http://www.breitkopf.com>. Acesso em: abr. de 2007.

19 Roland Keller, Approach to Studying Lachenmann's Piano Works, p. 51, encarte do CD *Helmut Lachenmann Klaviermusik*; I. Pace, Lachenmann's *Serynade, Contemporary Music Review*, v. 24, n. 1, p. 102.

20 A letra P indica uma unidade sonora constituída do conjunto dos sons envolvidos nas ressonâncias do *Pedal* aberto, o qual é indicado por Lachenmann por meio de colchetes descontínuos verticais. A letra C aponta para uma estrutura de sons verticais simultâneos ("acordes"). Os números indicam a posição de cada unidade a partir do início da obra.

21 Antecipando uma discussão que será desenvolvida adiante, sobre a forma com que o compositor insere elementos do sistema tonal na sua linguagem, não quis perder a oportunidade de chamar a atenção sobre a relação opositiva dialética que mantêm entre si esses dois acordes. Um, *superconsonante* (Dó6-Sol6-Sol7 ,que, em grande escala, talvez possa ser relacionado ao acorde perfeito de Dó Maior que sobressai no final da obra), contra outro, *superdissonante*. O par, como um todo, configura o *Einschwingklang*. De alguma forma, teríamos uma *Tonkadenz* no interior de uma *Klangkadenz*.

abaixo do espectrograma reproduz as ponderações obtidas em quatro componentes essenciais à escritura composicional nesse início. Além das intensidades, cuja retração programada já se encontra naturalmente ilustrada pelo espectrograma, as ponderações sucessivas das densidades acrônicas e diacrônicas, assim como da sonância cognitiva, demonstram que esses componentes convergem para uma redução da complexidade relativa do conjunto, forjando, consequentemente, a dinâmica sonora necessária a uma *katalexis*, que é própria da *Klangkadenz*.

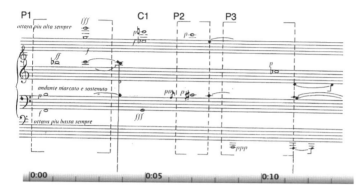

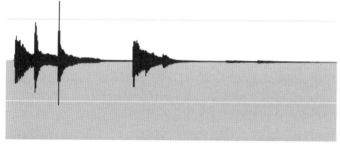

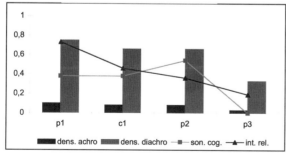

Fig. 9.1: *Echo-Andante*, p. 3, primeiro sistema.

© 1962 Verlag Herbert Post Presse München, 1969, assigned to Musikverlage Hans Gerig, Köln, 1980, assigned to Breitkopf & Härtel, Wiesbaden, permissão de uso gentilmente concedida para este excerto e os seguintes.

A peça termina pelo mesmo tipo de estrutura (Fig. 9.2), em proporções, todavia, exponenciais, em comparação com a sequência de abertura[22]. A *anacruse*, que não é representada na figura, é demoradamente instaurada desde o final do primeiro sistema da p. 16. Ela conduz à *thesis* por uma sequência de acordes colocados sobre uma curva progressiva de crescimento das amplitudes. O acorde de Dó Maior, que constitui seu material primário (primeiro acorde do excerto), é configurado de maneira a garantir seu impacto até o final, como o confirma a imagem espectral. Com efeito, a intensidade e a partição são calculadas para que ele possa propagar com força suficiente suas vibrações no ar e, destarte, no tempo. No entanto, por mais potente que seja esse efeito, a morfologia acústica do piano, obviamente, implica numa *desinência natural* desse acorde. Lachenmann, porém, sobrepõe um trabalho *artificial* sobre as intensidades e as densidades acrônicas absolutas dos fatos sonoros seguintes, trabalho esse que reforça o movimento regressivo rumo ao silêncio definitivo. Mais ainda – isso se vê melhor no espectrograma, e, sobretudo, bem explícito na partitura[23] –, o compositor procede a um esticamento fantástico da frequência de pulsação, atingindo quase o inexorável nos três derradeiros fatos sonoros, no que encontra correlação positiva com a atenuação hiperbólica da amplitude, que desce até o *pppppppp*[24].

---

22 Cf. as indicações temporais informadas nos espectrogramas. A gravação de referência de *Echo-Andante* é Roland Keller, *Helmut Lachenmann Klaviermusik*. Nesse exemplo, os fatos sonoros são simplesmente enumerados em ordem sequencial, de 1 a 17.

23 A reescrita da partitura, necessária para esse exemplo, comprime muito o espaço que o compositor e o editor alocaram originalmente para essa sequência (p. 16-17). O leitor precisa imaginar que as díades 15 e 16 ocupam, cada uma, um comprimento de 15 cm., o que sugere uma duração de 15" (pois Lachenmann, ou seu editor, escolheram, com efeito, o padrão gráfico aproximado de 1 cm = 1").

24 Essa nuance é tanto hiperbólica quanto tecnicamente inoperante. Tais abstrações, que são imputáveis ainda ao conceito de parametrização absoluta vinda da ideologia pós-serial, desaparecem completamente das obras ulteriores.

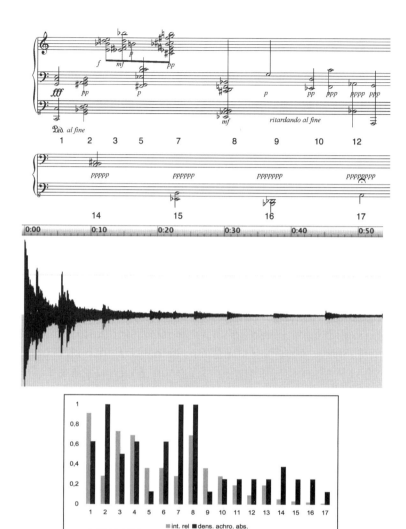

Fig. 9.2: *Echo-Andante*, p. 16-17 (redução).

As *Klangtexturen*, formas obtidas a partir de *Texturklangen*[25], são, por sua vez, numerosas. A direção delas, não sendo tão rígida como no *Kadenzklang*, tornam-nas aptas a suportar uma quantidade variada de dinâmicas internas. A que reproduzo na figura 9.3 é

---

[25] H. Lachenmann, Quatre aspects…, op. cit., n. 8/9, p. 265. A interversão dos dois termos, uma propriedade do alemão impossível de ser reproduzida nas línguas latinas, serve para distinguir a morfologia de uma sonoridade da sua utilização como estrutura cinética (ver acima).

interessante como exemplo; de um lado, porque é orientada – para o agudo, no caso – e por outro, porque constrói seu perfil cinético numa interação complexa entre os *onsets* e *offsets*, isto é, em linguagem musical, entre os sons atacados e seu relaxamento, cuja programação no tempo é dissociada. Aliás, é o tratamento individual da extinção de cada som que singulariza a estrutura rítmica dessa sequência de acordes.

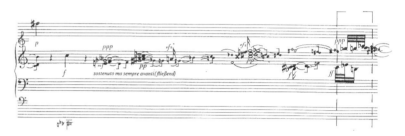

Fig. 9.3: *Echo-Andante*, p. 12, último sistema.

Essa programação da extinção dos sons constitui uma *variação do timbre no tempo*, uma espécie de *time-stretching* aplicado a um acorde de piano. Decorre diretamente do conceito de *ressonância escrita* incorporado ao de *desinência, Ausschwingklang*, parte integrante da *Klangkadenz*. Essa escrita, que materializa um "sonho comparável ao de vencer a força de atração da terra"[26], tornar-se-á um marco da linguagem pianística do compositor até *Serynade* (Fig. 9.4)[27].

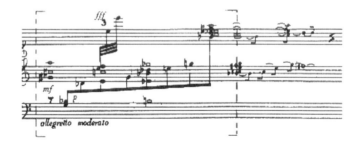

Fig. 9.4: Outras duas *desinências* produzidas, tal como na figura 9.3, pela escrita da extinção das ressonâncias. Acima: primeiro sistema, primeira *Klangkadenz* de *Wiegenmusik*

© 1964 Verlag Herbert Post Presse München 1969 assigned to Musikverlage Hans Gerig, Köln, 1980 assigned to Breitkopf & Härtel, Wiesbaden, permissão de uso gentilmente concedida para este excerto e os seguintes.

[26] H. Lachenmann apud M. Kaltenecker, op. cit., p. 208.

[27] Em Schumann, encontramos alguns famosos e curiosos protótipos experimentais. Cf. C. Rosen, *A Geração Romântica*, cap. 1; e também, em relação direta com Lachenmann, R. Keller, Approach to Studying…, op. cit., p. 50.

Ao lado: *Ein Kinderspiel*, n. 5, p. 17, último sistema

© 1982 by Breitkopf & Härtel, Wiesbaden, permissão de uso gentilmente concedida para este excerto e os seguintes].

Já que não se pode obter *Klangfarbe stricto sensu* numa peça para piano, instrumento que não consegue sustentar os sons a nível constante[28], a *Klangfluktuation*, em compensação, produz uma potente ferramenta formal, *Fluktuationklang*, que impõe uma espécie de *freeze-on-picture* (congelamento da imagem), uma interrupção fictícia da *kinesis*, uma "fermata situacional"[29]. Na situação oposta da dinâmica teleológica da *Klangkadenz*, essa construção promove, nos termos do compositor, "uma experiência estática do tempo formada de movimentos periódicos", associada a uma "operação de contemplação atenta"[30]. É o *ser*, em oposição ao *fazer*. É novamente no *Kinderspiel* n. 5, *Filter-Schaukel / Filter Swing* (Fig. 9.5), que o compositor explora essa capacidade estática.

Fig. 9.5: *Ein Kinderspiel*, n. 5, p. 16, sistemas 1 e 2.

28 Em Quatre aspects..., Lachenmann cita, como exemplo tipo de *Klangfarbe*, um acorde de órgão ou de sopros, sustentado constantemente no tempo.
29 H. Lachenmann apud M. Kaltenecker, op. cit., p. 165.
30 H. Lachenmann, Quatre aspects..., op. cit., p. 265; idem, entrevista com Heinz-Klaus Metzger, Fragen und Antworten, *Musik-Konzepte 61/62. Helmut Lachenmann*, p. 129.

Tonalidade e História como Fontes de Dinâmica Formal Dialética

O exemplo acima, assim como as duas *Klangkadenz* mostradas de *Echo-Andante* (Figs. 9.1 e 9.2), me dão oportunidade de evocar outro ponto fundamental da teoria composicional de Lachenmann, ao qual remete, inevitavelmente, entre outros, ao conceito de *Kadenz*. Trata-se da sua posição em relação à tonalidade e às condições da sua integração dentro da sua linguagem. Após tê-la sumariamente rejeitado como expressão esclerosada de uma arte "burguesa" "meio sensível de uma esclerose social"[31], ele passa a preferir considerar que o problema é menos o de saber como escapar da influência tonal, que lhe parece, afinal, inevitável, por fazer parte do "ruído branco" da cultura ocidental, do que o de realocar esse tonalismo latente no universo particular de cada obra, para melhor cercá-lo, para domá-lo, por assim dizer[32]. A alusão ou a tendência a evocar uma dinâmica tonal, que certas estruturas possuem, se deve à sua "aura", essa "natureza segunda" dos sons que põe em volta deles um mundo de "associações, de recordações, de reminiscências do conhecido, [...], que proporcionam sentido"[33]. Em vez de renegá-los, o compositor defende "a "reconciliação" com o que estava temporariamente obsoleto:

---

31 Cf. M. Kaltenecker, op. cit, p. 98 e s. Elke Hockings faz ver que essa rejeição toma antes a aparência de uma provocação, não contra a tonalidade como tal, mas contra uma certa "encarnação da ignorância" burguesa. Segundo a autora, é essa rejeição da tonalidade, a qual, mais geralmente, é entendida por Lachenmann como um movimento musical orientado (*"directed musical motion"*), que explica por que, nas composições daquela época, ele evitou dar aos movimentos ou gestos sonoros um *sentido* que seja identificável, o que, de fato, se constata em não poucos lugares no *Echo-Andante* ou *WiegenMusik*. Já que tonalidade e movimento direcional não eram mais alvo dos seus ataques desde os anos de 1970, suas obras, desde então, ainda segundo Hockings, recuperaram certa "gestualidade coesiva" (muito evidente em *Serynade*), que ele teria condenado, outrora, como "forma absurda". E. Hockings, Helmut Lachenmann's Concept of Rejection, *Tempo*, n. 193, p. 8.

32 H. Lachenmann, Quatre aspects…, op. cit., p. 264. M. Kaltenecker acrescenta: "Não é possível negligenciar a historicidade de um material que já passou por tantas mãos; porém, não se deve, também, abandonar-se a ele simplesmente. É preciso integrá-lo, com a finalidade de tomar consciência dele: eis o ponto de partida da composição [para Lachenmann]", "H. L.", em *Helmut Lachenmann* (livreto-programa).

33 H. Lachenmann, Uber das Komponieren, *Musiktexte*, v. 16. O conceito de aura foi igualmente exposto em Quatre aspects…, op. cit., p. 267-68; e M. Kaltenecker, *Avec Helmut Lachenmann*, p. 109 e s.

com elementos melódica, rítmica e harmonicamente definidos, e até consonantes"[34]. A reconciliação não equivale a uma retração num estado "pré-crítico", mas sim a uma descontextualização que torna possível uma integração prospectiva.

É sob esse prisma que se deve observar, com atenção, encadeamentos tais como os da sequência de acordes-filtros dos quatro primeiros compassos do exemplo 9.4, atribuídos, de início, à mão esquerda. Trata-se, nada mais nada menos, de uma oscilação harmônica, cujo centro de gravidade implícito seria, sem nenhuma ambiguidade possível num contexto tonal, a tônica Sol Menor. Sua iminência, que poderá ser frustrada ou não, está inelutavelmente preparada pelo movimento pendular entre suas dominantes primária e secundária[35]. Porém – e é aí que a dialética lachenmaniana se expressa –, preservando-nos definitivamente de tal *perigo*, esses objetos têm apenas a aparência de acordes: na realidade, são filtros acústicos de um ruído inarmônico estático, que, no caso, toma a forma de um *cluster* tocado *f* pela mão direita. Essa "tonalidade" não é nada além de um *fantasma*, cuja *aura* rodeia o barulhento *cluster*, esse, sim, bem presente no plano da *realidade*[36]. Reencontraremos essa diafonia dialética como elemento fundante de *Serynade*. Aqui, é o *ruído* que incorpora a *harmonia*, a qual funciona como caixa de ressonância secundária: *uma inversão fundamental dos papéis com os quais a composição costuma lidar*. Nesse ponto de vista, as funções (pseudo) tonais, que podem eventualmente surgir, são transfiguradas e totalmente submetidas a uma lógica formal, cujo eixo som-ruído constitui o vetor dinâmico[37]. A pseudo semicadência escondida I-V entre os dois acordes Dó-Sol-Sol, e Sol-Mi♭-Mi, logo no início de *Echo-Andante* e já comentada brevemente acima (Fig. 9.1), avulta do mesmo princípio, porém invertido. Esses acordes estão longe de ser

---

34 H. Lachenmann, On my Second String Quartet, *Contemporary Music Review*, v. 23, n. 3/4, p. 60.

35 Harmonicamente falando, esses quatro compassos são ocupados por uma alternância entre V/V e V13 de Sol Menor.

36 Observação análoga se pode fazer com a sequência dos quatro compassos seguintes, dessa vez em contexto em que as ressonâncias filtram o *cluster* em duas tríades perfeitas.

37 Segundo Thomas Kabisch, é nisso que reside o ponto fraco de *Guero*, na qual um dos termos desse vetor, o "som", faz falta. Cf. Dialectical Composing..., op. cit., p. 41.

tão explícitos, em termos tonais, quanto os do *Kinderspiel* acima: a pulverização das alturas no espaço – em particular, e certamente não será um acaso, dos dois baixos que formam a marcha Dó-Sol – lembra-nos que a peça foi escrita em pleno período de Darmstadt. Essa "fraqueza" sintática é compensada, no entanto, por uma saliência acústica extremamente mais marcante, provocada pelo seu elevado volume sonoro. Em compensação, é o contexto, então – isto é, as unidades P1, P2 e P3 –, que os envolve com uma *aura* atonal, senão dodecafônica[38], a qual consegue, eficazmente, minimizar sua pregnância e atenuar a percepção de uma tensão de tipo tônica (consonante) – dominante (dissonante). Encontramos em *Wiegenmusik* um encadeamento que se vale de semelhante procedimento. Um heptacorde de Fá Maior, composto de sete terças superpostas[39], o qual induz, teoricamente, em termos de tonalismo, uma tônica Si♭, que não será expressa, se encontra enquadrado por dois acordes, esses baseados em intervalos de quartas e sétimas. Dentro do contexto, eles assumem um papel funcional de "dominantes secundárias", pois a sua estrutura discordante gera uma tensão em relação às terças consonantes de Fá (Fig. 9.6).

Fig. 9.6 : *Wiegenmusik*, p. 5, 3º sistema.

Alhures, são *clusters* que funcionam como "dominantes" de agregações consonantes, isto é, como agentes de tensão: esse movimento cadencial é enfatizado na figura 9.7 por setas.

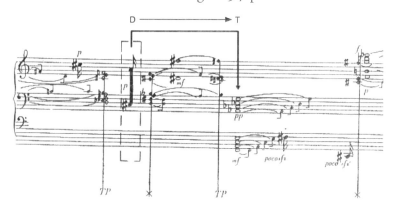

Fig. 9.7: *Echo-Andante*, p. 13, 2º sistema.

38 O total cromático é obtido, de fato, quando se vai até o Fá# do início do segundo sistema.
39 Kaltenecker fala, nesse caso, de *cluster de terças*.

Em *Serynade*, a dialética de ordem *cadencial*, baseada na mesma dicotomia, se desdobra em dois níveis: o das notas, onde se opõem, tal como no exemplo anterior, *clusters* que geram uma "tensão" e duplos tetracordes de sétima, que a "resolvem"; e o nível dos dois planos acústicos, com o "principal" – onde se inscrevem os *clusters* acima mencionados – e o das "ressonâncias" produzidas pelos tetracordes[40]. A convergência desses dois movimentos tem efeito cumulativo (Fig. 9.8).

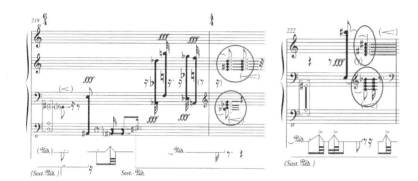

Fig. 9.8: *Serynade*, dois fragmentos. Os acordes consonantes que formam ressonâncias cadenciais de *clusters* são circulados. © 2002 by Breitkopf & Härtel, Wiesbaden, used with kind permission, para este excerto e os seguintes.

O caso do acorde perfeito de Dó Maior, do qual também falei (cf. Fig. 9.2), quando mostrei sua importância predominante na sonoridade estruturada local, insere-se numa lógica menos palpável *a priori*. Ao observar a sua estrutura, constata-se que ele é disposto em posição fundamental e com uma distribuição intervalar que – conquanto se faça abstração do registro – segue os cânones da escrita harmônica clássica[41]. Embora existam muitas tríades da obra (ver abaixo), essa é a única a ser configurada dessa forma. Seria esse dado de um recurso para exumar alguma dinâmica formal em média ou grande escala? Recoloquemos esse acorde no contexto da "harmonia" da peça. Essa é sintetizada na figura 9.9. Realizei uma espécie de redução

---

[40] Desenvolvo esse ponto na segunda parte deste capítulo.
[41] Porém, já se encontra semelhante heterodoxia no primeiro acorde da sonata *Pathétique* de Beethoven: um Dó Menor comprimido no grave que, em vez de realizar a expressão de uma consonância tônica afirmativa, da qual conserva a aparência escrita (abstrata), concretiza-se, enquanto sonoridade, como um objeto de alto teor inarmônico, tendendo ao ruído.

que apresenta, em sequência, as principais formações verticais por ordem de ocorrência e em notação acrônica[42].

Fig. 9.9: "Redução harmônica" realizada a partir dos principais acordes de *Echo-Andante*, em ordem de ocorrência e em notação acrônica. As notas brancas, redondas ou triangulares, indicam estruturas harmônicas classificadas (tríades ou tetracordes); as de forma quadrada ou losangular, superposições de quartas, quintas ou oitavas. As notas negras reproduzem as demais estruturas. Há dois *clusters*. Os signos de P assinalam objetos que, na partitura, se encontram entre colchetes em linhas interrompidas, o que indica que são afetados pela ação reverberante contínua do *Pedal*. Os colchetes em linhas cheias têm por objetivo chamar a atenção sobre algumas sequências notáveis.

42 É desnecessário dizer que um conjunto de critérios foi aplicado para extrair essa sequência de acordes da partitura, porém não tenho o propósito de expô-los em detalhe aqui. Rogo que o leitor considere suficiente saber que foram levados em conta para sua seleção: 1. um número mínimo de notas (quer estejam sincronizadas ou em sequência, porém envolvidas numa mesma ressonância de *Pedal*); 2. uma duração mínima; 3. algumas saliências de amplitude; e 4., algumas estruturas notáveis pela sua aparência tonal.

A análise desse material suscita várias observações, cuja primeira, e sem dúvida uma das mais evidentes, diz respeito à extrema diversidade das configurações: adotei convenções gráficas (cf. legenda da figura) que visam a facilitar a identificação do entrelaçamento de agregações baseadas sobre i1 com outras construídas por empilhamento de terças, de quartas, ou de quintas. Essa seria uma das manifestações do princípio de organização dos cromas que Kaltenecker descreve como "vaivém entre configurações seriais e um jogo com restos de tonalidade, concebidos como caso[s] particular[es] ou 'excerto[s]' dessas mesmas estruturas"[43]. Nessa composição, o nível primário se reveste, portanto, de grande importância estrutural – sinal de uma escrita governada por uma lógica serial – em oposição à maioria das peças que compõem o *Kinderspiel*, como vimos, e, mais sistematicamente ainda, de *Serynade*. A isso eu associaria um princípio generalizado de contrastes adjacentes das configurações acórdicas, produzidos por variações no número de notas (densidade acrônica absoluta), âmbito relativo e absoluto, e repartição. O levantamento dos âmbitos relativos e das densidades acrônicas dos acordes mostrados na figura 9.9 é representado nos dois gráficos respectivos da figura 9.10, isso para exprimir, da forma mais eloquente possível, essa lógica de descontinuidade formal.

---

43 *Avec Helmut Lachenmann*, p. 131.

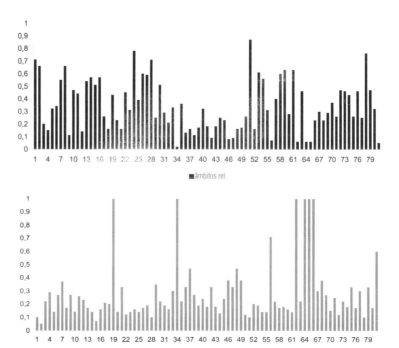

Fig. 9.10: Âmbito relativo e densidade acrônica dos acordes da figura 9.9.

Parece-me bastante evidente que, com tal tipo de "encadeamentos", o compositor deseja nada menos que romper com qualquer movimento harmônico teleológico, o qual era para ele, na época, um dos principais aspectos do tonalismo que devia ser evitado. Numa primeira etapa das minhas investigações, tentei fundamentar a hipótese segundo a qual os momentos comportando acordes mais consonantes poderiam constituir patamares, articulações ou depressões. Não tendo conseguido verificá-la, por força, justamente, do princípio fundante de evitação de qualquer teleologia harmônica, concluí que as eventuais conexões ou "marchas" que se pode discernir – assinaladas por colchetes na figura 9.9 – trazem consequências *a priori* apenas ao vetor simplicidade-complexidade, no qual constituem um dos atributos da sonoridade e não do tonalismo. Uma das mais curiosas sequências é, talvez, a série homogênea de tríades maiores aumentadas, condensada no início do terceiro sistema da figura 9.9, que eu repito, dessa vez *in situ*, na figura 9.11. Se é fato consumado que não existe, entre esses acordes, nenhuma relação hierárquica, constata-se, em compensação, que o compositor opõe a eles tricordes, cuja estrutura intervalar, com base no semitom, não poderiam produzir sonoridade mais contrastante – algumas constituindo até pequenos *clusters*. Haveria aqui, então, ao contrário, uma microdialética, que buscaria sua fonte no espírito, senão na textualidade, da sintaxe tonal, pois esses acordes geram um movimento cadencial que se articula a partir do conflito instaurado entre suas sonâncias e infraestruturas intervalares respectivas. Para apreciar a verdadeira função dessa sequência harmônica no conjunto, torna-se, porém, absolutamente indispensável não omitir suas configurações no nível secundário – intensidades e partições, no caso, cuja distribuição não linear enfraquece a dinâmica "inata" –, e, sobretudo, sua contextualização no bojo das *Klangstrukturen*, das quais elas participam. Tomadas na rede cerrada de ressonâncias sustentadas por longas notas isoladas, esses tricordes não devem ser analisados no vetor consonância-dissonância, mas no vetor som-ruído. O conjunto produz, na realidade, uma *série* de unidades sonoras que não se repetem, dentro da qual essas tríades classificadas, em si e isoladamente, não exercem nenhum poder estrutural. Como o próprio Lachenmann disse, ele utiliza "os restos da linguagem", precavendo-se, todavia, de "produzir uma língua"[44].

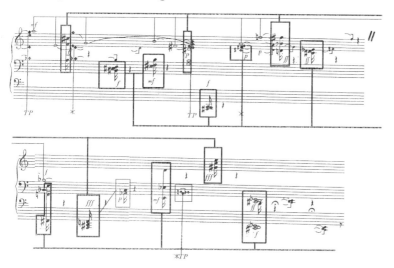

Fig. 9.11: *Echo-Andante*, p. 8 (3º sistema), e p. 9 (1º e 2º sistemas), com pequeno corte entre os dois. Os acordes aumentados são enquadrados e ligados por cima, e os tricordes baseados em superposição de semitons, por baixo. A sequência de notas isoladas é também posta em destaque por meio de linhas mais finas.

44 Em M. Kaltenecker, "H. L.", em *Helmut Lachenmann* (livreto-programa).

Por outro lado, uma combinatória de origem aparentemente algorítmica transparece na distribuição das durações relativas dos momentos sonoros. Desvenda-se, com efeito, um mecanismo global de relações proporcionais, representado de forma aproximada na figura 9.12. Ele se parece bastante com as estratégias de geração *ex abstracto* de *frames* temporais do John Cage de *Music of Changes* ou das sonatas, que são baseadas em sequências numéricas de proporções obtidas pela aplicação de leis extramusicais.

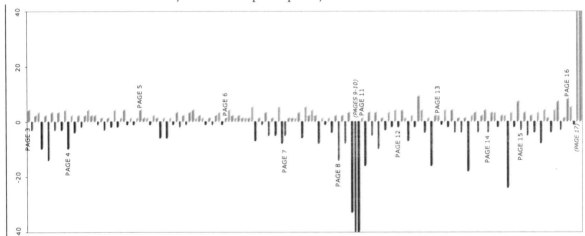

Fig. 9.12: As proporções de duração em *Echo-Andante* são indicadas em cm, em valores arredondados ao inteiro mais próximo, seguindo a resolução gráfica adotada na partitura, 1 cm = 1'[45]. Por convenção, os valores positivos (histogramas cinzas) dizem respeito aos objetos com *Pedal*, e os negativos (histogramas pretos), aos objetos "secos". Por motivos de economia de espaço, as durações reais dos objetos muito extensos das páginas 9, 10 e 17 são reduzidos arbitrariamente a 40'.

Em poucas palavras, o mecanismo em questão se descreveria, primeiramente, por uma regra. As unidades de categoria P, isto é, com *Pedal*, são de curta duração e não apresentam oscilações significativas. A exceção, que se encontra justificada na grande escala, é a derradeira sonoridade, a qual ocupa, sozinha, praticamente duas páginas, durando, dessa maneira, mais de um minuto. Ao contrário, as unidades "secas" – chamamo-las S, sem esquecer, no entanto, que existem nelas jogos de ressonância provocados pela utilização do pedal *sostenuto* – são menos numerosas, porém submetidas a fortes variações que varrem um amplo espectro de durações, podendo se

[45] Trata-se, portanto, de uma escala aproximada, mas que se funda, porém, numa duração total da peça, que o compositor estima em doze minutos (p. 2 da partitura). A duração fatual é função das escolhas do intérprete e, sobretudo, conforme lembra Roland Keller, da curva de extinção dos sons, que muda em função do piano e da sala de concerto. Cf. R. Keller, Approach to Studying…, op. cit., p. 52.

estender até quase três minutos entre as páginas 8 e 10[46]. Quanto mais as unidades de uma categoria são curtas, tanto mais as unidades da outra são longas – cada uma, no entanto, dentro da faixa de extensão que lhe é reservada – e reciprocamente. O "ritmo" da peça é determinado por uma alternância relativamente equilibrada entre as duas categorias: é aí que se esconde, provavelmente, a pulsação íntima desse *andante*[47]. Em segundo lugar, esse mecanismo se define por um processo dinâmico em duas etapas. Num primeiro tempo, isto é, do início até a página 10, a duração das unidades de categoria S aumenta e depois diminui, deixando, então, P se multiplicar num ritmo acelerado (p. 5 e 6). Depois, as primeiras ocupam cada vez mais tempo, até eliminarem totalmente as segundas. Entre as páginas 8 e 11, assistimos a uma espécie de "travessia do deserto", onde praticamente nenhuma sonoridade reverberada aparece. Para tanto, o diálogo com o espaço ressonante do piano não é interrompido; apenas se recolhe nas relações minuciosas e muito controladas que algumas alturas, cuja ressonância é prolongada pelo terceiro pedal, mantêm com as demais – em outras palavras, o contrário do efeito genérico e indiscriminado do *Pedal*. Em seguida, a dinâmica se inverte a partir da página 11, quando os S voltam a ganhar terreno progressivamente. Uma alternância relativamente regular se instala (p. 12-15), durante a qual a regra da proporcionalidade das durações é observada, até que as sonoridades P acabem por ocupar, em seu turno, a totalidade da estrutura temporal, eliminando ou absorvendo completamente as outras.

Assim se revela uma estratégia de equilíbrio, que imprime à forma um movimento contraditório em duas grandes fases (p. 3-10 e 11-17), cada qual culminando na interrupção da recursividade P/S em benefício de uma única categoria de sons: S no meio da obra, P no final. Tentei reproduzir essa dinâmica graficamente, na figura 9.13. Para tanto, as durações absolutas (em cm) foram fatoradas pela maior unidade, que é justamente a última, de modo a obter as durações relativas. Depois, esses valores foram colocados numa escala

---

46 Nesse cálculo, desprezo as intervenções pontuais do *Pedal* nas páginas 8 e 10.
47 O leitor pode se reportar ao excerto da figura 9.1 para ter ideia dessa sutil pulsação.

logarítmica, para melhorar a visibilidade. Duas linhas de tendência confirmam a dupla dinâmica dialética de durações que o compositor impõe aos dois tipos de sonoridade.

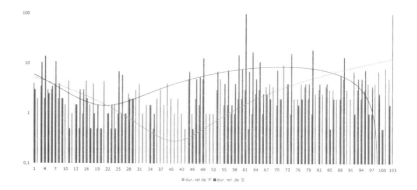

Fig. 9.13: As mesmas proporções de durações da Fig. 9.12, dessa vez dispostas em ordem sequencial no eixo horizontal e numa escala logarítmica nas ordenadas (cf. texto principal para mais detalhes). Em cinza, os valores relativos às unidades da categoria P; em preto, os da categoria S.

O que essa análise quantitativa revela é, portanto, uma bela estruturação formal do tempo. De certa maneira, ela remete a uma estética clássica visando a uma compensação dinâmica dos desequilíbrios temporários. No entanto, ela absorve uma concepção do tempo musical baseada em distribuições proporcionais produzidas por algum algoritmo aritmético, fato que se considera, geralmente, não como uma característica do classicismo, mas sim do modernismo[48]. O tempo pulsado, vimos, se aloja na alternância entre P e S, efeito pouco perceptível na audição. Não encontraremos esse procedimento nas obras pianísticas ulteriores: em *Kinderspiel*, a pulsação métrica volta com força, e em *Serynade*, ela constitui um importante fator de diferenciação qualitativa em grande escala.

O Único Compositor Clássico da Atualidade?

À luz dessa contextualização, imagina-se, por conseguinte, que não se trata de um concurso de circunstâncias, se vários autores fazem

---

[48] Kaltyenecker informa que Lachenmann, para determinar as estruturas de durações, utiliza nas suas obras, com frequência, um processo de tipo serial derivado da organização das alturas, que ele chama de "rede temporal", *Avec Helmut Lachenmann*, p. 137.

referência a Lachenmann como um compositor intrinsecamente vinculado à história. Wolfgang Rihm sustenta que ele "é o único compositor, hoje em dia, que compõe realmente na maneira clássica"[49], enquanto Martin Kaltenecker o coloca numa linha, na outra ponta da qual figura Monteverdi[50]. Reduzindo um pouco o escopo, podemos, sem dificuldade, seguir Ian Pace, quando ele afirma que a obra de Lachenmann "seria impensável sem a tradição austro-germânica que a precede", e que "ela mantém relações muito mais intensas com a tradição que a de muitos neotradicionalistas e neotonalistas"[51]. De fato, *Serynade* atinge toda sua dimensão em torno dessa *aura* histórica; pois essa é uma obra cuja sutileza sonora implica na maior intimidade possível com o ouvinte, o qual poderá apreciá-la em muito melhores condições num pequeno salão – ou até no seu iPod – do que numa grande sala de concertos. Como bem lembra Nicolas Hodges, Lachenmann escreve, tal como Schumann e no oposto de Liszt, uma *private music* cujo refinamento remete diretamente ao pianismo intimista do século XIX[52]. Isso não significa que a obra se deixa abordar por estratégias similares de compreensão, ainda que Hodges consiga encontrar nela recapitulações e diminuições "beethovenianas"[53]. Na realidade, sua ligação com a tradição germânica se realiza essencialmente pela *utilização de processos dialéticos para articular a forma em grande escala*[54]. Um dos benefícios desse engajamento é que ele faculta ao compositor o desenvolvimento de grandes obras num só movimento, ultrapassando, frequentemente, a meia hora de duração, as quais constituem, de alguma forma, a sua assinatura[55]. A propósito, David Lesser observa que tais movimentos únicos, baseados numa dinâmica dialética,

---

49 Grinding away at the Familiar, *Contemporary Music Review*, v. 23, n. 3/4, p. 27. Na minha opinião, esse privilégio poderia ser compartilhado com Crumb (cf. capítulo anterior).

50 Segundo W. Rihm, op. cit., p. 28.

51 Lachenmann's *Serynade*, *Contemporary Music Review*. v. 24 n. 1, p. 101 e s. Ele ressalta ainda que "suas interações estruturalistas não são tão fundamentalmente diferentes das do último Beethoven" (p. 102).

52 Expressivity and Critique in Lachenmann's *Serynade*, *Contemporary Music Review*, v. 24, n. 1, p. 77.

53 Idem, p. 84.

54 D. Lesser, Dialectic and Form in the Music of Helmut Lachenmann, *Contemporary Music Review*, v. 23, n. 3/4, p. 110.

55 Seu catálogo conta apenas uma obra em vários movimentos, *Ein Kinderspiel*.

são relativamente incomuns na música europeia do pós-guerra [...]. Sob esse aspecto, sua obra marca uma profunda mudança em relação às modalidades muito diversas de abordagem das questões formais adotadas por um grande número de figuras dominantes da vanguarda europeia nos anos de 1950/60 – por exemplo, qualquer débito manifesto para com os modelos dialéticos desaparece maciçamente dos trabalhos de Pierre Boulez após a *Deuxième Sonate* (1946--1948) [...], da mesma forma que elas não cumprem papel algum significativo na prática composicional de Stockhausen durante os anos de 1950[56].

Grande forma de um fôlego só, baseada em esquemas dialéticos que põem em relação elementos diferenciados no plano acústico, *Serynade* tem toda a aparência de constituir um desafio para a análise. De fato, a literatura de referência não parece incentivar tal empreendimento. No seu ensaio publicado em 1988 sobre a obra orquestral *Mouvement (–vor der Erstarrung)*, Robert Piencikowski mostra a sua dificuldade frente à dicotomia patente entre as estruturas seriais, alinhadas nas de Nono, e os complexos sonoros "concretos", não temperados, ruidosos. O conjunto, heterogêneo, impede de reduzir a composição a um fator gerador comum, e o musicólogo suíço deixa o leitor deduzir a existência de uma contradição idiomática[57]. Porém, Thomas Kabish sugere, ao contrário, que Lachenmann veria "nessas impurezas" a oportunidade de desenvolver dialeticamente as contradições inerentes ao ato de compor em si"[58]. Kaltenecker confirma essa opinião num comentário crítico desse texto, no qual sustenta que a arte do compositor se expressa "precisamente no conflito com as estruturas mecânicas, riscadas ou abandonadas, [e na] sua *desescritura* por meio do ato composicional"[59]. Por essa razão, Elke Hockings considera que um estudo da sua obra somente pode funcionar a partir do momento em que "o que parece contraditório numa primeira abordagem se torna o estímulo crucial"[60], fato que Piencikowski não parece ter

---

56 Op. cit., p. 111.

57 Fünf Beispiele, *Musik-Konzepte*, 61/62, p. 109-115.

58 Op. cit., p. 44.

59 *Avec Helmut Lachenmann*, p. 136 (grifo meu). Esse autor, infelizmente, tampouco propõe uma análise de *Serynade*.

60 Helmut Lachenmann's Concept of Rejection, *Tempo*, n. 193, p. 14.

alcançado[61]. Por sua vez, a coletânea de artigos dedicados a Lachenmann reunida pela *Contemporary Music Review*, uma importante fonte de informações para os interessados que não dominam o idioma alemão, vários dos quais dissertam sobre *Serynade*, não apresenta nenhuma análise aprofundada – excetuando, justamente, a que o próprio compositor faz de um dos seus quartetos. Esses fatos não auguram bem o meu projeto[62]. Parece-me, no entanto, que essa dicotomia, latente ou patente, entre o "concreto" e o "abstrato" instaura, de fato, um ponto sólido para se ancorar uma investigação. Ademais, essa pode se apoiar no trabalho de conceitualização e formalização teórica elaborado por Lachenmann, do qual sobrevoei alguns dos principais aspectos nessa introdução. Esse aparelho teórico vai constituir, portanto, o ponto de partida e, ao mesmo tempo, o ponto de referência permanente da minha incursão dentro da *Serynade*.

Um Modelo Analítico para *Serynade*

A análise estrutural de *Serynade* pode se efetuar sob dois pontos de vista operacionais. O primeiro considera que a estrutura se desenvolve e se explica a partir da colocação, num plano monodimensional, de uma sequência de unidades adjacentes: destarte, o discurso se encontra segmentado, e todos os elementos contidos num segmento participam da configuração de uma determinada sonoridade. Esse princípio implica, para *Serynade*, na associação sistemática dos objetos produzidos pelo modo "normal" aos efeitos da *ressonância composta*[63], pois não existe, praticamente, nenhuma sonoridade que

---

61 Por sinal, Ivanka Stoïanova vem lembrar, a propósito de Berio, que "a heterogeneidade dos materiais não significa, necessariamente, ausência de *coerência* do enunciado". Cf. Luciano Berio, Chemins en musique, *La Revue Musicale*, n. 375/376/377, p. 19.

62 *Contemporary Music Review*, v. 23, n. 3/4, set./dez. 2004 e v. 24, n. 1, fev. 2005. Elke Hockings discorre sobre essa dificuldade num dos artigos: All Dressed Up and Nowhere to Go, v. 24, n. 1, p. 95 e s.

63 Por *ressonância composta*, entendo o efeito de ressonância – *Flageolett-Resonanz*, segundo a expressão do compositor, traduzida em inglês, na partitura, por *harmonics reverberation* – que, como parte integrante do *Ausschwingklang*, é alvo de uma escrita explícita associando notas, acordes ou *clusters* (grafados em losangos), ao pedal *sostenuto*, que controla sua duração com eventual reforço do *Pedal* (*forte*).

não seja o resultado dessa combinação. Dessa abordagem, decorre que se faz necessário formalizar, portanto quantificar, o impacto dessas ressonâncias sobre a complexidade relativa da unidade. Considerando que esse tipo de objeto *bidimensional* não está configurado no meu modelo, é preciso, previamente, estabelecer essa formalização. Diremos que a abordagem propõe uma análise *integrada* dos dois planos sonoros. A alternativa consiste em interpretar *Serynade* como uma obra polifônica, constituída de dois fluxos simultâneos, cuja interação dialética constitui a dinâmica essencial. O primeiro fluxo, por ser gerado por um material oriundo da emissão normal dos sons no piano, pode ser considerado "principal", enquanto o segundo produz, em *background,* uma aura espectral, que tira proveito da capacidade do instrumento em emitir e sustentar ressonâncias por simpatia. Nesse caso, as duas camadas são analisadas separadamente – falaremos, então, de análise *dissociada*. Naturalmente, ainda será necessário segmentar cada camada numa sequência de unidades. A avaliação do impacto de uma sobre a outra é transferida do nível da unidade (análise *integrada*) ao nível da análise sintética. Se o segundo método possui a vantagem de fazer a economia da formalização da relação, unidade após unidade, entre os dois planos sonoros, é impossível, para todos os demais aspectos formais, justificar a escolha exclusiva de um método em vez do outro. Na realidade, cada um, em sendo passível de fornecer informações que podem se completar, poderá ser julgado apropriado para algumas passagens e nem tanto para outras. Pelo menos, é dessa premissa que eu parti. O leitor verá, porém, que, na prática, a análise integrada é a que produz mais resultados. Proponho começar por um inventário do material primário e organizá-lo, apoiado nas propostas teóricas do compositor.

Inventário do Material Primário de Serynade

Durante sua entrevista com Peter Szendy, Lachenmann disse que "cada peça se individualiza através de um contexto específico evocado pelas categorias que lhe são próprias, cujos elementos sonoros fazem sempre parte de uma escala totalmente única". Depois conclui: "Em vez de falar de parâmetros, prefiro falar de categorias ou de aspectos"[64]. De fato, uma das particularidades de *Serynade* é que as configurações do nível primário podem ser reduzidas a um número restrito de categorias possíveis de serem eficazmente colocadas em escala. Tal redução é visivelmente antagônica à concepção de *Echo-Andante*.

Clusters

Em *Serynade*, os *clusters* abundam, mais um aspecto que a opõe a *Echo*. Eles se tornam uma das fontes principais da sonoridade. É interessante ver como "esses acordes de sétima baratos dos Tempos Modernos", que se poderia julgar para lá de gastos, a rigor, vítimas de ostracismo durante o período serial – pois tendem em curto--circuitar o mecanismo combinatório[65] –, recuperam, nessa obra, a potência de um material idiomático. Rotulados no formato xx(y), onde x os simboliza por convenção – *x* é o número de notas que contém e *y*, o croma correspondente à nota mais grave –, são utilizados, sobretudo, para gerar ressonâncias. Lachenmann os chama, então, de *Nachhall-bewirkende Cluster*[66].

Um entre todos chama particularmente atenção, pela permanência da sua presença: é x11(a), um *cluster* cromático de onze sons tendo como base Lá o DO piano. Ele constitui uma fonte muito rica de ressonâncias por uma óbvia razão acústica: libera a vibração, por simpatia, das mais potentes cordas do instrumento, as que apresentam um espectro harmônico excepcionalmente complexo e muito audível. É esse, provavelmente, o motivo pelo qual Lachenmann já havia utilizado,

---

64 Des Paradis éphémères, op. cit.

65 O ostracismo se reflete no seu uso muito prudente nas obras dessa escola, e, *ao contrário*, na sua abundância nas músicas aleatórias que posavam como alternativas. No contexto do período serialista, *Klavierstück 10* constitui uma ruptura histórica crucial, em que o essencial do material primário escolhido por Stockhausen lança mão de "uma grande variedade de *clusters* e *glissandi*, em que a noção de altura de som se dilui para ceder lugar a uma impressão de blocos compactos, de ruídos mais ou menos complexos". J.-Y. Bosseur; P. Michel, *Musiques contemporaines*, p. 23. A expressão "acordes de sétima baratos" [*accords de septième au rabais*] pertence a M. Kaltenecker, "H.L.", *Helmut Lachenmann* (livreto-programa).

66 "*Cluster* que produz um efeito de ressonância". Lachenmann, *Serynade* (partition), Wiesbaden, Breitkopf & Härtel, 2002, nota no rodapé da p. 5.

amplamente, uma forma muito semelhante desse *cluster* (12 sons em vez de 11, do Lá ao Lá 1) ao longo do *Kinderspiel*. Essa constância fez dele uma das mais importantes assinaturas timbrais desse ciclo[67]. Pode se dizer o mesmo para *Serynade*, onde reencontramo-lo quase *ipsis litteris*, ocupando, também, lugar de primeira ordem no arsenal dos materiais empregados para gerar ressonâncias. Saltará imediatamente à vista dos leitores que Lachenmann faz exatamente a escolha refutada por Berio na sua *Sequenza IV*: se o compositor italiano se preocupa com clareza e segregação, evitando localizar seus acordes ressonantes no extremo grave do instrumento, Lachenmann explora esse registro intencionalmente para criar uma aura carregada de batimentos, inter-ferências, ruídos, enfim[68]. Aqui, x11(a) surge desde o quarto compasso e se tornará presente de forma insistente em numerosas passagens (cf. Fig. 9.14), revestindo contextos muito diversos, conforme mostra-rei adiante, até os últimos instantes. Por vezes é transposto à oitava, perdendo parte do seu vigor espectral (c. 6, 55, 61, 220-230). É nessa versão que aparece isoladamente (c. 228 e s.). Em compensação, ele se apresenta de forma expandida (23 semitons) nos compassos 34 e 283, provocando o efeito contrário. Por outro lado, é filtrado com bastante frequência, fazendo com que apenas um cacho constituído de algumas das notas mais graves subsista, tal como entre as páginas 5 e 8, ou no compasso 56 (Fig. 9.14). A técnica de *filtragem* que o compositor utiliza igualmente na escrita dos acordes tocados "normalmente", como se verá mais à frente, encontra, de forma semelhante, sua origem experimental em *Kinderspiel*, em particular, na primeira metade do n. 5 (*Filter Swing*, v. acima). Lachenmann tirou todo o partido possível dessa técnica em *Serynade*. Por outro lado, x11(a) pode, em alguns casos, ser emitido em associação com outros *clusters* ressonantes complementares: c. 6, 24, 110, 130, 132, 143, 222, 259-264. Entre os compassos 182 e 227 (p. 19-23), ele se ergue ao primeiro plano, para se tornar um dos principais agentes do processo formal que se desenvolve a partir de então, e sobre o qual voltarei em momento oportuno.

---

67 Observa-se, por sinal, exemplo desse *cluster* na figura 9.4. Na verdade, esse *cluster* é recorrente na escrita para piano de Lachenmann (cf., por exemplo, *Allegro sostenuto*).

68 Lembremos que Stockhausen faz o mesmo na sua *Klavierstück 11* (cf. Cap. VI).

Fig. 9.14: Um excerto de *Serynade* (c. 53-56) mostrando a forma original do *cluster* de ressonância x11(a) e algumas das suas mais correntes declinações: transposições (indicadas pelo seu intervalo), filtragem, superposição de ressonâncias. As outras indicações constantes na figura serão explicadas em tempo.

    Encontramos, por outro lado, uma configuração de *clusters* ressonantes que chamarei de *defectiva*, pois faltam aos mesmos pelo menos uma nota para perfazer o cromatismo integral. Por essa razão, Lachenmann os escreveu *in extenso*. Essas formas comparecem na partitura a partir do compasso 111, marcando as seções C e E[69]. Com exceção da passagem entre os compassos 182 e 227, sobre a qual discorri anteriormente, os *clusters* utilizados no plano principal são menos frequentes, não se verificando a constância de uma configuração particular. Em compensação, a violência com a qual quase todos devem ser desferidos com as duas mãos ou mesmo com o antebraço[70], fazem deles agentes geradores de ruído, cujas intervenções pesam muito. Lachenmann lhes atribui sempre a mesma função, a de um ápex preparado por acréscimo prévio de intensidade, sendo seguido de rápida redução de energia, atingindo o repouso. Já en-

---

69 Estimo que se pode, também, incorporar à categoria *cluster* os glissandos cromáticos rápidos que se encontram nos compassos 44, 139 e 225.
70 O compositor enfatiza que todos os *clusters* são cromáticos e que devem ser "geralmente tocados com as duas mãos ou braços". Cf. Hinweise zur Ausführung und zur Notation, instruções anexadas à partitura de *Serynade*, Wiesbaden, Breitkopf & Härtel, 2002.

contramos um primeiro exemplo disso entre os compassos 1 e 6, os quais, juntos, formam a primeira *Klangstruktur*, composta de cinco unidades consecutivas. Estas são organizadas de tal maneira que a quarta, comportando o *cluster* como elemento principal, constitui o ponto culminante, após o qual se inicia uma fase de extinção progressiva de atividade (Fig. 9.15). Essa construção caracteriza uma *Klangkadenz* típica. Para reforçar sua autonomia formal, a estrutura é seguida de um compasso de silêncio (não representado na figura).

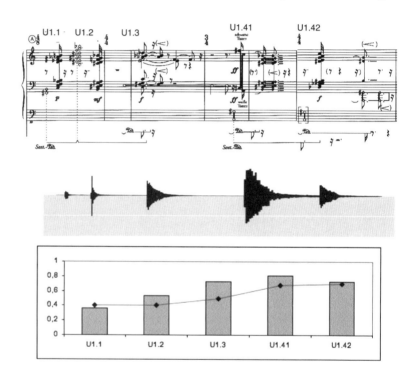

Fig. 9.15: Os seis primeiros compassos de *Serynade*, mostrando uma *Klangkadenz* composta de cinco unidades sonoras U1.1, U1.2, ..., U1.42[71]: partitura, espectrograma[72] e gráfico representando as ponderações de uma seleção de dois componentes que integram os dois planos. As informações adicionais, constantes na figura, serão comentadas mais adiante.

[71] Essa nomenclatura, sobre a qual voltarei mais adiante, almeja informar, por um lado, que essa sequência de unidades forma uma unidade única numa escala maior – o grupo U1 –, e, por outro lado, que a unidade U1.4 (c. 4.3-6), caracterizada pela permanência do *cluster* ressonante no grave, sustentado pelo pedal *sostenuto*, pode ser subdividida em duas subunidades, rotuladas 1.41 e 1.42, em conformidade com nossas convenções e as indicações constantes na figura.

[72] Gravação de referência para os espectrogramas: *Helmut Lachenmann Piano Music*, Marino Formenti, piano, CD Coleção Legno, 2003.

É ainda a mesma função que os *clusters* cumprem entre os compassos 31 e 37 (Fig. 9.16), assim como no compasso 46, quando, então, constituem o *Ausschwingklang* tonitroante da seção que começou no compasso 38.

Fig. 9.16: *Serynade*, c. 31-37.

Quanto aos três *clusters* localizados no extremo final (c. 355-357, p. 35), eles também se situam no epicentro de uma construção formal de tipo *Klangkadenz*, que iniciou no compasso 316 (p. 32) e que apenas se extinguirá com a derradeira ressonância da obra. Sua chegada é menos preparada durante a anacruse do que nas progressões anteriores, mas a função permanece a mesma: eles constituem o ponto culminante do período, e o que segue é, de fato, uma extinção progressiva da energia sonora acumulada até então.

Acordes

Serynade apresenta somente duas categorias de estruturas em acorde, o que a coloca, mais uma vez, num universo radicalmente oposto ao de *Echo-Andante*. Esses acordes são utilizados, sobretudo, mas não exclusivamente, no plano principal. Nesse contexto, eles são anunciados, inicialmente, em monoblocos com curta duração nominal, ainda que com frequência prolongada pelo *Pedal*. A sóbria simplicidade dessa forma de apresentação torna esse material de nível primário um componente muito ostensível de estabilidade, de permanência sonora da peça, em volta do qual poderão gravitar os elementos de dinamismo[73].

Fig. 9.17: As duas matrizes dos acordes de *Serynade*, C10 e C8.

A primeira categoria é um decacorde, cujo enunciado inicial (c. 1, cf. Fig. 9.15) é fundado no baixo Dó. Será, então, referenciado por C10(c), ou, atalhando, C10[74]. Sua estrutura intervalar, que pode ser representada pela sequência ascendente (4 1 4 1 4 1 3 2 3) revela uma construção, em que se revezam, do grave ao agudo, primeiro, terças maiores e segundas menores ($i4$ e $i1$), e, depois, terças menores e segunda maior ($i3$ e $i2$) (Fig. 9.17)[75]. Essa estrutura vai produzir sonoridades geralmente densas e dissonantes. Mesmo que a figura 9.20 mostre várias fórmulas pertencendo à categoria, é preciso guardar em mente que somente a forma principal, a da figura 9.17, é utilizada de maneira consistente (a exemplo do excerto da figura 9.15). As demais apresentações apenas aparecem esporadicamente, e geralmente não são repetidas. A outra categoria principal, cujo primeiro exemplar intervém no compasso 19, na forma C8 (Fá#), contém oito sons e delineia uma notável sequência de terças maiores e quartas em alternância (4 5 4 5 4 5 4), que compreende dois tetracordes exatamente idênticos. Além dessa rigorosa alternância, geradora de

73 Antecipei uma demonstração disso na figura 9.15.
74 A letra C simboliza a estrutura *acorde*.
75 O que configura uma construção simétrica complexa.

simetria, os acordes dessa categoria diferem de c10, principalmente, pela ausência de pequenos intervalos[76]. As sonoridades, das quais c8 constitui a fonte, serão, portanto, mais arejadas, mais espaçosas, de menor densidade, e, também, de maior consonância: a figura 9.17 mostra como o octacorde c8 pode ser desmembrado numa sequência de tríades alternadamente menores e maiores (cf. também Fig. 9.20), que o compositor não vai hesitar em utilizar isoladamente, em alguns momentos. No mais, a figura propõe uma interpretação alternativa, fundada sobre uma sucessão de terças maiores erguidas sobre o acorde de sétima diminuta. Essa configuração, que incorpora a tensão entre "consonância" tônica e "dissonância" dominante, constitui, é sabido, a base da linguagem tonal. Categoria menos estável que c10, ela se dissimula mais facilmente dentre uns gestos melódicos ou arpejados; a simetria original é frequentemente substituída por outras relações, entre as quais permanece, todavia, o princípio de disjunção intervalar[77].

Nessas duas categorias, o que chama a atenção, é a concepção de uma estrutura intervalar pensada na perspectiva da permanência, isto é, da não variação, permanência realizada, particularmente no que diz respeito a c8, por via da simetria tetracordal. Lembremos que era justamente a ideia contrária que governava a elaboração da estruturação harmônica de *Echo-Andante*.

A presença de terças e quartas incita a derivar da matriz c8 e de seu tonalismo latente os poucos acordes tradicionalmente classificados (de 3, 4 e 5 notas) que surgem aqui e acolá no repertório das ressonâncias – c. 69 (Sol♭ Maior), c. 143 (Dó Maior sobre Fá#), e, sobretudo, durante uma curta série de duplos acordes de sétima, entre os compassos 219 e 225, que funcionam como ressonâncias consonantes de pesados e ruidosos *clusters*. Sugeri, na primeira

---

76 Por outro lado, o ponto comum de todos os acordes dessa categoria ou seus derivados é a forte presença de i4.

77 Tomaremos como exemplo disso o arpejo do c. 274, representado na figura 9.20, cuja sequência intervalar é (4 5 6 7 8 4 5 4 4 5 1). No seu estudo, Kaltenecker aponta para a importância da série omni-interválica (1 2 3 4 5 6 7 8 9 10 11) nos mecanismos de pré-elaboração primária do compositor, série que esse teria tomado de Nono e empregado numa quantidade de obras. Seria sintomático que as duas estruturas primárias fundamentais de *Serynade* não façam uso dela? Cf. *Avec Helmut Lachenmann*, p. 37 e s. e passim.

parte deste capítulo[78], que esse dualismo funcionaria de acordo com o modelo tonal da cadência, porém uma cadência elaborada sobre dois níveis de escrita convergente, o das estruturas intervalares e o dos planos acústicos.

Nesse grupo figura também um pentacorde de Ré maior (c. 341), único objeto desse tipo no plano principal (mostrado na Fig. 9.22). A distribuição dos sons em dois patamares de amplitude fortemente contrastados inibe, porém, a percepção da consonância sugerida pela simples leitura dos cromas. Tal como para o Dó maior que anuncia a cadência final de *Echo-Andante*, é prudente evitar forçar esses objetos órfãos a falarem outra língua que não a sua: são acordes, cuja infraestrutura intervalar é elaborada em conjunção indissociável com as dimensões de ordem secundária, o todo configurado em função das sonoridades concretas – *sempre bidimensionais*, no caso – que eles devem produzir. Esse pseudo Ré Maior se insere num contexto formal que eu comento na última parte deste capítulo. Lachenmann distribui nele os sons do plano principal (díades ou acordes, cuja fonte será doravante c8) numa configuração que remete à técnica da ressonância acrescentada de Messiaen, posto que as notas são despachadas em dois níveis de amplitude de forte contraste. Não constitui uma prerrogativa desta obra nem de Lachenmann o uso desse expediente; no presente caso, porém, veremos que essa decisão se explica no plano macroformal[79].

Não raro, os acordes podem aparecer de forma defectiva, isto é, amputados de um certo número de notas, tal como ocorre para alguns *clusters* que mencionei anteriormente. Na figura 9.18, contamos quatro declinações incompletas de c10, assinaladas, por convenção, pelo símbolo † depois do rótulo[80]. Encontramos, com muita frequência, pentacordes e tetracordes, tanto como sons principais

---

78 Ver supra, p. 302-303. A Fig. 9.8 reproduz esses compassos.

79 A primeira sequência de quatro acordes escritos dessa maneira é reproduzida na figura 9.27c. Pode-se ler outra série na figura 9.22.

80 Os acordes defectivos são reconstituídos no pentagrama inferior. A figura 9.14 mostra, por sua vez (cs. 55 e 56), dois exemplos de transposição de c10 com omissão de notas.

quanto ressonantes, que não são outra coisa senão a metade inferior ou superior das duas matrizes C10 e C8.

De longe, a transposição é a mais encontradiça variante de ordem acrônica[81]. Sabendo tratar-se de uma declinação com baixo poder energético[82], funciona, então, como fator de retenção. Ela domina, de fato, nas passagens onde as outras dimensões, em particular as intensidades e o tratamento diacrônico, convergem, também, rumo ao estatismo, como é o caso no fragmento mostrado na figura 9.18.

Fig. 9.18: *Serynade*, c. 83-89. As transposições são indicadas após a categoria do acorde, por um número inteiro que corresponde ao intervalo de transposição, sendo Dó 2 a referência. As versões defectivas são assinaladas pelo símbolo †. São reconstituídas no pentagrama inferior, sendo indicadas por um (x) as notas que faltam.

No entanto, Lachenmann lança mão, vez ou outra, de transposições sucessivas ordenadas, para gerar processos teleológicos em pequena ou média escala. O excerto da figura 9.14 constitui um bom exemplo disso: a curva de amplitude (*ppp–f–fff*) se encontra em total correlação com o esquema de transposição de C10, que é, sucessivamente, (−2, +4, +9, +8). Temos, portanto, convergência dessas duas

---

[81] A essa altura, é interessante fazer uma aproximação com a *Sequenza IV*, na qual observei, ao contrário, que essa técnica de transposição, com uma única exceção, *nunca* é empregada por Berio para suas variantes harmônicas.
[82] Ver supra, Da "Repetição" à "Oposição Diametral", p. 69-73.

dimensões para a criação de uma curva, cujo ponto culminante se situa no acorde mais agudo, que também é o mais forte. Os fatos sonoros que cercam esse apogeu funcionam como suas respectivas anacruses e desinências. A figura 9.19 reproduz, em notação acrônica, outra passagem que utiliza, dessa vez, uma versão de c8 como estrutura referencial. O processo de transposição adota um esquema intervalar simétrico, em perfeita coerência com a categoria, a saber (5 4 5 4 5+4) para descer, seguido de (3 4 3 4 3 4 3) para subir de volta[83], com o mesmo acorde-pivô grave situado no epicentro do processo, c. 72 e 74[84].

Fig. 9.19: Sequência dos acordes de *Serynade* entre c. 68 e c. 77; (x) indicam as notas que faltam para completar c8 nas suas ocorrências defectivas.

Essa é a única passagem de duração mediana a oferecer tão orgânica teleologia. Porém, ao contrário do fragmento comentado anteriormente aqui, as intensidades imprimem uma dinâmica bem mais independente, e, portanto, mais contraditória, ainda que obedecendo, *grosso modo*, ao esquema *diminuendo-crescendo* que acompanha o processo de transposição, em que o primeiro e o último fato sonoro possuem o mesmo volume (*fff*).

No plano diacrônico, uma vez constatada a vantagem esmagadora da apresentação acórdica e breve, conclui-se que a declinação mais peculiar à obra consiste em alargar a duração do objeto for-

---

[83] Coerente com a estrutura interválica original do acorde fonte, c8, que é, lembro (4 5 4 5 4 5 4).
[84] A avaliação das transposições se apoia na observação dos baixos, inclusive aquela, omitida, do acorde defectivo que abre a marcha. Lachenmann atropela o final da descida ao agrupar, num singelo salto de sétima diminuta, os dois últimos passos de quarta e terça, respectivamente Mi♭ – Si♭ e Si♭ – Fá♯. Dessa forma, a sequência descendente possui seis acordes em vez dos oito que constituem a subida, a qual, de fato, precisa ser maior, por desenvolver-se mediante uma coleção de intervalos menores.

mado pelo acorde, por meio de um ataque e/ou extinção programada dos sons. Trata-se de uma variação geralmente aperiódica, a qual vimos era uma das técnicas próprias à criação da *desinência sonora* da forma tripartita que funda o sistema de articulação elementar. Essa escrita é explorada desde os primeiros compassos (cf. Fig. 9.3 e 9.4). Temos outro exemplo (c. 3) reproduzido na figura 9.15.

A partir do compasso 38, C10 e C8 passam a ser apresentados também desdobrados em gestos melódicos, tal como no compasso 53 (Fig. 9.14). Podendo, nessa ocasião, sofrer leves alterações intervalares, eles se integram, então, no conjunto das estruturas monofônicas diacrônicas que descrevo mais adiante. A figura 9.20 objetiva apresentar uma amostra de algumas dessas estratégias de declinações, aplicadas a duas categorias de acordes. Embora não exaustiva[85], ela resgata, não obstante, um exemplar de todas as transformações essenciais. Aponto para uma propensão em multiplicar as alternativas intervalares que favoreçem as simetrias, como (1 4 4 1) (4 1 1 4) (c. 127) ou (4 5 4 5)(4 4 5 4)(4 5 4 5) (c. 291), e as progressões aritméticas, tais quais (4 1 1)(3 1 1)(2 1 1) (c. 66), ou ainda (4 5 6 7 8) (c. 274). Todas essas construções revelam a presença de estratégias combinatórias algorítmicas primárias. As simetrias entre os compassos 127 e 254, assinaladas pelos parênteses acima, sugerem relações infraestruturais em grande escala, das quais, no entanto, não fiz a investigação. Por outro lado, não me parece muito necessário enfatizar a exploração da categoria C8 como geradora de arpejos acima da tríade perfeita. Essa é mais recorrente que C10, a qual, não tendo essa propriedade, é utilizada, em contrapartida, para produzir tricordes atonais baseados em i1 – por exemplo, nos compassos 127 e 254, já mencionados. Em maior escala e de forma agora mais sistemática, essa é uma estratégia que Lachenmann já tinha esboçado, de maneira bem mais casual, em *Echo-Andante*: comentei um caso muito singelo acima (v. Fig. 9.11). Os meios pelos quais os acordes de quarta são derivados dessas tríades são ilustrados pelo exemplo do compasso 281.

---

85 De toda forma, poupei ao leitor exemplos de transposições simples e de apresentações defectivas dos acordes.

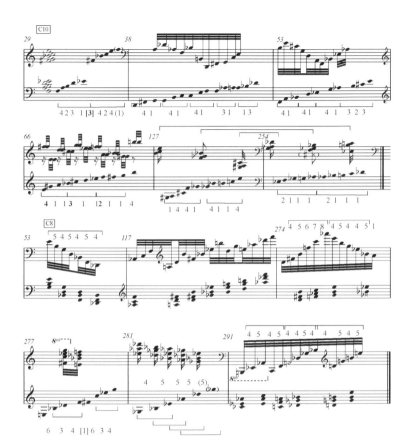

Fig. Fig. 9.20 : Algumas formas e declinações notáveis, pertencendo às categorias C10 e C8. Com exceção do primeiro exemplo, os pentagramas superiores reproduzem os originais, enquanto os inferiores propõem reduções, visando à explicitação das estruturas intervalares. Objetivam revelar simetrias e outros aspectos estruturais. Algumas combinações e células derivadas notáveis são marcadas por colchetes. Os números em itálico acima das pautas remetem aos compassos.

A presença de C10, desde o início, leva logo à constatação de que se trata de material ambivalente, pois que é solicitado tanto para gerar as sonoridades principais quanto as ressonâncias (v. Fig. 9.15 acima, c.1). C8, também, ocasionalmente é empregado com o mesmo objetivo, porém, mais raramente. Esse duplo emprego se mantém consistente até o compasso 208. Vê-se um espécimen interessante no compasso 56 (Fig. 9.14): a tríade oriunda de um acorde C10, transposta à terça maior inferior, portanto com baixo Láb 2 (C10-4†)[86], é utilizada como sonoridade ressonante, em associação

[86] Para configurar sua tríade, o compositor reteve os sons 4, 7 e 9 da estrutura C10 original.

com uma versão filtrada de x11(a). Essa estrutura surge como ressonância do mesmo C10 na oitava superior, que acabou de ser tocada *ff*. Após o compasso 208, C10 desaparece inteiramente do segundo plano, enquanto C8 ainda persiste, em particular, por meio das suas mais consonantes variantes, os tetracordes ou pentacordes em terças empilhadas que mencionei anteriormente. A última forma ressonante de C8 aparece no compasso 360. A figura 9.21 fornece outras amostras interessantes dessa modalidade de utilização de C10 e C8. O primeiro excerto (c. 26) mostra C10-ressonância sucedendo a sua própria emissão "normal"; em seguida, é filtrada no final, deixando apenas quatro sons. Notamos, ademais, um C8 "encapsulado" em C10, o qual, devido à sua intensidade relativa, toma a frente da cena. O segundo exemplo (c. 37-38) mostra o tetracorde superior de C10 em funcionamento como ressonância anacrústica[87], preparando um plano principal constituído de uma única nota, Ré♭. Essa ressonância se prolonga pelo acréscimo do restante das notas de C10, que reconstituem o acorde original transposto. Sob essa forma, C10 serve de pivô articulatório para a próxima seção, que começa no compasso 38. Com diversas transposições, passará a abastecer, com exclusividade, o nível ressonante dessa nova fase que termina no compasso 47. No terceiro exemplo (c. 96), C8 serve como ressonância-anacruse a C10. O compasso 129 do quarto excerto apresenta a figura única de um acorde de tipo C8, no caso, cujo mesmo tetracorde é utilizado simultaneamente para produzir o principal e o ressonante (esse último, sendo réplica do primeiro, na oitava inferior). E para encerrar, um caso relativamente excepcional também – recenseei apenas três na obra – de acorde ressonante emitido isoladamente, sem nenhum fato conjunto no plano principal (c. 329). Essa sonoridade é produzida a partir de uma declinação defectiva [5 3 4] de C8. Sua extinção é programada no tempo.

---

87 Ver infra, p. 340.

Fig. 9.21: Algumas amostras da utilização de C10 e C8 (completos ou defectivos) como ressonâncias.

É tentador procurar colocar essas duas categorias em relação de força, onde uma, C10, que goza nitidamente de maior audibilidade, senão de superioridade numérica, seria colocada como centro de gravidade, enquanto a outra, C8, assumiria o papel de oponente. Situações como as dos compassos 26 e 96, ambas reproduzidas na figura 9.21 (primeiro e terceiro excertos, respectivamente, sendo o número de compasso indicado em itálicos) denotam uma integração dialética que favorece tal interpretação. No primeiro extrato, C8 e C10 não se contentam em alternar: C8 interfere dentro de uma forma de C10 mantida em ressonância, o conjunto formando uma curta, porém rica *Klangkadenz*. No compasso 98, C8, situado no plano ressonante, dialoga com C10. Enquanto um é seco, o outro é longamente prolongado pelo *Pedal*. O exemplo da figura 9.22 aponta para uma interação mais sofisticada.

Fig. 9.22: *Serynade*, c. 254-256 (primeiro sistema) e 337-343.

Essa figura reproduz dois excertos da partitura, medianamente distantes (respectivamente, c. 254-256 e c. 337-343). Observemos a estrutura primária dos acordes do plano principal – por sinal, não existe ressonância no segundo fragmento. No primeiro, os três acordes sucessivos provêm de declinações defectivas da categoria C10, nas quais se impõe o binômio intervalar (1 ≥ 4). Juntos, reconstituem uma forma completa de tipo C10, revelada na figura 9.20. No segundo excerto (c. 337-343), reencontramos a mesma proposta, distribuída entre os compassos 337, 338, 341 e 343. A figura 9.23, que desvenda sua estrutura (independentemente da altura real das notas), alinha, verticalmente, nos dois sistemas superiores, os grupos dos dois excertos, para mostrar que o segundo nada mais é que a retomada do primeiro. Isso se dá mediante transposição ao semitom de algumas notas e permutação de outras. Na segunda vez, porém, alterações são praticadas no nível primário, visando à intervenção de grupos de intervalos que associei à categoria c8, como agentes de inflexão das configurações sonoras originais. Essas interpolações são mostradas no pentagrama inferior da figura 9.23. Não somente de forma explícita intervém o tipo c8, pela inserção dos acordes dos compassos 340 e 342 (destacados por um asterisco na figura 9.23), os quais vêm, por conseguinte, "dialogar" com os outros, como é o caso, também, dos exemplos mencionados na figura 9.21. Ele interfere nas próprias estruturas c10, dobrando sua configuração intervalar de modo a tornar mais "harmônico" o que não era. Com efeito, às fórmulas c10 dos compassos 337, 338 e 341 (pentagrama central da figura 9.23), acrescentou-se fundamentais e intervalos pseudoharmônicos (terças maiores, quintas, sétimas menores, transcritos no pentagrama inferior), os quais, destarte, transformam cada grupo, que era tipicamente "atonal", em acordes de definição certamente um tanto ambígua quando vistos do ponto de vista harmônico clássico, sendo, não obstante, geradores de relações consonantes.

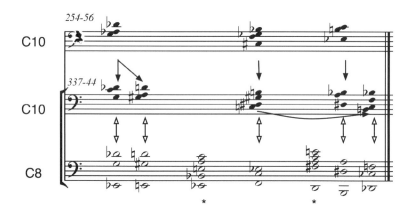

Fig. 9.23: Conteúdo acrônico de nível primário dos compassos 254-56 (pentagrama superior) e 337-44. O material, cuja origem é c10, é notado em semínimas, enquanto o de c8 se encontra em mínimas. Os asteriscos marcam os dois acordes de tipo c8 "puro". Os demais pertencem à categoria c10, porém infiltrados por c8.

Portanto, mesmo sendo possível descobrir, aqui e acolá, uma dialética na organização das relações entre as duas categorias, essa é acionada como elemento gerador de forma, somente em pequena escala, e muito esporadicamente. A lógica da forma opera mais alto e mais longe. Acrescento não ser inútil lembrar, a propósito das duas passagens em discussão, que a referida infraestrutura primária não é a do *verdadeiro* discurso musical. No plano das sonoridades, que é o *locus* onde se desenvolve, de fato, a estrutura, as configurações pseudoharmônicas reveladas no segundo fragmento são literalmente subvertidas pela escrita das intensidades em dois patamares, técnica da qual vimos algumas aplicações anteriormente. Essa mata, na origem, qualquer veleidade de sensação harmônica, para produzir, em seu lugar, timbres concretos centrados em volta de uma nota-ruído de baixa frequência (Fig. 9.22)[88].

Estruturas Diacrônicas Mono ou Homofônicas

Essa pesada expressão encobre elementos de textura monódica associados a determinado perfil rítmico. A figuração mais comum se define por uma linha em fluxo contínuo, em graus antes conjuntos, ou até predominantemente cromáticos, podendo evocar o gestual do grande pianismo pós-romântico, referencial cuja importância na estética do compositor é mencionada na literatura[89]. Os motivos podem adotar um contorno unidirecional, seja para o agudo ou o grave, seja por meio de uma forma ondulante e cíclica, que, metaforicamente falando, se aproxima da senoidal (cf. Fig. 9.24). Não é raro que o material primário desses "melismas" seja fornecido por c10 e c8 (cf. Fig. 9.14).

---

88 Esses complexos sonoros, de tendência ruidosa, ou ao menos muito inarmônica, gerados em torno de uma região frequencial de referência, responderiam bastante bem, distâncias guardadas, à definição de *grosse note* do *Solfège* de Pierre Schaeffer. Cf. M. Chion, *Guide des objets sonores, Pierre Schaeffer et la recherche musicale*, p. 133.
89 B. Schweitzer, Some Remarks about the Use of Conventions and Their Modification in Lachenmann's Orchestral Works from 1969 to 1989, *Contemporary Music Review*, v. 23, n. 3/4, p. 153-159 e passim.

Fig. 9.24: *Serynade*, c. 40-43.

Ademais, incluo nessa categoria, por um lado, os *glissandos* do gênero daqueles dos compassos 43 (Fig. 9.24) ou 116, que são, na verdade, fulgurantes escalas diatônicas descendentes, assim como, por outro lado, e sobretudo, um grande número de células comportando duas a quatro notas, sejam monódicas, ou mais frequentemente homofônicas – acordes ou até mesmo *clusters* (c. 197) –, encadeadas secamente e com celeridade. Esse perfil resulta em pequenos objetos bem notáveis na superfície. Vê-se um bom exemplo na extremidade da figura 9.24: os dois tetracordes de c8 parecem pôr um ponto final à peroração. É esse mesmo papel que preenche semelhante célula na segunda citação da figura 9.25 (c. 220). Por estarem significativamente presentes do início ao fim da peça, essas células contribuem para a assinatura sonora da obra, sem que, no entanto, possamos atribuir-lhes a função de motivo *stricto sensu*. Enquanto os primeiros exemplares de tais gestos (c. 18--23) são construídos sobre o intervalo i13, (primeiro excerto da figura

9.25), os derradeiros (c. 364-66) são produto das inversões do mesmo intervalo (i1 e i11, respectivamente, figura 9.25, último excerto).

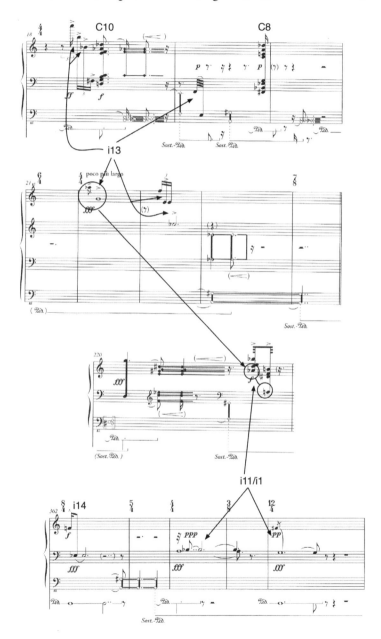

Fig. 9.25: Uma das células recorrentes de duas notas, baseadas sobre i13, em três locais da obra: c. 18-23 (dois sistemas superiores); c. 220 (sistema mediano); c. 362-66 (sistema inferior).

No seu nível, essa pequena célula contribui ainda mais à unidade da obra – em virtude de suas repetições, particularmente, como se acabou de observar, em lugares mnemoestratégicos que são o início e o final –, por se encontrar na origem das séries de notas repetidas em pares, que começam a ocorrer, esporadicamente, a partir do compasso 66 – no caso, embutidas numa formulação melódica de uma variação de C10[90] –, e depois no compasso 79. Por expansão e adição alternada de uma fórmula em tercinas (cf. exemplos c. 102 e 110), essas séries se tornarão o componente principal do centro da seção C, p. 14-15 (Fig. 9.26, acima). Mais tarde, Lachenmann obtém um surpreendente paroxismo, talvez o momento mais "ruidoso" da serenata, ao transpor essa figuração para o subgrave *martellatissimo*, com o *Pedal* mantido (Fig. 9.26, abaixo).

Fig. 9.26: Duas expansões da célula de duas notas: c. 133-135 (acima) e c. 289-90 (abaixo).

Esses *martellati* conduzem, por analogia, à última subcategoria, que são as alturas isoladas. Essas não são raras, nem tampouco neutras, tanto no plano sonoro – cf., por exemplo, a terceira sonoridade da peça (Fig. 9.15, U1.3), onde um singelo Mi é responsável por todo o halo ressonante do momento –, quanto no plano formal. Uma amostra edificante se encontra na p. 4: o Dó# *piano* que começa a soar no meio do compasso 43, para permanecer em seguida sozinho durante um breve instante (cf. Fig. 9.24), responde, como um eco, ao Ré♭ *f* que conclui a seção precedente (c. 37, cf. Fig. 9.21, segundo excerto).

90 Esse compasso é representado na figura 9.20.

As notas isoladas adquirem maior importância ao se aproximar do final da peça, provocando um efeito de "despovoamento" progressivo, o qual conduz *in fine* a um tão explosivo quanto solitário Fá# *ffff*.

Uma Classificação Tipológica Ponderada das Unidades Sonoras

Classificação das Configurações Primárias

À primeira vista, um vocabulário primário como esse que acabei de descrever, constituído de um número muito reduzido, não somente de configurações, mas sobretudo de declinações, tem uma consequência óbvia: ele minimiza as possibilidades de se analisar a forma a partir da avaliação daqueles componentes morfológicos que resultam, em maior ou menor medida, da transformação dos cromas, uma técnica que pude empregar sistematicamente nas obras do repertório estudado até o momento, e que se aplicaria, ainda, a uma peça como *Echo-Andante*. Explicando: se o essencial do material primário principal é gerado por um acorde de oito ou dez notas recolhidas mais ou menos na região central do piano, e por *clusters*, teremos, daí, um leque muito restrito de variações no domínio acrônico, seja do ponto de vista das densidades, seja do ponto de vista do âmbito, ou das modalidades de distribuição vertical. Para qualificar esses objetos com base nas suas características primárias, será suficiente, por conseguinte, avaliar a complexidade relativa da categoria genérica à qual cada um pertence. De fato, classificar, num vetor, as categorias que levantei na etapa anterior da análise, apresenta-se como tarefa relativamente fácil. Uma vez posto o *cluster cromático* como padrão de complexidade máxima[91], as demais configurações se distribuem abaixo, conforme segue, por ordem decrescente:

---

91 Está bem entendido que o termo *complexidade* é utilizado para qualificar as categorias no vetor da sonoridade. Não existe, necessariamente, correlação positiva induzida entre esta qualificação e a configuração da estrutura em si, que, no caso do *cluster*, é a mais simplória possível, do ponto de vista da técnica composicional.

1. categorias C10 e C8 de acordes, cuja totalidade ou maior parte dos sons são atacados ou soltos simultaneamente – sendo que a primeira categoria (C10) gera sonoridades mais densas, dissonantes e, portanto, mais complexas que a segunda;
2. categoria L: organizações monódicas, em graus predominantemente conjuntos, cujo fluxo tende ao contínuo ou periódico; podem adotar um perfil direcional "senoidal", porém a categoria inclui, também, as sequências mais compridas de notas repetidas, do tipo *martellato*;
3. categoria CL: aqueles acordes das categorias C10 e C8, quando estes se encontram diluídos em fluxos monódicos contínuos relativamente curtos, ou em tríades repetidas, como, por exemplo, no compasso 281 e s.
4. categoria G: breves células mono ou homofônicas, comportando de dois a quatro fatos sonoros sucessivos;
5. notas isoladas N.

Decerto, é uma classificação grosseira. Acredito, porém, que ela esteja à altura do papel manifestamente retraído do nível primário nessa composição. Mais do que em todas as outras obras, talvez, e, em todo caso, mais do que em *Echo-Andante*, que inclui, ainda, como elemento de sintaxe, uma combinatória de intervalos, a organização dos cromas em *Serynade* se situa realmente abaixo da hierarquia das dimensões estruturalmente ativas.

Tipologia

Essa categorização constitui um primeiro passo, que diz respeito ao nível primário das estruturas que o compositor irá utilizar, indiferentemente, nos planos "principal" e "ressonante". Desse ponto de vista, poderíamos até falar de "nível neutro". Porém, se adotamos por princípio que a unidade sonora paradigmática de *Serynade* é bidimensional – princípio que orienta o que chamei de análise integrada da peça –, faz-se necessário estabelecer uma tipologia capaz de englobar as modalidades de *mixagem* dos dois planos, pois é a partir daí que se pode dar conta da forma. Para tanto, procederei em duas etapas. A primeira consistirá em definir uma tipologia das situações de interação entre os sons emitidos normalmente e aqueles gerando as ressonâncias compostas, a partir do modelo de articulação da *Klangkadenz*. A segunda etapa avaliará, à parte, a intervenção do *Pedal*. Finalmente, um sistema sintético de ponderações será proposto para integrar esses três componentes.

Sete tipos de combinação cobrem todas as situações observadas, que passo a identificar por letras. São apresentados a seguir, em ordem crescente de complexidade.

1. Tipo R: ressonância composta isolada, sem nenhum fato sonoro no plano principal. Por essa razão, ele se situa logo no início do vetor simplicidade–complexidade. É uma estrutura relativamente rara, mas que, em compensação, nunca passa despercebida, pois cria, por natureza, uma profunda depressão no nível da intensidade local. No sistema articulatório da *Klangkadenz*, ele se apresenta como um *Einschwingklang* isolado (Fig. 9.27a).

Fig. 9.27a: Tipo R, *Serynade*, c. 329,2º e 3º tempo (observar que esta ressonância é separada do Dó *f*).

2. Tipo S: fatos sonoros no plano principal, sem ressonância composta. É o inverso do tipo R, sendo quase tão raro, embora não tendo o mesmo impacto. É a estrutura mais neutra (Fig. 9.27b).

Fig. 9.27b: Tipo S, *Serynade*, c. 87.

3. Tipo T: fatos sonoros no plano principal, tal como S, porém associados, simultaneamente, a uma ressonância composta. A letra T remete a *Thesis* da estrutura tripartita paradigmática. É, pois, ainda um *Einschwingklang* isolado, porém, já constitui a mais simples das configurações que põem em contato os dois planos sonoros (Fig. 9.27c).

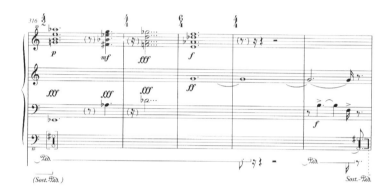

Fig. 9.27c: Tipo T, *Serynade*, c. 316-20.

4. Tipo TK: Ao som principal associa-se uma ressonância que se prolonga numa estrutura de extinção autônoma, escrita, a qual forma, assim, uma *desinência acústica* ou *katalexis* – donde vem a letra K. É o *Ausschwingklang* da tipologia de Lachenmann. A ressonância pode, eventualmente, surgir de forma antecipada, isto é, simultaneamente ao som principal (Fig. 9.27d).

Fig. 9.27d: Tipo TK, *Serynade*, c. 18.

5. Tipo AT: Ao inverso do precedente, consiste numa ressonância previamente emitida, formando um *Impulsklang*, isto é, uma *anacruse acústica* (donde vem a letra A de *arsis*), à qual o som principal vem se juntar em seguida. Essa estrutura não possui desinência (ressonância posterior). É pouco explorada, visto que o compositor prefere a configuração inversa, TK (Fig. 9.27e).

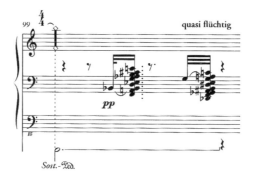

Fig. 9.27e: Tipo AT, *Serynade*, c. 99.

6. Tipo AK: Uma mesma ressonância é sustentada antes, durante e depois da sonoridade do plano principal, que ela cerca de um halo. É, provavelmente, o *Einschwingklang* mais utilizado (Fig. 9.27f).

Fig. 9.27f: Tipo AK, *Serynade*, c. 48.

7. Tipo ATK: Dessa vez, são duas estruturas ressonantes diferentes que cercam o som principal, uma formando anacruse e outra, desinência. A ressonância anacrústica pode, eventualmente, prolongar-se durante todo ou parte do restante da sonoridade, inclusive desinência. Esse é, portanto, o formato que, respondendo à estruturação formal paradigmática *Arsis–Thesis–Katalexis* da *Klangkadenz*, produz a mais complexa interação entre os dois níveis de som (Fig. 9.27g).

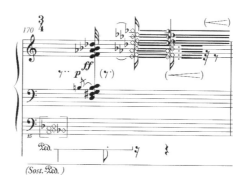

Fig. 9.27g: Tipo ATK, *Serynade*, c. 170.

Para fazer essa tipologia funcionar *in situ* desde já, podemos retomar as sequências de unidades das figuras 9.14, 9.15 e 9.16 acima, e re-escrevê-las, respectivamente, na forma (AK AK S AK ATK), (AK AK AK ATK ATK) e (S ATK AK ATK)[92]. Esse sistema funcional não se presta somente a uma integração das dicotomias morfológicas provocadas pela existência de dois planos acústicos simultâneos. Ele faculta, também, a incorporação hierárquica dos seus elementos constitutivos, a partir do momento em que as unidades identificadas em certo nível podem ser reagrupadas em estruturas de mesmo tipo, num nível superior. Superestruturas do gênero *Klangkadenz* (ATK), como aquela da figura 9.28, são, de fato, observáveis em vários lu-

[92] Para qualificar a unidade 9.3 da figura 9.14 como tipo S, é preciso ler com cuidado as indicações de interrupção e ativação das ressonâncias e do pedal *sostenuto*, e lembrar que a utilização do *Pedal* não está incorporada nessa tipologia.

gares na *Serynade*[93]. Perceberemos, ainda, no final deste capítulo, que até a forma em grande escala pode, sob determinado ponto de vista, atender a tal arquitetura. Na estrutura reproduzida na figura 9.28, temos três *Klangstrukturen* justapostas. A primeira segue o padrão AT, por ser construída a partir de uma *anacruse* ressonante (x11[a]), seguida do *acento* formado pela rajada de semifusas rumo ao agudo em *pianissimo*. Em vez da desinência que o modelo exigiria, intervém uma segunda estrutura, constituída, unicamente, por outro acento T – este, composto de lances em notas repetidas descendentes, revestidas, acusticamente, por outro *cluster* ressonante – o qual vem *prolongar* o acento da estrutura anterior. Finalmente, a última construção apresenta o esquema completo ATK, ao começar por uma impulsão provocada pelo *cluster* ressonante (fim do c. 80), que cria a aura acústica do acento T, por sua vez constituído do C10 do compasso 81. Quanto à desinência, ela se desdobra em duas etapas de programação das ressonâncias terminais. As "deficiências" estruturais locais – deficiências quando se toma como comparação a forma "perfeita" A+T+K – são *compensadas* no nível imediatamente superior, pois, aí, as unidades formais passam a integrar uma entidade maior, uma *Super-Klangkadenz,* na qual a primeira daquelas unidades funciona como *superanacruse* (A), a segunda continua na sua função de acento (T), e a terceira intervém como agente de *resolução conclusiva* do conjunto, que é o papel esperado de uma *desinência* (K).

---

93 Por exemplo, na primeira sequência da obra (Fig. 9.15) e na estrutura da figura 9.16, formas, aliás, já comentadas acima, na seção sobre os *clusters*.

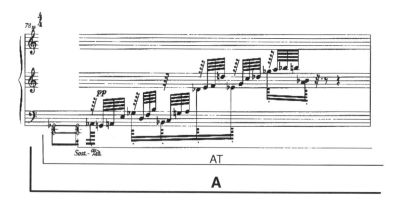

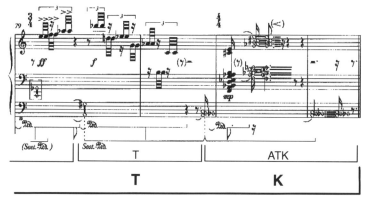

Fig. 9.28: *Serynade*, c. 78.2-82.

O Pedal e Seu Impacto na Sonoridade

A escrita dos pedais nessa obra denota absoluto conhecimento técnico, o que leva, tal como em Berio ou Crumb, a uma eficiência concreta sobre o timbre de todas as modalidades de atuação consignadas. Não se poderia dizer o mesmo, por exemplo, dos ⅔, ½, ⅓ de pedais que o pianista deve medir, em função do registro, em *Klavierstück 10* de Stockhausen. Como já foi devidamente observado na literatura sobre o compositor, Lachenmann emancipa e expande, mais do que qualquer outro, esse recurso pianístico[94].

[94] Cf., entre outros, I. Pace, Lachenmann's *Serynade*, op. cit.

Serynade se diferencia por três particularidades. Primeiro, *Una Corda* é ignorada – ainda que haja sugestão de que seu emprego seja plausível em algumas passagens[95]. Por sua vez, o "terceiro pedal", ou *sostenuto*, é uma ferramenta exclusivamente dedicada à manutenção física das ressonâncias compostas, às quais é, portanto, sistematicamente acoplado. Em contrapartida, o *Pedal* (da direita ou *forte*) goza de mais independência. Ainda que a função de acrescer uma ressonância espectral aos acordes "normais" pareça ser sua principal atribuição, não é raro vê-lo também intervir para enriquecer o timbre de alguma sonoridade ressonante, em associação ou não com o pedal *sostenuto* (v. exemplos na figura 9.14, c.55 e na figura 9.29). No entanto, sua escrita não evidencia autonomia suficiente para que se possa falar de uma terceira voz na polifonia. Sujeitado às estruturas, só excepcionalmente ele comanda a sua duração. Funciona como complemento, às vezes muito pontual, incisivo, à qualidade espectral do(s) plano(s) sonoro(s), sobre o(s) qual(is) é levado a agir. Cumpre exatamente, então, o papel inverso que tinha em *Echo-Andante*, onde, lembremos, sua ação determinava a macroestrutura temporal, no sentido em que essa era governada pela alternância e pela duração relativa dos objetos com ou sem *Pedal*.

Em *Serynade*, o compositor anota seu tempo de ação, todavia, com muito cuidado, com precisão particular quanto ao instante em que deve ser retirado[96], e, sobremaneira, quando se trata de deixar vibrar na sequência uma desinência ressonante: com efeito, qualquer "borrão" comprometeria a definição dos espectros propagados pelo pedal *sostenuto*. Em geral, a entrada e a saída do *Pedal* são sincronizados ao ataque e à interrupção do som ao qual é associado. Para verificá-lo, reporto aos excertos mostrados nas figuras 9.15, 9.16, 9.21 e 9.25. Rigorosa sincronia

---

95 Ian Pace sugere que o *Calmo, quasi misterioso*, que começa no c. 83, poderia estar entre os locais "ideais" para o uso desse pedal. Não abono a hipótese sem reticências. Com efeito, se o compositor é tão minucioso para a indicação dos outros pedais, por que, de repente, teria ele deixado esse ao bel prazer do intérprete, sem mesmo uma indicação nesse sentido nas suas meticulosas *Performance Instructions*? Cf. op. cit., p. 108-109.

96 A exigência de uma perfeita sincronia se traduz, na partitura, por figuras de valores rítmicos (notas ou silêncios), cuja função é mostrar, com a maior clareza possível, a coincidência da ação com o som associado, cf., por exemplo, Figs. 9.15 ou 9.25.

é, por sinal, um dos aspectos característicos da seção D (cf. Fig. 9.34, abaixo). Todavia, sutis defasagens não são excepcionais, tal como ocorre nos compassos 33 (Fig. 9.16), 43 (Fig. 9.24), ou 133 (Fig. 9.26). Mais do que a defasagem, porém, é a introdução de uma vida rítmica própria em determinados lugares, que constitui um aporte muito singular, objetivando produzir "um efeito percussivo audível"[97]. Além desse efeito, a pulsação do *Pedal*, geralmente feita de ritmos irregulares, que resulta numa distribuição diacrônica assimétrica, libera, por intermitência e por simpatia, todas as ressonâncias. Assim, funciona como um filtro, que provoca uma espécie de oscilação de *vibrato* espectral. Na maioria das vezes, essa oscilação é cerrada, expressa em valores muito curtos (fusas e semifusas). No entanto, Ian Pace identifica pelo menos uma passagem (p. 19) na qual essas mudanças "começam a alcançar uma vaga semelhança com algum movimento estável"[98]. Apesar de introduzido desde o início da peça (c. 8), esse efeito exógeno adquire mais importância na segunda parte, a partir do compasso 206, com notável proeminência entre os compassos 228 e 241 (p. 24), onde se torna, durante alguns instantes, o único componente ativo (Fig. 9.29). Nesse instante, ele promove um surpreendente nadir, que, na minha opinião, representa a quintessência do conceito de "beleza como negação do hábito".

Fig. 9.29: *Serynade*, c. 228-235[99].

[97] Lachenmann, Hinweise zur Ausführung und zur Notation, instruções anexadas à partitura de *Serynade*. O compositor acrescenta: "Esse efeito é produzido quando o pé solta, de forma abrupta, o *Pedal* direito previamente cravado, o qual estala de maneira muito audível, para cravá-lo novamente, imediatamente, o que possibilita que o ruído dos abafadores de feltro retumbando nas cordas ressoe na caixa [harmônica] do piano".
[98] Op. cit., p. 106.
[99] Cf., também, figura 9.43 adiante, que reproduz a continuação desse trecho.

Dessa análise fatual, conclui-se que os componentes diacrônicos são essenciais à avaliação da incidência do *Pedal* sobre a textura sonora. Mais precisamente, convém levar em conta, de um lado, a *duração relativa* de cada intervenção (comparada ao tempo total da unidade na qual age), considerando, naturalmente, que quanto mais breve é essa duração (por exemplo, c. 3, Fig. 9.15), tanto mais reduzido é o impacto. Por outro lado, é preciso avaliar a *distribuição* dos movimentos de *Pedal* (pressão ou soltura) no tempo – onde, em conformidade com o nosso habitual modelo, quanto mais irregular essa distribuição, tanto mais elevado é o seu impacto sobre a complexificação da sonoridade.

A Klangstruktur, *Base da Escrita do Sonoro em* Serynade

Destaquei, portanto, os componentes que se situam na base da escrita do sonoro, e formalizei suas variáveis a partir da observação empírica da obra. Montei um catálogo genérico das estruturas primárias, elaborei uma tipologia das modalidades de integração entre os fatos sonoros principais e os ressonantes, e considerei o impacto do *Pedal*. Convém, agora, incorporar esses três aspectos num composto sintético que possa ser utilizado no meu modelo, isto é, num sistema vetorial, em que os objetos analisados se localizarão em função da complexidade relativa das suas configurações. Decidi atribuir a esse composto a denominação *Klangstruktur*, sem traduzir, para enfatizar não somente seu aspecto eminentemente idiossincrásico, mas, também, sua ligação inalienável com a ideia de som como estrutura formal, como "ordem"[100].

Na sua formulação original, resumida no início deste capítulo, Lachenmann coloca a *Klangstruktur* no topo das modalidades de articulação ordenada dos *estados* e *processos*: é forma musical, podendo ser uma obra por inteiro. Na minha apropriação, é também um produto de síntese; essa síntese, porém, torna-se o ponto de partida da análise, e não mais o ponto de chegada. As unidades sonoras vão, portanto, receber uma ponderação inicial, que as localizará, desde já, no vetor de complexidade, em função das informações retiradas

---

100 Esse termo será utilizado doravante no sentido específico que acabei de dar-lhe.

da observação daqueles três aspectos. Diferente das ponderações da maioria dos componentes morfológicos e cinéticos formalizados para este ensaio, essa não é baseada numa operação matemática, cujos termos são oriundos da análise objetiva de elementos quantificáveis consignados na partitura. Ao contrário, trata-se da transposição, no domínio dos números relativos, de uma apreciação empírica das relações existentes entre as diversas variáveis de uma mesma categoria. Conserva um caráter subjetivo, e, sobretudo, não é generalizável a outro contexto que não a *Serynade*. Sendo assim, por exemplo, ao considerar que a categoria c8 tende a produzir uma sonoridade *um pouco menos dissonante* que c10, porém *bem mais complexa* que uma única nota isolada, aplicar-se-á, para qualquer unidade composta de um acorde de tipo c8, um peso que o situe, o mais razoavelmente possível, entre esses dois pontos de comparação. A tabela 9.1 mostra as ponderações adotadas para cada categoria e tipo[101].

Categoria	Pond.	Tipo	Pond.
N	(0.05)	R	(0.05)
G	(0.10)	S	(0.10)
CL	(0.20)	T	(0.20)
L	(0.30)	TK	(0.30)
C8	(0.35)	AT	(0.30)
C10	(0.40)	AK	(0.40)
X	(0.50)	ATK	(0.50)

Tabela 9.1: Ponderações, por categoria e tipo.

Para cada unidade analisada, esses dois valores se adicionam, de modo que a configuração mais complexa atinja o peso máximo (1.00). Na outra ponta, o peso zero (não consta na tabela acima) é exclusividade das unidades silenciosas (cs. 7, 14, 83, 156), aquelas impossíveis de ligar, estruturalmente, "nem ao som que precede nem ao som seguinte" e que intervêm como "uma cessação, […] o contrário do som", como disse Messiaen a propósito de espaços mudos semelhantes encontrados em Boulez[102]. Nas situações em que uma unidade

---

101 Apenas por coincidência é que se conta o mesmo número de categorias e tipos.
102 *Traité de rythme, de couleur, et d'ornithologie*, t. I, p. 28.

aglomera mais de uma categoria – o caso, por exemplo, dos compassos 17 e 18 (esse último mostrado na figura 9.25) –, as ponderações são somadas na razão 1:½ em favor da categoria de mais elevado peso.

No que tange ao *Pedal*, formulo o impacto por meio de um fator que multiplica a ponderação inicial em função da sua intervenção ou não, da sua duração e da sua atividade rítmica. O multiplicador aplicado a uma unidade sem *Pedal* é (0.50), o que equivale à redução da metade do peso aplicado na entrada. No modelo utilizado até o momento, esse multiplicador era (1.00)[103]. Porém, a premissa aqui é de considerar a ausência de *Pedal* não como uma condição normal de execução, mas, ao contrário, como uma situação de *privação*. Em *Serynade*, considera-se que uma unidade cujos sons são abafados (i.e., sem uso do *Pedal*) se coloca, de alguma maneira, em retração, em *surdina*: daí a aplicação de um redutor. A partir do momento em que ele entra em ação, o multiplicador vai aumentar em proporção ao tempo da sua pressão, relativamente à duração da unidade. Essa é avaliada, para a circunstância, em unidades de fusas, que são o menor valor de duração corrente[104]. O fator multiplicador (1.00) é aplicado quando o *Pedal* ocupa 100% da duração da unidade, pois essa completa sincronia é tida como constitutiva de um paradigma. Mas, quando a sua intervenção é acompanhada de alguma movimentação rítmica, esse multiplicador se torna positivo – isto é, superior a (1.00) –, pois essa atividade passa a constituir um fator de incremento de seu impacto sobre a complexidade. Nesse caso, analisa-se a estrutura temporal da intervenção do *Pedal* sob o ângulo da *densidade relativa* e *da distribuição* – ambas *diacrônicas* – dos movimentos de pressão ou relaxamento indicados na partitura[105].

Em resumo, a fórmula não passa de um simples (a+b), em que *a* é um valor entre (0.50) e (1.00), que corresponde à quantidade relativa de tempo de permanência do *Pedal* (inclusive a sua ausência), e *b,* um

---

103 Ver, infra, O Componente Q para o Piano, p. 383-385. Se existisse, em *Serynade*, unidades com a indicação de *Una Corda,* esse fator seria reduzido para (0.25).

104 Em se tratando apenas de estabelecer a duração proporcional da manutenção do *Pedal* durante a unidade, não é necessário levar em conta as mudanças de andamento, aliás, muito pouco marcantes nessa obra.

105 Isso se calcula da forma habitual, descrita em *Componentes de Ordem Cinética*, infra p. 389. Aqui, no caso, retém-se apenas, das ponderações obtidas nesses dois componentes, a sua média, a qual é, em seguida, dividida por dois, antes de ser adicionada ao valor obtido na etapa anterior.

Tabela 9.2:
"Unidades": três sequências de unidades sonoras com remissão às figuras onde estão reproduzidas; "Categoria" e "Tipo": identificação das unidades de acordo com esses critérios; "Pond.": ponderações, em conformidade com o modelo proposto na tabela 9.1; "Soma": soma das duas colunas "Pond."; "Pond. *Ped.*": ponderações relativas ao sistema de pedalização de cada unidade. A *Klangstruktur* (última coluna) é o produto de "Soma" por "Pond. *Ped.*".

outro valor, entre (0.00) e (0.50), acrescido ao primeiro em função do grau de atividade diacrônica. O total, que, portanto, nunca ultrapassará (1.50), fatoriza a ponderação aferida em etapa anterior à unidade sonora segundo a sua categoria e tipo (Tab. 9.1). Dessa maneira, obtém-se uma primeira formalização, que deveria facilitar a decifração da dinâmica formal da obra, oferecendo à mesma a vantagem de congruência ao projeto composicional. Com efeito, ao realizar uma *abstração* da utilização das diversas técnicas de produção de ressonâncias, ela se torna competente para avaliar os fatos sonoros sucessivos a partir do grau de interação dialética entre os dois planos sonoros, cuja articulação o compositor manifesta pela sua escrita. À guisa de ilustração, tomarei como exemplo as sequências reproduzidas nas figuras 9.14, 9.15 e 9.16 e as pesarei de acordo com essas proposições (Tab. 9.2).

Unidades	Categoria	Pond.	Tipo	Pond.	Soma	Pond. *Ped.*	Produto (*Klangstruktur*)
Fig. 9.14							
U9.1	CL	0.30	AK	0.40	0.70	0.50	0.35
U9.2	C10	0.40	AK	0.40	0.80	0.50	0.40
U9.3	C10	0.40	S	0.10	0.50	1.00	0.50
U9.4	C10+G	0.45	AK	0.40	0.85	1.00	0.85
U9.5	C10	0.40	ATK	0.50	0.90	0.59	0.53
Fig. 9.15							
U1.1	C10	0.40	AK	0.40	0.80	0.50	0.40
U1.2	C10	0.40	AK	0.40	0.80	0.50	0.40
U1.3	C10	0.40	AK	0.40	0.80	0.62	0.50
U1.41	X	0.50	ATK	0.50	1.00	0.68	0.68
U1.42	C10	0.40	ATK	0.50	0.90	0.78	0.70
Fig. 9.16							
U6.1	X+C10	0.70	S	0.10	0.80	1.00	0.80
U6.2	X	0.50	ATK	0.50	1.00	0.63	0.63
U6.3	C10+G	0.45	AK	0.40	0.85	0.55	0.47
U6.4	N	0.05	ATK	0.50	0.55	0.50	0.28

Os valores obtidos são retomados no gráfico da figura 9.30[106].

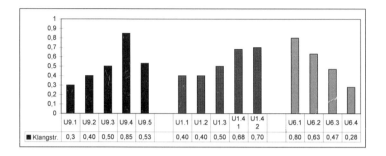

Fig. 9.30: Gráfico das ponderações da coluna *Klangstruktur* da tabela 9.2.

Observamos, imediatamente, o quanto essas ponderações permitem situar as sequências sonoras dentro de uma lógica formal cíclica, no caso da primeira, e progressiva em sentido contrário, no caso das duas outras. As duas progressões rendidas por essa modelização parecem deveras pertinentes, pois correspondem a momentos bem específicos da forma. A sequência das sonoridades do grupo U1 (histogramas ao centro do gráfico) produz uma *Klangstruktur* que constitui a abertura não somente da obra (c. 1-6), mas, ao mesmo tempo, de uma estrutura em maior escala, rotulada, no caso, A0+A1, que termina no compasso 37, e da qual falarei melhor no final deste capítulo. Para tanto, o compositor elaborou uma progressão teleológica rumo à complexidade – em que a última unidade se singulariza pelo uso quase ininterrupto do *Pedal*, no que contrasta com a relativa "secura" dos demais sons. No oposto, a *Klangkadenz* U6 (histogramas à direita) corresponde à conclusão dessa mesma passagem. Em consequência, Lachenmann a organizou de acordo com uma técnica, cujo princípio é clássico, mas os meios, singulares. Consiste em diminuir progressivamente o nível de complexidade das sonoridades, para alcançar um piso de grande simplicidade sonora – pois que, no plano principal, somente sobra uma singela nota no final do processo (c. 37) – objetivando induzir uma cesura formal.

Essas formas limítrofes são tão significativas que não possuem equivalente no interior da estrutura. O gráfico da figura 9.31 as reposi-

---

[106] São também esses valores os reproduzidos no gráfico inserido na figura 9.15.

ciona no seu contexto completo. Ele contém a análise de todas as *Klangstrukturen* da seção em pauta. Ele evidencia que Lachenmann reservou as sequências teleológicas para expressar a abertura e fechamento da forma, preferindo adotar perfis não direcionais para articular as sonoridades internas.

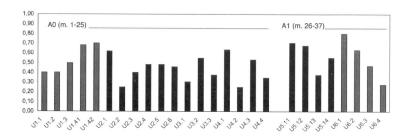

Fig. 9.31: Análise da *Klangstruktur* das sonoridades que formam a grande seção A0+A1, c. 1-37. Os histogramas cinza marcam os grupos de unidades sonoras limítrofes U1 e U6.

Com isso, obtemos não somente a ilustração cabal da capacidade funcional dessa sintaxe, mas, sobretudo, um caso típico, na prática, da dialética lachenmanniana, quando ela faz intervir a história na sua linguagem. Quando sabemos que, para ele, as teleologias direcionais remetem à música histórica, portanto tonal, compreendemos como e por que essas se manifestam nesse exemplo[107], e de que maneira, isto é, com qual profundeza e sutileza essas inserções se encontram absorvidas. Longe das manifestações de superfície, por vezes gritantes, identificadas em *Ein Kinderspiel* ou *Echo-Andante* (cf. figs. 9.1, 9.2, 9.5), a *aura histórica*, aqui, apenas se revela num grau mediato, relativamente afastado da primeira percepção.

Outros Componentes da Sonoridade

Não escapa a ninguém, entretanto, que as intensidades possuem um papel complementar fundamental. Para ficar no mesmo exemplo, imperativo é ponderar a análise que acabei de fazer pela observação da sua incidência. É necessário, especialmente, relevar que o *cluster* do compasso 4, já definido como pertencendo à categoria primária mais

---

[107] Esse recurso poderia constituir uma confissão: de que somente alguns modelos de construção pertencentes ao universo tonal são capazes de imprimir claras dinâmicas formais.

complexa, é marcado, ao mesmo tempo, com a maior intensidade da sequência: *ff*. Esse é um fato que certamente não deixa de influir sobre a teleologia identificada na etapa anterior da análise, a qual ignorava esse componente. A estruturação das intensidades é nitidamente mostrada no espectrograma da figura 9.15, cujo eixo vertical sabemos que representa justamente (porém exclusivamente, o que constitui uma insuficiência) a amplitude. Com efeito, observamos que ela apresenta uma lógica antes cíclica que progressiva, cuja crista se localiza na penúltima posição.

Esse exemplo, tomado do início da obra, convence de que não se pode fazer economia dessa componente[108]. Tarefa cumprida, para a seção em estudo, no gráfico da figura 9.32. A mesma foi realizada de maneira habitual, por meio de ponderações relativas ao maior valor de referência. A síntese é o resultado da média simples das duas listas[109]. De fato, o perfil da sequência inicial é modificado justamente no sentido que acabou de ser discutido: as intensidades pesam rumo a uma recentralização do ponto culminante para a penúltima unidade, aquela que contém o *cluster ff*. Em função desse deslocamento, elas dão ao conjunto uma estrutura de tipo *Klangkadenz*, à qual, na interpretação anterior, parcial, faltava desinência. Em compensação, o contorno da sequência conclusiva não é contradito pela adjunção desse componente, o que subentende uma correlação muito íntima entre ambos, ou, noutras palavras, uma forte convergência que almeja expressar uma dinâmica conclusiva.

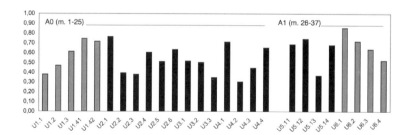

Fig. 9.32: A análise da figura 9.31, com incorporação da análise das intensidades.

[108] De um ponto de vista estatístico, é bastante fácil constatar a predominância de amplitudes elevadas (cf. Tab. 9.3 para uma visualização sintética). É mais do que provável que isso se deva ao fato de que, quando em alto volume, as ressonâncias são melhor postas em vibração e se extinguem menos rapidamente.
[109] Em vez da média, pode-se, alternativamente, efetuar o produto das duas listas, o que resulta na amplificação do poder da intensidade sobre as ponderações originais.

Quanto aos componentes de ordem cinética, considerando que grande quantidade de unidades apenas possuem um número mínimo de fatos sonoros – não raro, até, um único acorde ou *cluster* – resulta óbvio que, mormente, podem apresentar perfis diacrônicos muito simples, quiçá nulos. Nesse universo, as unidades pertencendo à categoria L, com seu afluxo precipitado de notas, se demarcam com nitidez e, devido a esse perfil excepcional, vão adquirir notável peso nas seções das quais constituem a base. Ademais, mencionei, previamente, uma forma particular de tratamento das alturas das estruturas de tipo *acorde*, quando essas são submetidas a uma distribuição programada, periódica ou não, do ataque ou, mais frequentemente, da extinção. Esse é outro fator de geração de energia, que entra em oposição com a emissão normalmente em bloco. Sob esse prisma, a análise do mesmo excerto confirma este perfil geral: pouca variedade na duração relativa das unidades e baixa quantidade de fatos sonoros. Em compensação, o compositor evita, nessa primeira parte, a repetição de esquemas metrorrítmicos de uma unidade à outra, o que traz muita vivacidade ao componente *distribuição diacrônica*, como mostra o gráfico da figura 9.33, no qual ela é representada por histogramas brancos[110].

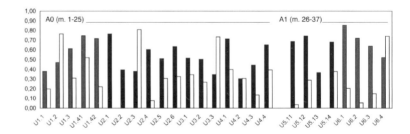

Fig. 9.33: A análise da figura 9.32, com acréscimo da análise da distribuição diacrônica (histogramas brancos).

Essa escrita concorre para a instauração de um tempo fluente, pouco pulsado, privilegiando a percepção do timbre, no que evoca estratégias composicionais antigas, tais quais empregadas no *Echo-*

[110] Na ótica de uma análise integrada, a avaliação da distribuição de sons no tempo levou em conta todos os ataques e todas as interrupções de todos os fatos sonoros, tanto principais quanto ressonantes.

-*Andante* ou *Wiegenmusik*. Não será sempre o caso: a seção D, que começa no compasso 145, por exemplo, se destaca pela regularidade das proporções entre as durações respectivas dos acordes do plano principal e das ressonâncias com extinções programadas, pois, aí, o que se busca é o fenômeno inverso (cf. Fig. 9.34). A ausência de convergência entre as avaliações de ordem morfológica e cinética, como nossos exemplos ilustram, é nada mais nada menos que o resultado esperado de uma abordagem dialética do espaço e do tempo.

Análise Sinótica de *Serynade*

A partir desses conceitos, ferramentas e dados analíticos, torna-se possível ler a macroestrutura da peça e desenhar suas linhas de força. A partitura indica, como balizas, sete grandes seções assinaladas pelas letras A a G. São de tamanho muito variável[111], e algumas podem ser divididas com base nas barras duplas ali disseminadas, em particular na primeira seção, ou nos paratextos de ordem agógica, ou, ainda, nas mudanças globais de certos aspectos da escrita[112]. As subseções, sejam as que constam na partitura ou as que acrescentei, levam um índice numérico sequencial (A0, A1, ... A*n*). A tabela 9.3 mostra o recorte resultante, com indicações genéricas sobre os aspectos que parecem melhor caracterizar cada grande momento.

---

[111] Esse fato constitui um dos signos estilísticos do compositor, que o mesmo esclarece – faço menção a esse aspecto na parte conclusiva deste capítulo.

[112] Existe um erro manifesto de impressão na entrada da seção E, indicada na partitura no alto da p. 25. Parece evidente que ela deveria ter início alguns compassos antes: no mínimo, na barra dupla do c. 242, ou, mais logicamente ainda, na minha opinião, de um ponto de vista formal, no c. 236, para onde, portanto, a desloquei. Por outro lado, decidi antecipar a entrada da seção G, impressa no c. 309 (p. 31), para o c. 292 (p. 30). Dessa maneira, coincide com a introdução do efeito de unha nas cordas, uma "novidade" sonora na obra, que, por si só, gera uma articulação em grande escala. Esta, aliás, se encontra reforçada pela mudança geral de materiais e configurações morfológico-cinéticas. Ademais, dividi-a em duas subseções, G0 e G1, baseando-me em outra mudança a partir do c. 316. Fiz o mesmo para a longa seção D, a cisão, dessa vez, ocorrendo no momento onde aparecem os primeiros *clusters* no plano principal (c. 182).

Seções (comp.)	Características e categorias dominantes do plano principal.	Características e categorias dominantes do plano ressonante.	Regime das intensidades.
A0 (1-25) All capr.	C10 em bloco, pulsações lentas	X11(a)	Elevadas.
A1 (26-37)	*Texturklänge*, C10 e C8, entrosadas em discurso fragmentado, perfis cinéticos caóticos.	X11(a)	Sempre elevadas, menos no início.
A2 (38-47)	L	C10†	Sempre elevadas.
A3 (48-52) Meno mosso	C 10	X11	*Diminuendo.*
A4 (53-82) a tempo	Como A1, porém com todas as categorias.	Filtragens dos acordes do plano principal, depois X.	Contrastadas, porém dentro do esquema $p \to ff \to mp$.
B (83-109) Calmo, mist.	C10, no grave, com uma nota antecipada; depois Si♭.	X11 conclui.	*ppp*, porém ponto final *fff*.
C (110-144) Liberamente, legg.	L, levando ao *martellato* Mi♭ (depois Ré).	X11(a) ; C10†.	Início *p*, com oscilações e contrastes bruscos até o *fff*, que domina no final.
D0 (145-181) a tempo	*Klangfluktuation,Fluktuationsklang.* C10 sobre Ré, estático.	C10 transposto (†) sobre pequenos X.	$ff \to p \to fff$.
D1 (182-235) Streng im Tº…	*Klangtextur, Texturklang.* O estado anterior é contaminado por Z, que invade, progressivamente, todo o espaço.		Polifonia de progressões opostas entre os dois planos; *fff* domina.
E (236-273)	N (notas graves secas com harmônicos).	X11; diafonias com o plano principal .	*p*; algumas N *forte*.
F (274-291)	C8 fornece todos os gestos monódicos de categoria L; expansões de G resultando num ruído de notas repetidas no subgrave.	X11(a)	$p \to ffff$
G0 (292-315) (Saiten)	Interrupção brusca; quase silêncio; N.	X11 e harmônicos provocados pela unha.	*p*
G1 (316-372)	C8†, N; notas e acordes com ressonâncias acrescentadas.	Retração do plano ressonante, porém X11 persiste no fundo.	*fff*

Nível Primário: Um Processo de Substituição em Grande Escala

No que tange às categorias primárias que agem no plano principal, descobre-se, tanto pela leitura da partitura como da tabela 9.3, que C10 constitui o elemento preponderante, quase onipresente, até D1. É, geralmente, apresentado na sua forma "bloco", transposta ao redor do eixo Dó, em versões às vezes defectivas. Pode ser declinado em rápidos arpejos, tal como no início de A2 e A4. Quando desaparece da superfície, encontramo-lo ainda, pontualmente, como acorde ressonante (A2, c. 40 e s.; C1, c. 131). Nas seções A4 e C, C8 ocupa um pouco mais o terreno, mas a escrita se mantém semelhante. A mais notável mutação de C10 se situa na parte B, quando desce simultaneamente rumo ao grave e a uma amplitude muito baixa. Todavia, isso somente acentua a sua onipresença[113]. Esse quase monopólio culmina em D0, onde é repetida, de maneira obsessiva, uma única versão do acorde, sem a menor variação. A figura 9.34 mostra os primeiros compassos dessa seção.

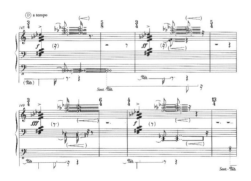

Fig. 9.34: *Serynade*, p. 16, c. 145-152.

A meu ver, essa seção constitui a expressão mais acabada de uma forma baseada em *Fluktuationklang*, a qual Lachenmann, no entanto, já tinha experimentado em *Filter Swing*. Se comparar esse excerto com aquele mostrado na figura 9.5, o leitor verá que essa categoria formal impõe uma flutuação estática do tempo análoga

---

[113] Durante um instante, C8 responde a C10 em ressonância (c. 95-96) (cf. Fig. 9.21, c. 96).

em todos seus aspectos, apesar da diferença dos materiais primários. Depois, a partir do compasso 182 (que marca a subseção D1), C10 é, progressivamente, subjugado pelos *clusters,* que se tornam, aos poucos, a fonte exclusiva de som entre os compassos 196 e 218. O esquema de superposição progressiva de uma categoria sobre a outra, pelo viés de duas progressões de amplitude simultaneamente em sentido inverso, é mostrado na figura 9.35.

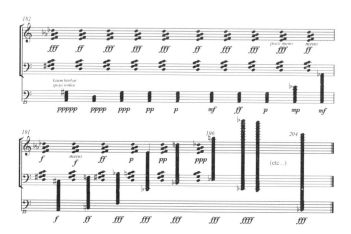

Fig. 9.35: Esquema acrônico da dialética diafônica em jogo entre os c. 182 e 204.

    Radical será o remédio: como se seus recursos estivessem esgotados, não se fará mais menção da categoria C10 até o fim da obra. Ela será substituída, em parte, por C8, que, sobretudo, produzirá lances arpejados, como em F[114], ou tetracordes mais ou menos consonantes em G1; e, em outra parte, por notas isoladas, podendo ser acompanhadas de harmônicos produzidos por diversos meios, inclusive a unha (G0), ou repetidas em tremolos martelados muito violentos (c. 286 e s., cf. Fig. 9.26). Essas notas isoladas se tornam cada vez mais preponderantes, contribuindo para o emagrecimento da textura, sua função sendo levar a uma retração da complexidade sonora global, solução composicional empregada para expressar, organicamente, a conclusão definitiva (Fig. 9.36).

114 Ver dois exemplos na figura 9.20 (c. 281 e 192).

Fig. 9.36: Presença, progressivamente dominante, das notas isoladas na última parte de *Serynade*: c. 296-300, 344-347, 367 ao fim.

Caso se substitua os nomes que dei às diferentes categorias pelas suas ponderações numéricas, de acordo com a tabela 9.1, obtém-se a dinâmica mostrada na figura 9.37. Esse ponto de vista coloca a seção D1 no centro e no ponto culminante, por ser composta, quase exclusivamente, de *clusters*. Todo o material antecedente gira essencialmente em torno de declinações de C10, cuja complexidade estrutural, dentro do restrito catálogo do compositor, é a mais próxima do *cluster*. Após D1 até o fim, tomam a frente as configurações mais simples, induzindo uma lógica de liquidação. Não se poderia ver nesse esquema, desde já, o esboço de uma *Klangkadenz*?

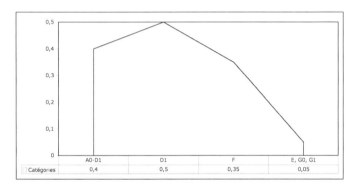

Fig. 9.37: *Serynade*, dinâmica formal em grande escala.

Os Gestos "Melódicos", um Elemento Energético

Num universo onde dominam sonoridades constituídas de acordes em bloco, em volta dos quais cintilam sutis ressonâncias, os momentos que diferem adquirem, destarte, um poder energético significativo. É o fato de serem construídas por meio de gestos que pertencem às categorias L, CL e G, que empurra as seções A1, A4, C e F para o topo do vetor de complexidade (cf. Fig. 9.42), no que imprimem à peça um contorno que, sem elas, seria bastante plano[115]. Vou demonstrar essa asserção pela análise de um desses momentos, no caso, a seção F (p. 27-29). Ela se reveste de singular importância, por se inserir entre os dois períodos mais *vazios* de *Serynade*, se assim posso dizer. Por isso, os estonteantes lances de fusas com as quais satura o espaço e o tempo, a exemplo da amostra na figura 9.38, irrompem como

[115] É suficiente, para tanto, imaginar uma versão da peça que omita essas seções.

fraturas do invólucro. É uma breve seção de 17 compassos, com cerca de um minuto de música apenas, um grão de poeira, portanto, mas que toma a dimensão de um redemoinho de areia... É seccionável em nove unidades, mas não de maneira completamente linear. Duas dessas unidades são conectadas por uma ressonância-pivô (c. 279), enquanto duas outras o são pela manutenção do *Pedal*. O efeito esperado dessas duas *ligas* é, naturalmente, o de atenuar os respectivos pontos de articulação. Mostro, na figura 9.38, a primeira dessas duas articulações em *legato*. São particularidades como essas que justificam a nomenclatura adotada e apresentada na tabela 9.4.

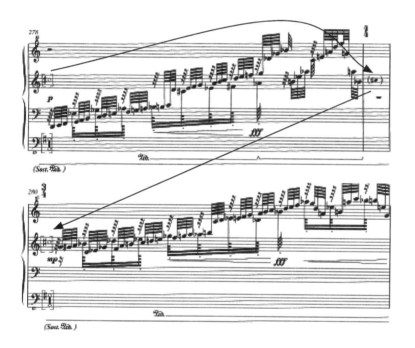

Fig. 9.38: *Serynade*, c. 278-280, mostrando uma articulação "legato" entre duas unidades: acompanha-se a nota-pivô (Dó#) pelas setas.

As unidades que apresentam durações muito diversificadas, todas elas podem ser consideradas como variações de um mesmo estado, o que concede ao conjunto sua homogeneidade, assim posicionando firme esse instante musical no contexto geral. Esse estado é gerado por *Texturklangen* em forma de lances muito cerrados, em direção seja ao agudo, seja ao grave, puxadas a volume muito alto

Tabela 9.4: Algumas características formais da Seção F de *Serynade* (c. 274-291). Obs.: durações expressas em número de fusas. "vet. repart.": vetores de repartição, de (-3) a (3) (v. Anexo).

e varrendo amplas tessituras. Em compensação, o fôlego é curto, pelo menos antes do paroxismo da última página: ofega-se mais do que se respira, o discurso é entrecortado, no que ele contrasta com os momentos em que flui. A textura é homofônica[116] e o diálogo com o plano ressonante, reduzido ao mínimo, tendência que vai se acentuando quanto mais nos dirigimos para o fim da peça. É compreensível, de fato, que, na medida em que tal hiperatividade agita a superfície audível, não sobre senão pouco espaço para o desenvolvimento de uma trama refinada de ressonâncias. Isso explica a estrutura bastante sumária do nível subjacente. Esse se limita à emissão e manutenção de um único *cluster* para cada unidade – sem nenhuma atividade no tempo, quase um *Farbklang* – e prioriza os tipos simples de interação – T, S, AK. O compositor, no entanto, compensa a perda qualitativa por um ganho quantitativo na última parte, prescrevendo a ativação do *Pedal* durante vários compassos, ação que, haja vista o contexto, terá formidáveis consequências.

Essas observações genéricas estão consignadas na tabela 9.4, junto a outras características que considero da mesma importância.

U.	M.	Dur.	Categ.	Tipo	Âmbito	Vet. repart.	Perfil	Int.	Resson.
U1	274-275	46	CL+G	T	Bb4-Ab7	(0 1 2 3)	senoid.	$p{\to}fff$	x11(a)+ C#5
U2	275.4-277.2	52	L+N	TK	F#1-C5	(-3 -2 -1 0)	desc.	ff	x43(f#)
U3	277.3	6	G	S	E5-G7	(0 1 2 3)	desc.	ff	x43(f#)
U4.1	278	40	L	AK	D2-F7	(-2 -1 0 1 2 3)	asc.	$p{\to}fff$	x11(a)+ C#5
U4.2	280-281	62	L+CL	AK	D4-C8	(0 1 2 3)	senoid.	$mp{\to}ffff$	x11(a)+ C#5
U5	282-283.2	52	CL	AK	C4-Ab5	(0 1)	desc.	ff	x11(a)+ C#5
U6	283.3-284	22	CL	AK	B4-C6	(0 1)	asc.	ff	x23(a)
U7.1	285	34	CL	T	A0- Ab4	(-3 -2 -1 0)	desc.	$p{\to}fff$	x11(a)
U7.2	286-291	160	L	S	A0-E5	(-3 -2 -1 0)	asc.	$ffff$	ausente

---

116 Vale reparar, todavia, a presença de dois tetracordes em fusas (c. 277), formando uma célula de tipo G, e algumas tríades perto do final (c. 281 e s.), todos membros da categoria c8.

A estratégia de repartição, aqui traduzida nas colunas "âmbito" e "vetor de repartição", denota a vontade de provocar grandes choques contrastados, fator que entra em oposição radical com o princípio, mais amplamente adotado, de contenção dos cromas num espaço reduzido, preferivelmente mediano e pouco movimentado. Notemos a alternância sistemática entre sonoridades que investem nas metades grave e aguda do piano. Temos até um extraordinário gesto ascendente (c. 278), que varre, dessa vez, a extensão completa. É ele, aliás, que se encontra reproduzido na figura 9.38. Observemos (Fig. 9.39) como as ponderações que correspondem a essas estratégias de ocupação refletem essa escrita muito energética.

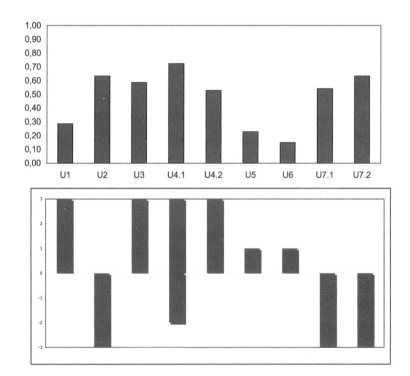

Fig. 9.39: Acima, a evolução dos âmbitos relativos das 7 unidades da seção F; Abaixo, a evolução da ocupação das 7 regiões do piano. O segundo gráfico utiliza os valores externos da coluna "vetores de repartição" da tabela 9.4.

O princípio de oposição adjacente se repete nos perfis dos gestos melódicos (coluna "perfis"). As intensidades, em compensação, se mantêm no *status quo* da peça: *fortissimo*, para não dizer *fortississimo*...

Uma vez sintetizadas, essas configurações produzem a curva estrutural representada na figura 9.40, pela qual se desvenda um duplo processo de acumulação de atividades, que gera um aumento da complexidade, cujos picos se situam à altura das unidades U4.2 e U7.2. Para obter esse último pico, o compositor põe em vibração toda a energia espectral do instrumento, a partir das suas notas mais graves, tocadas em tremolos e no mais alto volume possível, com *Pedal* acionado. Podemos nos reportar à figura 9.26 (sistema inferior), para observar os meios composicionais utilizados para realizar uma tal saturação sonora, que não terá equivalente no resto da obra.

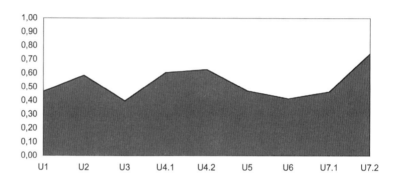

Fig. 9.40: Síntese da dinâmica formal da seção F.

Um Exemplo da Articulação dos Objetos Ressonantes

O material utilizado para produzir as ressonâncias consiste, na sua grande maioria, em apresentações variadas do *cluster* X11(a), cujas propriedades favoráveis foram enfatizadas no início desta discussão. A análise de F confirma isso. As seções A2 e D0 se diferenciam por ser, ao contrário, preferivelmente compostas de ressonâncias formadas a partir de declinações defectivas de C10. Essa exceção é um dos fatores essenciais da singularidade de D0. No entanto, não devemos nos contentar com essas generalidades, para deduzir que o plano ressonante não passa de um elemento decorativo, sem ação sobre a forma. Ainda que sua importância diminua em determinados contextos, a exemplo, justamente, de F, ou ainda do final, como se verá adiante, não deixa de ser fato certo que o compositor deslocou maciçamente para esse plano grande parte da dinâmica acrônica, que faz falta às sonoridades principais. Em outros termos, a constatação, já feita, do relativo estatismo das morfologias, em todas as seções ou unidades que não recorrem aos desenhos de perfil acidentado das categorias L, CL e G, deve ser contrabalanceada por uma observação atenta da articulação das ressonâncias naqueles momentos. Descobrir-se-á um jogo de oposições de âmbitos, de registros, de configurações verticais, por certo sutil, pois que está situado em *background*, no qual se concentra, porém, em verdade, o essencial da dinâmica sonora dessas tais passagens. Para sustentar essas assertivas, vou tomar como exemplo a seção B, *calmo, quasi misterioso*, caracterizada por uma superfície *pianissimo* baseada na repetição, pouco variada, de uma transposição grave de C10. A figura 9.41 põe em paralelo os dois planos em notação acrônica[117]. Acompanham dois gráficos, que representam, respectivamente, a evolução dos âmbitos e das densidades relativas para os dois planos, independentemente.

---

117 Cada plano possui seu próprio sistema de pentagramas, o que pretende tornar a leitura e a análise dissociada dos planos mais fácil que na partitura publicada. Foram omitidos, por um lado, os cinco primeiros compassos, onde apenas o plano principal é ativado pela repetição estática do acorde principal, assim como, por outro lado, os sete últimos, quando é introduzida a nota isolada Si♭. Foram igualmente retiradas as intensidades, que oscilam entre *ppp* e *p*, e as indicações de pedal. Porém, os objetos ressonantes que o pedal *sostenuto* prolonga, são repetidos onde necessário. As notas conectadas por hastes representam *clusters* cromáticos.

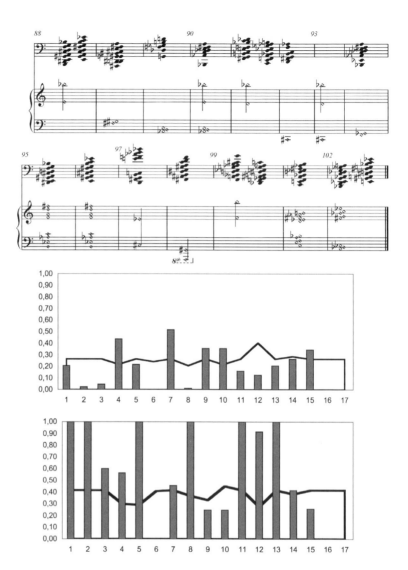

Fig. 9.41: Acima: *Serynade*, c. 88-102, em notação acrônica e bidimensional (plano principal no pentagrama superior, plano ressonante no sistema inferior). Abaixo: gráficos representando, respectivamente, a evolução dos âmbitos e das densidades relativas (linhas remetem ao plano principal, histogramas, ao ressonante).

A imagem me parece autodemonstrativa. Com exceção da escapada para o agudo no compasso 97, os acordes, que se concentram no mesmo espaço acrônico, possuem, praticamente, a mesma densidade de sons e estruturas intervalares muito próximas. No oposto, a sequência das ressonâncias exibe marcados contrastes adjacentes, exatamente nessas mesmas dimensões, apostando, em particular, num amplo leque de tessituras e densidades. Esse exemplo mostra, claramente, como se exerce uma dialética baseada no "conflito de tensões binárias entre formas diferentes de fenômenos acústicos" que David Lesser já entrevê em *Wiegenmusik*[118]. Ele ilustra, outrossim, a singularidade dessa obra-prima d'*ars subtilior*: os objetos que ocupam a frente da cena, de alguma forma, apenas fornecem pretextos para um jogo delicado de variações timbrais situadas num segundo plano acústico, sobre o qual repousa, em suma, o essencial da cinética musical.

Uma Klangkadenz *Construída*
sobre Oposições Binárias Adjacentes

Vimos como as ferramentas adotadas permitem relacionar as unidades sonoras de modo a tornar possível uma leitura das estratégias formais empregadas. Irei ampliar o procedimento ao conjunto da macroestrutura, dessa vez ponderando, não as unidades uma por uma, mas sim, de maneira bem mais genérica, cada uma das grandes seções da obra. Essa ponderação será feita com base em dois critérios morfológicos, quais sejam: de um lado, a categoria dominante no plano principal e a intensidade dominante, e por outro lado, no que tange à cinética, suas durações proporcionais[119]. Essas ponderações são postas no gráfico da figura 9.42[120].

---

118 Dialectic and Form in the Musif of Helmut Lachenmann, *Contemporary Music Review*, v. 23, n. 3/4, p. 111.

119 Essas são contabilizadas em número de compassos, tomando a última seção (G1, 56 compassos) como referencial para a fatorização.

120 A seção A3, que contém apenas 5 compassos, foi omitida. Espécie de eco de A0, ela funciona, ao mesmo, tempo como *fechamento* e *transição* entre os dois pares de seções adjacentes.

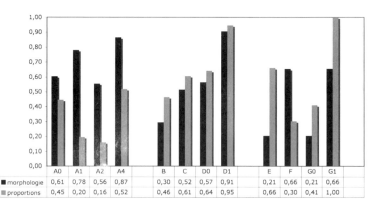

Fig. 9.42: Macroestrutura de *Serynade* avaliada a partir de uma seleção de componentes.

O que diz esse gráfico? Que a forma se articula em três grandes fases, as quais obedecem a similar lógica: a da alternância entre momentos de baixa atividade relativa, com contornos simples e momentos de alta atividade, comportando complexas morfologias. Assim, A0, uma seção antes estática, pois que é fundada, essencialmente, numa sequência de acordes de tipo C10, desemboca em A1, cujo discurso, muito fragmentado e acidentado nas suas configurações diacrônicas, faz uso das duas categorias de acordes apresentados em múltiplas declinações. Anteriormente, abordei o mesmo binômio para mostrar como o compositor enquadra essa seção por grupos de sonoridades organizadas de acordo com determinada teleologia, assim conferindo, concretamente e sem ambiguidade, um sentido de abertura e de fechamento[121]. Uma oposição paralela se reproduz entre A2, constituída, na maioria, de gestos melódicos em fluxo contínuo de tipo L, que leva, *via* a curta transição "harmônica" A3, à seção A4. Esta, com efeito, é construída segundo o mesmo princípio "caótico" de A1, porém tornado bem mais complexo pelo acúmulo, em "desordem", de todas as categorias primárias. Na primeira parte, as interações entre os dois planos são complexas, o compositor utilizando a totalidade dos tipos de estruturas que inventariei. Por consequência, esses dois pares formam uma arquitetura de tipo ABCB', indo no sentido de uma complexificação final da textura musical.

[121] Ver figuras 9.30 e 9.31.

A parte central mantém o princípio de oposição adjacente por pares – B *versus* C, seguido de DO *versus* D1. Mesmo assim, o conjunto se insere numa dinâmica teleológica mais global. Com efeito, DO, ainda que morfologicamente muito diferente de C, não apresenta diminuição de atividade. Ela apenas se desloca da superfície, em que se movimentavam os gestos velozes de C, para o plano ressonante, onde se refletem, em complexas reverberações, as repetições obsessivas do acorde C10 sobre Ré, aliás, características de D como um todo. Esse *Fluktuationsklang*, que privilegia, por definição, a imobilidade, encarna a exata antítese da seção seguinte, D1; Pois essa é um *Texturklang*, no qual a tensão atinge seu cume durante a longa sequência de *clusters* ensurdecedores que, conforme mostrei sinteticamente na figura 9.35, acabam por invadir a totalidade do espaço sonoro em detrimento do acorde. Estamos, definitivamente, no bojo do ápex formal de *Serynade*. Esse clímax é, porém, "dialético", pois ele é primeiramente representado pelo estatismo de DO com seu único acorde de Ré e suas cambiantes e ricas ressonâncias. A isso se opõe, em seguida, a brutalidade de uma série de *clusters*, com baixos sempre movediços, mas, por definição, de qualidade harmônica nula. Ao contrário, destacam-se pelo seu aspecto ruidoso, frequentemente aguçado pelo efeito complementar percussivo do *Pedal*. Ademais, essa saturação se encontra dramaticamente isolada do que se segue pelos notáveis compassos de *Pedal* "solo" (c. 228-235, cf. Fig. 9.29), sobre os quais essa fase se encerra. Por outro lado, não poderia ser mais radical a oposição ao clima de abertura proposto pela seção B, único momento da peça ambientado em baixo volume. Essa configuração confere à parte central, como um todo, o aspecto de uma progressão, do mais simples ao complexo, do (quase) silêncio ao (quase) ruído[122].

A última fase da peça pode ser vista como uma espécie de réplica da primeira. Com efeito, E e G0, momentos calmos, compostos essencialmente de notas isoladas com harmônicos, opõem-se aos seus pares adjacentes F e G1. O acorde C8, no qual esses pares são baseados,

---

122 A essa teleologia, o compositor junta um princípio de aumento gradual das durações proporcionais, segundo o qual a seção com mais "ruído", D1, possui praticamente o dobro de compassos que a seção inicial B, *Calmo misterioso*.

se desdobra, em F, em fulgurantes lances monódicos, tratados de modo a provocar um paroxismo sonoro em fim de seção (c. 286 e s., já evocado supra), para, em seguida, encontrarem-se cindidos em tetracordes, em G1. Aí obtemos uma forma de tipo ABA'B', que responde à estrutura ABCB' pela qual foi definido o início. No entanto, a julgar pelas ponderações morfológicas obtidas, estritamente idênticas por pares de seções (cf. Fig. 9.42), essa última fase parece antes visar à estabilidade das relações do que a uma progressão dinâmica, como foi o caso na primeira parte[123]. Nesse sentido, poder-se-ia sugerir que uma e outra fases assumem, respectivamente, um papel em algo análogo à função que têm as seções limítrofes nas formas dialéticas clássicas: introdução de tensão na primeira e dissolução na segunda[124]. A simetria se observa, semelhantemente, nas proporções de durações entre as seções (Longa-Breve-Breve-Longa em ambos os casos). Mas nem por isso a última fase deixa de se colocar em estado de contraste geral em relação às demais, no tocante à sua fatura interna. Com efeito, ela comporta as duas seções E e G0, que apresentam a particularidade de possuir as mais baixas ponderações morfológicas da peça. Esse fato se deve a seu conteúdo, feito de longas notas sustentadas, organizadas em lentas sequências monódicas entrelaçadas, no seio das quais, em E, o princípio de segmentação em pequenas unidades bidimensionais, que funciona no resto da composição, torna-se excepcionalmente inaplicável. Assim, *na sua totalidade* (c. 236-273), E configura uma única *Klangtextur* não seccionável. Todos os seus elementos sucessivos são inextricavelmente atrelados uns aos outros por sofisticada polifonia de notas ou acordes ressonantes. Essa trama de ressonâncias não deixa, absolutamente, nenhuma "brecha", nenhuma respiração. O início de E é mostrado na figura 9.43. Parece estarmos, aqui, no cerne da língua que essa obra fala: um rigoroso contraponto entre duas vozes situadas em planos

---

123 O leitor pode verificar a identidade que as ponderações evidenciam, pela observação *in loco* das categorias dominantes e a análise estatística das intensidades.

124 Aliás, é justamente em E e F que Hodges encontra uma "diminuição beethoveniana" de B e C, ponto de vista ao qual já aludi na primeira parte deste capítulo, e que corrobora, de alguma forma, as minhas avaliações. Cf. N. Hodges, Expressivity and Critique in Lachenmann's *Serynade*, op. cit., p. 84.

acústicos distintos, uma extrapolação da velha *Klangfarbenmelodie* em dois níveis de percepção, que celebram a completa absorção, pela escrita, do que, no ponto de vista instrumental, apenas constituía, historicamente, um recurso decorativo.

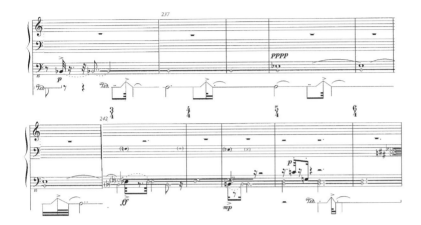

Fig. 9.43: *Serynade*, c. 236-246.

Sabemos que Lachenmann domina essa linguagem desde muito, mas é sempre interessante desvendar seu modo concreto de funcionamento. No sexto *Kinderspiel*, a voz devotada à mão esquerda já experimenta uma estrutura contínua, semelhante, em muitos pontos, àquela que articula E. Um excerto é reproduzido na figura 9.44, que se poderá comparar com o da figura anterior.

Fig. 9.44: *Ein Kinderspiel*, n. 6 (p. 18), c. 1-11, mão esquerda.

Por outro lado, é em G0, e somente aí, que o compositor insere os efeitos de harmônicos provocados pela unha posta sobre algumas cordas. Essa informação sonora, totalmente nova, surge praticamente *in extremis*, circunstância nada fortuita, como mostrarei adiante. Em compensação, aqui, as unidades são antes justapostas que entrelaçadas, como o eram em E; a segmentação tipológica habitual volta, portanto, a ser adequada, como o confirma a figura 9.45.

Fig. 9.45: *Serynade*, c. 305-315.

A seção G1 tampouco deixa por menos, no quesito diferença, visto que alberga uma forma de construção de ressonâncias que Lachenmann não tinha explorado ainda – tendo sido preparada apenas discretamente, no final de F (c. 311-313). Com efeito, especificamente a partir do compasso 316, o compositor passa a configurar os sons do plano principal em dois patamares de amplitude, técnica que já mencionei no parágrafo sobre os "acordes" (v. acima). A bela sequência de acordes que introduz G1 (cf. Fig. 9.27c) constitui a melhor ilustração dessa escrita diafônica, que, doravante, passa a tornar-se constante em todos os grupos simultâneos de notas, desde a simples díade aos pentacordes formados a partir de C8. Fora a hipótese de uma discreta referência a Messiaen, o mais interessante é que essas construções cumprem um papel decisivo sobre a forma em grande escala; pois elas intervêm no momento em que se faz necessário encontrar uma solução técnica que gere uma dinâmica de conclusão. Como essas têm a capacidade de produzir suas próprias ressonâncias apenas pelo manejo das intensidades relativas, assim obliteram a necessidade do diálogo com o plano ressonante, que constituía uma característica essencial do discurso musical, tendo atingido, conforme acabamos de ver, uma espécie de equilíbrio perfeito em E. De fato, a partir do momento em que essas harmonias entram em cena, essa dimensão da sonoridade se atenua. Persiste ainda um pouco, é verdade, ainda que bastante atenuada e estática, como fundo sonoro, por conta da simples manutenção do *cluster* X11(a). Esse momento marca o início de uma política de eliminação progressiva das forças dialéticas que Lachenmann havia ativado, da qual participa, também, a estratégia de redução das texturas.

Por todas essas singularidades, podemos reconsiderar a tripartição proposta até o momento e explicitada na figura 9.42, para, antes, pensar a forma de *Serynade* em dois grandes movimentos direcionais articulados em volta do ponto culminante central, que corresponde à seção de *clusters* D1. As duas "vertentes" desse "pico" se distinguem, então, globalmente, por suas características morfológicas. A fase "ascendente" ostenta texturas mais "verticais" e mais fragmentadas, baseadas em sonoridades curtas, do que o retorno "descendente", composto, por sua vez, de estruturas mais "horizontais", menos fragmentáveis, portanto, mais fluentes. As modalidades de produção das ressonâncias e de interação entre os dois planos são dois outros fatores essenciais de oposição, posto que, de um lado, o compositor reserva em exclusividade algumas técnicas de produção de ressonâncias para a parte conclusiva, e, de outro, praticamente elimina o plano ressonante durante os últimos momentos da obra.

Essa análise validaria uma interpretação, segundo a qual as "vertentes" do ponto culminante, respectivamente anterior – agrupando A, B e C – e posterior – agrupando E, F e G – funcionariam como *arsis* e *katalexis* de uma dupla *antithesis-thesis* central, constituída das seções do grupo D. Nisso, *Serynade* se torna nada mais nada menos que uma grande *Klangkadenz*. Essa leitura incorpora todos os níveis da composição num único conceito formal, da menor unidade bidimensional à macroforma. Ela é representada na figura 9.46.

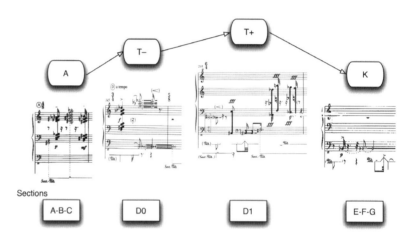

Fig. 9.46: Gráfico sintetizando a forma em grande escala de *Serynade*.

"A Música em Busca da não Música"

Para explicar a lógica formal em grande escala do "Quatuor *Reigen seliger Geister*", Lachenmann apela para o conceito de "supersequência" (*Super-Sequenz*), que serviria de veículo ao processso contínuo de transformação operante nessa peça. "Ele funciona como uma *ponte* entre as estruturas em *flautato* da abertura e os campos de *pizzicato* que engolem tudo no final"[125]. Tal visão da forma *em contínuo* não parece, *a priori*, se acomodar a uma evolução baseada em rupturas de configurações de superfície, que constituem o aspecto mais evidente da dinâmica de *Serynade*. No entanto, quando se observa o esquema formal de síntese que acabei de estabelecer na figura 9.46, constata-se a presença de um processo evolutivo em grande escala. Ele parte dos acordes do início para chegar às notas isoladas do final, passando por diversas configurações intermediárias – mais ou menos verticais ou horizontais, mais ou menos fragmentadas, mais ou menos ressonantes (cf. Tab. 9.3) – que culminam, no centro, com a série de *clusters*. O paralelo com o quarteto faz, então, muito mais sentido; tanto que Lachenmann acrescenta que, neste, a *Super-Sequenz* é centralizada em torno de um "núcleo" possuindo "um 'Polo Norte magnético' [...] seguido de um Polo 'geográfico' contrastante, [esse] baseado num acorde de sexta de Sol Maior"[126]. É bastante plausível identificar esses mesmos dois polos antagônicos nas seções DO e D1 do nosso esquema de *Serynade*, posto que o primeiro, uma *Klangfluktuation*, põe-se como *antithesis*, e o segundo, como *thesis*.

Outra perspectiva que o compositor propõe consiste em conceber a forma em grande escala como um *arpeggio* mais ou menos amplo, no qual cada uma das entradas sucessivas, seccionáveis e distribuíveis segundo uma "rede temporal" geralmente irregular, evitando periodicidade, constitui uma fonte sonora homogênea colhida num campo espectral global (*Gesamtfeld*)[127].

Essa perspectiva vem esclarecer as razões pelas quais as seções de *Serynade* são tão desproporcionais nas suas durações respectivas, e, também, porque são baseadas num princípio de contraste de configurações e qualidades sintetizadas na tabela 9.3. Porém, e sobretudo, ela se torna interessante por formalizar, numa expressão

---

125 H. Lachenmann, On my Second String Quartet..., *Contemporary Music Review*, v. 23, n. 3/4, p. 65.

126 Idem, ibidem.

127 Idem, ibidem. Sobre o conceito de *arpejo de elementos*, M. Kaltenecker, *Avec Helmut Lachenmann*, p. 155. Sobre a "rede temporal", idem, p. 137 (já evocado acima a propósito de *Echo-Andante*). Por "seccionável", quero dizer que Lachenmann entende essas entradas como geradoras de articulação, de corte na superfície, como é o caso em *Serynade*. No seu texto, aliás, ele utiliza a metáfora pianística "sem *Pedal*" para qualificar essa descontinuidade sonora no tempo.

simples, o conceito de obra musical como *som*, que Stockhausen já tinha formulado de uma maneira que estimo menos clara, e que constitui, igualmente, o fundamento da música de Crumb. Ao falar de *arpejo*, Lachenmann alude a um *filtro* sequencial que age sobre uma totalidade espectral, a qual representaria o estado sonoro *hors--temps*, atemporal. A velocidade e a periodicidade em que são liberados os sucessivos *formantes* criam a macroestrutura: "a matéria, sua disposição, será vasculhada e sucessivamente iluminada pelo arpejo"[128]. Mais adiante, ele exprime esse conceito central de maneira mais poética, ainda que talvez menos límpida: "O tempo dinâmico da travessia [de uma paisagem] é diferente do tempo atemporal ["*timeless time*"], estático, da paisagem atravessada em si. Esses dois tempos se interpenetram: música em busca da não música"[129]. Meu desejo seria que essa demorada, mas ainda bem superficial, incursão em *Serynade* nos aproxime, o leitor e eu, desse pensamento singular do sonoro que se impõe, no limiar do século XXI, como um dos mais acabados.

---

128 M. Kaltenecker, *Avec Helmut Lachenmann*, p. 157.

129 H. Lachenmann, On my Second String Quartet…, op. cit.,p. 77.

X.
Conclusão: A Herança Debussista na Música para Piano do Século xx

A interação dialética entre *estados sonoros* e os processos que geram a sua disposição cinética constitui um dos fundamentos do pensamento de Lachenmann, ao tempo em que parece concentrar o essencial da problemática que ocupou todos os compositores que abordei. Com efeito, em todos eles, a questão é menos o som em si como objeto da obra, como *Klangzustand*, do que a sua articulação prática nas estruturas musicais e a sua utilização como elemento gerador de forma, quiçá de sintaxe. Esse ponto de vista também orienta o método de análise que apliquei.

As *Klangstrukturen* que evidenciei na obra para piano de Lachenmann operam, seja sobre dicotomias primárias (relacionando, por exemplo, *clusters* com acordes perfeitos) seja, de maneira mais complexa, sobre contrastes acústicos, por meio de um jogo de conflitos entre planos sonoros expressamente *concretos*. Seguramente, esses dois níveis de escrita não são exclusivos. Ademais, eles podem se encontrar confrontados a outros, tal como aquele instaurado pela organização, contraditória ou não, das amplitudes ou das densidades. Eu tenderia a defender que o conjunto desses procedimentos constitui uma elaboração do projeto debussista na plenitude do seu potencial e das suas consequências. Com efeito, o compositor alemão remata o processo que consiste em incluir o *som* e a *nota* no bojo de um sistema, no qual suas respectivas propriedades, ao tempo em que são reconhecidas como definitivamente irredutíveis, tornam--se elementos concomitantes da estruturação, servindo, juntos, de alavanca para a dinâmica formal. A maravilhosa definição de Martin Kaltenecker, segundo a qual a música de Lachenmann é "uma descida no som como pura quantidade", ratifica o desaparecimento da sonoridade como qualidade extrínseca[1].

Isso permite que Lachenmann consiga também assimilar o passado por meio de alguns dos seus mais conotados artifícios (escalas e arpejos, acordes perfeitos, fórmulas cadenciais, gestos pianísticos do período romântico…), num universo onde eles não podem mais ser percebidos como objetos referenciais colados ou citados, como o são na obra de Crumb, de cuja estética passam a constituir um elemento característico. Todavia, é nesse sentido que o compositor alemão se distingue absolutamente de Debussy: quando este busca, a todo custo, eliminar a História, essencialmente representada pela dialética tonal de tipo beethoveniano, Lachenmann a reintroduz, para confrontá-la ao presente. Quanto a Boulez, Stockhausen e Berio, eles elaboraram sistemas visando à redução desse conflito, sujeitando o conjunto das dimensões da composição a uma lógica cuja intenção é aplainá-lo. Na sua trajetória, eles precisaram passar pela abstração serial, cujo projeto, de alguma forma, visa também a um domínio crescente sobre o som. Esse poder, no entanto, exerce-se apenas indiretamente, em segunda instância, como resultante de uma combinatória primária. Esse processo não é isento de efeitos colaterais, os quais podem, em determinadas circunstâncias, reduzi-lo em vez de ampliá-lo. Vimos, na ocasião das análises da *Troisième Sonate* de Boulez e da *Klavierstück 11* de Stockhausen, como o *parti-pris* do controle paramétrico total chega à impossibilidade de compor com algumas dimensões secundárias importantes (em particular, com as

---

1 *Avec Helmut Lachenmann*, p. 297.

densidades e as características de distribuição no âmbito da tessitura instrumental).

Na história da música, o século XX foi o primeiro a se debruçar, com obstinação, sobre esse tema, fazendo da incorporação da sonoridade à linguagem uma questão crucial. Superando algumas ilusões, conseguiu trazer respostas e soluções técnicas à altura – as obras evocadas neste livro constituem uma amostra pequena, porém probatória –, renovando os conceitos de escrita, forma, escuta, análise e estética. É bastante provável que isso seja uma das principais características que permanecerão no futuro. Nessa grande vertente da criação, Messiaen ocupa um lugar central, na medida em que, enquanto prolonga o ideal debussista, promove uma integração mais ativa, mais intrínseca, dos sistemas de articulação dos cromas. Com ele, os níveis primário e secundário quase sempre dialogam, permutando ou associando, segundo as circunstâncias, suas responsabilidades estruturantes, enquanto em Debussy, a situação mais frequente é quando o essencial da energia, não sendo a totalidade, se concentra no nível secundário.

György Ligeti, com seu notório ciclo de *Études*, parece ser a grande figura ausente dessa discussão. A razão da sua omissão aqui é, em suma, bastante óbvia. Ela se deve ao fato de que o compositor de *Atmosphères* – obra que constitui um arquétipo incontestável para quem pretende tratar da sonoridade na música contemporânea – aborda o piano, de maneira regular e consistente, numa época tardia da sua produção[2], quando ele vai antes priorizar o ritmo, a polimetria e a melodia, o toque e o prazer táctil de tocar, do que o timbre em si[3]. No entanto, é certo que nossa visão da evolução desse eixo da

---

2 As três peças para piano *Monument, Selbstportrait* e *Bewegnung*, de 1976, marcam o início desse período.

3 Os *Études pour piano*, escritos entre 1985 e 1994, significam, para Ligeti, "escrever uma música proveniente da posição dos dedos nas teclas. A ideia primeira foi a felicidade, totalmente sensual, de tocar". Ademais, eles se caracterizam, como bem o sintetiza Pierre Michel, por "seu movimento contínuo, perpétuo", o que torna pouco apropriada uma abordagem analítica que encontra seu fundamento na comparação de unidades sonoras distintas, sendo baseada na avaliação das suas diferenças qualitativas. . Michel, *György Ligeti*, p. 126 e s. Esse autor dá numerosas referências bibliográficas relativas aos *Études*.

criação musical ao longo do século teria sido consideravelmente enriquecida se tivesse sido possível abarcar o exame de obras pianísticas de compositores tão diferentes, porém fundamentais nesse campo, quanto Bussotti, Rihm, Feldman ou Takemitsu, para citar apenas os mais proeminentes.

Deduzir que as análises propostas neste livro evidenciam a herança debussista em *todos* esses artistas constitui, em certo sentido, um abuso de linguagem. Isso poderia enviezar a perspectiva histórica, jogando para cima do compositor francês um fardo que, na verdade, ele não foi o único a carregar. Ao mesmo tempo, pode dar a impressão de não se avaliar a correta medida da responsabilidade dos demais criadores nesse campo, a qual é imensa. No entanto, não deixa de ser incontestável o fato de que, a cada vez que neles se identifica elementos de linguagem, estratégias e soluções técnicas que articulam o que eu defini por *sonoridade,* esses elementos, essas estratégias e essas soluções se encontram, em germe, em Debussy. Isso é mormente flagrante na categoria de obras que elencamos, aquelas escritas para piano, instrumento que, desde a sua invenção, cumpre um papel primordial na história da evolução das estéticas e técnicas composicionais.

Os problemas levantados por Debussy, as respostas que ele deu, que esboçou ou que apenas vislumbrou, atravessam o século, permanecendo no epicentro dos desafios de uma composição com o som. A concepção que disso decorre, devo lembrar aqui, passa pelo estabelecimento de sistemas que implicam numa prévia integração dos recursos instrumentais à linguagem, e, por conseguinte, à escrita. A estruturação pela sonoridade se realiza por meio de um grande número de procedimentos, dos quais este livro apenas elucidou uma modesta fração. Esses procedimentos geram uma superfície mais ou menos acidentada, que responde à expressão de uma *kinesis*. Em grande quantidade de casos, ilustrados especialmente aqui em Debussy, Messiaen e Crumb, essa dinâmica se encontra corretamente expressa pelo meu conceito de *sintagma*, conjugado binário de unidades sonoras que mantêm alguns tipos de relações funcionais avaliadas num vetor entre complementaridade e oposição. No entanto, a análise da superfície, que, no essencial, extrai "*momentos*" funcionando à base de relações qualitativas adjacentes, não é necessariamente suficiente, pois que os compositores, frequentemente, tentam integrar esse material aos seus sistemas formais da maneira mais profunda possível. Sendo assim, a forma pode ser igualmente gerada por meio do estabelecimento de relações sonoras mediatas. *Klavierstück 11* constitui um excelente exemplo, visto que Stockhausen, ao renunciar ao controle absoluto do desenrolar cinético da superfície, deixando-a ao arbítrio do intérprete, concentra a lógica estrutural da peça num conceito morfológico: suas unidades sonoras podem ser consideradas como declinações diacrônicas de um número restrito de matrizes espectrais acrônicas aparentadas. Sem renunciar ao controle do tempo, Boulez, Crumb e Lachenmann, nas obras abordadas neste livro, estabelecem, também, sistemas por meio dos quais alguns conjuntos de unidades agem em níveis mais ou menos profundos da estrutura. Aponto, em particular, para a noção de filtro temporal em Lachenmann e a presença de invariantes sonoros em Crumb, os quais operam, eficientemente, sobre a memória a médio e longo prazo. Por outro lado, observamos, simultaneamente, que a forma pode nascer do tipo de sinergia instaurada entre as lógicas dinâmicas próprias a cada um dos componentes postos em ação, como se fosse um estrato adicional a se insinuar nos sistemas de nível superior que articulam as situações globais: sinergias lineares ou contraditórias, mais ou menos rigorosas, ou energias cinéticas independentes. Poderíamos lembrar, a propósito, as correlações observadas em várias oportunidades, resultantes de procedimentos desenvolvidos pelos compositores no intuito de gerar uma forma complexa por meio de comportamentos estatísticos não necessariamente convergentes. As estratégias elaboradas por Berio e Lachenmann, exemplificadas neste livro pela *Sequenza IV*, do primeiro, e *Serynade*, do segundo, estão dentre os exemplos mais sofisticados. A análise permitiu constatar quanto pode ser estruturante, por exemplo, um trabalho coordenado sobre as intensidades ou densidades, dimensões fundamentais nessa perspectiva.

Não viria à mente de ninguém, quanto menos à minha, defender que essas relações interdimensionais, essas correlações, essas tendências teleológicas, são sempre integralmente planejadas pelos compositores. No entanto, não se pode deixar de constatar que a maioria cuidou de elaborar um aparato teórico que explicitasse não somente sua vontade de domar, e depois de sistematizar, essas dimensões, que tradicionalmente eram tidas por rebeldes à abstração, mas, ainda, de abordar as obras históricas – entre as quais as de Debussy sempre despertaram interesse – por meios que buscassem definir uma ontologia da sonoridade. Todavia, é mister dizer que a análise, nesse domínio, é, mais que nunca, um exercício de investigação criativo, uma "construção"[4]. É nesse espírito que, para concluir, deixo o leitor meditar sobre esta sugestão de Kofi Agawu: "Talvez, algumas análises fossem melhor avaliadas, se as julgássemos como julgamos uma execução musical"[5].

4 J.-J. Nattiez, O Desconforto da Musicologia, *Per Musi*, n. 11, p. 10. Original francês em *La Musique, la recherche et la vie*.

5 Analyse musicale et herméneutique de la musique, em M Grabócz (dir), *Sens et signification en musique*, p. 101.

As únicas entidades susceptíveis de serem reidentificadas
e nomeadas eram as funções de onda, e, por seu intermédio,
os vetores de estado – donde a possibilidade analógica
de dar, outra vez, um sentido à fraternidade, à simpatia e ao amor.

(Michel Houellebecq,
Les Particules élémentaires)

Anexo
Descrição dos Componentes da Sonoridade

Este anexo contém uma descrição dos componentes da sonoridade utilizados neste livro. As informações sobre as fórmulas matemáticas e os algoritmos que produzem as ponderações (ou índices) observáveis nas análises e seus gráficos ilustrativos são reduzidos ao mínimo. Para mais detalhes, o leitor pode se referir, seja aos anexos da tese *Une Étude "pour les Sonorités Opposées"*, seja à documentação da biblioteca informática *Soal*[1].

O Componente Q para o Piano

Q é o componente de nível primário encarregado de integrar, no processo analítico, as dimensões que se associam aos cromas para transformá-los em sonoridades concretas. Ele é próprio de cada instrumento ou grupo instrumental, pois modeliza os aspectos do seu comportamento acústico codificados pelo compositor. O processo

---

1 D. Guigue, *Sonic Object Analysis Library. OpenMusic Tools For Analyzing Musical Objects Structure*. Disponível também online ou para download em: <www.cchla.ufpb.br/mus3>.

de modelização desse comportamento para o piano, suas premissas e as fontes consultadas são expostos em detalhe em *Une Étude...*[2] Aqui serão lembrados somente de maneira muito sucinta.

No piano, a variação da qualidade sonora de um croma em função da sua altura absoluta é modelizada a partir de um princípio de decrescimento não linear da complexidade do timbre do instrumento, proporcional à altura da frequência fundamental. De acordo com esse princípio, sendo Lá 0, a primeira nota do piano, a mais complexa nessa dimensão, ela recebe, por definição, o peso máximo (1.00), a partir do qual as alturas absolutas remanescentes são calibradas. Esse modelo é representado graficamente na figura x.1.

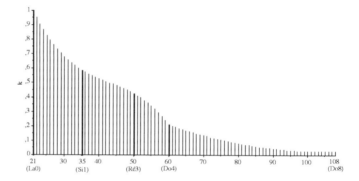

Fig. x.1: Modelização da relação entre as alturas absolutas (em abscissas, expressas em valores MIDI e em notas) e sua complexidade tímbrica relativa (em ordenadas, numa escala de [0.00] a [1.00]).

Essa permanência causal é modulada, por um lado, pela velocidade de ataque do martelo, que funciona como a "correia de transmissão mecânica" da indicação simbólica de intensidade constante na partitura, e, por outro lado, pela adjunção eventual de efeitos de pedal ou outros agentes exógenos de alteração global do som[3]. Esses dois moduladores afetam o peso inicial atribuído a cada altura absoluta, para mais ou para menos. A velocidade é modelizada por uma equação que age sobre esse peso em função da indicação de

---

[2] Cf. p. 96-259 e 467-468

[3] Além de todo tipo de preparação acústica do piano, é também nesse nível que são incorporadas, caso pertinentes, as modificações do som trazidas pelo acréscimo de periféricos eletrônicos e/ou digitais. No entanto, devido ao repertório analisado neste livro, foram modelizados somente os efeitos dos dois pedais tradicionais (*Ped.* e *Una Corda*).

intensidade; no entanto, a equação não é linear, dada a necessidade de a mesma simular as diferenças de respostas do instrumento à velocidade, em função do registro.

Naturalmente, cada unidade sonora receberá tantos pesos quantas notas ela possui. A síntese, todavia, não é calculada por simples soma seguida de média, mas sim por outra equação, cujo objetivo é reforçar o peso das alturas absolutas que possuem, individualmente, a maior intensidade em detrimento das demais, assim simulando o que se chama em acústica de *efeito de máscara*. A esse resultado, se aplica, finalmente, um multiplicador que simula, empiricamente, o efeito dos dois pedais tradicionais do piano. Esse multiplicador se desloca de (0.50) para *Una Corda* a (2.00) para *Ped.*, passando por (1.00) para modo *ordinário*, ou seja, sem pedal, com todas as nuances intermediárias possíveis. Daí obtém-se Q, uma ponderação das características sonoras dos binômios alturas absolutas/intensidades que contêm a unidade analisada, eventualmente alterada por algum efeito global. Nessa ponderação, (0.00) quantifica a mais baixa complexidade possível no contexto – por exemplo, uma sonoridade composta de um grupo de notas agudas tocadas *pppp* e *una corda* – e (1.00), o contrário – por exemplo, um *cluster* executado pelo antebraço com toda a força na primeira oitava, com *Ped*[4]. Na biblioteca informática *Soal*, o conjunto dos algoritmos de cálculo de Q é assumido pela função *Piano Sonic Quality Analysis*.

No entanto, nas análises, é por vezes desejável o isolamento das ponderações obtidas nesses dois moduladores, quando se almeja estudar seu comportamento individual no decorrer do tempo. Por esse motivo, pode-se falar também da intensidade e da pedalização como componentes da sonoridade; nesse caso, serão, então, submetidos ao princípio geral de relatividade, em função de um critério de complexidade máxima, qual seja, para as intensidades, a indicação simbólica que corresponde à mais alta intensidade possível, em absoluto ou dentro do contexto da obra, qual seja, para os pedais, o *Ped.* (cf. Tab. x.1).

---

4 Para um panorama atualizado sobre a acústica do piano, que inclui as referências que serviram de base à elaboração desse modelo, pode-se consultar L. Henrique, *Acústica Musical*, cap. IX.

Símbolo	Intens. rel.	Símbolo	Ped. rel. (fórm. 1)	Ped. rel. (fórm. 2)
ressonância	0.02	*una corda*	0.01	−1.00
pppp	0.09			
ppp	0.19	*"a due corde"*	0.25	−0.50
pp	0.28			
p	0.36			
mp	0.46	*ordinario*	0.50	0.00
mf	0.54			
pf	0.64			
f	0.73	*Ped.*+U.C. (simult.)	0.75	0.50
ff	0.81	*1/2 Ped.*	0.88	0.75
fff	0.91			
ffff	1.00	*Ped*	1.00	1.00

Tabela x.1:
Ponderações convencionadas das intensidades e pedalizações. Aos efeitos de ressonância, são atribuídos o peso (0.02). Esse valor, ainda que simbólico, apoia-se em análises espectrais realizadas experimentalmente para esse fim, a partir de fragmentos sonoros de *Serynade* de Helmut Lachenmann[5]. A tabela mostra duas fórmulas para calcular o efeito relativo da pedalização. A segunda, que inclui números negativos, pode tornar-se menos prática para representações gráficas.

Os Componentes da Sonoridade: Descrição Sumária

As duas grandes tabelas que seguem (x.2 e x.5) propõem uma descrição sinóptica dos componentes utilizados nas análises publicadas neste livro.

- Na coluna *nome*, as expressões que, por motivo de maior concisão durante as discussões no livro, não são sistematicamente utilizadas, encontram-se entre parênteses.
- As duas colunas *critérios (vetores)* estipulam as condições necessárias para que o componente receba, respectivamente, o peso mínimo (coluna [0.00]) e o peso máximo (coluna [1.00]). Como foi estabelecido no capítulo I, é a condição da coluna (1.00) que serve como fator para o cálculo do peso do componente. Esse critério pode ser fixado, seja em absoluto (independente do contexto), seja em função do contexto local.
- A coluna *critério de cálculo* explica, sumariamente, como o mesmo é realizado.

---

5 Devido à sua particularidade de escrita, foi desenvolvida para *Serynade* uma modelização diferente desses dois componentes, descrita *in loco* (Cap. IX).

- Tabelas e figuras complementares, colocadas mais adiante, detalham ou ilustram a modelização de alguns componentes.
- A coluna *Soal* indica o nome da função que possui um algoritmo efetuando o cálculo, nessa biblioteca.

Componentes de Ordem Morfológica (*Piano*)

Tabela x.2: Lista dos componentes de ordem morfológica aplicáveis à música para piano e utilizados nas análises deste livro.

Nome	Descrição	Critérios (vetores) (0.00)	(1.00)	Critério de cálculo	*Soal*
Âmbito (relativo)	Intervalo entre as notas mais grave e mais aguda.	Uma única nota.	Âmbito do instrumento, ou âmbito contextual.	Divisão do intervalo observado pelo critério de complexidade escolhido.	*Piano Spatial Analysis/ relative range*
(Índice de) repartição	Número de partições (registros) ocupadas por pelo menos uma nota.	1 partição	As 7 partições ocupadas.	Modelo de partição a partir de critérios organológicos (cf. Tab. x.3).	*Piano Spatial Analysis/ register–filling*
Distribuição da repartição	Relativa à posição ocupada por cada partição sonora ativa, sobre o vetor de complexidade.	A unidade ocupa somente a partição central (a mais "pobre", Fá 3 – Fá 5).	As 7 partições são ocupadas.	Para cada partição, é atribuído um peso em função da sua complexidade sonora relativa (com base em critérios acústicos) (cf. Tab. x.3, col. 3).	*Piano Spatial Analysis/ register–distribution*
Densidade acrônica (relativa)	Número de notas.	Somente duas notas (aquelas que, forçosamente, delimitam o âmbito).	Máximo possível de notas no âmbito da unidade (ou do instrumento).	Divisão do número de notas observado, pelo critério de complexidade escolhido.	*Spatial Density*
Distribuição acrônica (relativa)	Intervalos separando as alturas adjacentes.	Equidistância exata das notas.	Irregularidade máxima das distâncias.	Medida dos desvios observados em relação a um intervalo paradigmático, que corresponde à equidistância absoluta teórica (cf. Fig. x.2).	*Spatial Linearity*
Harmonicidade (relativa)	Intervalos separando as alturas adjacentes.	Distribuição harmônica das alturas.	Distribuição, a menos harmônica possível, das alturas.	Medida dos desvios observados em relação a uma construção harmônica teórica calculada a partir de uma fundamental real ou virtual.	*Harmonicity*
Sonância	Média da consonância ou dissonância dos intervalos contíguos.	Consonância absoluta (i.e., oitava).	Dissonância absoluta.	Combina modelização das dissonâncias cognitiva e sensorial (cf. Tab. x.4).	*Sonance*

Tabela x.3: A partição do piano e as pondetrações segundo a repartição das notas.

Partição	Limites	Ponderações
- 3	Lá0-Lá#1	0.25
- 2	Si1-Sol2	0.17
- 1	Sol#2-Mi3	0.08
0	Fá3-F5	0.00
+ 1	Fa#5-Ré6	0.08
+ 2	Ré#6-Ré7	0.17
+ 3	Ré#7-Dó8	0.25

Fig. x.2: Exemplos de ponderação de acordes segundo o componente distribuição acrônica.

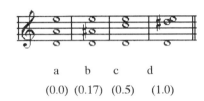

a   b   c   d
(0.0) (0.17) (0.5) (1.0)

Tabela x.4: Índices de sonância relativa adotados neste livro para cada intervalo simples (díade) e seus compostos até quatro oitavas. A coluna fH (G) informa a frequência parcial correspondente à nota superior da díade em relação à nota inferior, tomada como fundamental.

Interv.	fH (G)	Oit.0	Oit.1	Oit.2	Oit.3	Oit.4
12	2	0.00	0	0	0	0
7	3	0.09	0	0	0	0
5	4	0.18	0.09	0	0	0
4	5	0.27	0.135	0	0	0
9	5	0.36	0.18	0	0	0
8	5	0.45	0.225	0	0	0
3	6	0.54	0.27	0	0	0
6	7	0.63	0.315	0	0	0
10	7	0.72	0.36	0	0	0
2	9	0.81	0.54	0.27	0	0
11	15	0.90	0.60	0.30	0	0
1	17	1.00	0.75	0.5	0.25	0

Componentes de Ordem Cinética (Piano)

Nome	Descrição	Critérios (vetores) (0.00)	(1.00)	Critério de cálculo	Soal
Duração (relativa)	Duração relativa.	Duração correspondente ao menor valor de duração observado.	Duração máxima de referência escolhida.	Divisão da duração observada pela duração de referência.	File-Duration (fatorar com a duração máxima, em ms)
Densidade diacrônica (relativa)	Número de fatos sonoros em sequência.	Um único fato sonoro.	Máximo de fatos sonoros possíveis (levada em conta uma pulsação mínima observada ou escolhida).	Divisão do número de fatos observados pelo máximo possível.	Events-Density
Distribuição Diacrônica (relativa) ou periodicidade	Intervalos de duração. Separando os fatos.	Periodicidade absoluta. (pulsação regular).	Irregularidade máxima dos intervalos de duração.	Medida dos desvios observados em relação a um intervalo paradigmático de duração, que corresponde à periodicidade absoluta (cf. Fig. x.3).	Time-Linearity
Perfil direcional (relativo das alturas)	Pondera a direção global (descendente e/ou ascendente) da sequência dos fatos sonoros.	Perfil plano.	Unidirecionalidade absoluta (por. ex., gama).	Índice de desvio entre as notas mais aguda e mais grave do primeiro e último fato sonoro, respectivamente, dividido pelo âmbito da unidade (cf. Fig. x.4).	Pitch-Direction
Dispersão (relativa) das alturas	Indíce de dispersão relativa da sequência das alturas.	Sequência das alturas em linha reta.	A maior dispersão possível, constituída da sequência: primeira nota da unidade, a mais aguda e a mais grave das notas do piano, e última nota da unidade.	Medida dos desvios observados em relação ao critério (cf. Fig. x.4).	Pitch-Deviation
Dispersão (relativa das intensidades)	Índice de dispersão relativa da sequência das intensidades.	Sequência de valores idênticos.	A maior dispersão possível[6].	Medida dos desvios observados em relação ao critério.	Amplitude-Deviation

Tabela x.5: Lista dos componentes de ordem cinética aplicáveis à música para piano utilizados nas análises deste livro.

6 Que corresponde à primeira intensidade observada, à mais elevada e à mais baixa da intensidades possível, e à última intensidade observada. Fórmula à qual se acrescenta o cálculo da direção e do grau de inclinação das curvas de "ataque" e de "extinção", formadas pelas intensidades afetadads pelos pares de fatos sonoros que abrem e concluem a unidade.

Fig. x.3: Distribuição diacrônica: exemplos de progressões lineares, do simples ao complexo[7].

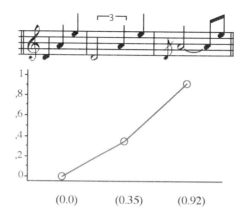

Fig. x.4: Alguns exemplos de perfis direcionais (P-DIR) e dispersões relativas das alturas (P-DEV) em trechos de Debussy.

Índices e Vetores

Ainda no domínio cinético, às vezes torna-se necessário analisar a evolução de um componente morfológico durante o tempo da unidade, ou de um número qualquer de unidades em sequência, ou da obra inteira. Para tanto, essa avaliação pode ser realizada de várias maneiras, que não são exclusivas nem forçosamente todas aplicáveis a todos os componentes.

---

7 No caso, o algoritmo interpreta aqui a *accaciatura* como uma fusa.

Índices

a. *Índice do componente (no tempo)*: é a média das ponderações obtidas para cada um dos fatos sonoros sucessivos que a unidade, a sequência de unidades ou a obra contêm;
b. *Índice relativo do componente (no tempo)*: a ponderação obtida em (a) é fatorada pela ponderação mais alta encontrada na série de unidades analisadas, que recebe o peso (1.00): re-encontramos aqui o princípio do critério de complexidade máxima.

Vetores

Um vetor é, no caso, uma lista cronologicamente ordenada das ponderações obtidas para cada fato sonoro. A primeira ponderação no tempo se coloca à esquerda. Qualquer componente pode ser vetorizado; porém, os de ordem cinética somente o podem se for unidade por unidade. As listas se apresentam no formato (a b ... n); não é possível pô-las em relação, nem umas com as outras, nem com as ponderações dos componentes em si. Existem dois tipos de vetores:

a. *vetor do componente*: é a avaliação de um componente morfológico qualquer, para cada um dos fatos sonoros sucessivos que contêm a unidade, a sequência de unidades ou a obra[8];
b. *vetor absoluto do componente*: é o valor absoluto do parâmetro musical ao qual é vinculado o componente por fato sonoro sucessivo.

Um vetor frequentemente usado no livro é o da repartição. Essa é uma lista ordenada que indica, em valores absolutos, quantas notas se encontram em cada uma das sete partições do piano convencionadas

---

8 Donde se deduz que é a média dessas avaliações que retorna o *índice do componente no tempo* descrito acima na seção *Índices*. Lembro, outrossim, que a avaliação "normal" de um componente morfológico considera todos os fatos sonoros agrupados, sem consideração da sua posição no tempo: para se obter o vetor, tem-se que voltar a separá-los para analisá-los um por um. *Soal* possui algumas funções automatizando esse tipo de análise, disponíveis na pasta *Analysis Per Onset*.

(cf. Tab. x.3). Em matemática, esse número se chama *multiplicidade*. Os sete valores correspondentes à multiplicidade de cada partição são dispostos da esquerda para a direita, a partir da região [-3]. Por exemplo, para uma unidade sonora contendo uma única nota em cada uma das sete partições, a lista (o vetor de repartição) tomará a forma (1 1 1 1 1 1 1), sendo seu índice de repartição (1.00). Para uma outra unidade contendo apenas o acorde perfeito Dó 3 – Dó 4 – Mi 4 – Sol 4, o vetor será (0 0 1 3 0 0 0), e seu índice (0.08). Exemplos concretos de índices e vetores são mostrados no capítulo I, seção *O Nível Secundário*.

Bibliografia

No caso de textos fazendo parte de um volume coletivo, apenas é mencionado aqui o organizador (diretor, editor) deste. A referência individual se encontra *in loco*, em nota de rodapé.

ADORNO, Theodor W. *Filosofia da Nova Música*. 3. ed. São Paulo: Perspectiva, 2002.

_____. *Introduction à la sociologie de la musique*. Genève: Contrechamps, 1994.

_____. On the Problem of Musical Analysis. *Music Analysis*, v. 1, n. 2, 1982.

ALBÈRA, Philippe. Introduction aux neuf sequenzas. *Contrechamps*, n. 1, 1983.

AIMARD, Pierre-Laurent. *Le Piano au xxe siècle*. Paris: Radio France, 1995. (Ciclo de 6 Concertos Comentados.)

ANDERSON, Elizabeth. Ce qu'a vu le vent d'Est (d'après Debussy) by Annette Vande Gorne: Compositional Strategies. A Bridge with the Past in the Acousmatic Field. *Lien: Musiques & Recherches,* 2006.

ANGER, Violaine (org.), *Le Sens de la musique*. Paris: Rue d'Ulm, 2005, 2 v.

ARMFELT, Nicolas. Emotion in the Music of Messiaen. *Musical Times*, nov. 1965. Disponível em: <http://www.oliviermessiaen.org/messwrit.html>. Acesso em: set. 2007.

BABBITT, Milton. Who Cares if You Listen. *High Fidelity*, fev. 1958. Disponível em: <http://www.palestrant.com/babbitt.html>. Acesso em: abr. 2007.

BAILLET, Jérôme. *Gérard Grisey: Fondements d'une écriture*, Paris: L'Harmattan, 2000.

BARRAQUÉ, Jean. La Mer. *Analyse Musicale*, n. 12, 1988.

_____. *Debussy*. Paris: Seuil, 1994.

BARRIÈRE, Jean-Baptiste (org.). *Le Timbre, métaphore pour la composition*. Paris: Christian Bourgois, 1991.

BASS, Richard. Models of Octatonic and Whole-Tone Interaction: George Crumb and His Predecessors. *Journal of Music Theory*, v. 38, n. 2, 1994.

BATSTONE, Philip. Musical Analysis as Phenomenology. *Perspectives of New Music*, v. 7, n. 2, 1969.

BAYER, Francis. *De Schönberg à Cage: Essai sur la notion d'espace sonore dans la musique contemporaine*. Paris: Klincksieck, 1987.

BEAUCHAMP, James W. (org.). *Analysis, Synthesis, and Perception of Musical Sounds*. New York: Springer, 2007.

BERAN, Jan: MAZZOLA, Guerino. Analyzing Musical Structures and Performance: A Statistical Approach. *Statistical Science*, v. 14, n. 1, 1999.

BERIO, Luciano. *Entrevista sobre a Música Contemporânea*, por Rossana Dalmonte. Brasília: Civilização Brasileira, 1981. Tradução do original: *Intervista sulla musica*, Bari/Roma: Laterza, 1981.

BERNARD, Jonathan W. Inaudible Structures, Audible Music: Ligeti's Problem, and His Solution. *Music Analysis*, v. 6, n. 3, 1987.

BERRY, Wallace. *Structural Functions in Music*. New York: Dover, 1987.

BIGET, Michelle. Le Geste pianistique. *Publications de l'Université*. Rouen, n. 117, 1986.

_____. Ecritures(s) instrumentale(s): Liszt: La Vallée d'Obermann. *Analyse Musicale*. n. 21, 1990.

_____. Le Primat du geste instrumental dans la structure des événements musicaux. *Analyse Musicale*, n. 16, 1989.

BOEHMER, Konrad. *Zur Theorie des offenen Form in der neuen Musik*, Darmstadt, Tonos, 1967.

BONNET, Antoine. Ecriture et perception: À propos de *Messagesquisse* de Pierre Boulez. *Inharmoniques*, n. 3, 1988.

BOSSEUR, Jean-Yves; MICHEL, Pierre. *Musiques Contemporaines: Perspectives Analytiques 1950-1985*. Paris: Minerve, 2007.

BOUCOURECHLIEV, André. *Debussy, la révolution subtile*. Paris: Fayard, 1998.

_____. *Essai sur Beethoven*. Arles: Actes Sud, 1991.

BOULEZ, Pierre. *A Música Hoje 2*. São Paulo: Perspectiva, 1992.

_____. *Regards sur autrui*. Paris: Christian Bourgois, 2005.

_____. *A Música Hoje*. 3. ed. São Paulo: Perspectiva, 1986.

_____. *Apontamentos de Aprendiz*. São Paulo: Perspectiva, 1995.

_____. *Points de repère I: Imaginer*. Paris: Christian Bourgois, 1995.

_____. *Jalons (pour une décennie)*. Paris: Christian Bourgois, 1989.

_____. Entre ordre et chaos. *Inharmoniques*, n. 3, 1988.

_____. *Par volonté et par hasard*. Entretiens avec Célestin Deliège. Paris: Seuil, 1975.

_____. *Relevés d'apprenti*. Paris: Seuil, 1966.

BREGMAN, Albert S. *Auditory Scene Analysis: The Perceptual Organization Of Sound*. Cambridge: MIT Press, 1999.

BRESSON, Jean. *La Synthèse sonore en composition musicale assistée par ordinateur*. Thèse de Doctorat. Paris: Université de Paris 6, 2007.

BRUNS, Steven M. Space, Time, and Memory: A View of George Crumb's *Makrokosmos I & II*, encarte do CD *George Crumb Makrokosmos Volumes I & II* (Jo Boatright, piano). *Music & Arts*, 1999.

BURGE, David. *Twentieth-Century Piano Music*. New York: Schirmer Books, 1990.

BUTTERFIELD, Matthew. The Musical Object Revisited. *Musical Analysis.* 21/iii, 2002.

CARBON, John. Astrological, Numerological, and Mythical Symbolism in George Crumb's *Makrokosmos. 20th Century Music,* 1995 e 1996, v. I e v. II.

CASTANET, Pierre-Albert. *Tout est bruit pour qui a peur.* Paris: Michel de Maule, 1999. (Reedição: Michel de Maule, 2007).

CHARRU, Philippe. Les 24 Préludes pour piano de Debussy: Le mouvement musical au rythme de la forme. *Analyse Musicale,* n. 12, 1988.

CHERLIN, Michael. Dialectical Opposition in Schönberg's Music and Thought. *Music Theory Spectrum,* v. 22, n. 2, 2000.

CHIARUCCI, Henri. Essai d'analyse structurale d'œuvres musicales. *Musique en Jeu,* n. 12, 1973.

CHION, Michel. *Guide des objets sonores, Pierre Schaeffer et la recherche musicale.* Paris: Buchet/Castel, 1983.

_____. *Le Son.* Paris: Nathan, 1998.

CHRISTENSEN, Thomas (org.). *The Cambridge History of Western Music Theory.* Cambridge: Cambridge University Press, 2002.

CISCAR, Francisco Javier Costa. *Aproximación al Lenguaje de Olivier Messiaen: Análisis de la Obra para Piano* Vingt Regards sur l'Enfant-Jésus. Valencia: Universitat de Valencia, 2004.

CLARKE, Erick; COOK, Nicholas (orgs). *Empirical Musicology.* Oxford: Oxford University Press, 2003.

COADOU, François. Boulez face à l'Ecole de Vienne, *Références en Musicologie,* 2005. Disponível em: <http://www.musicologie.org/publirem/coadou_boulez.html>. Acesso em: out. 2006.

COGAN, Robert. *New Images of Musical Sound.* Cambridge: Harvard University Press, 1984.

_____. Varèse: An Oppositional Sonic Poetics. *Sonus,* v. 11, n. 2,1991.

COGAN, Robert. ; ESCOT, Pozzi. *Sonic Design.* Englewood Cllffs: Prentice-Hall, 1976.

COHEN-LEVINAS, Danielle. Combinatoire sérielle, maïeutique spectrale: une généalogie du matériau. *Musurgia,* v. III, n. 3, 1996.

_____ (org.). *Omaggio a Luciano Berio,* Paris, L'Harmattan, 2006.

COLLECTIF, *Ouir, entendre, écouter, comprendre après Schaeffer.* Paris: Buchet/Castel, 1999.

COOK, Nicholas. Between Process and Product: Music and/as Performance. *Music Theory Online,* 7/ii, 2001.

COOK, Nicholas; EVERIST, Mark (eds). *Rethinking Music.* New York: Oxford University Press, 1999.

COTT, Jonathan. *Conversations avec Stockhausen.* Paris: Jean-Claude Lattès, 1979.

COUPRIE, Pierre. Analyse comparée des *Trois rêves d'oiseau* de François Bayle, *Revue DEMeter,* dez. 2002. Disponível em: <http://demeter.revue.univ-lille3.fr/analyse/couprie.pdf>. Acesso em: set. 2007.

_____. Analyse d'*Onde croisée* de Bernard Parmegiani, *La Musique électroacoustique.* Paris: Hyptique/Ina-GRM, 2000, CD-Rom.

COURTOT, Francis. Les Morphologies au présent. École Normale Supérieure (Ulm), Passerelle des Arts, Section de Musicologie, 2003. Disponível em: <http://www.entre-temps.asso.fr/Ulm/2003/Present/Courtot.html>. Acesso em: nov. 2006.

CRUMB, George. Music: Does it have a future? 1980. Sur. Disponível em: <http://www.georgecrumb.net/future.html>. Acesso em: jun. 2007. (Também publicado em Don Gillespie, citado abaixo.)

DAHLHAUS, Carl. Tonalität: Struktur oder Prozess. *Darmstäder Beiträge zur Neuen Musik*, Darmstadt, 1986.

_____. Plaidoyer pour une théorie actuelle de la musique. In: MACHOVER, Tod (org.). *Quand quoi comment la recherche musicale*. Paris: Christian Bourgois Éditeur, 1985.

DALLET, Sylvie; VEITL, Anne (éds.). *Du Sonore au musical. Cinquante années de recherches concrètes (1948-1998)*. Paris: L'Harmattan, 2001.

DEBUSSY, Claude. *Correspondance 1872-1918* (François Lesure et al., orgs). Paris: Gallimard, 2005.

_____. *Douze Études (1915)* (Claude Hellfer, org.). Paris: Durand-Costallat, 1991.

_____. *Monsieur Croche et autres écrits*. Paris: Gallimard, 1987.

_____. *Lettres 1884-1918* (François Lesure, org.). Paris: Hermann, 1980.

DELALANDE, François. (org.). *Le Son des musiques*. Paris: Buchet/Chastel, 2001.

_____. La Musique électroacoustique, coupure et continuité. *Musurgia*, v. III, n. 3, 1996.

_____. L'Analyse des conduites musicales: Une Étape du programme sémiologique? *Semiotica*, v. LXVI, n. 1-3, 1987.

DELIÈGE, Célestin. De la substance à l'apparence de l'œuvre musicale. Essai de stylistique. *Les Cahiers de Philosophie*, n. 20, 1996. (*La Loi musicale*). Disponível em: <www.entretemps.asso.fr>. Acesso em: set. 2006.

_____. L'Écriture et ses mutations. *Genesis* 4. Paris: CNRS, 1993.

_____. *Les Fondements de la musique tonale*. Paris: J.C. Lattès, 1984.

DERFLER, Barbara Joan. *Claude Debussy's Influence on Olivier Messiaen: An Analysis and Comparison of Two Preludes*. Edmonton: Department of Music, 1999.

DESJARDINS, Jacques. Réflexions sur les problèmes de syntaxe en musique contemporaine: De l'intelligibilité du processus de composition à la clarté de la perception. *La Scena Musicale*, mai 2002. Disponível em: <http://www.scena.org/columns/reviews/020531-JD-grammaire.html>. Acesso em: set. 2006.

DOMMEL-DIÉNY, A. *L'Analyse harmonique en exemples: Fascicule 16: Debussy*. Paris: Editions Musicales Transatlantiques, 1982.

DUFOURT, Hugues. Musique Spectrale [1979]. *Conséquences*, n. 7 e 8, Paris: Associations Conséquences, 1987, p. 111-115. Disponível em: <http://www.cyberlycee.fr/barthou/site-public/IMG/pdf/Hugues_Dufourt_musique_spectrale.pdf. Acesso em nov. 2007

DUTEURTRE, Benoît. *Requiem pour une avant-garde*. Paris: Robert Laffont, 1995.

EMMERSON, Simon (org.). *The Language of Electroacoustic Music*. London: MacMillan, 1986.

ERICKSON, Robert. *Sound Structure in Music*. Berkeley: University of Chicago Press, 1975.

FERRAZ, Sílvio. *Música e Repetição: Aspectos da Diferença na Música do Século XX*. São Paulo: Educ, 1998.

FINK, Wolfgang. Métamorphoses de la Musique de soliste dans trois oeuvres de Pierre Boulez e Un Entretien avec Pierre Boulez. Ambos no encarte do CD de Boulez: *Sur Incises, Messagesquisse, Anthèmes 2*, Ensemble Intercontemporain, DGG/Ircam, 2000.

FORTE, Allen. Olivier Messiaen as Serialist. *Music Analysis,* 21/i, 2002.

_____. Debussy and the Octatonic. *Music Analysis,* v. 10, n. 1/2, 1991.

GARTMANN, Thomas. "Una frattura tra intenzioni e realizzazione?": Untersuchungen zu Luciano Berios Sincronie für Streichquartett. In: MEYER, Felix (org.). *Quellenstudien II: Zwolf Komponisten des 20 Jahrhunders, Veröffentlichungen des Paul Sacher Stiftung*, n. 3, Winterthur: Amadeus, 1993.

GERLING, Cristina. A Gramática Musical de Claude Debussy no Sétimo Prelúdio do Primeiro Volume: *...Ce qu'a vu le vent d'Ouest, Cadernos de Estudos /Análise Musical*, n. 6-7, 1994.

GILLESPIE, Don (org.). *George Crumb: Profile of a Composer*. New York: C.F. Peters Corporation, 1986.

GOLDMAN, Jonathan. *Understanding Pierre Boulez's Anthèmes* [1991]: *Creating a Labyrinth out of Another Labyrinth*. Montréal: Université de Montréal, 2001.

GOLÉA, Antoine. *Rencontres avec Olivier Messiaen*. Genève: Slatkine, 1984.

GOTTWALD, Clytus. Vom Schönen im Wahren: Zu einigen Aspekten der Musik Helmut Lachenmanns, *Musik-konzepte,* 61/62, 1988.

GRABÓCZ, Márta (dir.). *Sens et signification en musique*. Paris: Hermann Musique, 2007.

GRIFFITHS, Paul. *Olivier Messiaen and the Music of Time*. London: Faber & Faber, 1985.

GRISEY, Gérard. Tempus ex machina. *Entretemps*, n. 8, 1989.

GUIGUE, Didier. Beethoven et le pianoforte: L'Émergence d'une pensée des timbres comme dimension autonome du discours musical. *Revue de Musicologie*, v. 80, n. 1, 1994.

_____. *Une Étude "pour les Sonorités Opposées": Principes méthodologiques d'une analyse "orientée objets" de la musique du XXe siècle*. Paris: Médiathèque Ircam, 1996.

_____. *Une Étude "pour les Sonorités Opposées": Pour une analyse* orientée objets *de l'oeuvre pour piano de Debussy et de la musique du XXe siècle*. Lille: Atelier National de Reproduction des Thèses, 1997.

_____. Debussy *versus* Schnebel: Sobre a Emancipação da Composição e da Análise no Séc. XX. *Opus*, ano V, n. 5, 1998.

_____. *Sonic Object Analysis Library: OpenMusic Tools For Analyzing Musical Objects Structure*. Paris: Ircam, 2006. Disponível em: <http://www.cchla.ufpb.br/mus3/SOAL300.pdf>. Acesso em: set. 2011.

GUIGUE, Didier.; ONOFRE, Marcílio; ROLIM, André. Soal For Music Analysis: A Study Case with Berio's *Sequenza IV. Actes des JIM05, Journées d'Informatique Musicale.* Paris: CICM, 2005. Disponível em: <http://jim2005.mshparisnord.org/articles.htm>. Acesso em: set. 2011.

HALFYARD, Janet K. *Berio's Sequenzas. Essays on Performance, Composition and Analysis*. Aldershot: Ashgate, 2007.

HARVEY, Jonathan. *The Music of Stockhausen*. London: Faber & Faber, 1975.

HAÜSLER, Josef (org.). *Musik als existentielle Erfahrung: Schriften 1966-1995*. Wiesbaden: Breitkopf & Härtel, 1996.

HELLFER, Claude. La *Klavierstück n. 11* de Kalheinz Stockhausen. *Analyse Musicale*. n. 30, 1993.

HENRIQUE, Luiz L. *Acústica Musical*. Lisboa: Fundação Calouste Gulbenkian, 2002.

HIRST, David. *The Development of a Cognitive Framework for the Analysis of Acousmatic Music*. Thèse de Doctorat. Melbourne: Faculty of Music (The University of Melbourne), 2006.

HOCKINGS, Elke. All Dressed Up and Nowhere to Go. *Contemporary Music Review*, v. 24, n. 1, 2005.

_____. Helmut Lachenmann's Concept of Rejection. *Tempo*, New Ser, n. 193, 1995.

HODGES, Nicolas. Expressivity and Critique in Lachenmann's *Serynade* (in Conversation with Tom Service), *Contemporary Music Review*, v. 24, n. 1, 2005.

HOUELLEBECQ, Michel. *Les Particules élémentaires*. Paris: Flammarion, 1998.

HOWAT, Roy. *Debussy in Proportion: A Musical Analysis*. Cambridge: Cambridge University Press, 1983.

IAZZETTA, Fernando. *Música e Mediação Tecnológica*. São Paulo: Perspectiva/Fapesp, 2009.

IMBERTY, Michel. *Les Écritures du temps*. Paris: Dunod, 1981.

JANKÉLÉVITCH, Vladimir. *Debussy et le mystère de l'instant*. Paris: Plon, 1976.

_____. *La Vie et la mort dans la musique de Debussy*. Neuchâtel: La Baconnière, 1968.

JAROCINSKY, Stephan. *Debussy, impressionisme et symbolisme*. Paris: Seuil, 1970.

JOHNSON, Robert Sherlaw. *Messiaen*. Berkeley: University of California Press, 1989.

JOOS, Maxime (dir.). *Claude Debussy: Jeux de formes*. Paris: Rue d'Ulm, 2004.

KABISCH, Thomas. Dialectical Composing: Dialectical Listening, Helmut Lachenmann's Compositions for Piano (1956-1980). Encarte do CD *Helmut Lachenmann, Klaviermusik* (Roland Keller, piano), 1991. (Coleção Legno.)

KALTENECKER, Martin. "H. L." In: *Helmut Lachenmann* (livreto-programa), Paris: Ed. Festival d'Automne à Paris, 1993, s.p. Disponível em: <http://www.festival-automne.com/public/ressourc/publicat/1993lach/>. Acesso em: abr. 2007.

_____. *Avec Helmut Lachenmann*. Paris: Van Dieren Editeur, 2001.

KELLER, Roland. Approach to Studying Lachenmann's Piano Works, encarte do CD *Helmut Lachenmann Klaviermusik*, 1991. Coleção Legno.

KERMAN, Joseph. *Musicology*. London: Fontana Press/Collins, 1985.

KOBLYAKOV, Lev. *Pierre Boulez: A World of Harmony*. New York: Harwood Academic, 1990.

KORSYN, Kevin. The Death of Musical Analysis? The Concept Of Unity Revisited. *Music Analysis*, 23/ii–iii, 2004.

_____. *Decentering Music: A Critique of Contemporary Musical Research*. New York: Oxford University Press, 2003.

KOSTELANETZ, Richard. *Conversations avec John Cage*. Paris: Syrtes, 2000.

KRAMER, Jonathan D. *The Time of Music*. New York: Schirmer, 1988.

_____. Momentform in Twentieth Century Music. *The Musical Quarterly*, v. 64, n. 2, 1978.

LACHENMANN, Helmut. On My Second String Quartet (Reigen seliger Geister). *Contemporary Music Review*, v. 23, n. 3/4, 2004.

_____. Des paradis éphémères, Entrevista a Peter Szendy e "L'aspect et l'affect", ambos in *Helmut Lachenmann* (livreto-programa), Paris, Ed. Festival d'Automne à Paris, 1993, s.p. Disponível em: <http://www.festival-automne.com/public/ressourc/publicat/1993lach/>. Acesso em: abr. 2007.

_____. Über das Komponieren. *Musiktexte,* v. 16, 1986, tradução francesa de Martin Kaltenecker. In: De la composition. *Entretemps*, n. 10, 1992.

_____. Quatre aspects fondamentaux du matériau musical et de l'écoute. *Inharmoniques*, n. 8/9, 1991.

LALITTE, Philippe. L'Architecture du timbre chez Varèse: La Médiation de l'acoustique pour produire du son organisé. *Analyse Musicale*, n. 47, 2003, p. 34-43; republicado, revisado e melhorado no que diz respeito aos exemplos, mas ainda em francês, apesar do título em inglês. In: Varèse's Architecture of Timbre: Mediation of Acoustics to Produce Organized Sound. *Proceedings of the Conference on Interdisciplinary Mu-*

sicology (CIM05), Montréal, 2005. Disponível em: <www.oicm.umontreal.ca/cim05/cim05_articles/LALITTE_P_CIM05.pdf>. Acesso em: abr. 2007.

LANDY, Leigh. La musique des sons – The Music of Sounds. MINT *Série musique et nouvelles technologies,* n. 3, 2007.

_____. *Understanding the Art of Sound Organization.* Cambridge: The MIT Press, 2007.

LARUE, Jan. *Guidelines for Style Analysis.* New York: Norton, 1970. Em espanhol: *Análisis del Estilo Musical.* Barcelona: Editorial Labor, 1993.

LEMAN, Marc (org.). *Music, Gestalt and Computing: Studies in Cognitive and Systematic Musicology.* Berlin: Springer, 1997.

LERDHAL, Fred. Timbral Hierarchies. *Contemporary Music Review,* v. 2, n. 1, 1987. Tradução francesa em Barrière, citado acima.

LESSER, David. Dialectic and Form in the Music of Helmut Lachenmann. *Contemporary Music Review,* v. 23, n. 3/4, 2004.

LIGETI, György. À propos de la *Troisième Sonate* de Boulez (1959). *Musique en Jeu* n. 16, 1974.

_____. Decision and automatism in Structure 1a, *Die Reihe,* n. 3, 1959.

LOCKSPEISER, Ernest. *Claude Debussy.* Paris: Fayard, 1980.

MÂCHE, François-Bernard. Connaissance des structures sonores. *La Revue Musicale,* n. 244, 1959. (*Expériences musicales*)

MACHOVER, Tod (org.). *Quand quoi comment la recherche musicale.* Paris: Christian Bourgois, 1985.

MACONIE, Robin. *Stockhausen sobre a Música.* São Paulo: Madras, 2009.

_____. *The Works of Stockhausen.* London: Marion Boyars Inc., 1981.

MALHERBE, Claudy. En blanc et noir, l'espace musical contemporain, altérité et cohérence. *Musurgia,* v. III, n. 3, 1996.

MARTINET, André. *Eléments de linguistique générale.* Paris: Armand Colin, 1970.

MCADAMS, Stephen. Fusion spectrale et la création d'images auditives. *Rapports de Recherche,* n. 40, Paris, 1986.

MCADAMS, Stephen; DELIÈGE, Irène (orgs). *La Musique et les sciences cognitives.* Bruxelles: Madarga, 1989.

MCADAMS, Stephen; BIGAND, Emmanuel (orgs). *Penser les sons: Psychologie cognitive de l'audition.* Paris: PUF, 1994. Também em inglês: *Thinking of Sounds: The Cognitive Psychology of Human Audition.* Oxford: Oxford Unversity Press, 1994.

MCCRELESS, Patrick. Syntagmatics and Paradigmatics: Some Implications for the Analysis of Chromaticism in Tonal Music. *Music Theory Spectrum,* v. 13, n. 2, 1991.

MCKAY, John. Aspects of Post-serial Structuralism in Berio's Sequenza IV and VI. *Interface,* n. 17, 1988.

MEEÙS, Nicolas. Musical Articulation. *Musical Analysis.* 21/ii, 2002.

_____. *Análise schenkeriana.* Disponível em: <http://www.plm.paris-sorbonne.fr/Schenker Unicamp/>. Acesso em: mar. 2010.

MENEZES, Flo. *Música Maximalista: Ensaios sobre a Música Radical e Especulativa.* São Paulo: Unesp, 2006.

_____ (org.). *Música Eletroacústica: História e Estéticas.* São Paulo: Edusp, 1996.

_____. *Luciano Berio et la phonologie: Une approche jakobsonienne de son œuvre.* Frankfurt a. M., Peter Lang, 1993.

MESNAGE, Marcel. La Terrasse des audiences au clair de lune: Esquisse d'analyse modélisée. *Analyse Musicale,* n. 16, 1989.

MESSIAEN, Olivier. *Traité de rythme, de couleur, et d'ornithologie.* Paris: Leduc, 1995-2002

_____. *Musique et couleur (entretiens avec Claude Samuel).* Belfond: Paris, 1986.

_____. *Technique de mon langage musical.* Paris: Leduc, 1942.

METZGER, Heinz-Klaus; RIEHN, Rainer (orgs). *Musik-Konzepte 61/62. Helmut Lachenmann.* Munich: [s.n.], 1988.

MEYER, Leonard B. *Style and Music.* Chicago: The University of Chicago Press, 1996.

MICHEL, Pierre. *György Ligeti.* Paris: Minerve, 1995.

MORGAN, Robert P. The Concept of Unity and Musical Analysis. *Musical Analysis,* 22/i-ii, 2003.

MURAIL, Tristan. Questions de Cible. *Entretemps,* n. 8, 1989.

NATTIEZ, Jean-Jacques (dir.), *Musiques, une encyclopédie pour le XXIe siècle.* Arles: Actes Sud/Cité de la Musique, 2003-2007, 5 v.

_____. O Desconforto da Musicologia. *Per Musi.* n. 11, 2005.

_____. Modelos Linguísticos e Análise das Estruturas Musicais. *Per Musi,* n. 9, 2004.

_____. A Comparação das Análises sob o Ponto de Vista Semiológico: A Propósito do Tema da *Sinfonia em sol menor,* K. 550, de Mozart. *Per Musi,* n. 8, 2003.

_____. *La Musique, la recherche et la vie.* Montréal: Leméac, 1999.

_____. *Musicologie générale et sémiologie.* Paris: Christian Bourgois, 1987.

NONNENMANN, Rainer. Music with Images: The Development of Helmut Lachenmann's Sound Composition Between Concretion and Transcendence. *Contemporary Music Review,* v. 24 n. 1, 2005.

OLIVEIRA, André Gonçalves de. *Uma Abordagem Atuacionista da Tipo-morfologia de Pierre Schaeffer.* Disponível em: <http://www.webartigos.com/articles/4127/1/Uma-Abordagem-Atuacionista-Da-Tipo-morfologia-De-Pierre-Schaeffer/pagina1.html>. Acesso em: mar. 2010.

OSMOND-SMITH, David. *Berio.* Oxford: Oxford University Press, 1991.

PACE, Ian. Lachenmann's *Serynade*: Issues for Performer and Listener. *Contemporary Music Review,* v. 24, n. 1, 2005.

PARDO, Carmen. *L'Écoute oblique: Approche de John Cage.* Paris: L'Harmattan, 2007.

PARKS, Richard S. *The Music of Claude Debussy.* New Haven/London: Yale University Press, 1989.

PEARSALL, Eduardo. Symmetry and Goal-Directed Motion in Music by Béla Bartók and Georg Crumb. *Tempo,* v. 58, n. 228, 2004.

PIENCIKOWSKI, Robert. Fünf Beispiele. *Musik-Konzepte,* 61/62, 1988.

PIRET, Anne. Pierre Boulez: *Troisième Sonate* pour piano. *Analyse Musicale,* n. 29, 1992.

POUSSEUR, Henri. *Fragments théoriques I sur la musique expérimentale.* Bruxelles: Editions de l'Institut de Sociologie, 1970.

_____. *Apoteose de Rameau e Outros Ensaios.* São Paulo: Unesp, 2008.

RAWLINGS, John et al. *Applied Regression Analysis: A Research Tool.* New York: Springer, 2005.

REVERDY, Michelè. *L'Oeuvre pour piano d'Olivier Messiaen.* Paris: Leduc, 1978.

RICARDOU, Jean. *Le Nouveau roman.* Paris: Seuil, 1990.

RIHM, Wolfgang. Grinding away at the Familiar. *Contemporary Music Review,* v. 23, n. 3/4, 2004.

ROSEN, Charles. *The Romantic Generation.* Cambridge: Harvard University Press, 1995.

Em português: *A Geração Romântica.* São Paulo: Edusp, 2000.

ROY, Stéphane. *L'Analyse des musiques électroacoustiques: Modèles et propositions*. Paris: L'Harmattan, 2003.

RUWET, Nicolas. *Langage, musique, poésie*. Paris: Seuil, 1972.

SACHS, Daniel. *Claude Debussy and Equalizing Balances: A Different Approach to Analysis of Claude Debussy's Music with Examples from Preludes, Books 1 and 2*. DMA, University of Cincinnatti, 2005.

SADAI, Yishak. L'Application du modèle syntagmatique-paradigmatique à l'analyse des fonctions harmoniques. *Analyse Musicale*, n. 2.

SAFATLE, Vladimir. Organizar o Delírio. Disponível em: <http://p.php.uol.com.br/tropico/html/textos/2566,2.shl>. Acesso em: out. 2006.

SALL, John; LEHMANN, Ann; CREIGHTON, Lee. *JMP Start Statistics: A Guide to Statistics and Data Analysis Using JMP and JMP IN Software*. New York: JMP, 2007.

SAUSSURE, Ferdinand de. *Cours de linguistique générale*. Paris: Payot, 1972.

SCHAEFFER, Pierre. *La Musique concrète*. Paris: Presses Universitaires de France, 1967.

_____. *Traité des objets musicaux*. Paris: Seuil, 1966.

SCHAUB, Gale. *Transformational Process, Harmonic Fields, and Pitch Hierarchy in Luciano Berio's Sequenza I through Sequenza X*. PhD Dissertation in Music Theory. Los Angeles: University of Southern California, 1989.

SCHERCHEN, Hermann. *The Nature of Music*. London: Dobson, 1950.

SCHNEBEL, Dieter. Brouillards: Tendencies in Debussy. *Die Reihe*, n. 6, 1964.

SCHÖNBERG, Arnold. *Fundamentos da Composição Musical*. São Paulo: Edusp, 1991.

SCHWEITZER, Benjamin. Some Remarks About the Use of Conventions and Their Modification in Lachenmann's Orchestral Works from 1969 to 1989. *Contemporary Music Review*, v. 23 n. 3/4, 2004.

SLAWSON, Wayne. *Sound Color*. Los Angeles: University of California Press, 1985.

SMALLEY, Denis. Defining Timbre, Refining Timbre. *Contemporary Music Review*, v. 10, part 2, 1999.

SOLOMOS, Makis. *A propos des premières œuvres (1953-69) de Iannis Xenakis: pour une approche historique de l'émergence du phénomène du son*. Thèse de Doctorat. Université de Paris IV, 1993.

_____. *Iannis Xenakis*. Paris: PO Editions, 1996.

_____ (éd.). *Présences de /Presences of Iannis Xenakis*. Paris: CDMC, 2001.

_____. *Introduction à la musique de Iannis Xenakis*, Disponível em: <http://www.univ-montp3.fr/~solomos/lintro.html>. Acesso em: mar. 2007.

_____. *De la musique au son. Notes pour une histoire plurielle de la musique du XXe siècle* (em preparação, comunicações pessoais).

SOULEZ, Antonia; VAGGIONE, Horacio (éds.). *Musique, rationalité, langage. L'harmonie: Du monde au matériau, Cahiers de philosophie du langage*. n. 3, 1998.

SOURIS, André. Debussy et la nouvelle conception du timbre. *Cahiers Musicaux*, n. 6, 1956.

_____. *Conditions de la musique et autres écrits*. Bruxelles/Paris: Editions de l'Université de Bruxelles/CNRS, 1976.

STEENHUISEN, Paul. Interview with Helmut Lachenmann. *Contemporary Music Review*, v. 23, n. 3/4, 2004.

STOCKHAUSEN, Karlheinz. *Texte zur elektronischen und instrumentalen Musik*. Köln: Du-Mont Schauberg, 1963.

_____. Momentform: Nouvelles corrélations entre durée d'exécution, durée de l'oeuvre et moment. *Contrechamps,* n. 9, 1988.

_____. "…comment passe le temps…" *Contrechamps,* n. 9, 1988. ["…how time passes…", Die Reihe 3 – Musical Craftsmanship, Bryn Mawr [Pennsylvania]/Viena: Theodore Presser/Universal, 1957, p.10-40.]

STOCKHAUSEN, Karlheinz; KOHL, Jerome. Stockhausen on Opera. *Perspectives of New Music.* 23, n. 2, 1985.

STOÏANOVA, Ivanka. *Manuel d'analyse musicale.* Paris: Minerve, 1996.

_____. Luciano Berio, chemins en musique. *La Revue Musicale,* triple numéro 375-376-377, 1985.

_____. *Geste, Texte, Musique.* Paris: Union Générales d'Editions, 1978.

_____. La *Troisième Sonate* de Boulez et le projet mallarméen du Livre. *Musique en Jeu,* n. 16, 1974.

STROPPA, Marco. The Analysis of Electronic Music. *Contemporary Music Review,* v. 1, 1984.

TARASTI, Eero (org.). *Music and the Arts, Proceedings from ICMS 7, Acta Semiotica Fennica XXIII.* Imatra [Finland]: The International Semiotics Institute at Imatra, 2006.

TENNEY, James (with POLANSKY, Larry). Temporal Gestalt Perception in Music. *Journal of Music Theory,* v. 24, n. 2, 1980.

TOOTH, Nicholas. *Pierre Boulez, Troisième Sonate pour piano.* Melbourne, Faculty of Music (University of Melbourne), 1983. Thèse de doctorat.

TUGNY, Rosângela Pereira de. *Le Piano et les dés.* Tours: Université de Tours, 1996. Thèse de doctorat.

_____. La *Troisième Sonate* de Pierre Boulez. *Dissonnanz/Dissonance,* n. 36, 1993.

WARNER, Daniel. Notes from the Timbre Space. *Perspectives of New Music,* v. 21, n. 1/2, 1982/1983.

WEBER, Edith (org.). *Debussy et l'évolution de la musique au XXe siècle.* Paris: CNRS, 1965.

WHITALL, Arnold. Boulez at 80: The Path from the New Music. *Tempo,* v. 59, n. 233, 2005.

WILLIAMS, J. Kent. *Theories and Analyses of Twentieth-Century Music.* Fort Worth: Harbour Brace, 1997.

XENAKIS, Iannis. La Crise de la musique sérielle. *Gravesanner Blätter,* n. 1, 1995.

YOUNG, La Monte; ZAZEELA, Marian. *Selected Writings.* Ubuclassics, 2004. Disponível em: <www.ubu.com>. Acesso em: set. 2006.

Obras do Autor

Esta seção inclui, por um lado, as publicações do autor (com ou sem colaborações) que tenham contribuído na elaboração deste livro, e, por outro lado, aquelas oriundas dele até 2009.

SONORITÉ, espace et forme dans "La Cathédrale engloutie" de Debussy. *Revista Música*, v. 5, n. 2, 1994.

PARA UMA Análise Orientada a Objetos. *Cadernos de Estudos/Análise Musical*, n. 8/9, 1995.

A COMPUTER-Aided Object-Oriented Analysis. In: MIRANDA, Eduardo R. (org.), *II Simpósio Brasileiro de Computação e Música, Anais*. Porto Alegre: UFRGS, 1995.

UN ENVIRONNEMENT informatique pour une approche analytique orientée objets de la musique du XXe siècle. *Actes des JIM96, Actes*, 1996. Disponível em: <http://recherche.ircam.fr/equipes/repmus/jim96/actes/guigue/guigue.html>. Acesso em: set. 2011

SONIC Object: A Model for Twentieth Century Music Analysis. *The Journal of New Music Research*, v. 26, n. 4, 1997, p. 346-375.

AN OBJECT-ORIENTED Analysis of 20th Century Piano Music. In: FALLOWS, Dan (org.), *16th Congress of the International Musicological Society, Proceedings*. London: Oxford University Press, 1997.

INTENSITY, Space-Filling and Density as Correlate Dimensions in Debussy's Piano Music Formal Structures. *5th International Conference on Music Perception and Cognition, Proceedings*. Seoul: Western Music Research Institute, 1998.

CORRELAÇÃO entre Estrutura, Intensidade e Outras Dimensões Estatísticas na Obra para Piano de Debussy: Uma Contribuição para o Estudo Formal do Sistema Composicional Debussista. In: JANK, Helena (org.), *XI Encontro da ANPPOM, Anais*. Campinas: Unicamp, 1998.

UMA DEMONSTRAÇÃO da Reflexão Debussista sobre o Pós-Tonalismo. *Revista Eletrônica de Musicologia*, v. 4, 1999.

SOBRE a Estética Sonora de Messiaen. *Opus* n. 7, 2000. Disponível em: <http://www.anppom.com.br/opus>. Acesso em: set. 2011.

ESTRUTURAS Sintagmáticas em Almeida Prado. *Anais do XIV Congresso da ANPPOM*. Porto Alegre, UFRGS, 2003.

LA SONORITÉ comme élément structurel chez Messiaen: Quelques annotations sur le *Catalogue d'oiseaux. Musurgia*, v. I, 2007 [derivado do Cap. IV].

SERYNADE e o Mundo Sonoro de Lachenmann. *Opus*, v. 13, n. 2, 2007. Disponível em: <www.anppom.com.br/opus/>. Acesso em: set. 2011 [derivado do Cap. IX].

L'ARS subtilior de Helmut Lachenmann: Une incursion dans le monde sonore de *Serynade, Filigrane. Musique, Esthétique, Sciences, Société*, n. 7, 2008, p. 159-188 [derivado do Cap. IX].

ESTÉTICA da Sonoridade: Premissas para uma Teoria. *Anais do III Seminário Música Ciência e Tecnologia*. São Paulo: USP-ECA, 2008, p. 7-16.

ESTÉTICA da Sonoridade: Teoria e Prática de um Método Analítico, uma Introdução. *Claves*, n. 4, 2007. Disponível em: <www.cchla.ufpb.br/claves>. Acesso em: set. 2011 [derivado da Introdução e do Cap. I].

LES COMPOSITIONS pour piano de Almeida Prado. Quelques éléments techniques. In: PISTONE, Danièle (dir.), *Le Piano brésilien, actes du colloque*. Paris: Université Paris Sorbonne/Observatoire Musical Français, 2009.

Em Colaboração

GUIGUE, Didier; TRAJANO, Ernesto; FERNEDA, Edilson. Segmentação Automática de Fluxos Musicais: Uma Abordagem Via Agentes Racionais. *Revista Eletrônica de Musicologia*, v. 5.2, 2000. Disponível em: <http://www.rem.ufpr.br/-rem/remv5.2/artigosv.5.2.htm>. Acesso em:set. 2011.

_____; GROSSKOPF, Giovanni; TRAJANO, Ernesto. Modern Harmony: Timbre Instead of Harmonic Functions? Tracing or Building New Functionalities through the Use of the GMT Music Analysis Tools. *International Theoretical Conference "Compositional Principles, Theory and Practice"*. Vilnius: Lithuanian Composers Union, 2001.

_____; PINHEIRO, Fabiola. Estratégias de Articulação Formal nos *Momentos* de Almeida Prado. *Debates*, n. 6, 2002.

_____; ONOFRE, Marcílio. Sonic Complexity and Harmonic Syntax in *Sequenza IV for piano*. In: HALFYARD, Janet K. (org.). *Berio's Sequenzas: Essays on Composition, Performance, Analysis and Aesthetics*. Aldershot: Ashgate, 2007, Chap. 12, p. 209-232.

_____ ; ONOFRE, Marcílio. Objetos Sonoros Ressonantes: Um Estudo de Caso a partir da *Sequenza IV*. In: BEZERRA, Valdir Barbosa (org.), *Iniciados*, v. 12. João Pessoa: Editora Universitária da UFPB, 2007, p. 197-207.

_____; TRAJANO, Ernesto. La Répartition spectrale comme vecteur formel dans la Klavierstück n.11 de Stockhausen. *Musimédiane*, n. 4, 2009. Disponível em: <http://www.musimediane.com>.

Índice Onomástico

Adorno, Theodor W. 20, 21, 39, 41, 73
Aimard, Pierre-Laurent 160, 162
Albèra, Philippe 235, 237
Almeida Prado, José de 74, 77
Armfelt, Nicolas 160
Artaud, Antonin 188n
Assafiev, Boris 293n

Babbitt, Milton 40
Bacchetti, Andrea 250n
Bach, Johann Sebastian 26
Barraqué, Jean 25n, 83n, 103
Bartók, Béla 275n
Bass, Richard 85n, 91n, 275n
Batstone, Philip 39n
Beethoven, Ludwig van 20, 22, 26, 27, 32, 58, 138n, 185n, 187n, 277, 278, 287, 303n, 311n
Berg, Alban 35n, 170n, 294
Berio, Luciano 17, 22, 24, 30, 40, 44, 45, 76, 235-271, 283, 313n, 316, 323n, 342, 376, 379
Berlioz, Hector 19, 22, 26, 28n
Berry, Wallace 52, 53n
Biget, Michelle 27-28
Boehmer, Konrad 221
Boucourechliev, André 25n, 26, 27n, 58, 99n, 187n, 220n
Boulez, Pierre 17, 22-24, 26n, 28, 30, 31n, 35n, 40, 41n, 44, 45, 59, 61, 74n, 95n, 144, 147, 159, 164n, 169, 170, 185, 186, 187-201, 202-204, 207n, 208, 216, 217, 220, 232, 271, 312, 346, 376, 379
Bregman, Albert S. 36, 76n
Bremond, Claude 293
Bresson, Jean 36n
Bruns, Steven M. 276n
Burge, David 235
Bussotti, Sylvano 378

Cage, John 21, 70, 308
Carvalho, Jocy de 235
Cassard, Philippe 112
Castanet, Pierre-Albert 291n
Charpentier, Marc-Antoine 26

Charru, Philippe 84n, 92n, 99n
Cherlin, Michael 66n
Chiarrucci, Henri 51
Chominksi, Jozef M. 31, 32n
Chopin, Frédéric 276-278, 287
Coadou, François 203
Cogan, Robert 35-37, 51
Constant, Marius 148n
Crumb, George 17, 22, 24, 30, 44, 45, 76, 78n, 174n, 273-278, 281, 283, 285-288, 311n, 342, 374, 376, 378, 379

Dahlhaus, Carl 38, 39, 204
Deliège, Célestin 43, 86, 94n, 165
Derfler, Barbara Joan 185
Di Scipio, Agostino 47n
Dommel-Diény, A. 96
Doll, Zoe B. 261, 262n
Duchez, Marie Elisabeth 67n
Dufourt, Hugues 25n, 45

Ericksson, Robert 66
Escot, Pozzi 35, 36n

Feldmann, Morton 22, 378
Ferneyhough, Brian 38, 60
Formenti, Marino 318n

Gartmann, Thomas 260n
Gerling, Cristina 85
Grisey, Gérard 47n, 50

Hegel, Georg W. F. 31
Hellfer, Claude 132n, 188, 221
Hirst, David 37n, 50n, 76n
Hockings, Elke 291n, 300n, 312, 313n
Hodges, Nicolas 311, 368n
Houellebecq, Michel 381
Howat, Roy 150n

Imberty, Michel 65

Jankélévitch, Vladimir 126, 274
Jarocinsky, Stephan 25n, 29n, 31

Kabisch, Thomas 39n, 291n, 301n
Kaltenecker, Martin 290n, 291n, 294n, 298n, 299n, 300n, 302n, 305, 307n, 311, 312, 315n, 321n, 373n, 374n, 376
Keller, Roland 291n, 294n, 296n, 298n, 308n
Kramer, Jonathan D. 38, 64, 65, 73n

Lachenmann, Helmut 17, 20, 22, 24, 30, 39, 44, 45, 48, 60, 76, 223n, 283, 288, 289-374, 375, 376, 379, 386
Laloy, Louis 31
LaRue, Jan 34, 35, 64, 66n
Leibniz, Gottfried 31n
Lerdhal, Fred 52n
Lesser, David 311, 365
Ligeti, György 193n, 203, 215, 377
Liszt, Franz 187, 311
Lully, Jean-Baptiste 26

Maconie, Robin 32n, 65n, 219, 220n
Malherbe, Claudy 84n
Mallarmé, Stéphane 188n
Martinet, André 48
Maurer, Christopher 276n
McAdams, Stephen 36, 37n, 40n, 67n, 76n
McKay, John 236n, 237n, 265, 266
Meeùs, Nicolas 41n, 48, 94n
Mesnage, Marcel 48n
Messiaen, Olivier 17, 22, 24, 30, 44, 61, 62, 65, 76n, 77, 147-186, 187-217, 277, 282, 284n, 285, 291n, 322, 346, 371, 377, 378
Metzger, Heinz-Klaus 39n, 299n
Meyer, Leonard B. 58, 80, 111
Michel, Pierre 260n, 315n, 377
Monteverdi, Claudio 19, 311
Murail, Tristan 23, 51, 65n, 111n, 186

Nono, Luigi 38, 290n, 294, 312, 321n

Osmond-Smith, David 40

Pace, Ian 294n, 311, 342n, 343n, 344
Parks, Richard S. 58, 64, 83n, 85n, 90n, 92n
Piencikowski, Robert 29n, 312

Poe, Edgar Allan 188n

Rameau, Jean-Philippe 22, 26
Ravel, Maurice 148
Reverdy, Michelè 153n, 163, 164, 185
Ricardou, Jean 71, 72
Rihm, Wolfgang 311, 378
Russolo, Luigi 20
Ruwet, Nicolas 69, 75n, 101n

Safatle, Vladimir 203
Saussure, Ferdinand de 75
Schaeffer, Pierre 20, 32, 33n, 48, 49, 59, 66, 70n, 186, 331n
Schaub, Gale 236, 238, 260, 266
Schenker, Heinrich 42n, 94n
Schnebel, Dieter 33, 34
Schoenberg, Arnold 19, 66n, 70, 72, 170n, 204
Schubert, Franz 290
Schumann, Robert 298n, 311
Smalley, Denis 37n, 59, 81, 293
Solomos, Makis 29n, 45, 47n, 73n, 111
Soulez, Antônia 45, 47n
Stockhausen, Karlheinz 17, 19, 20, 22, 24, 30, 32-34, 44, 45, 63-65, 159, 219-233, 235, 236, 260, 271, 312, 315n, 316n, 342, 374, 376, 379
Stoïanova, Ivanka 59n, 70, 189, 260n, 293n, 313n
Stravínski, Igor 38, 73n, 74
Stroppa, Marco 38n

Takemitsu, Toru 22, 378
Tarasti, Eero 293

Vaggione, Horacio 21, 45, 47n
Vande Gorne, Annette 86n
Varèse, Edgar 20, 26, 28, 32, 37, 290
Vinay, Gianfranco 262n
Vivaldi, Antonio 37n

Wagner, Richard 19, 28n
Webern, Anton 17n, 20, 26, 187, 191

Xenakis, Iannis 22, 111, 193n

Young, La Monte 30

Este livro foi impresso
em São Paulo, nas oficinas
da Gráfica Graphium Ltda.,
em dezembro de 2011,
para a Editora Perspectiva S.A.